弁護士専門
研修講座

租税争訟をめぐる実務の知識

東京弁護士会弁護士研修センター運営委員会 [編]

ぎょうせい

はしがき

　現代社会は益々複雑化、高度化しており、紛争類型にも多様化がもたらされています。これに応じて、弁護士には高度な専門性に対応できる実践的能力が求められております。弁護士が市民の法的ニーズを的確に理解し、日々研鑽を重ねることが必要なことは言うまでもありません。

　東京弁護士会では、弁護士研修センターを設置し、弁護士の日常業務の研鑽に加え、専門分野の研修にも力を注いでいます。特に平成18年度後期からは、特定の分野に関する専門的知識や実務的知識の習得を目的とする専門連続講座を開始し、研修の実質を高めて参りました。本書は、平成25年度に行われた「超・実践！租税争訟」専門連続講座の講義を収録したものです。

　本連続講座は、租税争訟にかかわる実践的内容を講義しているもので、多くの弁護士にとって、示唆と素養に資するものと確信しております。

　本講座を受講されなかった皆様方におかれましても、是非本書をお読みいただき、租税争訟に関する実務能力を習得され、日々の事件への適切な対応にお役立ていただければ幸いです。

平成27年9月

東京弁護士会会長　伊　藤　茂　昭

講師紹介

(講義順)

山本　英幸（やまもと・ひでゆき）

平成元年	公認会計士登録
昭和50年	弁護士登録（東京弁護士会・第46期）
平成7年	税理士登録
現在	日弁連税制委員会委員、東京弁護士会税務特別委員会委員

井上　康一（いのうえ・こういち）

昭和59年	弁護士登録（第二東京弁護士会・第36期）
平成元年	ニューヨーク州弁護士登録
現在	日弁連税制委員会副委員長、中央大学専門職大学院会計大学院国際会計研究科客員教授、青山学院大学専門職大学院法務研究科非常勤講師

菅原　万里子（すがわら・まりこ）

平成6年	弁護士登録（東京弁護士会・第46期）
現在	日弁連税制委員会副委員長（手続争訟部会）、東京弁護士会税務特別委員会委員長、租税訴訟学会理事（争訟部会担当）、慶應義塾大学法学部講師

山下　清兵衛（やました・せいべえ）

昭和50年	弁護士登録（第二東京弁護士会・第27期）
平成3年	税理士登録
現在	東洋大学大学院講師（行政法）、桐蔭横浜大学法科大学院客員教授（租税法）、立正大学非常勤講師（行政法）、第二東京弁護士会公法研究会代表幹事・実務公法学会副会長・租税訴訟学会副会長

脇谷　英夫（わきたに・ひでお）

平成11年	弁護士登録（東京弁護士会・第51期）
現在	日弁連税制委員会委員、同民事裁判手続に関する委員会委員、東京弁護士会税務特別委員会委員、同民事訴訟問題等特別委員会委員

目 次

はしがき
講師紹介

Ⅰ プロローグ―租税争訟手続の概要、相談を受けたときの対応等
弁護士　山本　英幸

第1 総論―租税争訟の特色 …………………………………………… 2
 1 租税争訟に必要な要素 ………………………………………… 2
 2 租税争訟に必要な能力 ………………………………………… 3
第2 相談を受けた場合 ………………………………………………… 3
 1 事案の把握 ……………………………………………………… 3
 2 争点の把握、戦略の立案 ……………………………………… 9
 3 依頼人との協議、説明 ………………………………………… 11
第3 調査時に相談を受けた場合 ……………………………………… 11
 1 税理士法との関係 ……………………………………………… 11
 2 目　的 …………………………………………………………… 12
第4 異議申立て ………………………………………………………… 13
 1 手続の特徴 ……………………………………………………… 13
 2 異議審理に関する留意事項 …………………………………… 13
 3 異議申立ての手続 ……………………………………………… 14
第5 審査請求 …………………………………………………………… 16
 1 手続の特徴 ……………………………………………………… 16
 2 審査請求の手続 ………………………………………………… 16
 3 審理の流れ ……………………………………………………… 18
第6 訴　訟 ……………………………………………………………… 20
 1 出訴期間及び管轄 ……………………………………………… 20
 2 訴状の記載例 …………………………………………………… 21
 3 訴状提出後の流れ ……………………………………………… 24
第7 まとめ ……………………………………………………………… 25
レジュメ ………………………………………………………………… 26

目 次

II 所得税に関する争訟

弁護士　井上　康一

- I 税法の勉強の仕方 …………………………………… 64
  - 第1 勉強の二方向性 …………………………………… 64
  - 第2 税法学習のための考えるヒント ………………… 65
  - 第3 リサーチの仕方 …………………………………… 66
  - 第4 税法の弁護士業務への生かし方 ………………… 66
- II 所得税の概観 ………………………………………… 67
  - 第1 所得税の税額計算の仕組みと留意点 …………… 67
    - 1 非課税所得の除外 ………………………………… 67
    - 2 10種類の各種所得の計算 ………………………… 67
    - 3 各種所得の分類と課税方法 ……………………… 68
    - 4 所得の損益通算、損失の繰越し ………………… 69
    - 5 所得控除による課税所得金額の計算 …………… 69
    - 6 税額の算出 ………………………………………… 69
  - 第2 所得税をめぐる争訟 ……………………………… 70
    - 1 データベースの活用 ……………………………… 70
    - 2 所得区分に関する争い …………………………… 71
    - 3 必要経費・取得費に関する争い ………………… 72
    - 4 所得税法64条2項に関する争い ………………… 72
    - 5 推計課税の事案 …………………………………… 73
    - 6 国際的な事案 ……………………………………… 73
- III 現行の行政不服申立制度と租税訴訟のあらまし …… 74
- IV 租税訴訟の検討の視点 ……………………………… 75
  - 第1 はじめに …………………………………………… 75
  - 第2 課税処分の取消訴訟の構造 ……………………… 76
    - 1 課税処分の取消訴訟の訴訟物 …………………… 76
    - 2 課税処分の取消訴訟の適法要件 ………………… 76
    - 3 事実問題と法律問題の区別 ……………………… 77
  - 第3 法令、通達、判例、裁決、文献の調査と活用の方法 …… 77
    - 1 法　令 ……………………………………………… 77
    - 2 通　達 ……………………………………………… 80
    - 3 判　例 ……………………………………………… 82

4　裁　決……………………………………………………84
　　　5　課税庁職員執筆の文献……………………………………84
　第4　受任の際の注意事項………………………………………84
　第5　主張の書き方………………………………………………85
　第6　証拠の検討と収集の方法…………………………………86
Ⅴ　岩瀬事件を題材とした実例解説……………………………………87
　第1　背景説明……………………………………………………87
　第2　本件の中心的な争点、当事者の主張……………………87
　第3　裁判所の判断………………………………………………88
　第4　その後の裁判例の傾向……………………………………89
　第5　書式サンプル………………………………………………90
おわりに………………………………………………………………………90
レジュメ………………………………………………………………………92

Ⅲ　相続税・贈与税に関する争訟

弁護士　菅原　万里子

Ⅰ　プロローグ……………………………………………………………138
Ⅱ　相続税・贈与税の概要………………………………………………139
　1　相続税………………………………………………………………139
　　⑴　相続税とは／139
　　⑵　納税義務者／140
　　⑶　課税物件／140
　　⑷　相続税額の計算／140
　　⑸　財産の評価／141
　　⑹　相続税の申告／143
　　⑺　相続税の納付／144
　2　贈与税………………………………………………………………144
　　⑴　贈与税とは／144
　　⑵　納税義務者／144
　　⑶　課税物件／145
　　⑷　贈与財産の評価／145
　　⑸　贈与税の納税義務の成立時期／145
　　⑹　贈与税額の計算／145

目　次

　　(7)　贈与税の申告／145
　3　各種加算税･････････････････････････････････146
　　(1)　加算税／146
　　(2)　相続税に関する加算税の種類／146
Ⅲ　争訟に至るまでのプロセス･･････････････････････147
Ⅳ　事件受任･････････････････････････････････････150
　1　受任に至るルート･･････････････････････････150
　　(1)　税理士ルート／150
　　(2)　納税者（依頼者ダイレクト）ルート／150
　　(3)　弁護士ルート／150
　2　相談を受ける際の留意点･･･････････････････151
　　(1)　納税者に対する意思確認／151
　　(2)　脱税の疑い／152
　　(3)　納税者からのダイレクトな相談の場合／152
　　(4)　その他／153
　3　受任を依頼された場合の留意点･････････････153
　　(1)　初めに処分ありき／154
　　(2)　行政不服申立て（異議申立て・審査請求）段階での受任について／157
　　(3)　訴訟段階での受任について／160
Ⅴ　相続税・贈与税に関する租税訴訟において争点とされることが多い問題･･160
Ⅵ　訴　　訟･････････････････････････････････････160
　1　当事者････････････････････････････････････161
　　(1)　原　告／161
　　(2)　被　告／162
　2　管轄裁判所･･････････････････････････････････162
　　(1)　事物管轄／162
　　(2)　土地管轄／162
　3　取消訴訟の訴訟物･････････････････････････163
　4　訴えの利益（狭義の訴えの利益）･･･････････163
　5　訴状の作成･････････････････････････････････164
　6　主　張････････････････････････････････････167
　7　立　証････････････････････････････････････167
　8　税務訴訟との付き合い方･･･････････････････168

レジュメ……………………………………………………………… 170

Ⅳ　法人税に関する争訟

弁護士　山下　清兵衛

はじめに………………………………………………………………… 212
1　税務事件は税務調査から………………………………………… 213
　(1)　税務調査に立ち会うには／214
　(2)　法人税の税務調査／215
　(3)　八田事件について／218
2　法人税法概論……………………………………………………… 218
　(1)　法人と構成員の関係／219
　(2)　配当所得／221
　(3)　法人税法の学び方／222
　(4)　法人税法は会社法の特則／223
　(5)　階層的な法の構造／224
　(6)　税務訴訟のポイント／226
　(7)　損　金／228
3　法人税法の構造と基本的条文…………………………………… 228
　(1)　法人税の課税対象／228
　(2)　法人の所得と益金・損金／229
　(3)　法人税法22条と所得税法59条／230
　(4)　税法の落とし穴／233
　(5)　資本等取引と損益取引／234
　(6)　企業会計と租税会計／235
　(7)　収益及び費用の年度帰属／237
　(8)　役員給与の事件／238
4　法人税法理解のコツ……………………………………………… 240
おわりに………………………………………………………………… 242
レジュメ………………………………………………………………… 243

V 地方税に関する争訟

弁護士 脇谷 英夫

- はじめに……………………………………………………………288
- 第1 地方税概観……………………………………………………288
  - 1 地方税の概要…………………………………………………288
  - 2 地方税の複雑性………………………………………………288
    - (1) 地方税の二重構造／288
    - (2) 東京都の特殊性／289
    - (3) 都税事務所・県税事務所・市税事務所／289
  - 3 不服申立手続…………………………………………………290
- 第2 固定資産税の概要……………………………………………291
  - 1 定　義…………………………………………………………291
  - 2 性　質…………………………………………………………291
  - 3 納税義務者……………………………………………………293
  - 4 課税主体………………………………………………………293
  - 5 非課税制度……………………………………………………293
  - 6 課税標準………………………………………………………294
  - 7 税　額…………………………………………………………295
- 第3 固定資産税の賦課決定………………………………………295
- 第4 固定資産の評価………………………………………………295
- 第5 訴訟戦略………………………………………………………300
  - 1 準　備…………………………………………………………300
  - 2 争点の分析・検討……………………………………………301
  - 3 賦課決定の違法を主張する場合……………………………302
  - 4 固定資産の評価の違法性を主張する場合…………………303
- 第6 訴状作成上の留意点…………………………………………306
  - 1 被告及びその代表者…………………………………………306
  - 2 固定資産評価審査委員会の決定取消訴訟の請求の個数…306
  - 3 訴訟の目的の価額……………………………………………307
  - 4 貼用印紙代……………………………………………………308
  - 5 「請求の趣旨」の記載…………………………………………309
  - 6 「請求原因」その他の記載……………………………………310
  - 7 甲号証…………………………………………………………311

	8 証拠説明書	313
第7	期　日	315
	1 租税事件の審理	315
	2 留意点	316
第8	準備書面	317
	1 記載上の留意点	317
	2 戦略上の留意点	319
第9	研究者の意見書	322
第10	控訴・上告	322
	1 控　訴	322
	2 上　告	324

おわりに……………………………………………………………324
レジュメ……………………………………………………………326

あとがき

I プロローグ―租税争訟手続の概要、相談を受けたときの対応等

弁護士 **山本 英幸**

I プロローグ―租税争訟手続の概要、相談を受けたときの対応等

　今日は、「超実践！租税争訟専門講座」と題しました全5回の連続講座の第1回目です。私はこの連続講座の導入部分として、租税争訟の総論的な事項や租税争訟の手続の概要などについて話します。各論的な部分につきましては、次回以降に主要税目ごとに、所得税、相続税、贈与税、法人税、地方税のそれぞれにつきまして講演が予定されておりますので、そちらを受講してください。

　「超実践！」という表題ですから、手元のレジュメの中から重要な部分を抽出して、その部分について重点的に話をして、残りの部分については時間が余れば話すという方針で進めます。また、租税争訟にこれまで関与したことのない方々を想定して準備をしていますので、そうでない先生方には物足りない、あるいは期待に反するものになるかもしれませんが、その点はご容赦ください。

第1　総論―租税争訟の特色

1　租税争訟に必要な要素

　まず総論です。租税争訟にこれまであまり関与してこられなかった方々の一番の関心事は、租税争訟は果たして難しいものなのかどうかという点かと思います。おそらく多くの先生方が租税争訟は非常に専門的な分野であると思っておられるのではないかと想像します。

　しかし実のところ、租税についての細かな専門知識を事前に有していることは、租税争訟を行う上では必要条件ではありません。租税争訟は、弁護士としての一般的な能力さえあれば誰でもできるものです。税務に関する専門的あるいは技術的な知識を有しているということは必要なく、決して難しいものではありません。

　租税それ自体は非常に専門的であり技術的です。租税に関する条文を読めば分かりますように、その条文の記載内容は非常に長くて難解であり、また、多数の通達が存在します。このように租税の条文が非常に複雑で難解であるということを反映して、それを解説する実務書が多数出版されています。

　ですから、租税に関する業務のうちタックスプランニング（ある目的を達成するためにどのように取引を構成すれば、租税のコストを最小限にできるのか

といった点）についてアドバイスするような業務は、事前に複雑難解な租税の条文について熟知して様々なシミュレーションをし、それぞれの租税の結果を事前に計算するということが必要であり、租税に関する高度な専門知識が必要であると言えると思います。

しかし、租税争訟という分野に限るならば決して税務に関する高度な知識や能力は必要ありません。弁護士が一般の訴訟において必要とされている能力さえあれば、問題なく租税争訟は行うことができます。

2 租税争訟に必要な能力

租税争訟に必要な能力というのは、レジュメ2ページに記載しております三つの点です。まず第1は「「問題の所在」の把握能力」、2番目は「法律の解釈、適用の能力」、3番目が「事実の立証能力」です。お気づきのとおり、これらは他の争訟業務に携わる際に必要とされる能力と何ら変わりあるものではありません。租税に関する実務に精通していることや専門知識を事前に有しているということは全く必要ありません。後付けの勉強で十分です。

なぜかと言いますと、争訟事案が発生した際には、既に争点となり得る法律論点が明らかになっているからです。課税庁は、既に関連する具体的な事実に法を当てはめて処分をし、あるいはこれから処分をしようとして、その処分の内容について納税者に対して説明をしています。納税者は課税庁から説明を受けた法律の解釈及び適用について不満を有しています。だからこそ争訟になるのです。したがって、争訟が発生したきっかけの部分、争点というのはこの時点では既に明らかになっていますし、関係する法律というのも明らかになっています。

したがって、租税争訟を行うには、事前に租税実務に精通していることは全く必要ありません。また、租税の専門知識を有していることも必要ありません。依頼を受けた段階から後付けで勉強して十分間に合うものです。

第2 相談を受けた場合

1 事案の把握

租税争訟を行う上で必要とされている能力のうち、「問題の所在」の把握能力について話をします。「問題の所在」をどのように把握するかという点

Ⅰ　プロローグ—租税争訟手続の概要、相談を受けたときの対応等

です。

　弁護士が納税者から相談を受けるには様々な段階があります。今、税務調査を受けているというときもあるでしょうし、もう既に更正処分等を受けたので、それで困っているということで相談を受けることもありましょう。あるいは異議申立てをして決定が出たところ負けてしまったので、どうすればいいかということで相談を受けることもありますし、審査請求を行ったが残念ながら請求棄却であったので訴訟をしたいということで相談を受ける場合もあります。

①　事実関係の把握、論点の確認

　このように相談を受ける段階は様々ですが、納税者から税務争訟について相談を受けた場合に共通して言えることは、争いとなっている事実関係あるいは問題となる論点をできるだけ早く把握することが何よりも重要であるという点です。

　そのために、まず依頼者に対して、処分の理由を把握することができる書面を持ってきてくださいとお願いすることです。これにはどんなものがあるかというと、処分それ自体の内容が分かる更正処分通知書があります。それから、相談を受けたときに既に異議決定がなされているのであれば、異議決定書をお願いすることになると思います。裁決が出た後ということであれば、裁決書もお願いすることになります。

　そうではなくてまだ税務調査を受けている段階であって、これから処分がなされようとしているといった場合には、税務調査の種類や大きさによって異なるのですが、国税庁の担当者が中間意見書という書面を納税者に交付している場合があります。

　あるいはこういったものが何もないという場合、例えば社内での説明用に処分内容や国税庁の主張をまとめた書面が作成されている場合もよくありますので、取りあえずそういった書面をお願いして、課税庁の主張内容を明らかにするのが第一です。

　第二に、納税者の主張が把握できるような書面をお願いするということです。既に異議決定あるいは審査請求の裁決が出ているということであれば、異議決定書あるいは裁決書を見れば納税者の主張の内容を把握することがで

きます。あるいは異議申立て、審査請求の段階で様々な書面を納税者が提出しているでしょうから、そういった書面をお願いしてそれを見るということも重要かもしれません。まだ調査段階であれば、調査時に納税者の見解ということで調査担当者に提出した書面があれば、それを見せていただくというようなことが重要であるかもしれません。

　いずれにしろ、処分の理由及び内容、課税庁の主張、それから納税者の主張、これを把握できるようなものをまず入手するということが何よりも大事かと思います。

　次にこういった書面だけから、論点を把握してどのようにするのかということを決定するのではなくて、さらに重要なのは納税者から十分な聴き取り調査を行うということです。

　納税者と面談して話を聴いている中で、実は書面上に表れていない納税者の不満の内容というのが明らかになり、それが非常に本質的なものであるという場合もよくあります。ですから、納税者から聴き取りの調査をする場合には、この段階ではあまり結論を急ぐのではなく、あるいは税務の専門的、実務的な見地から何か意見を述べるのではなく、納税者の不満の所在をそのまま把握することが何よりも重要です。この段階で租税の実務の慣行などに拘泥してしまうと、実は勝てる事案も逃してしまうというおそれがあります。納税者の生の話、何が不満なのか、どこが、どうして処分を受け入れることができないのかということについて十分に話を聴き、それを税務の実務から離れて常識あるいはリーガルマインドに照らし、果たして納税者の不満に共感できるのかどうかということを判断することが何よりも重要なのではないかと思います。

②　特別控除の適用が問題となった事例

　その例として、東京高裁の平成22年7月15日の判決を取り上げたいと思います。これは判決の内容について説明するのが目的ではなく、納税者の不満等を聴き取ることが重要だということを理解していただくのが目的です。

　この事案では、居住用財産の譲渡所得の特別控除（措置法35条1項）の適用が問題となりました。その法律の規定について非常に大ざっぱに申し上げますと、居住用の家屋とともにその敷地に供されている土地を譲渡した場合

I プロローグ―租税争訟手続の概要、相談を受けたときの対応等

には、居住用財産の譲渡所得の特別控除が認められています。この法律の規定に関して、実務では下級審の判例あるいは通達によって次の二つのことが言われています。

　一つは、土地を更地として譲渡する目的で家屋を壊して土地を譲渡した場合にもこの居住用財産の譲渡所得の特別控除の適用があります。もう一つは、家屋の一部を取り壊した場合には残存部分が機能的に見て独立した家屋と認められない場合に限り居住用財産の譲渡所得の特別控除の適用があります。

　レジュメ4ページをご覧になりながらお聞きいただきたいのですが、Aさんと訴訟の当事者Xさんの2人がそれぞれ土地を持っておりました。その上に共有の建物があり、その共有の建物にXさんとAさんが居住しておりました。Xさんはこの居住用の財産を処分してどこかに移り住みたいという希望を有していたのですが、Aさんのほうはここに住み続けたいという希望でした。

　そこで、最初に建物の一部を取り壊し、Xさんの土地を更地にしました。そして、その直後に建物の持ち分をXさんからAさんに贈与しました。その結果Aさんは土地と建物の単独所有者となり、Xさんは更地を所有することになりました。その後にXさんはこれを第三者に売却しました。果たして、Xさんにこの居住用財産の譲渡所得の特別控除の適用があるかどうかということが問題となった事案です。

　この事案を実務に照らしてみてみると、(2)の建物取壊しの直後の時点ではXさんはまだ建物の共有持ち分を持っているのです。建物の全部取壊しではなく一部の取壊しであり、この建物はその後もAさんが居住し続けていることから明らかなとおり、機能的に見て独立した居住用の家屋と認められるものです。そうすると先ほどの実務に照らすならば、この事案には居住用財産の譲渡職の特別控除の適用はないという結論になります。Xさんは居住用財産の譲渡所得の特別控除の適用があるとして所得税の申告をしたのですが、特別控除の適用はないとして処分を受けたので、争いたいと相談を受けた事案です。

　今申し上げた部分だけを見ると、全く争いようがないのではないかと思われるかもしれません。しかし、よくよく話を聞いてみると、Xさんがなぜ不満かといえば、Xさんにとってはこの方法しか自分の居住用の家屋を処分し

て出ていく方法はなかったからです。Xさんはもともと建物の取り壊した部分に住んでおりました。いわば自分の土地の上にある建物に住んでいてその建物を取り壊して更地となった土地を売ったのと全く同じような状況なのです。これになぜ居住用財産の譲渡所得の特別控除の適用がないのかということで非常に不満を持っておられました。これはよくよく考えてみると確かに合理的なのです。

そこで、実務にとらわれることなく考えてみると、(2)だけを切り出して実務にあてはまるからおかしな結果になるのであって、(2)と(3)を一体としてみて法律に当てはめてみるべきです。そうすると、一連の行為によって、土地と建物、居住用の家屋を取り壊して、土地を更地にして売ったと言えるのではないでしょうか。

また、そもそも居住用財産の譲渡所得の特例の趣旨というのは、個人が自ら居住の用に供している家屋又はその敷地等を譲渡するような場合には、これに代わる居住用財産を取得するのが通常であるなど一般の資産の譲渡に比して特殊な事情があり、担税力も高くない例が多いことを考慮して設けられた特例だと言われています。

そうするとこの趣旨に照らせば当然特別控除の適用があってよいのではないかと言えます。ですから、この2点を高裁で主張したところ認められて納税者が勝っております。このように、実務にとらわれてしまうと駄目なので、実務から離れて本当に納税者がどんな点に不満を持っているのかを聴くことが重要だと思います。

③ 租税法規の解釈原理

次に、「法律の解釈、適用の能力」について話をさせていただきたいと思います。

租税争訟におきましては、法律解釈に関する争いで用いられる道具（あるいは武器と言ってよろしいのでしょうか）はある程度限られてきております。一つは文理解釈による主張であって、もう一つは趣旨解釈による主張です。多くの租税争訟で納税者の持っている不満の中の一つは、法律の規定によれば課税されないはずなのに課税されてしまっているのはおかしいのではないか、法律の規定の文理からは読めないのにその規定を拡張して課税されてい

Ⅰ　プロローグ―租税争訟手続の概要、相談を受けたときの対応等

るのではないかというような事案です。

　こういった事案では、租税法規の解釈というのは、文理解釈が原則であるということを前面に押し立てて、文理解釈に基づいて主張することになります。その際に用いられるのが、金子宏先生の教科書(『租税法(法律学講座双書)』(弘文堂、第17版、2012))に出ております次の記載です。「租税法は侵害規範であり、法的安定性の要請が強くはたらくから、その解釈は原則として文理解釈によるべきであり、みだりに拡張解釈や類推解釈を行うことは許されない」。文理解釈を主張するときにはこれを必ず引用することになります。

　実際のところ、レジュメ2ページに記載しております最高裁の平成22年3月2日の判決は、金子先生のこの文言をそのまま引用し、租税法規の解釈は文理解釈が原則であるということを明示しております。ですから、この判決があった後は、最高裁のこの判示を引用して文理解釈によるべきだと主張することになるのだろうと思います。この最高裁の判旨を引用して文理解釈によるべきだという判示がなされた下級審の判決例として、例えば東京地裁の平成24年12月7日の判決があります。

　もう一つは趣旨解釈です。これは先ほどの例の中で説明させていただきましたように、租税法規の規定を形式的に当てはめるならば確かに課税庁の主張するようになるのかもしれないけれども、それはおかしいのではないか、本来の法の趣旨からするならば、そういった形式的な解釈をするのはおかしいのではないか、といった事案で主張する解釈です。

　趣旨解釈が認められた例としては、先ほどの東京高裁の平成22年7月15日判決などがあります。この趣旨解釈を前面に出す場合に留意すべき点は、あくまでも租税法規の解釈は文理解釈が原則ですから、なぜ趣旨解釈ができるのかということを十分に主張する必要があるということです。それと租税法規の趣旨を十分に主張立証する必要があります。租税法規の趣旨の立証の資料としてよく用いられるものに、財務省が毎年発行している『改正税法のすべて』があります。これは本として出版されていますし、あるいは最近のものについては財務省のホームページ上にも掲載されています。『改正税法のすべて』には、改正前の規定の内容、改正の趣旨と改正後の法律の内容等について、詳しく説明されております。

この書物は、立案担当者（厳密にいえば立法者ではないのですが）である財務省が編纂しているものということで、立法趣旨を表すものとして引用されることが多くあります。それから立法趣旨を立証するには立法趣旨に関して判示した過去の裁判例もよく用いられます。

2 争点の把握、戦略の立案

先ほど述べましたとおり、依頼者から税務争訟について相談したいという依頼を受けたときに最初にすべきことは、処分内容と争点を把握するための書面を入手すること、それから、依頼者から話を十分に聞いて争点を把握することです。

① 勝訴の見込み判断、戦略・方針の立案

争点を把握した後に、次にすべきことは、果たしてこの事案は筋のよい事案なのか、あるいはこの事案は勝てるのかということを判断することです。

その上で、どのような主張をしていけばよいのかという戦略・方針を立てることになるかと思います。この段階では今後の争訟に関する大まかな見通しを立てて主張の骨子を組み立て、その主張をするためにどういった証拠を提出すればよいのかという大まかな方針を考えるということになります。

実のところ、争訟はこの段階で立てた方針どおりに進むものではなく、意外な方向に進んだりすることもありますので、当初の見込みどおりにいくわけではありません。しかし、税務争訟を行うに当たって、最初に何らかの戦略を立てておくということは非常に重要なことだろうと思います。

次に、税務争訟の際に利用する手続には、異議申立て、審査請求、訴訟などがあるのですが、事案によっては、何らかの選択を納税者ができるような場合があります。このような場合には、どのような制度を選択して、どのように争っていくのがよいのかという点についての戦略を立案することが必要になってきます。

② 税務争訟の手続の流れ

税務争訟の手続の流れについて簡単に説明します。なお、ここの説明は関税以外の国税に関する訴訟あるいは争訟を対象としています。地方税に関しては別ですし、関税についても別です。

「国税の不服申立制度の概要図」（レジュメ10ページ）の中の一番左の「税

Ⅰ　プロローグ―租税争訟手続の概要、相談を受けたときの対応等

務署長がした処分」が一番典型的ですので、これについて話します。

　納税者が税務調査を受けて、更正処分を受け、その処分に不服がある場合、納税者は直ちに訴訟を提起することはできません。必ず異議申立て、審査請求など行政不服審査手続を経ることが必要です。これを行政不服審査前置主義といいます。

　では、納税者は常に異議申立てから始めなければいけないのかというと実はそうではなく、納税者は異議申立て（税務署長に対する不服審査の異議申立て）という手続を行うのが原則ですが、そうではなくて直接国税不服審判所の審査請求の手続を行うことができる場合があります。

　その一つの例は、こちらの表に書かれておりますように、青色申告書に係る更正の場合です。異議申立ての期間は、処分があったことを知ったときから2か月以内です。先ほど税務署長に対して異議申立てをすると申し上げましたが、更正処分を受けた場合にも国税局の職員の調査に基づいて処分をされた場合には、国税局長が処分をしたものとみなして国税局長に対して異議申立てをすることになっています。

　異議決定に不服がある場合には、1か月以内に国税不服審判所長に対して審査請求をする必要があります。また、異議決定は出ていないが異議申立てをしてから3か月を経過してしまった場合には、納税者の選択によって異議決定がない状態でも審査請求をすることができます。

　直接審査請求をした場合、あるいは異議申立てをした後に審査請求をした場合、いずれにしても審査請求をした場合、その後に裁決があった場合には、6か月以内に訴訟を提起することが必要となってきます。ただ、選択として、まだ国税不服審判所長の裁決が出ていなかったとしても、審査請求後3か月を経過すれば、裁決がなくても訴訟に行くことができます。

③　制度、チーム構成の選択

　納税者に制度の選択が認められている場合、どの制度を利用するのが一番納税者にとって有利なのかということを考えることが必要になってきます。それから争訟事案に取り組むに際して、代理人の構成をどうするのか、自分一人でやるのがよいのか、あるいは他の人を加えたほうがよいのか、あるいは税理士その他の専門家を加えて、チームを組んで事案に当たるのがよいの

か、について検討することが必要です。事案の性質、費用その他様々なことを考慮して、納税者にとってベストと思われるチーム構成を考えていくことになろうかと思います。

3 依頼人との協議、説明

戦略を立案した後に、依頼人と再度会って話し合い、説明することが必要となってきます。

その際、納税者に対して第一に説明すべきことは、本件に関する論点と果たして勝ち目があるのかどうかという見通しについてです。

第2は方針です。どの制度をどのように利用して、やっていくのか、チーム構成をどうしていくのか、それはなぜなのかについて、納税者に対して説明することになります。

第3番目として、税務争訟についての費用です。弁護士報酬も含めてどの程度費用がかかるのか、どの手続にどのような金額がかかるのかといったことについて説明することが必要になります。

次にそれぞれの制度について、どれぐらいの時間がかかり、どのようなスケジュールで進行するのかということについて、説明することが必要になります。こういったことについて十分に説明をし、依頼者の納得と同意を得た上で、依頼者にとって最善と思われる方法で争訟に当たっていきます。

第3 調査時に相談を受けた場合

次に各論として、各手続段階に応じた注意点などについて説明します。

税務調査の段階で処分をされそうだということで、ぜひとも相談に応じてほしい、あるいは調査に立ち会ってほしいと納税者から相談を受けることがあり得ます。

1 税理士法との関係

この場合に注意すべきことは、税理士との関係です。レジュメ5ページに税理士法を引用していますが、その要旨を簡単に説明します。税理士法の2条1項1号に「税務代理」について定義されています。「税務官公署の調査若しくは処分に関し、税務官公署に対してする主張若しくは陳述につき、代理し、又は代行すること」は、税務代理の中に含まれると定義されています。

また、52条には「税理士又は税理士法人でない者は、この法律に別段の定めがある場合を除くほか、税理士業務を行ってはならない」と規定されています。「別段の定め」としては、51条1項に「弁護士は、所属弁護士会を経て、国税局長に通知することにより、その国税局の管轄区域内において、随時、税理士業務を行うことができる」という規定があります。これらの規定から、国税庁の職員は、弁護士は国税局長に対する通知を行わなければ、税務調査に立ち会えないという主張をよくします。この主張は誤りであるという見解も十分に成り立ちますし、そちらのほうが私としては正しいと考えておりますが、争訟の入口の部分で国税庁の職員と争っても意味がないということであれば、弁護士会を通じて、国税局長に通知しておくのがよいのではないかと考えています。

次に国税局長に通知していたとしても、税理士法の施行規則に税務代理権限は所定の様式と税務代理権限証書により証明しなければいけないという規定があります。この規定を根拠に、税務代理権限証書という一定の書式のものを提出しない限りは調査の立会いを認めないと国税庁の職員はよく主張します。ですから、調査の立会いをする場合は争いを避ける上でもあらかじめ納税者からこの税務代理権限証書を入手しておいて、それを準備した上で立ち会われるのが一番よいのではないかと考えています。

2 目　的

税務調査時に相談を受けた場合、第一に何としてでも処分を回避することを目的とすべきだと思います。この段階では多少無理筋と思われる主張であっても、なんでも主張しておくのがよいのではないかと思います。あまり筋が通らない主張ではないかと思われるものであっても、この段階では、国税庁の職員が受け入る場合がよくあります。ですから、可能な限りいろいろな主張をしておくのがこの段階ではよいのかなと思っています。

第二に、処分をされた場合に後に争訟の手続が待ち受けております。税務調査というのは、納税者から国税に対して証拠を提供する場でもありますので、証拠をコントロールし、後に不利となるような証拠はできる限り提出しないようにすることが重要だと言えます。これは何も証拠を隠せと言っているわけではなくて、無用な争いとなるような、国税庁の職員に誤解を与える

ようなものはあえて提出する必要はないだろうということです。

第4 異議申立て

1 手続の特徴

異議申立ての手続の特徴は、何よりも早くて時間が短いということです。手続が非常に簡便です。ただし、この手続は調査時の国税側の証拠の不足分を補完するような調査がされる可能性があります。この辺りは、両者を比較衡量しながら、異議申立手続をすべきなのか、あるいは審査請求をすべきなのか、その選択ができる場合には考える必要があると思います。

レジュメの12ページをみてください。異議申立てに関する平成24年度の処理件数は3,286件あって、この年度では325件について何らかの形で納税者の主張が認められています。認容率9.9％です。異議申立ての認容率は約10％程度です。依頼者から「異議申立手続というのはどういったもので勝ち目はどうなんでしょうか」と聞かれた場合には、こういった客観的な資料等に基づいて話をされればよいと思います。

異議申立ての期間は3か月以内という内部の目標がありまして、実際のところ3か月以内に95.4％の処理がなされております。非常に手続は早いと言えると思います。ここで注意すべきは3か月以内に処理されるのは棄却される事案がほとんどだという点です。納税者の主張が認められるケースでは、もっと時間がかかる場合がよくあります。

2 異議審理に関する留意事項

異議の手続は非常に簡便ですが、そもそも処分をした行政庁自体が処分の見直しをする手続ですので、同僚が行った手続あるいは自分たちがした処分を取り消すということにはあまりインセンティブは働かないと言えるかと思います。

ですから、異議申立ての手続というのは、異議申立者の側から積極的に働き掛けて、その主張内容を聞いてもらうような努力をしないとなかなか認められるものではありません。どのようにすれば自分たちの主張を聞いてもらえるのかということを十分に判断し、そのための戦略を立てるということが必要になろうかと思います。その一つの手立てとして、口頭意見陳述の申立

てという制度があり、これを活用するというのが一つの方法です。もう一つは先ほど説明しましたように、異議申立て後3か月を経過した場合には異議決定を待たずに審査請求に行くことができます。3か月を経過した時点でその旨の教示の書面が送られてきます。

　ここでどうするのか、このまま異議の手続を続けたほうがよいのか、あるいは審査請求にいったほうがよいのか、検討することが必要になるかと思います。3か月を経過しているということはもしかすると事案によっては内部でよくよく検討しなければならないということがあるので、取消しの可能性があるということを示していると言えるかもしれません。他方でこの手続を利用して、処分を支える証拠の不十分さを補おうとしていることも考えられますので、その点は十分に事案に応じて検討をした上で対処することが必要になるかと思います。

3　異議申立ての手続

　異議申立ては、異議申立書という書面を提出することにより行うことになりますが、その提出先は処分を行った税務署長であることが原則です。ただし、国税局の職員が調査をしたような事案では国税局長が提出先になります。申立期間は処分に関する通知書を受領した後2か月以内です。

　提出先、申立期間については、処分の際に教示書というのが送られてきて、その中に記載されていますので、それを見れば分かることなのでそんなに難しいことではありません。

　弁護士として最も注意すべきは、異議申立期間を経過してしまうことです。異議申立てを行う場合には、何をさておいても異議申立期間内に異議申立書を提出するということに最大限の注意を払うことが必要かと思います。

　異議申立ての様式に関しましては、「異議申立書（処分用）」と書かれたレジュメ17、18ページに記載されているものが国税庁のホームページ上に載っております。19～21ページ目に異議申立書の記載要領が書かれています。22ページが委任状の様式です。これも国税庁のホームページに載っております。

　異議申立書のこの様式は必ずしも用いる必要があるわけではありません。この様式を用いると、例えば代理人のところに弁護士の名前を記載し、異議

申立人のところに処分を受けた納税者の名前を記載します。この様式を用いると、異議申立人のところに「印」と記載されているので「ここに異議申立人の印を押せ」というようなことを国税庁の職員から言われたりすることがあります。また、この様式は異議申立書の理由を記載する欄が非常に狭く、また、この欄に理由を手書きするのは面倒です。そこで、私はレジュメ23ページに記載してあります自分で作った様式で異議申立書を提出しています。要件を満たしている限りどのような様式で提出しても構いませんので、自分でワープロで打って出すほうが便利かもしれません。レジュメ25ページが私どもの事務所で使っております委任状の様式です。提出部数は1部です。

　税理士法2条の「税務代理」のところ（レジュメ5ページ）を見ますと括弧の次に更に括弧があり、「税関官署を除くものとし、国税不服審判所を含むものとする」という記載があります。「税務官公署に対する租税に関する法令若しくは行政不服審査法の規定に基づく申告、申請、請求若しくは不服申立て」と記載されています。ですから、異議申立ても税理士法上は税務代理に含まれるとも考えられます。そこで、先ほど申し上げましたように、弁護士会を通じた国税局長に対する通知がなければ弁護士は異議申立人の代理人にはなれないとの主張が国税庁の職員によりなされる場合があります。この解釈は誤りだとは思うのですが、手続面での無用な紛争を避けるために、弁護士会を通じて国税局長に通知しておくことがよいかと思います。

　第二に、同様に、委任状は税務代理権限証書という形式で出しなさいと国税庁の職員から言われる可能性もあります。ただ、国税庁のホームページに出ている委任状の様式は税務代理権限証書の様式とは異なりますので、実際のところこのようなことを言われることはないのかもしれません。私どももいまだかつて言われたことはありません。しかし、税理士法の規定からすれば、そのような指摘が異議申立の際にされる可能性があることは理解しておく必要があるかと思います。

　それから、異議決定書は通達によって、代理人がある場合にも本人に原則として送付することになっています。しかし、本人に送付されてしまいますと、異議決定後審査請求まで1か月の余裕しかありませんので、もし、本人がそれを紛失してしまった、あるいは気が付かなかったというと大変なこと

になってしまいます。そこで、弁護士が代理人になる場合には、通常の訴訟等の際と同じように送達先を自分にしたいという希望を有するかもしれません。この点に関してですが、日弁連から国税庁に対する要請をしたところ、書類の送達先を代理人とする申出書を提出すれば代理人に対して異議決定書を送るという合意がなされました。

レジュメ33ページは国税不服審判所のホームページに出ております審査請求に関する申出書ですが、審査請求の場合も同様であり、裁決書は原則として審査請求の本人に対して送付すべきものとされています。しかしながら、審査請求人から書類の送達先を代理人とする申出書を提出した場合には、裁決書等の送達は代理人に対してなされています。33ページに記載の書面は審査請求に関するものであって、国税不服審判所長に対して提出するものなのですが、同じような形式で税務署長に対して提出すれば、異議決定書についても代理人に対して送達されることになると思います。

第5　審査請求

1　手続の特徴

審査請求の手続は、異議申立手続と異なり、国税不服審判所という中立的な機関が判断をするということになっています。審査請求の手続も行政部内の処分の見直しの手続ですので、手続は訴訟に比べれば簡便です。ですから時間も比較的かからないという点で利点はあります。

レジュメ14ページは審査請求の処理状況を示したものです。棒グラフの下のところの記載を見てください。平成24年度の審査請求の処理件数は3,618件です。そのうち納税者の主張が何らかの形で受け入れられたものは451件、その割合は12.5％です。審査請求につきましては、1年内裁決という内部目標があり、実際のところ96.2％が1年内に裁決が出ております。この96.2％という数字は年々動きますが、ほぼこの期間内に裁決がなされる事案が多いのではないかと思います。

2　審査請求の手続

審査請求の宛先、名宛て人は国税不服審判所長です。ただし、国税不服審判所長に対する審査請求ですが、審査請求書の提出先は処分庁の管轄区域を

管轄する国税不服審判所の支部です。ですから、東京管内の税務署であれ東京国税不服審判所に対して審査請求書を提出することになります。

　不服申立ての期間ですが、異議決定書の謄本の送達があったことを知った日の翌日から起算して1か月以内です。これは原則ですが、異議申立てを経ないで審査請求をする場合は処分があったことを知った日の翌日から起算して2か月以内です。

　次に、直接審査請求ができる処分についてですが、一つは国税局長のした処分に不服があるときです。2番目として、税務署長のした所得税又は法人税の青色申告書に係る更正に不服があるときです。ですから、青色申告法人が更正処分を受けた場合には、異議申立てと審査請求の選択ができると考えてよいかと思います。

　処分をした税務署長又は税関庁がその処分について異議申立てをすることができることを教示しなかった場合にも審査請求ができます。国税庁、国税局、税務署及び税関以外の行政機関の長又は職員がした処分に不服がある場合に、国税不服審判所に対して直接審査請求ができます。

　また、異議申立後3か月を経過しても異議決定がない場合にも審査請求ができます。審査請求書の様式と記載事項ですが、これにつきましては、レジュメ27ページが国税不服審判所のホームページ上に出ている審査請求書の様式です。29ページが委任状の様式です。ただし、少し注意を要するのが、この（注）の4に「税理士（税理士法人及び税理士業務を行う弁護士等を含む。）の場合には、当該様式に代えて、税理士法第30条に規定する書面（「税務代理権限書」）を提出することとなります」と記載されている点です。以前はこのような注意書きはなかったと思いますが、今はこういった注意書きがあることもありまして、税理士あるいは我々弁護士が代理人となった場合には、税務代理権限証書の様式で代理権を証明せよという支部もあります。

　先ほど異議申立ての際に説明しましたとおり、私どもの事務所は別様式を自分で作成して使用しています。レジュメ30ページが私どもの使用している審査請求書の様式です。32ページが委任状です。これまではこの委任状で問題なく受け入れられておりましたが、先日、東京国税不服審判所から税務権限代理証書を提出してくださいという依頼を受けました。同時期に提出

しております大阪国税不服審判所のほうからはそのような要請を受けていません。これも国税不服審判所によって違いがあるのかもしれませんが、今後はもしかすると税務権限代理証書によって、代理権を証明してくださいという依頼を国税不服審判所から求められる可能性があります。

先ほど、異議申立ての際に説明しましたとおり、審査請求書を提出する場合、裁決書の謄本を代理人に送ってほしいという希望があるのであれば、レジュメ33ページに記載しております「書類の送達先を代理人とする申出書」を国税不服審判所長に提出することが必要となります。

3 審理の流れ

レジュメ26ページの表を用いまして、審査請求書提出後に国税不服審判所での審理がどのように行われるのかということについて簡単に説明します。

国税不服審判所に審査請求書を正副2部提出することが必要です。これを提出しますと収受した国税不服審判所は、要件を満たしているかどうかについて形式審査をします。この審査部門というのは、実際に中身について審理する部署とは全く別の部署です。形式的なチェックを行っている部署です。軽微な不備がある場合、例えば、不備と言えるのかどうか分かりませんが、弁護士から出された委任状が代理権限証書によるものではないので代理権限証書を提出する必要があるといった場合には、国税不服審判所から電話がかかってきます。あるいは、取消しを求めている処分の特定の記載に何らかの不備がある場合には、「はんこを持って訂正に来てください」というような連絡があるかもしれません。

いずれにしても国税不服審判所の形式審査が終わりますと、そのうち副本の1部は、原処分庁（税務署長と税務署）に送られます。原処分庁で審査請求書の内容を検討した後、答弁書を国税不服審判所に送付します。この答弁書の内容ですが、通常は異議決定書をそのまま添付するような、あるいはその内容をそのまま転記するような内容です。異議決定書と異なる内容が書かれることはあまりないように思います。

答弁書を受領した国税不服審判所は、その事案を担当する担当審判官等を指定して、その答弁書と担当審判官等の指定の通知を審査請求人に対して送ります。そして、「反論があるならばいつまでに提出してください。あるいは、

証拠書類等があるのであればいつまでに提出してください」というような通知がなされます。

　この通知に際して、反論書や証拠書類等の提出期限が記載されていない場合もよくあるのですが、期限が記載される場合には２週間後とか非常に短い期間が記載されています。これまでのところ、そのような期限の記載があってもすぐに審判所に電話して、担当審判官に対して「これくらいの期間をください」と言えば、通常そのまま認められているのではないかと思います。

　審査請求人は、答弁書を検討して、反論書や証拠書類を準備し、それを審判官に提出します。それがまた原処分庁に送られまして、原処分庁のほうでそれに対する反論があるということであれば、意見書という形でそれを国税不服審判所に提出します。国税不服審判所はその意見書を審査請求人に送ってきます。同様に、「反論があればいつまでに出してください」ということが指定されます。

　反論があれば審査請求人側から反論書が出されます。その反論書がまた原処分庁に送られ、原処分庁の反論があれば意見書をまた提出、といったことが繰り返されます。こういった書面のやりとりが繰り返される一方で、国税不服審判所側からのアプローチあるいは審査請求人側からのアプローチにより、審査請求人と担当審判官の間の面談がなされます。この面談は審査請求人側から口頭意見陳述の申立てという方式でなすこともできます。ただこの場合には、審判所の対応としては、単にその主張を聴きおくだけであるというような対応をとるように思います。これに対して、質問検査という形でなされた場合には、本来は、国税不服審判所から質問等がなされ、それに対して審査請求人が答える手続ですが、それだけではなく、審査請求人の側から積極的に自己の主張を説明するといったことも可能です。

　ですから、私どもは審判官がどうしても面談をすることを拒むような場合には、口頭意見陳述の申立てを行いますが、そうでない場合には仮に意見陳述の申立書を提出しても「実質上の質問検査等を行っていただければそれで結構です」と通知しまして、通常の会議のような形式での主張のやりとり、説明を行っています。これはそれぞれの代理人のやり方、方法次第と思います。

審査請求人から申し出れば、国税不服審判所が所有している税務署長等から提出された書類等、証拠書類を閲覧することができます。ただ、これは現在の実務では、原処分庁が自発的に提出した書類については閲覧を認めるが、国税不服審判所が職権で原処分庁から取得した書類については閲覧を認めないという取扱いになっています。その関係で、証拠の閲覧を行うということは非常に重要なことなのですが、多くの場合は大した書類は見当たらない結果になっています。

このように審査請求人と国税不服審判所との間でやりとりをしまして、審査請求人の主張を展開していくということになります。ある程度の段階になりますと、現在の実務では、国税不服審判所が争点整理表を作成して審査請求人に送付し、「何かコメントがあればください」というようなことを求めてきます。争点整理表といいましても、それぞれの主張を単に対比したような表でして、裁判における争点の整理手続とはかけ離れたものなのですが、争点整理表に対するコメントを通じて、審査請求人の主張を国税不服審判所に対して更に明確にできますので、争点整理表に対するコメントは非常に重要な手続なのではないかと思っています。

このような手続を経て、国税不服審判所から裁決書等が送達されてきます。以上が審査請求の流れです。

第6 訴　訟

1　出訴期間及び管轄

訴訟については、処分又は裁決があったことを知った日から6か月以内であれば提起することができます。取消訴訟の管轄ですが、被告の普通裁判籍の所在地を管轄する裁判所、処分若しくは裁決をした行政庁の所在地を管轄する裁判所、国を被告とする取消訴訟は、原告の普通裁判籍の所在地を管轄する地方裁判所であり、非常に広く今の行政事件訴訟法は管轄を認めています。

被告の普通裁判籍の所在地を管轄する裁判所が認められているということは、国税の処分取消しを求めるような訴訟においては被告は国ですから、どの税務署長が処分したものであっても、東京地方裁判所に対して訴訟を提起

第6　訴　訟

することができるということになります。

2　訴状の記載例

　レジュメ34ページは実際に私どもが提起しました訴訟の訴状そのもので、原告が勝訴しているものです。これをもとにして説明します。

　訴状の記載要件は普通の訴訟と変わらないところもあろうかと思います。特徴的なところだけいくつか説明します。下から4行目に処分行政庁があります。○○税務署長の何々と書かれています。行政事件訴訟におきましては、この処分行政庁の記載が必要となりますので、これを忘れないようにすることが必要です。

　次に法人税の更正処分等の取消請求事件ということで、下のところに貼用印紙額、その上に訴訟物の価額の記載があります。訴訟物の価額の計算について説明します。

　貼用印紙額の計算ですが、租税の処分の取消しを求める訴訟の価額につきましては、まず原則として減額を求める本税額が訴訟物の価額となります。加算税の取消しを求める場合についても、加算税単独で賦課決定処分の取消しを求める場合には同様ですが、本税の処分の取消しと加算税の処分の取消しの両方を求める場合には、加算税の部分については足し算をする必要はないと解されています。

　それから複数の処分の取消しを求める場合、例えば法人の場合には、単事業年度ではなくていくつかの事業年度にわたって税務調査がなされます。その結果、1事業年度についてだけ処分がなされるのではなくて、複数事業年度について同一日に複数の更正処分がなされることがあります。その場合には当然その取消しを求める手続というのは同時に行っていくことになるのですが、その場合に果たして貼用印紙額を計算する上での訴額をどのように計算するかです。これは東京地方裁判所の中でも見解に争いがあるようです。

　一つは、処分ごとにその経済的利益を算定してそれぞれについての印紙額を計算して足し算をする考え方です。もう一つは、全ての処分の取消しを求めている金額、経済的利益を全て合算して1本で印紙を計算する考え方です。実際、東京地方裁判所はこのいずれの見解を取っているのか、裁判所の部署によるのか、あるいは裁判官によるのか分かりませんが、両方の場合があり

ます。私も両方それぞれ違う見解に基づいて補正を命ぜられたことがあります。ですから、おそらく納税者の利益を考えれば、取りあえずは合算した金額で貼用印紙額を計算して訴状を提出し、それで認められればそれでよいし、そうでなければその後に補正するという対応をするのが一番よいのではないかと考えています。その点については、事前に依頼者に対して、後に印紙の追加を求められる場合があるという説明をしておくのがよいのではないかと思います。

　次に、青色申告の承認の取消処分の取消訴訟です。これを単独で申し立てる場合については、一応通説的な見解によるとこれは財産権上の訴えではあるが、経済的利益の額の算定が極めて困難なので、民訴費用法4条2項後段により、訴額は160万円になります。単独で青色申告書の取消処分の取消しを求めるのではなくて、本税に関する処分の取消しと合わせて青色申告承認の取消しを求める場合には、青色申告承認の取消しの部分については加算する必要はないと一般に解されています。

　レジュメの訴状では、「訴訟物の価額」として97億8千万円、「貼用印紙額」として1581万円と記載されています。これはどのように計算されているかについて、レジュメ35ページを見てください。

　「第1　請求の趣旨」の1で、処分行政庁が原告に対して行った更正処分のうち法人税額44億1千万円を超える部分の取消しを求めています。ですから、原告が主張している法人税額は44億円1千万円です。これに対して「第2　請求の原因」の3を見ますと、処分行政庁は法人税額141億9千万円とする更正処分を行ったとなっています。

　ですから、141億9千万円と44億1千万円余との差額、すなわち97億8千万円余が訴訟物の価額となり、これに基づいて貼用印紙額が計算されることになります。この請求の趣旨を見ますと分かりますように、過少申告加算税の取消しも求めておりますが、これに関しては経済的利益の額に合算する必要はありません。

　次に請求の趣旨の記載方法です。これに関しては、取消しを求める処分のうち、原告が主張する所得金額、法人税額を超える部分の取消しを求めるという記載の仕方をすることになっています。この事案は処分の一部取消しを

求めていますが、処分の全部取消しを求める場合も同様に何々の更正のうち、所得金額いくら、法人税額いくらを超える部分を取り消すという記載となります。

次に請求の原因です。課税処分の取消訴訟については、原則として原告に主張責任があるのは、処分内容、処分の存在とその処分が違法であるという抽象的な主張、それに手続要件である行政不服審査手続の前置を経ていることだけです。ただし、更正の請求に対して理由がない旨の通知処分の取消しを求める場合には、原告が自分の主張する内容の税額が適法であることについて主張する必要があります。

再度、繰り返します。租税に関する処分の取消しを求める訴訟においては、処分の適法性に関する主張立証責任は国側にあり、原告は単に処分内容を特定するという意味で処分の存在とそれが違法であるということを抽象的に主張すればよく、これに対して、被告側、国側がその処分が適法であるということについて抗弁として主張することになります。

レジュメに記載の訴状は最もシンプルな形式であり、要件だけを記載したものであって、非常に簡明です。これだけ記載すれば訴状としての要件は満たされています。この事案につきましてはこのような形式で提出するのがよいと考えましてこの形式にしておりますが、事案によっては主張立証責任はなくとも自分のほうから先に自分が正しいと思う税額の適法要件について主張することも戦略として考えられますし、あるいは様々な事情を訴状に記載することも考えられます。

訴状の請求原因の記載を順次みていくと、第1項に「原告は、アメリカ合衆国に本店を置き、日本国において保険業を営む外国法人である」と記載されていますが、これは前置きです。第2項「原告は何々の事業年度の法人税につき、法定申告期限までに、いくらいくらとする確定申告を行なった」、第3項に「これに対し、処分行政庁は、平成21年8月7日付けで、所得金額これこれ、法人税額これこれとする更正処分及び加算税の額をこれこれとする過少申告加算税の賦課決定処分を行なった」と記載されていますが、ここまでが処分内容とその存在についての主張です。

第4項の「原告は平成21年10月5日、国税不服審判所長に対して更正処

分のうちこれこれの超える部分及び過少申告加算税の付加決定処分のうちこれこれの超える部分の取消しを求める審査請求を行ったが、国税不服審判所長は、平成22年10月1日付けで、原告の請求を棄却する裁決を行った」との記載は、行政不服審査前置という手続要件の履行を述べたものです。

第5項の「しかしながら、本件更正処分及び本件賦課決定処分は、次の理由により違法である」との記載は、非常に抽象的に処分が違法であると述べているだけで、処分自体がどういった具体的な理由で違法なのかについては述べていません。

第6項に「よって、本件更正処分及び本件賦課決定処分は取消されるべきである」と記載されています。これを見れば分かると思いますが、租税訴訟の訴状自体は決して難しいものではなく、特殊な能力が必要なものでもないことは理解していただけると思います。

3　訴状提出後の流れ

訴状を提出した後は通常の訴訟と何ら変わらない進行をたどっていきます。特徴的なことは、第1回期日に答弁書が提出されますが、通常は簡単な認否と課税処分の経緯等が簡単に記載されているだけで、処分の適法性については追って準備書面で主張するという記載がされるのが通常です。被告は、第1回の口頭弁論期日において、3か月から4か月の非常に長い準備期間を要求して、その期間に被告側で処分の適法性に関する準備書面を作成します。第2回目の口頭弁論期日において、処分の適法性に関する被告準備書面が提出された後、原告の側でそれに対する反論と自己の主張を展開していくことで本格的な訴訟が開始されます。

したがって、税務争訟は最初は非常にのんびりとした形で進行することが一つの特徴です。ただ、税務争訟であっても、判決まで最近はさほど時間がかからないのが通常です。先ほどの訴状を見れば明らかなように、これを提出したのは平成23年3月30日ですが、判決があったのは平成24年12月7日です。2年もかかっていません。1年9か月ほどです。これは非常に早い部類に属するのかもしれませんが、税務訴訟は、判決まで極端に長期間を要するものではありません。

第7 まとめ

　総論の目的（レジュメ1ページ）に書いていますが、租税争訟は、租税法律関係に関する法的な紛争を解決するための制度ないし手続です。租税法には、「租税の確定と徴収が法律の根拠に基づき法律に従って行われるべき」という租税法律主義があります。

　この租税法律主義は、納税者の権利を保護するための原則ですが、仮に違法な租税の確定や徴収が行われた場合には、租税法律主義の趣旨が全うされず、納税者の権利が侵害されることになります。そこで、納税者の権利の救済を図るために租税争訟手続が存在すると言えます。このように租税争訟は納税者の権利を保護するために非常に重要です。

　弁護士以外の一般の方々には、租税というのは国民の義務であって権利ではないと考えられる方が多くいます。しかしながら、租税についても違法な処分がなされれば、国民の権利が侵害されます。租税争訟とは、この国民の権利を守るために非常に重要な手続です。ですから、まさに弁護士がその使命とする業務の一つであると言えるのではないかと思います。

　今後先生方が、積極的にこの分野で、納税者の権利の保護の実現に向けて活躍されることを期待しています。私が属しています日弁連の税制委員会において、納税者の権利の保護を非常に重視し、その実現のために様々な活動をしています。先生方におかれましても、この点についてご理解いただき、ご支援いただければ、ありがたいと思います。本日は、ご清聴いただきどうもありがとうございました。

レジュメ

Ⅰ　プロローグ─租税争訟手続の概要、相談を受けたときの対応等

弁護士　山本　英幸

第1　総論─租税争訟の特色
1　目　的
- 租税争訟とは、租税法律関係に関する法的な紛争
- 租税法律主義：租税の確定と徴収が法律の根拠に基づき法律に従って行われるべきこと
  - →違法な租税の確定又は徴収が行われた場合の、納税者の権利の保護のための制度
- 行政庁への不服申立と訴訟

2　租税を対象とするもの
  (1)　意　義
  ガーンジー島事件（平成21年12月3日判タ1317号92頁）
  (2)　種　類
  別紙参照
  - ●確定の方式の違いによる分類
    - 申告納税方式
    - 賦課課税方式
    - 自動確定方式
  - ●国税と地方税
    国税通則法の国税の定義：国が課する税のうち関税、とん税及び特別とん税以外のもの

3　適用される法律
- 租税実体法：所得税法、法人税法、消費税法、地方税法…
- 租税手続法：国税通則法、地方税法
- 租税争訟法：行政不服審査法、国税通則法、民事訴訟法、行政事件訴訟法

4　不服申立前置主義と関係する手続きの流れ
- ●処分の取消しの訴えと審査請求の関係（行政事件訴訟法8条）
  - 原則：選択制

- ➢ 例外：不服申立前置主義
    - ◇国税通則法115条1項
    - ◇関税法93条
    - ◇地方税法19条の12

例外扱いの理由
(1) 処分が毎年大量であり、裁判所の負担能力を超えた訴訟事件発生の防止
(2) 専門的技術的であり、行政段階での十分な審査により争点を整理する必要
　　⇒不服申立前置主義に対しては批判あり（日弁連意見書）

- ●不服申立て前置主義の下での手続きの流れ
    - ➢ 申告→調査→処分→行政不服審査（異議・審査請求）→訴訟
    - ➢ 申告→更正の請求→処分→行政不服審査（異議・審査請求）→訴訟
    - ➢ 賦課決定処分→行政不服審査（異議・審査請求）→訴訟

5　租税争訟に必要な要素（私見）

- ●租税自体は専門性、技術性がある。多数の通達、実務書の存在。
- ●しかし、弁護士が租税争訟手続きに携わるのに必要な能力は
    - ➢ 「問題の所在」の把握能力
    - ➢ 法律の解釈、適用の能力
    - ➢ 事実の立証能力
- ●実務に精通していることや専門的知識を事前に有する必要はない。あとづけの勉強で十分。

6　租税法規の解釈原理

- ●文理解釈
    - ➢ 「租税法は侵害規範であり、法的安定性の要請が強くはたらくから、その解釈は原則として文理解釈によるべきであり、みだりに拡張解釈や類推解釈を行うことは許されない。」（金子宏「租税法（17版）」110頁）
    - ➢ 最判平成22年3月2日（民集64巻2号420頁）
    - ➢ 参考例：東京地裁平成24年12月7日判決（判例時報2190号3頁）
- ●趣旨解釈
    - ➢ 参考例：東京高裁平成22年7月15日判決（判例時報2088号63頁）
- ●租税回避に関する一連の議論
    - ➢ 最判平成23年2月18日（判例タイムズ1345号115頁）

7　マーケットの状況

別紙参照

Ⅰ　プロローグ―租税争訟手続の概要、相談を受けたときの対応等

第2　相談を受けた場合
1　事案の把握
➢ 相談を受ける段階は、調査時、処分直後、異議決定後、裁決後など様々
➢ 事実関係を把握し、論点を確認することが重要
　➢ 処分の理由を把握できる書面（更正処分通知書、異議決定書、裁決書、担当者意見）
　➢ 納税者の主張を把握できる書面（調査時に提出した書面、異議申立書の理由、審査請求書の理由、その他）
　➢ 納税者からの聴取
　　私見
　　◇この段階では、税務の専門的、実務的観点から結論を急ぐのではなく、納税者の不満の所在を把握することが何よりも重要
　　◇実務慣行などに拘泥すると、勝てる事案を逃してしまう可能性あり
　　◇常識ないしリーガルマインドに照らして、納税者の不満に共感できるかが重要
　　　例：東京高裁平成22年7月15日判決（判例時報2088号63頁）
　　　居住用財産の譲渡所得の特別控除（措置法35条1項）の適用が問題となった事例
　　　　法律：「（居住用の）家屋とともにするその敷地の用に供されている土地の譲渡」
　　　　実務：
　　　　　◇土地を更地として譲渡する目的で家屋を取り壊して土地を譲渡した場合にも適用はある。
　　　　　◇家屋を一部取り壊した場合は、残存部分が機能的にみて独立した居住用家屋と認められない場合に限る
　　実務にとらわれると、本件は一部取り壊しであり、残存部分が居住可能だから不可ということになる。
　　しかし、本件は、現在の居住用財産を処分するには、この事案では、この方法しかない。
　　にもかかわらず、特別控除の適用が受けられないのは不合理ではないか？
　　措置法35条1項の趣旨：「個人が自ら居住の用に供している家屋又はその敷地等を譲渡するような場合には、これに代わる居住用財産を取得するのが通常であるなど、一般の資産の譲渡に比して特殊な事情があり、担税力も高くない例が多いことなどを考慮して設けられた特例」

(1) 当初の状況

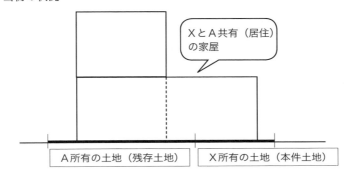

(2) 建物の取壊

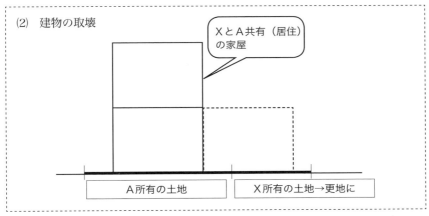

(3) 建物の持分贈与と土地の売却

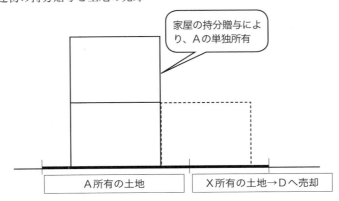

Ⅰ　プロローグ―租税争訟手続の概要、相談を受けたときの対応等

2　争点の把握
- 事実認定に争いがある事案か
- 法律解釈に争いのある事案か

3　勝訴の見込みの判断

4　戦略の立案
- 主張及び立証の方針
- 手続き：異議申立て、審査請求、訴訟
  別紙参照
- チーム構成：代理人の構成、補佐人の選任の有無

5　依頼人との協議、説明
- 論点、勝訴の見込み
- 方針
- 費用
- 時間・スケジュール
- チーム構成

第3　調査時に相談を受けた場合

1　税理士法との関係

第2条　税理士は、他人の求めに応じ、租税（印紙税、登録免許税、関税、法定外普通税（地方税法（昭和二十五年法律第二百二十六号）第十三条の三第四項に規定する道府県法定外普通税及び市町村法定外普通税をいう。）、法定外目的税（同項に規定する法定外目的税をいう。）その他の政令で定めるものを除く。以下同じ。）に関し、次に掲げる事務を行うことを業とする。

　一　税務代理（税務官公署（税関官署を除くものとし、国税不服審判所を含むものとする。以下同じ。）に対する租税に関する法令若しくは行政不服審査法（昭和三十七年法律第百六十号）の規定に基づく申告、申請、請求若しくは不服申立て（これらに準ずるものとして政令で定める行為を含むものとし、酒税法（昭和二十八年法律第六号）第二章の規定に係る申告、申請及び不服申立てを除くものとする。以下「申告等」という。）につき、又は当該申告等若しくは税務官公署の調査若しくは処分に関し税務官公署に対してする主張若しくは陳述につき、代理し、又は代行すること（次号の税務書類の作成にとどまるものを除く。）をいう。）

　二　税務書類の作成（税務官公署に対する申告等に係る申告書、申請書、請求書、不服申立書その他租税に関する法令の規定に基づき、作成し、かつ、税務官公署に提出する書類（その作成に代えて電磁的記録（電子的方式、磁気的方式その他の人の知覚によつては認識することができない方式で作られる記録であつて、電子計算機による

情報処理の用に供されるものをいう。第三十四条第一項において同じ。）を作成する場合における当該電磁的記録を含む。以下同じ。）で財務省令で定めるもの（以下「申告書等」という。）を作成することをいう。）

三　税務相談（税務官公署に対する申告等、第一号に規定する主張若しくは陳述又は申告書等の作成に関し、租税の課税標準等（国税通則法（昭和三十七年法律第六十六号）第二条第六号イからヘまでに掲げる事項及び地方税に係るこれらに相当するものをいう。以下同じ。）の計算に関する事項について相談に応ずることをいう。）

2　税理士は、前項に規定する業務（以下「税理士業務」という。）のほか、税理士の名称を用いて、他人の求めに応じ、税理士業務に付随して、財務書類の作成、会計帳簿の記帳の代行その他財務に関する事務を業として行うことができる。ただし、他の法律においてその事務を業として行うことが制限されている事項については、この限りでない。

3　前二項の規定は、税理士が他の税理士又は税理士法人（第四十八条の二に規定する税理士法人をいう。次章、第四章及び第五章において同じ。）の補助者としてこれらの項の業務に従事することを妨げない。

第30条　税理士は、税務代理をする場合においては、財務省令で定めるところにより、その権限を有することを証する書面を税務官公署に提出しなければならない。

第51条　弁護士は、所属弁護士会を経て、国税局長に通知することにより、その国税局の管轄区域内において、随時、税理士業務を行うことができる。

2　前項の規定により税理士業務を行う弁護士は、税理士業務を行う範囲において、第一条、第三十条、第三十一条、第三十三条から第三十八条まで、第四十一条から第四十一条の三まで、第四十三条前段、第四十四条から第四十六条まで（これらの規定中税理士業務の禁止の処分に関する部分を除く。）、第四十七条、第四十八条、第五十四条及び第五十五条の規定の適用については、税理士とみなす。この場合において、第三十三条第三項及び第三十三条の二第三項中「税理士である旨その他財務省令で定める事項」とあるのは、「第五十一条第一項の規定による通知をした弁護士である旨及び同条第三項の規定による通知をした弁護士法人の業務として同項の業務を行う場合にはその法人の名称」とする。

3　弁護士法人（弁護士法に規定する社員の全員が、第一項の規定により国税局長に通知している法人に限る。）は、所属弁護士会を経て、国税局長に通知することにより、その国税局の管轄区域内において、随時、税理士業務を行うことができる。

4　前項の規定により税理士業務を行う弁護士法人は、税理士業務を行う範囲において、第三十三条、第三十三条の二、第四十八条の十六（第三十九条の規定を準用する部分を除く。）、第四十八条の二十（税理士法人に対する解散の命令に関する部分を除く。）、第五十四条及び第五十五条の規定の適用については、税理士法人とみ

Ⅰ　プロローグ―租税争訟手続の概要、相談を受けたときの対応等

なす。
第52条　税理士又は税理士法人でない者は、この法律に別段の定めがある場合を除くほか、税理士業務を行つてはならない。

- 弁護士会を通じて国税局長に通知すること
- 税務代理権限証書（税理士法施行規則15条、第8号様式）

2　目　的
- 処分の回避
- 証拠のコントロール
- 適正な手続きの確保
- 納税者の権利と国税通則法の最近の改正（日弁連の活動の成果）
- 調査の違法と処分の違法
- 適正な手続きを確保するための方策

第4　異議申立て
1　手続きの特徴
　(1)　長　所
　(2)　時　間
　(3)　認容割合
2　異議申立ての手続き
　(1)　提出先
　(2)　申立期間
　(3)　異議申立書の様式・記載事項（別紙参照）・提出部数
　(4)　委任状
　(5)　送達先
　(6)　国税局への通知
3　異議審理に関する留意事項
　(1)　十分な審理を受けるための工夫・戦略の重要性
　(2)　3か月を経過した時の対処

第5　審査請求
1　手続きの特徴
　(1)　長　所
　(2)　時　間
　(3)　認容割合

2 審査請求の手続き
 (1) 提出先
 (2) 不服申立ての期間
    異議決定書謄本の送達があった日の翌日から起算して1か月以内
 (3) 異議申立てを経ない審査請求
    ➢ 処分があったことを知った日の翌日から起算して2か月以内
    ➢ 直接審査請求ができる処分
      ➢ 国税局長のした処分に不服があるとき
      ➢ 税務署長のした所得税又は法人税の青色申告書に係る更正に不服があるとき
      ➢ 処分をした税務署長又は税関長が、その処分について異議申立てをすることができることを教示しなかったとき
      ➢ 国税庁、国税局、税務署及び税関以外の行政機関の長又は職員がした処分に不服があるとき
 (4) 異議申立て後、3か月を経過しても異議決定がない場合の審査請求
 (5) 審査請求書の様式・記載事項（別紙）・提出部数
 (6) 委任状
 (7) 送達先
3 審理の流れ
 (1) 別紙参照
 (2) 答弁書の受領と反論書、証拠書類の提出
 (3) 担当審判官等との面談、質問・検査
 (4) 口頭意見陳述の申立て
 (5) 証拠の閲覧請求
 (6) 争点整理表

第6 訴 訟

1 出訴期間
 「取消訴訟は、処分又は裁決があったことを知った日から6箇月を経過したときは、提起することができない。」（行政事件訴訟法14条1項）
2 取消訴訟の管轄
  ➢ 被告の普通裁判籍の所在地を管轄する裁判所
  ➢ 処分若しくは裁決をした行政庁の所在地を管轄する裁判所
  ➢ 国を被告とする取消訴訟は、原告の普通裁判籍の所在地を管轄する地方裁判所
3 訴状の記載例（別紙参照）

Ⅰ　プロローグ―租税争訟手続の概要、相談を受けたときの対応等

- 処分行政庁
- 貼用印紙額の計算
  - 減額を求める本税額
  - 加算税
  - 複数の処分の取消を求める場合
  - 青色申告承認取消処分の取消訴訟
- 請求の原因として記載すべき事項
- 添付資料

4　その他
  (1)　答弁書
  (2)　総額主義と争点主義
  (3)　立証責任の問題
  (4)　行政事件訴訟法23条の2（釈明処分の特則）
  (5)　学者の意見書

5　参考文献
　司法研修所編「租税訴訟の審理について（改訂新版）」法曹会

第7　まとめ

国税・地方税の税目・内訳

	国税	地方税		国税	地方税
所得課税	所得税 法人税 地方法人特別税 復興特別所得税 復興特別法人税	個人住民税 個人事業税 法人住民税 法人事業税 道府県民税利子割 道府県民税配当割 道府県民税株式等 譲渡所得割	消費課税	消費税 酒税 たばこ税 たばこ特別税 揮発油税 地方揮発油税 石油ガス税 自動車重量税 航空機燃料税 石油石炭税 電源開発促進税 関税 とん税 特別とん税	地方消費税 地方たばこ税 軽油引取税 自動車取得税 ゴルフ場利用税 入湯税 自動車税 軽自動車税 鉱産税 狩猟税 鉱区税
資産課税等	相続税・贈与税 登録免許税 印紙税	不動産取得税 固定資産税 都市計画税 事業所税 特別土地保有税 法定外普通税 法定外目的税			

レジュメ

国税の不服申立制度の概要図

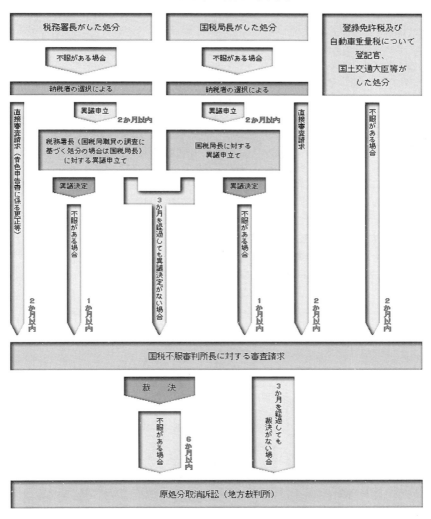

出典：国税不服審判所ホームページ

I プロローグ―租税争訟手続の概要、相談を受けたときの対応等

平成24年度における異議申立ての概要

平成25年6月
国税庁

> 国税に関する法律に基づく処分についての納税者の救済制度には、処分庁に対する異議申立て及び国税不服審判所長に対する審査請求という行政上の救済制度（不服申立制度）と、裁判所に対して訴訟を提起して処分の是正を求める司法上の救済制度があります。
> このうち、「異議申立て」は、税務署長などが更正・決定や差押えなどの処分をした場合に、その処分に不服がある納税者が税務署長などに対してその処分の取消しや変更を求める手続であり、国税に関する処分についての納税者の救済制度の第一段階です。
> 異議申立事務の遂行に当たっては、納税者の権利救済及び行政の適正な運営の確保という制度の趣旨を踏まえた適切な運営を心掛けているところです。
> 今般、平成24年度（平成24年4月1日から平成25年3月31日まで）の異議申立ての状況を次のとおり取りまとめました。

■異議申立て〈簡易・迅速かつ適正な権利救済〉

1　異議申立ての状況（表1）

異議申立ての件数は3424件で、前年度より10.0％減少

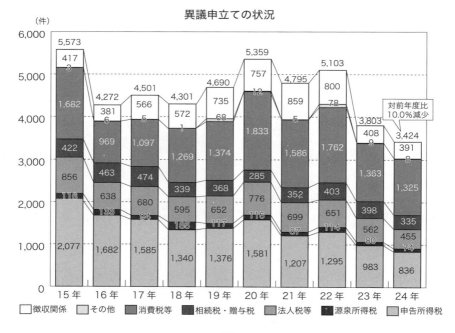

異議申立ての状況

平成24年度における異議申立ての件数は、申告所得税、源泉所得税、法人税等、相続税・贈与税、消費税等及び徴収関係に係る件数が減少したことに伴い3,424件と過去10年間で最少であり、前年度と比べ10.0％の減少となっています。

2　異議申立ての処理状況（表2）

　異議申立てにおける認容割合は9.9％で、前年度より増加

異議申立ての処理状況

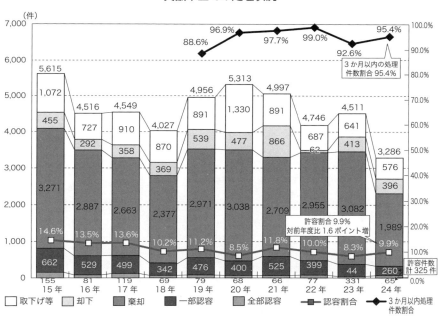

　平成24年度の異議申立ての処理件数は3,286件となっています。

　処理件数のうち、納税者の主張が何らかの形で受け入れられた件数は325件（一部認容260件、全部認容65件）で、その割合は9.9％（一部認容7.9％、全部認容2.0％）となっており、前年度と比べ1.6ポイントの増加となっています。

　異議申立てについては、迅速な処理に努めており、異議申立ての3か月以内の処理件数割合は95.4％となっています（割合は、相互協議事案、公訴関連事案及び国際課税事案を除いて算出しています）。

Ⅰ　プロローグ―租税争訟手続の概要、相談を受けたときの対応等

平成24年度における審査請求の概要

平成25年6月
国税庁

> 「審査請求」は異議決定を経た後の処分になお不服がある場合などに、その処分の取消し等を求めて国税不服審判所長に対して申し立てる手続です。
> 　国税不服審判所は、賦課徴収を行う税務署や国税局と審査請求人（納税者）との間に立ち、公正な第三者的立場で裁決を行っています。
> 　今般、平成24年度（平成24年4月1日から平成25年3月31日まで）の審査請求の状況を取りまとめました。

1　審査請求の状況（表1）

審査請求の件数は3,598件で、前年度より0.5％増加

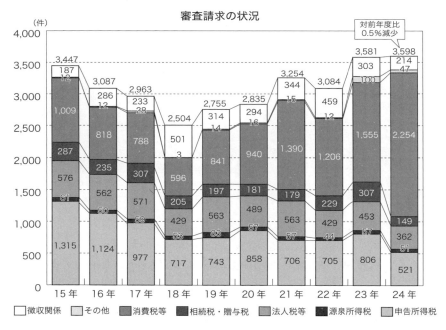

平成24年度における審査請求の件数は、消費税等（消費税及び地方消費税）が増加したことに伴い3,598件と過去10年間で最多であり、前年度と比べ0.5％の増加となっています。

2　審査請求の処理状況（表2）

審査請求における認容割合は12.5％で、前年度より減少

レジュメ

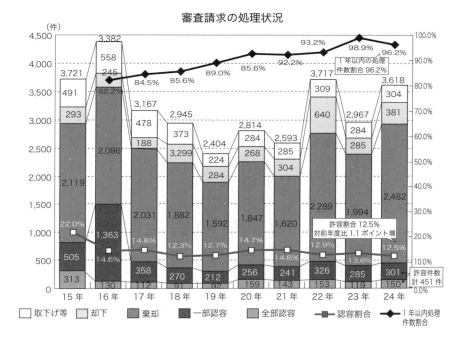

審査請求の処理状況

平成24年度の審査請求の処理件数は3,618件となっています。

処理件数のうち、納税者の主張が何らかの形で受け入れられた件数は451件（一部認容301件、全部認容150件）で、その割合は12.5％（一部認容8.3％、全部認容4.1％）となっており、前年度と比べ1.1ポイントの減少となっています。

審査請求は、原則1年以内に裁決するよう努めており、審査請求の1年以内の処理件数割合は96.2％となっています。

なお、平成23年度中に請求があった事件について、1年以内に処理した割合は91.3％（前年は95.8％）となっています。

平成24年度における訴訟の概要

平成25年6月
国税庁

国税に関する法律に基づく処分についての納税者の救済制度には、処分庁に対する異議申立て及び国税不服審判所長に対する審査請求という行政上の救済制度（不服申立制度）と、裁判所に対して訴訟を提起して処分の是正を求める司法上の救済制度があります。

納税者は、上記「異議申立て」ないし「審査請求」という行政上の救済制度を経た

I プロローグ―租税争訟手続の概要、相談を受けたときの対応等

後、なお不服があるときは、裁判所に対して「訴訟」を提起することができます。
　訴訟事務の遂行に当たっては、法令に基づき適切な事務の遂行に努めているところです。
　今般、平成24年度（平成24年4月1日から平成25年3月31日まで）の訴訟の状況を次のとおり取りまとめました。

訴訟〈司法による救済〉
1　訴訟の発生状況（表1）
　訴訟の発生件数は340件で、前年度より13.0％減少

訴訟の発生状況

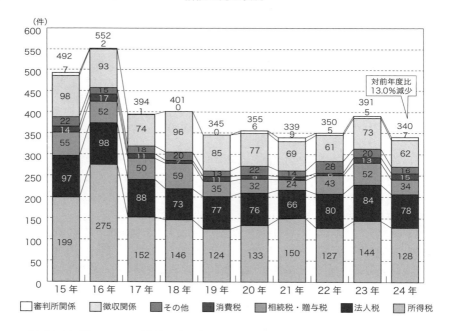

　平成24年度における訴訟の発生件数は、所得税、法人税、相続税・贈与税及び徴収関係に係る事件が減少したことに伴い340件となっており、前年度と比べ13.0％の減少となっています。

2 訴訟の終結状況（表2）

敗訴割合は、6.3％

訴訟の終結状況

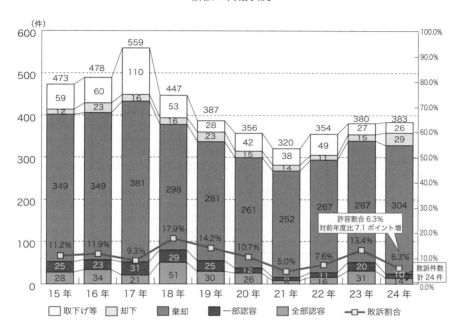

平成24年度の終結件数は、383件となっています。このうち、国側が一部敗訴したもの及び全部敗訴したものは24件（一部敗訴10件、全部敗訴14件）で、その割合は6.3％（一部敗訴2.6％、全部敗訴3.7％）となっています。

I プロローグ―租税争訟手続の概要、相談を受けたときの対応等

異議申立書（処分用） (初葉)

※整理欄	通信日付印年月日		整理簿	連絡せん
	平成　年　月　日	確認印		
	． ．			

① 平成＿＿年＿＿月＿＿日

② ＿＿＿＿＿＿＿＿＿＿ 税務署長　殿
　　＿＿＿＿＿＿＿＿＿＿ 国税局長　殿

異議申立人	③	住所又は所在地（納税地）		郵便番号 ―
				電話番号 （　）
	④	（フリガナ）氏名又は名称	（　　　　　） 印	郵便番号 ―
				電話番号 （　）
⑤は総代代表又者人		住所又は居所		郵便番号 ―
		（フリガナ）氏　名	（　　　　　） 印	電話番号 （　）
⑥代理人		住所又は居所		郵便番号 ―
		（フリガナ）氏　名	（　　　　　） 印	電話番号 （　）

下記の処分について不服があるので、異議申立てをします。

異議申立てに係る処分∧原処分∨	⑦ 原処分庁	（　　　）税務署長・（　　　）国税局長・その他（　　　）		
	⑧ 原処分日等	原処分（下記⑨）の通知書に記載された年月日	平成　年　月　日付	
		原処分（下記⑨）の通知書を受けた年月日	平成　年　月　日	
	⑨ 原処分名等（「税目」欄及び「原処分名」欄の該当番号をそれぞれ○で囲み、「対象年分等」欄は、「原処分名」ごとに記載した上で「税目」欄において○で囲んだ異議申立てに係る処分の税目の番号を括弧書で記載してください。）	税　目	原処分名	対象年分等
		1 申告所得税 2 復興特別所得税 3 法人税 4 復興特別法人税 5 消費税及び地方消費税 6 相続税 7 贈与税 8 （　　　）	1 更　正	
			2 決　定	
			3 加算税 a 過少申告加算税の賦課決定	
			b 無申告　加算税の賦課決定	
			c 重　加算税の賦課決定	
			4 更正の請求に対する更正すべき理由がない旨の通知	
			5 青色申告の承認の取消し	以後
			6 その他（　　　）	
		9 源泉所得税 10 復興特別所得税	7 納税の告知	
			8 加算税 a 不納付加算税の賦課決定	
			b 重　加算税の賦課決定	

※整理欄は、記載しないでください。　　　　　　　　　　　　　　　　　　　　　　　　（異1）

レジュメ

(次葉)

| | 異議申立人の氏名又は名称 | |

<table>
<tr><td rowspan="2">⑩
異議申立ての趣旨</td><td>
★ 原処分の取消し又は変更を求める範囲等について、該当する番号を○で囲んでください。

　1：全部取消し　………　初葉記載の原処分の全部の取消しを求める。
　2：一部取消し　………　初葉記載の原処分のうち、次の部分の取消しを求める。
　3：変　　更　…………　初葉記載の原処分について、次のとおりの変更を求める。

★ 上記番号2の「一部取消し」又は3の「変更」を求める場合には、その範囲等を記載してください。
</td></tr>
<tr><td></td></tr>
</table>

⑪ 異議申立ての理由	★ 取消し等を求める理由をできるだけ具体的に記載してください。 　なお、この用紙に書ききれない場合には、適宜の用紙に記載して添付してください。

⑫　添付書類等（★該当番号を○で囲んでください。）	⑬　原処分があったとき以後に納税地の異動があった場合
1：委任状（代理人の権限を証する書類） 2：総代選任書 3：異議申立ての趣旨及び理由を計数的に説明する資料 4：その他（　　　　　　　　　　　　　　）	1：原処分をした税務署長又は国税局長 　⇒（　　　　　　）税務署長・（　　　　　）国税局長 2：原処分の際の納税地 　⇒

(異1)

Ⅰ　プロローグ—租税争訟手続の概要、相談を受けたときの対応等

○　異議申立書（処分用）の記載要領

　異議申立書（処分用）には、異議申立てに係る処分、異議申立てに係る処分があったことを知った年月日、異議申立ての趣旨及び理由、異議申立ての年月日などを記載しなければなりません。
　なお、連結親法人が受けた連結納税に係る更正処分等に対する異議申立ては、連結親法人が行うことに注意してください。
　以下、異議申立書（処分用）用紙に沿って記載方法を説明します。
1　「①　年　月　日」欄
　　異議申立書の提出年月日を記載してください。
2　「②　　税務署長殿、　　国税局長殿」欄
　　異議申立書を提出する行政機関の長を記載してください。
3　「③住所又は所在地（納税地）」欄
　　異議申立てをしようとする方又は法人の住所又は所在地を記載してください。
　　住所又は所在地と納税地が異なる場合には、上段に住所又は所在地を、下段に納税地を括弧書で記載してください。
4　「④（フリガナ）氏名又は名称」欄及び「⑤総代又は代表者」欄
　(1)　個人の場合には、④欄に氏名を記載し、押印してください。なお、総代を互選している場合には、⑤欄に総代の住所又は居所及び氏名を記載し、総代の印を押すとともに、総代選任書を必ず添付してください。
　　　なお、「総代選任書」については、国税庁ホームページ【www.nta.go.jp】に掲載されておりますので御利用ください。
　(2)　法人の場合には、④欄に名称を、⑤欄に代表者の住所又は居所及び氏名を記載し、代表者の印を押してください（④欄に会社印を押す必要はありません。）。
　　　なお、連結親法人が受けた連結納税に係る更正処分等に対する異議申立ての場合には、名称の前に「連結親法人」と記載してください。
　(3)　氏名又は名称には、フリガナを付けてください。
　(4)　異議申立書（次葉）の右上にも「異議申立人の氏名又は名称」欄がありますので、必ず記載してください。
5　「⑥代理人」欄
　　代理人が選任されている場合には、その方の住所又は居所若しくは所在地及び氏名又は名称を記載し、代理人の印を押すとともに、委任状を必ず添付してください。
　　なお、「委任状」については、国税庁ホームページ【www.nta.go.jp】に掲載されておりますので御利用ください。
　　また、氏名又は名称には、フリガナを付けてください。
6　「⑦原処分庁」欄
　　異議申立ての対象とする更正処分等（原処分）の通知書に表示されている行政機関の長が税務署長又は国税局長の場合には、「（　　　）税務署長」又は「（　　　）国税局長」の欄に記載してください。それ以外の場合には「その他（　　　）」に記載してください。
　　なお、次の点に御注意ください。
　(1)　原処分の通知書に「国税局の職員の調査に基づいて行った」旨の記載がある場合には、その国税局長が原処分庁となりますから「〇〇国税局長」と記載してください。
　(2)　登録免許税の納税告知処分の場合には、「〇〇税務署長」と記載してください。
7　「⑧原処分日等」欄
　(1)　上段には、「⑨原処分名等」欄に記載する処分の通知書に記載されている年月日を記載してください。

—19—

(2)　下段には、「⑨原処分名等」欄に記載する処分の通知書の送達を受けた年月日を記載してください。
　　　　なお、処分の通知書の送達を受けていない場合は、処分があったことを知った年月日を記載してください。
8　「⑨原処分名等」欄
　(1)　「税目」欄は、異議申立てに係る処分の税目の番号（税目が複数あれば該当する全ての番号）を○で囲んでください。
　　　　なお、番号「1」から「7」まで並びに「9」及び「10」以外の税目等の場合には、番号「8」を○で囲み（　）内に税目等を記載してください。
　　　〔税目が「8」の場合の記載例〕
　　　　・徴収関係
　　　　・酒税
　　　　・印紙税
　　　　・登録免許税
　(2)　「原処分名」欄は、税目ごとに異議申立てに係る原処分名の番号を○で囲んでください。
　　イ　税目が「1」から「8」の場合で該当する原処分名が掲げられていない場合は、「6その他（　）」の番号を○で囲み（　）内に原処分名を記載してください。
　　　〔（　）内の記載例〕
　　　　・不動産の差押え
　　　　・債権の差押え
　　　　・納税者○○○に係る第二次納税義務の告知
　　ロ　「加算税」については各加算税の種類の記号を○で囲んでください。
　(3)　「対象年分等」欄は、原処分名欄において○で囲んだ原処分名ごとに対象年分、対象月分、対象事業年度、対象課税期間等を記載した上、「税目」欄において○で囲んだ異議申立てに係る処分の税目の番号を括弧書で記載してください。
　　　　なお、対象年分等が複数の場合は、それぞれ記載してください。
　　　〔記載例〕
　　　　・申告所得税の場合……平成○年分（1）
　　　　・申告所得税及び復興特別所得税の場合……平成○年分（1、2）
　　　　・平成○年分の申告所得税並びに平成×年分の申告所得税及び復興特別所得税の場合……平成○年分（1）、平成×年分（1、2）
　　　　・源泉所得税の場合……平成○年○月～平成○年○月分（9）
　　　　・源泉所得税及び復興特別所得税の場合……平成○年○月～平成○年○月分（9、10）
　　　　・平成○年○月から平成○年○月までの源泉所得税並びに平成×年×月から平成×年×月までの源泉所得税及び復興特別所得税の場合……平成○年○月～平成○年○月分（9）、平成×年×月分～平成×年×月分（9、10）
　　　　・法人税の場合……平成○年○月○日～平成○年○月○日事業年度分（3）
　　　　・法人税及び復興特別法人税の場合……平成○年○月○日～平成○年○月○日事業年度分（3、4）
　　　　・平成○年分の法人税並びに平成×年分の法人税及び復興特別法人税の場合……平成○年○月○日～平成○年○月○日事業年度分（3）、平成×年×月×日～平成×年×月×日事業年度分（3、4）
　　　　・相続税の場合……平成○年○月○日相続開始（6）
　　　　・消費税及び地方消費税の場合……平成○年○月○日～平成○年○月○日課税期間分（5）
9　「⑩異議申立ての趣旨」欄
　　　　異議申立ての対象とする処分の取消し等を求める範囲について、番号「1」から

I　プロローグ─租税争訟手続の概要、相談を受けたときの対応等

「3」のうち該当する番号を〇で囲み、「2：一部取消し」又は「3：変更」の場合には、その求める範囲を具体的に記載してください。
　〔記載例〕
　・「2：一部取消し」の場合
　　　初葉記載の所得税の平成〇年分の更正処分のうち所得金額△△円を超える部分に対応する税額に係る更正処分の取消し及びこれに伴う〇〇加算税賦課決定処分の取消しを求める。
　・「3：変更」の場合
　　　初葉記載の贈与税の延納条件を2年とする処分を3年へ変更することを求める。

10　「⑪異議申立ての理由」欄
　　原処分の全部又は一部の取消し等を求める理由をできるだけ具体的に、かつ、明確に記載してください。なお、この用紙に書ききれないときは、適宜の用紙に記載して添付してください。
　〔申告所得税の場合の記載例〕
　・私は、土地家屋を平成〇年〇月〇日に譲渡したので、租税特別措置法第35条第1項の特別控除の規定を適用して所得税の確定申告書を提出したが、A税務署長は、当該規定の適用は認められないとして更正処分等を行った。これは、次のとおり事実を誤認したものである。
　　　（以下、主張する事実関係を詳しく記載してください。）
　〔源泉所得税の場合の記載例〕
　・B税務署長は、外注先甲に対する支払が所得税法第183条第1項の給与等に該当するとして源泉所得税の納税告知処分をしたが、この処分は次の理由により法律の適用誤りである。
　　　（以下、適用誤りとされる理由を詳しく記載してください。）
　〔相続税の場合の記載例〕
　・私は、相続により取得したゴルフ会員権の価格を〇〇〇円と評価して相続税の申告をしたが、C税務署長はこれを△△△円と評価して更正処分等を行った。しかしながら、これは次のとおり評価を誤ったものである。
　　　（以下、誤った評価とされる理由を詳しく記載してください。）
　〔消費税及び地方消費税の場合の記載例〕
　・D税務署長は取引先乙に支払った手数料の金額が、消費税法第30条第1項に規定する仕入税額控除の対象と認められないとして更正処分を行った。しかしながら、この手数料については、次の理由により、仕入税額控除の対象とされるべきである。
　　　（以下、対象とされるとした理由を詳しく記載してください。）

11　「⑫添付書類等」欄
　　代理人が選任されている場合の委任状、総代を互選している場合の総代選任書、異議申立ての趣旨及び理由を計数的に説明する必要から添付する資料がある場合には、それぞれ該当する番号を〇で囲んでください。
　　また、その他の資料を添付する場合には、番号「4」を〇で囲んだ上、（　）内に添付する書類名を具体的に記載してください。

12　「⑬原処分があったとき以後に納税地の異動があった場合」欄
　　原処分があったとき以後に納税地の異動があった場合は、異議申立ての対象とする更正処分等（原処分）の通知書に表示されている行政機関名を記載するとともに、原処分を受けた時の納税地について記載してください。

レジュメ

委　任　状

　　　　　　　住所又は居所（事務所）
　　　　　　　_____

　　　　　　　電話_____郵便番号_____
　　　　　　　氏名_____
　　　　　　　（資格がある場合の資格_____）

私は上記の者を代理人と定め、下記事項に関する代理行為をする権限を委任します。

　　　　　　　　　　　　記

平成____年____月____日付の_____

についての異議申立てに関する一切の行為

　　　　　　　　　　　　　　　　　平成___年___月___日

　　　異議申立人
　　　　　住所（納税地）_____
　　　　　氏名又は名称_____㊞

(異86)

I　プロローグ—租税争訟手続の概要、相談を受けたときの対応等

異議申立書

平成18年12月25日

○○税務署長　殿

　　　　　　　　　　　　　　異議申立人代理人　弁護士　○　○　○　○　印
　　　　　　　　　　　　　　　　　　　同　　　　　　　　○　○　○　○　印
　　　　　　　　　　　　　　異議申立人代理人　税理士　○　○　○　○　印

国税通則法第75条第1項の規定により、次のとおり異議申立をする。

1．異議申立人の名称及び住所等
　　　　〒○○○-○○○○　　○○県○○市○○○○○○○○
　　　　　異議申立人　　株式会社○○○○○
　　　　　　　　　　　（旧商号　有限会社○○○○○）
　　　　　上記代表者代表取締役　○　○　○　○

　　　　〒○○○-○○○○　東京都○○区○○丁目○○番○○号
　　　　　○○○○○○○○法律事務所
　　　　　　異議申立人代理人弁護士　○　○　○　○
　　　　　　同　　　　　　　　　　　○　○　○　○　（連絡担当）
　　　　　電話　○○-○○○○-○○○○
　　　　　FAX　○○-○○○○-○○○○
　　　　〒○○○-○○○○　東京都○○区○○丁目○○番○○号
　　　　　　異議申立人代理人税理士　○　○　○　○

—23—

2．異議申立に係る処分
　○○税務署長が平成18年10月27日付けで異議申立人に通知した次の処分
　①　青色申告の承認取消処分
　②　異議申立人の平成16年6月30日終了事業年度分の法人税額等の更正処分及び加算税賦課決定処分
　③　異議申立人の平成17年6月30日終了事業年度分の法人税額等の更正処分及び加算税賦課決定処分
　④　異議申立人の平成18年6月30日終了事業年度分の法人税額等の更正処分及び加算税賦課決定処分

3．異議申立に係る処分があったことを知った年月日
　　平成18年10月28日

4．異議申立の趣旨
　　「2記載の処分を取消す。」との決定を求める。

5．異議申立の理由
　　別紙記載のとおり

6．処分庁の教示の有無及びその内容
　　次の内容の教示があった。
　　「この処分に不服があるときは、この通知を受けた日の翌日から起算して2月以内に○○税務署長に対して異議申立をすることができます。」

以　上

Ⅰ　プロローグ―租税争訟手続の概要、相談を受けたときの対応等

委　任　状

私は、下記1の者を代理人と定めて、下記2の権限を委任します。

記

1．代理人の住所・氏名
　　　　〒○○○-○○○○　　東京都○○区○○丁目○○番○○号
　　　　　　○○○○○○○○法律事務所
　　　　　　弁護士　　○　　○　　○　　○
　　　　　　同　　　　○　　○　　○　　○
　　　　〒○○○-○○○○　　東京都○○区○○丁目○○番○○号
　　　　　　税理士　　○　　○　　○　　○

2．委任する権限
　(1)　○○税務署長が平成18年10月27日付けで異議申立人に通知した次の処分について異議申立を提起する権限
　　①　青色申告の承認取消処分
　　②　異議申立人の平成16年6月30日終了事業年度分の法人税額等の更正処分及び加算税賦課決定処分
　　③　異議申立人の平成17年6月30日終了事業年度分の法人税額等の更正処分及び加算税賦課決定処分
　　④　異議申立人の平成18年6月30日終了事業年度分の法人税額等の更正処分及び加算税賦課決定処分
　(2)　上記(1)の異議申立手続きに関する一切の行為をする権限
　(3)　上記(1)の異議申立に関し復代理人を選任する権限
　(4)　上記(1)の異議申立を取下げる権限

　　平成18年12月20日

　　　　　　　異議申立人
　　　　　　　〒○○○-○○○○　　○○県○○市○○○○○○○○
　　　　　　　　株式会社○○○○○
　　　　　　　　　代表取締役　○　　○　　○　　○　　印

レジュメ

審査請求書提出後の国税不服審判所での審理の流れ

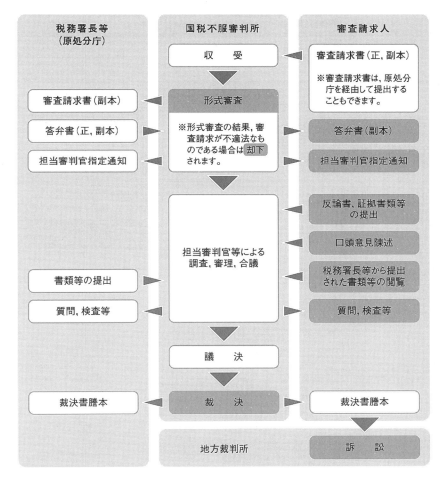

出典：国税不服審判所ホームページ

I プロローグ―租税争訟手続の概要、相談を受けたときの対応等

審査請求書（初葉）

正本　収受日付印

（注）必ず次葉とともに、正副2通を所轄の国税不服審判所に提出してください。

※審判所処理事項　通信日付　確認印　整理簿記入

国税不服審判所長　殿

① 請求年月日　平成　年　月　日

審査請求人
② 住所・所在地（納税地）〒
③ （ふりがな）氏名・名称　（　　　）　印　電話番号　－　－

④ 法人の代表者又は総代
住所・所在地　〒
（ふりがな）氏名・名称　（　　　）　印　電話番号　－　－

総代が互選されている場合は総代選任届出書を必ず添付してください。

⑤ 代理人
住所・所在地　〒
（ふりがな）氏名・名称　（　　　）　印　電話番号　－　－

委任状（代理人の選任届出書）を必ず添付してください。

⑥ 原処分庁（　　　）税務署長・（　　　）国税局長・その他（　　　）

⑦ 処分日等
原処分（下記⑧）の通知書に記載された年月日：平成　年　月　日付
原処分（下記⑧）の通知を受けた年月日　　：平成　年　月　日

更正・決定・加算税の賦課決定などの処分に係る日付であり、異議決定に係る日付とは異なりますからご注意下さい。

審査請求に係る処分（原処分）

⑧処分名等（該当する番号を○で囲み、対象年分等は該当処分名ごとに記入する。）

税目等	処分名	対象年分等
1 申告所得税 2 復興特別所得税 3 法人税 4 復興特別法人税	1 更正 2 決定 3 青色申告の承認の取消し 4 更正の請求に対する更正すべき理由がない旨の通知 5 更正の請求に対する更正 6 過少申告加算税の賦課決定 7 無申告加算税の賦課決定 8 重加算税の賦課決定 9 その他〔　　〕	
5 消費税・地方消費税 6 相続税 7 贈与税 8 地価税	1 更正 2 決定 3 更正の請求に対する更正すべき理由がない旨の通知 4 更正の請求に対する更正 5 過少申告加算税の賦課決定 6 無申告加算税の賦課決定 7 重加算税の賦課決定 8 その他〔　　〕	
9 源泉所得税 10 復興特別所得税	1 納税の告知 2 不納付加算税の賦課決定 3 重加算税の賦課決定	
11 滞納処分等	1 督促〔督促に係る国税の税目：　　〕 2 差押え〔差押えの対象となった財産：　　〕 3 公売等〔a 公売公告、b 最高価申込者の決定、c 売却決定、d 配当、e その他（　　）〕 4 相続税の延納又は物納〔a 延納の許可の取消し、b 物納申請の却下、c その他（　　）〕 5 充当 6 その他〔　　〕	
12 その他〔　　〕		

※印欄には記入しないでください。

付表1号様式（初葉）

レジュメ

審査請求書（次葉）

正本

審査請求人氏名（名称）	

原処分に係る異議申立ての状況	⑨異議申立てをした場合（該当する番号を○で囲む。）	異議申立年月日 ： 平成＿＿年＿＿月＿＿日 1 異議決定あり……異議決定書謄本の送達を受けた年月日 ： 平成＿＿年＿＿月＿＿日 2 異議決定なし
	⑩異議申立てをしていない場合（該当する番号を○で囲む。）	1 所得税若しくは法人税の青色申告書又は連結確定申告書等に係る更正であるので、審査請求を選択する。 2 原処分の通知書が国税局長名（国税局長がした処分）であるので、審査請求を選択する。 3 原処分の通知書に異議申立てをすることができるという教示がないので、審査請求を選択する。 4 その他

⑪審査請求の趣旨（処分の取消し又は変更を求める範囲）	◎該当する番号を○で囲み、必要な事項を記入してください。 1 全部取消し……初葉記載の原処分（異議決定を経ている場合にあっては、当該決定後の処分）の全部の取消しを求める。 2 一部取消し……初葉記載の＿＿＿＿＿＿＿＿＿＿＿＿＿＿＿＿＿＿＿＿＿＿＿＿＿＿＿＿＿＿＿の取消しを求める。 3 その他………

⑫審査請求の理由	◎取消し等を求める理由をできるだけ具体的に、かつ、明確に記載してください。 なお、この用紙に書ききれないときは、適宜の用紙に記載して添付してください。

⑬添付書類の確認（該当する番号を○で囲む。）	1 委任状（代理人の選任届出書） 2 総代選任届出書 3 審査請求の趣旨及び理由を計数的に説明する資料 4 その他

○審査請求書の記載に当たっては、別紙「審査請求書の書き方」を参照してください。　　付表1号様式（次葉）

Ⅰ　プロローグ―租税争訟手続の概要、相談を受けたときの対応等

　　　　　　　　　　　　　　　　　　　　　　　　　平成　年　月　日

国税不服審判所長　殿

　　　　　　　　　　　　　審査請求人
　　　　　　　　　　　　　　（住所・所在地）
　　　　　　　　　　　　　―――――――――――――――――――

　　　　　　　　　　　　　　（氏名・名称）
　　　　　　　　　　　　　―――――――――――――――――――　㊞

　　　　　　　　　　　　　　（法人の場合、代表者の住所）
　　　　　　　　　　　　　―――――――――――――――――――

　　　　　　　　　　　　　　（法人の場合、代表者の氏名）
　　　　　　　　　　　　　―――――――――――――――――――　㊞

　　　　　　　　　　　　　　（電話番号）
　　　　　　　　　　　　　　（連絡先等）
　　　　　　　　　　　　　―――――――――――――――――――

　　　　　　　　代　理　人　の　選　任　届　出　書
　　　　　　　　　　　　　　　　　　　解　任

　私は、下記1の事項について、下記2の者を代理人に選任／から解任したので届け出ます。

　　　　　　　　　　　　　　　　記

1　委任事項

　　審査請求に関する一切の行為

2　代理人
　　住所・所在地
　　――――――――――――――――――――――――――――
　　（　事　務　所　）
　　――――――――――――――――――――――――――――
　　氏名・名称
　　――――――――――――――――――――――――――――
　　職　　　　業
　　――――――――――――――――――――――――――――
　　電話番号（連絡先等）
　　――――――――――――――――――――――――――――

　　　　　　　　　　　　　　　　　　　　　　　　付表13号様式

（注）1　審査請求人が複数の場合には、「別紙1」を作成の上、添付してください。
　　　2　複数の代理人を選任（解任）される場合には、「別紙2」を作成の上、添付してください。
　　　3　国税通則法第107条第2項ただし書に規定する「特別の委任」をする場合には、「別紙3」を併せて作成の上、添付してください。
　　　　　なお、特別の委任に基づき代理人が復代理人を選任（解任）する場合の届出は、当該様式に所要の補正を加えて使用してください。
　　　4　税理士（税理士法人及び税理士業務を行う弁護士等を含む。）の場合には、当該様式に代えて、税理士法第30条に規定する書面（「税務代理権限証書」）を提出することとなります。

―29―

レジュメ

審査請求書

平成21年10月5日

国税不服審判所長　殿
　　　　審査請求人　　○○○○○○○○○○○○

　　　　　　　　　　　　　審査請求人代理人　税理士　○　○　○　○　印
　　　　　　　　　　　　（主任代理人　電話　○○-○○○○-○○○○）

　　　　　　　　　　　　　　　　　　　　弁護士　○　○　○　○　印

　　　　　　　　　　　　　　　　　　　　税理士　○　○　○　○　印

　国税通則法第75条第3項の規定により、次のとおり審査請求をする。

1．審査請求人の名称及び住所等
　　　〒○○○-○○○○　　東京都○○区○○丁目○○番○○号
　　　　　審査請求人　　　○○○○○○○○○○○○
　　　　　日本における代表者　　○○○○○○○○

　　　〒○○○-○○○○　　東京都○○区○○丁目○○番○○号
　　　　　審査請求人代理人税理士　○　○　○　○（主任）
　　　　　電話　○○-○○○○-○○○○
　　　　　FAX　○○-○○○○-○○○○
【文書の送達先】
　　　〒○○○-○○○○　　東京都○○区○○丁目○○番○○号
　　　　　○○○○○○○○法律事務所
　　　　　審査請求代理人弁護士　○　○　○　○

　　　〒○○○-○○○○　　東京都○○区○○丁目○○番○○号
　　　　　審査請求代理人税理士　○　○　○　○

Ⅰ　プロローグ―租税争訟手続の概要、相談を受けたときの対応等

2．審査請求に係る処分（原処分）
　　○○税務署長が、審査請求人の平成19年4月1日から平成20年3月31日までの事業年度分の法人税について、平成21年8月7日付でした更正処分及び過少申告加算税賦課決定処分

3．審査請求に係る処分があったことを知った年月日
　　原処分の通知書の受領日：平成21年8月10日
　　原処分は法人税の青色申告書に係る更正であるので、国税通則法第75条第4項第1号の規定により異議申立てをせずに審査請求を行うことを選択する。

4．審査請求の趣旨（一部取消し）
　　上記2記載の法人税の更正処分のうち、所得金額23,669,682,638円を超える部分に対応する税額に係る更正処分の取消し、及び、これに伴う過少申告加算税の賦課決定処分の取消しを求める。

5．審査請求の理由
　　別紙記載のとおり

6．添付書類
　　委任状　　　1通
　　書類の送達先を代理人とする申出書　　　1通
　　法人税額等の更正通知書及び加算税の賦課決定通知書写し　　　1通

委　任　状

　私は、下記1の者を代理人と定めて、下記2の権限を委任します。

記

1．代理人の住所・氏名
　　　　〒○○○-○○○○　　東京都○○区○○丁目○○番○○号
　　　　○○○○○○○○法律事務所
　　　　弁護士　　○　○　○　○
　　　　同　　　　○　○　○　○

2．委任する権限
(1)　次の処分について国税不服審判所長に審査請求を提起する権限
　　当社が平成17年5月30日付で行った平成15年10月1日から平成16年3月31日までの事業年度に係る更正の請求に対して○○税務署長が平成17年9月30日付で行った更正をすべき理由がない旨の通知処分
(2)　上記(1)の審査請求の手続きに関する一切の行為をする権限
(3)　上記(1)の審査請求に関し復代理人を選任・解任する権限
(4)　上記(1)の審査議求を取下げる権限

　　平成　　年　　月　　日
　　　　審査請求人
　　　　　　〒○○○-○○○○　　東京都○○区○○丁目○○番○○号
　　　　　　○○○○○○○株式会社
　　　　　　代表取締役　○　○　○　○　印

Ⅰ　プロローグ─租税争訟手続の概要、相談を受けたときの対応等

国税不服審判所長　殿

　　　　　　　　　　　　　　（審査請求人）
　　　　　　　　　　　　　　　住所・所在地　＿＿＿＿＿＿＿＿＿＿＿
　　　　　　　　　　　　　　　　（ふりがな）
　　　　　　　　　　　　　　　氏名・名称　　＿＿＿＿＿＿＿＿＿＿㊞
　　　　　　　　　　　　　　（法人の場合）
　　　　　　　　　　　　　　　代表者の住所　＿＿＿＿＿＿＿＿＿＿＿
　　　　　　　　　　　　　　　　（ふりがな）
　　　　　　　　　　　　　　　代表者の氏名　＿＿＿＿＿＿＿＿＿＿㊞

書類の送達先を代理人とする申出書

　私は、下記1の審査請求に関する行為を行う権限を下記2の代理人に委任し、「代理人の選任届出書」を提出したので、当該審査請求に係る下記3の書類の送達先を代理人とすることを申し出ます。

　　　　　　　　　　　　　　　　　記

1　審査請求
　　原処分＿＿＿＿＿＿＿＿＿＿＿＿＿＿＿＿＿＿＿＿＿＿＿＿＿＿＿＿

2　代理人
　　住　所（事務所所在地）
　　　〒＿＿＿＿－＿＿＿＿＿＿＿＿＿＿＿＿＿＿＿＿＿＿＿＿＿＿
　　（ふりがな）
　　　氏　名　＿＿＿＿＿＿＿＿＿＿＿＿　職　業　＿＿＿＿＿＿＿＿＿
　　　連絡先（電話番号）＿＿＿＿＿－＿＿＿＿＿－＿＿＿＿＿

3　送達先を代理人とする書類（いずれかの番号に○を付す。）
　(1)　答弁書副本、裁決書謄本その他審査請求に係る一切の書類
　(2)　(1)の書類のうち、裁決書謄本以外の書類
　(3)　その他（具体的に記載）

　　　　　　　　　　　　　　　　　　　　　　　　　付表13の2号様式

レジュメ

訴　状

平成23年3月30日

東京地方裁判所民事部　御中

　　　　　　　　　　　原告訴訟代理人弁護士　○　○　○　○　印
　　　　　　　　　　　同補佐人税理士　　　　○　○　○　○　印
　　　　　　　　　　　同　　　　　　　　　　○　○　○　○　印

〒○○○-○○○○　東京都○○区○○丁目○○番○○号
　　　　　　　　　　　原　　告　　　　　　　　○　○　○　○
　　　　　　　　　　　上記日本における代表者　○　○　○　○

〒○○○-○○○○　東京都○○区○○丁目○○番○○号
　　○○○○○○○○法律事務所
　　　　原告訴訟代理人弁護士　○　○　○　○　（送達場所）
　　　　　　電話　○○-○○○○-○○○○
　　　　　　FAX　○○-○○○○-○○○○

〒○○○-○○○○　東京都○○区○○丁目○○番○○号
　　○○○○○○○○法律事務所
　　　　原告補佐人税理士　○　○　○　○

〒○○○-○○○○　東京都○○区○○丁目○○番○○号
　　　　原告訴訟代理人税理士　○　○　○　○

〒100-0013　東京都千代田区霞ヶ関1丁目1番1号
　　　　　被　　告　　　　　国
　　　　　代表者法務大臣　　○　○　○　○
　　　　　処分行政庁　　　　○○税務署長　○　○　○　○

法人税更正処分等取消請求事件
訴訟物の価額　　金9,780,151,800円
貼用印紙額　　　金15,810,000円

Ⅰ　プロローグ―租税争訟手続の概要、相談を受けたときの対応等

第1　請求の趣旨
1．処分行政庁が原告に対して平成21年8月7日付でした平成19年4月1日から平成20年3月31日までの事業年度の法人税の更正のうち、所得金額23,669,682,638円、法人税額4,410,460,900円を超える部分及び過少申告加算税の賦課決定処分のうち加算税の額303,478,00円を超える部分を取り消す。
2．訴訟費用は被告の負担とする
との判決を求める。

第2　請求の原因
1．原告は、アメリカ合衆国に本店を置き、日本国において保険業を営む外国法人である。
2．原告は、平成19年4月1日から平成20年3月31日までの事業年度（以下、「本件事業年度」という。）の法人税につき、法定申告期限までに、所得金額13,594,376,810円、法人税額1,375,672,400円とする確定申告を行った。
3．これに対し、処分行政庁は、平成21年8月7日付けで、所得金額56,270,188,168円、法人税額14,190,612,700円とする更正処分及び加算税の額1,719,315,500円とする過少申告加算税の賦課決定処分を行った。
4．原告は、平成21年10月5日、国税不服審判所長に対して、更正処分のうち所得金額23,669,682,638円、法人税額4,410,460,900円を超える部分（以下、「本件更正処分」という。）及び過少申告加算税の賦課決定処分のうち加算税の額303,478,000円を超える部分（以下、「本件賦課決定処分」という。）の取消しを求める審査請求を行ったが、国税不服審判所長は、平成22年10月1日付けで、原告の請求を棄却する裁決を行った。
5．しかしながら、本件更正処分及び本件賦課決定処分は、次の理由により違法である。
　(1)　原告は、本件事業年度において、その事業年度終了の日に保有する外貨建有価証券のうち、法人税法61条の3第1項第2号に規定する売買目的外有価証券であり、かつ、同法第61条の9第1項第2号の規定により発生時換算法を適用している外貨建債券について、当該事業年度においてその外貨建債券について外国為替の売買相場が著しく変動したので、同法第142条において準用する同法第61条の9第3項及び法人税法施行令第122条の3の規定を適用して期末時換算を行い、その結果算出された外国為替換算差損59,597,439,859円を、各条文の規定どおり適法に当該事業年度の損金の額に算入した。

(2) しかるに、処分行政庁は、原告が適法に損金の額に算入した外国為替換算差損のうち32,600,505,530円について、各条文の規定に反して、損金の額への算入を否認する処分を行い（本件更正処分）、過少申告加算税を賦課する処分を行った（本件賦課決定処分）。

(3) 処分行政庁の行った本件更正処分及び本件賦課決定処分は、法律の根拠を欠く違法な処分である。

6．よって、本件更正処分及び本件賦課決定処分は取消されるべきである。

　　　附属書類
訴状副本　　　　　　1通
商業登記簿抄本　　　1通
委任状　　　　　　　2通

Ⅱ 所得税に関する争訟

弁護士 井上 康一

II 所得税に関する争訟

　弁護士の井上です。今日はお忙しい中多数お集まりいただき、ありがとうございます。

　本日は「超・実践！租税争訟専門講座」の2回目、「所得税」です。ほとんどの方が前回第1回目に出席されたと思いますので、そのことを前提にお話をします。多少なりともヒントになることがあれば幸いです。

I　税法の勉強の仕方

　前回、山本先生が、租税争訟の場合は後付けの勉強で十分だという話をされていました。その趣旨は、実際に租税争訟を取り扱うようになってから、対象となっている個別の問題や税法の条文について勉強することでも十分対応可能ということです。このように後からの勉強で足りる場合ももちろんありますが、前もって幅広く税法の勉強をしておくことができるならば、それに越したことはありません。そのような場合に、どのように勉強していけばよいかについて、最初に少しお話します。いわば準備としての勉強の話です。税法だからといって特殊な勉強法があるわけではなく、司法試験を受けて合格された皆さんにとって、いまさら勉強法かと思われるかもしれません。しかし、若干税法特有の話もありますので、それを中心に説明します。

第1　勉強の二方向性

　勉強一般に通じて言えることですが、勉強には二つの方向性があり、それを意識することが重要であると思います。全体像をつかむことと重要論点について掘り下げて考えることの二つです。

　全体をつかむときに何を読めばよいかということが問題となります。例えば、金子宏先生の『租税法［第20版］』（弘文堂、平成27年）がスタンダードな体系書であることには異論がないと思いますが、同書は1,000ページ以上あり、いきなり通読というのは無理だろうと思われます。むしろ入門シリーズ等の本当に基礎の基礎が書いてあるもの、あるいは「赤本」と呼ばれる民法の体系に沿った概説書（東京弁護士会編著『新訂第6版　法律家のための税法［民法編］』（第一法規、平成22年））等をざっと読むことで全体像をまずつかむのが有効であると思います。

I 税法の勉強の仕方

　次に、全体の中で具体的にどういうことが重要な問題として取り上げられているかをよく掘り下げて考えます。一番よいのは具体的な事件に当たって、その中で検討を深めることです。観念論では理解は深まりません。具体的な事件を前提とする場合でなくても事前に勉強するときには、重要論点を掘り下げる意識を持つことが有用だと思います。なぜなら、物事は均等に重要なわけではなく、80対20の法則が説くとおり、実務で現れてくる問題の多く（例えば80％）は、より少数の問題（例えば20％）によって占められているからです（リチャード・コッチ『新版　人生を変える80対20の法則』（阪急コミュニケーションズ、平成23年）参照）。

　重要論点を掘り下げて調べることを繰り返すことで徐々にカバーする範囲が広がり、それによって、全体像をより明確に把握することができます。このように横と縦の勉強を続けることで、大まかな体系が頭の中で作られると、税法が段々と分かってくるのだと思います。

第2　税法学習のための考えるヒント

　税法の問題を検討する上では、生の条文に当たることが非常に大切です。ただし、税法の条文は長く難解なことが少なくありません。しかも、法律、政省令、通達、あるいは事務運営指針等を含めた重層構造がありますし、特に租税特別措置法にはかなりテクニカルなことが規定してあり、一読しただけでは何が書いてあるのかなかなか分からない場合もあります。一般に言われることとして、括弧の中を飛ばして読むとか、言葉の式を数式に置き換えてみることが必要になると思われます。

　次に、これも法的検討を行うときに一般に当てはまることだと思いますが、段階的に考えることが必要です。原則と例外を分けて考えたり、場合分けをきちんとしたり、複合的な要件の場合にはばらしたりして検討します。あるいは複雑な取引に税法を当てはめる場合は、取引の段階を追って関連税法の条文の適用関係を順番に考えていかなければなりません。実務家である以上、議論の実益はどこにあるのかを常に考えることも必要です。

　さらに、これも当たり前の話ですが、制度趣旨を考えることが重要です。すなわち、税法の条文には何らかの立法目的があるはずですから、それを基本に置いて具体的な条文を読み、適用関係を考えていかなければなりません。

Ⅱ　所得税に関する争訟

第3　リサーチの仕方

　リサーチの仕方についても、少しお話します。

　税法の問題を検討するには、関連条文を見つける必要があります。課税処分の場合には理由が付記されているのが原則（国税通則法74条の14第1項）ですから、そこに関連条文を含め課税の根拠が書いてあるので、それを基にリサーチをします。そして、関連法令、通達をよく読むことはもちろん、それだけでは通常足りないので、金子先生の『租税法』やコンメンタールを参照することになります。一般的な条文等のリサーチの後には、関連裁判例や裁決例についての調査が必要になるのが通常です。さらに、判例評釈や関連論文を検討する場合もあります。

　税法の世界、特に租税実体法の分野では、学者が書いた書物は必ずしも多いとは言えず、むしろ税務署の職員あるいは実務家が書いた本が少なくありません。それらを参照することが必要な場合もあります。

　立法過程を調べる必要があるときには、大蔵財務協会から基本的に毎年出版されている『改正税法のすべて』をたどることで、ある程度の情報を得ることができます。裁判等で、さらに詳しい立法事実を知りたいときには情報公開法を使って資料を入手することもあります。

　なお、「『隠された論点』の検討」という項目がレジュメ2ページに出てきますので、このことに一言しておきます。先に課税処分には理由が付記されていると言いましたが、課税庁が理由を後で差し替える場合があるので、理由の差替えの可能性も考慮した上で「隠された論点」があることにも注意する必要があるという意味です。

第4　税法の弁護士業務への生かし方

　勉強の話の締めくくりとして、税法をどのように弁護士業務に生かしていくかについて触れておきます。私が思うには、大きく三つで、そのうちの一つは税務申告業務です。私は税務申告業務をやっておりませんので、残りの二つについて説明します。

　一つは紛争系の仕事で、それは租税訴訟を典型例とし、行政不服申立手続とか、あるいは税務調査への関与を指します。

　もう一つはプランニング系の仕事です。プランニングと言っても、少なく

とも私の場合は節税商品の開発に携わっているわけではありません。より具体的には、税効果を考えた上で、取引や組織再編成を検討し、その検討の結果を契約書等の関係書類に反映させるということです。さらに、税務の問題は、民事訴訟手続においても様々な局面で関わってくる可能性があることにも留意する必要があります。例えば、民事紛争で和解をする際にその課税関係がどうなるかを考え、和解内容や条項を工夫することも、プランニングの一つと位置づけられると思います。特にプランニング系の仕事をする場合には、後付けの勉強だけでは足りないので、もう少し準備的な前倒しの勉強がどうしても必要になってきます。

　以上を前置きとして、所得税に関する争訟についてお話します。具体的には、所得税の仕組みについてごく大ざっぱに概観した上で、所得税に関する争訟としては一体どういうものがあるかという話を中心にしていきます。

II　所得税の概観

第1　所得税の税額計算の仕組みと留意点

　ここでは、まず所得税の骨の部分だけを話します。

　所得税とは、一言でいうと個人の所得に対してかかる税金です。そして、所得とは、収入から費用を引いた純所得を意味します。

1　非課税所得の除外

　日本の居住者である限りにおいては全ての所得について所得税を課されるのが大原則になります。一部、非課税となっている所得がありますが、今日はそれについては特に深入りしません。非課税所得があるということだけに言及しておきます。

2　10種類の各種所得の計算

　所得税法は、利子、配当から始まって雑所得に至るまでの10種類に所得を区分し、それぞれ異なる所得金額の計算方法を定めています（レジュメ2ページ）。今日はそれをつぶさに見るというよりは、感じをつかんでいただくことが大事かと思いますので、中身についての深入りはしません。

　一つだけ例を挙げます。5番目の給与所得と6番目の退職所得を比べると分かるとおり、退職所得は一般には退職後の生活の糧となりますから、税金

を重くかけてはいけないという考慮がされます。このため、退職所得の所得金額の計算方法に書いてありますとおり、収入金額から退職所得控除額を引いた後の金額を2分の1にすることによって、普通の給与所得とは異なる累進税率の適用がされます。このように、退職所得は、課税上優遇されているわけです。そうすると当然のことながら、ある所得が給与所得なのか、退職所得なのかが問題になるであろうことが想定できます。

3　各種所得の分類と課税方法

　これも概観だけですが、レジュメ3～4ページをご覧ください。各種所得の所得金額の計算方法についてまとめたものです。

　「配当所得」を見ていただくと典型的ですが、原則はそこに書いてあるとおり、「源泉徴収の上、……総合課税」ですが、たくさんの例外があります。それら細かい話に立ち入るよりは、このように課税の方法が分かれることについてのイメージをつかむことが重要です。

　レジュメを見ると、税率に端数が付いていることに気づかれると思います。「配当」では、「20.42％の源泉徴収の上、超過累進税率による総合課税」となっていますが、この0.42％分付加されているのは復興特別所得税が課せられているからです。復興特別法人税は3年間の時限立法（しかも、1年前倒しで廃止）でしたが、所得税も時限立法であるものの今のところ25年間続く予定ですので、ほとんど恒久課税に近い形になっています。平成25年から源泉徴収税率に端数が付いているのは、この復興特別所得税が付加されているためです。

　課税方法の区分の中で注意してもらいたいのは、総合課税と分離課税の区別があること、分離課税は、確定申告を行う（申告分離）のが原則であるが、申告を要せず、源泉徴収だけで課税関係が終了する場合（源泉分離課税）もあることです。

　例えば、事業所得は、超過累進税率による総合課税を受けるのが原則です。これに対し、土地建物等の譲渡所得は、申告納税ですが、総合課税の例外として、分離して課税されます。つまり、他の所得と切り離してそれだけ一定税率が課せられるので、超過累進税率がそのまま適用になるよりは税負担が軽減されます。さらに、利子所得とは、典型的には預貯金の利子をいいます

が、源泉分離課税とされていますので、所得金額がいくらであろうが一定率での源泉徴収だけで課税関係が終了します。

9番目に一時所得があります。この所得金額の計算の原則を見ると分かるとおり、2分の1のみが総所得金額に含められるので、課税対象の所得金額が半分になっており、例えば、雑所得と比べると有利です。したがって、一時所得かどうかが所得区分の話と絡んで問題になるケースが生じます。

4 所得の損益通算、損失の繰越し

所得課税で争訟が生じるもう一つの大きな原因がレジュメ4ページに書いてある損益通算です。つまり損失が生じたときに他の所得と通算できるかという問題です。4ページに書いてありますとおり、不動産所得、事業所得、山林所得、譲渡所得の一定のものについては他の所得との損益通算が可能になっているのに対して、一時所得や雑所得等については損益通算が認められません。そうすると、損失が生じたときに他の所得と通算できるかが、当該所得がどのカテゴリーに属するかということとの関係で問題となります。

さらに、青色申告者には、純損失の利用の道が開かれています。

5 所得控除による課税所得金額の計算

所得控除については、レジュメ4ページから5ページにあるとおり、医療費控除を始めとする16種類の所得控除があります。

6 税額の算出

レジュメ5ページで、超過累進税率がどのようになっているかを簡単に見ておきます。平成25年分は最高税率が40%になっていますが、復興特別所得税が基準所得金額に2.1%足されることになるので40.82%になり、それが所得税の最高税率になります。さらに、住民税が前年の所得について一律10%課されることになっており、そうすると平成25年の段階で最高税率は50%を少し上回っている状態になります。

平成27年からは、さらに上の課税所得金額の区分が足され、45%の税率が追加されますから、結局、最高税率は56～57%ぐらいになるわけです。したがって、所得金額が大きい場合には、特に超過累進税率の適用を受ける所得区分に属するかどうかによって、最終的な税負担は大きく異なってきます。

次に、譲渡所得課税の話に少し触れておきます。これも土地建物等、株式

Ⅱ 所得税に関する争訟

等とそれ以外とを分けて、レジュメ5ページの表にまとめてあります。例えば、土地建物等の譲渡所得は他の所得と切り離されて課税されます。税率に端数が付いているのは復興特別所得税があるからです。長期譲渡所得の場合、15.315％が所得税で5％が地方税です。短期譲渡所得の場合、30.63％が所得税で9％が地方税です。いずれも、他の所得と切り離されて課税を受けることになります。超過累進税率がそのまま適用されるのと比べると、特に長期譲渡所得については20％をやや上回る一定税率ですから、かなり低く抑えられていることになります。

このように、10個の所得区分があり、それぞれ計算方法が違う、あるいは損益通算ができる、できないがあります。その上で所得控除をして、税額計算のための適用税率をかけて、算出税額を出し、全て合計した後に、所得税額から控除できる一定の税額控除の制度がありますので、それを引いたものが結果として確定申告により納付すべき所得税額になります。

この辺りは申告業務をやるのであれば、細かく知る必要があります。他方、プランニングをしている、税務争訟を扱っているという局面では、概要が分かっていればよいかと思います。

第2 所得税をめぐる争訟

1 データベースの活用

今は判例等のデータベースが非常に進んでいまして、その中には、税務に関連する裁判例及び裁決例を網羅しているものがあります。このようなデータベースを使って、例えば、言葉と期間を指定し、ヒットした裁判例・裁決例を全部抽出することができます。そこで、私は、TKCのデータベースを使って、平成25年9月の時点で、平成20年1月1日から平成25年9月末までの期間を指定し、「所得税」という言葉を入れて何件ヒットするかを調べてみました。その結果は、350件ぐらいでした。

もちろんそれを全部細かく見るのは事実上不可能ですから、要旨をざっと斜め読みしました。要旨を読んだだけでも無理筋だと思う裁判例・裁決例もたくさんあります。他方で、納税者勝訴のケースももちろんありますし、興味深い論点を含むものもあります。

ここで、租税争訟のハードルが高いことに言及しておきます。この点に関

し、先回、山本先生は資料を添付されてはいましたが、その内容には言及されませんでした。大体どのぐらい租税訴訟があるかについては1章レジュメの15ページをご覧ください。そこに訴訟の発生状況が、そして16ページに終結状況が書いてあります。それを見ますと、年によってもちろんでこぼこがあるのですが、大体300件くらいの発生件数です。勝訴率がどのぐらいかというと、これも年によってでこぼこがありますが、平成24年度の終結件数で見ると、一部勝訴を含めても6.3％くらいしかありません。ざっと300件あっても18件ぐらいしか勝てないので、当然今回引用している裁判例もむしろ納税者が負けている例のほうが多いことになります。

このような勝ち負けは別として、所得税に関する租税争訟の傾向を探ってみたまとめがレジュメの6ページから9ページに書いてあります。

2 所得区分に関する争い

第一に取り上げたのは、所得区分に関する争いです。先に説明したように、10種類に分かれた所得ごとに課税標準の計算方法とか課税のされ方が違ってくることがあります。あるいは損益通算ができるかどうかの点にも違いがあり、どの所得類型に入るかということが争点として問題になってくることが少なくありません。もちろんここでは全部を取り上げることはできませんが、主なものを紹介しておきます。

まず、所得区分に関する争いで比較的数が多かったものとしては、「分掌変更に伴う役員退職金名目の金員は、給与所得か、退職所得か」という論点があります。会社を完全に退職してしまえば退職金であることは比較的明らかなのですが、代表取締役から監査役になる、あるいは平取締役兼相談役になるといったように、会社から完全に離れるわけではないけれども、担当している業務や職位が激変し、それにつれて所得もかなり下がるような場合には、実質的に退職と同じように見て、そこで一括して支給される金員を退職金と取り扱うことが社会慣行でもあり、それを税法上も認めています。これが、いわゆる分掌変更による退職金支給の問題です。

よく問題となるのは、分掌変更によって本当に退職と同視できる状態が生じているかというところです。本当に退職していなければ給与所得になりますが、退職と実質的に同視できれば退職所得になるので、この分掌変更に伴

う退職金名目の金員の支払の性質論が争いになるケースが結構あるわけです。レジュメ6ページの脚注の16では、ごく簡単に裁判例と争点と結論だけを拾ってあります。

　脚注16に記載のとおり、分掌変更に伴う役員退職金名目の金員を、退職所得と認めたものと給与所得としたものの双方がありますが、これは実態に照らした判断がされたということだろうと思います。もちろんここで個々のケースについて取り上げることはできないのですが、退職所得であれば退職所得控除を経た上で2分の1の金額についてのみ分離課税されるため、給与所得か退職所得かという所得区分の相違は、個人にとって非常に大きな意味をもちます。それに加えて、支払側の会社のほうから見ても、大きな違いがあります。会社が役員に支払う給与は一定の要件を満たせば損金になるのですが、定期同額ではなくて臨時的な支払をしてしまいますと、それは役員賞与になるのが原則です。これは日本の法人税法独特のルールなのですが、役員賞与については損金算入ができません（法人税法34条）。そうすると、同族会社が役員の分掌変更による退職金名目の金員を払った場合に、それが給与（役員賞与）なのか、あるいは退職金なのかということは、会社にとっても非常に大きな影響を及ぼすので、余計に注意しなければなりません。これが所得区分に関する争いの一例です。

3　必要経費・取得費に関する争い

　2番目に注目すべき論点として、必要経費・取得費に関する争いがあります。一番最初に取り上げているのは、日弁連の税制委員会が全面的にバックアップして、地裁で納税者が負けたのを高裁で実質的に勝訴に導いた案件です。このケースでは、弁護士会の役員としての活動に伴い、弁護士が支出した懇親会費等が必要経費になるかどうかが問題になりました。

4　所得税法64条2項に関する争い

　さらに、数が割と多いのは、レジュメ7ページから8ページに記載した所得税法64条2項に関する争いです。この64条の条文自体は脚注25に引用してあります。保証人が保証債務を履行するために資産を譲渡したときには、譲渡益に対して課税を受けるのが原則です。しかし、保証人ですから、本来他人の債務のために資産を処分しているわけで、その上に譲渡益に関する税

金がそのままかかるということでは酷と言えます。したがって、保証人が保証債務を履行するために資産を譲渡し、その保証債務の履行に伴う求償権の全部又は一部を行使できなかったときは、譲渡収入金額の全部又は一部を回収することができなかったものとみなすことによって、保証人に譲渡所得課税を回避できる道を開いているわけです。ただ、この要件をめぐって適用を肯定しているものと否定しているものと両方あり、これも26と27の脚注を見ていただくと、適用肯定例がむしろ少ないことが分かります。

5　推計課税の事案

さらに目を引くのは推計課税の事案が結構あることです。そもそもなぜ推計課税の制度があるかというと、極端な例として、納税者が何も帳簿を付けておらず所得はあるのだけれどその額を把握できないという事態があったときに、それを放置してよいかということを考えていただくとよいと思います。所得税においては、実額による課税がもちろん原則なのですが、上記のような事例では、一種の推計を用いて課税しないと課税の公平が保たれません。このため、課税の現場では、推計課税が行われることがあり、推計課税が行われると、推計課税の必要性や推計課税の合理性が争われる場合があります。

6　国際的な事案

上記に加え、最近の傾向として気がついたことは、国際的な事案が結構増えているという点です。一番特徴的なのはレジュメ8ページに書いてある米国デラウェア州のリミテッド・パートナーシップに関する事案です。リミテッド・パートナーシップが法人なのか法人ではないのかが問われています。「課税が通り抜ける」という意味でパススルーという言葉を一般的に使いますが、パススルー・エンティティーなのか、それとも法人なのかは、日本法の観点から決せられることになります。これらの事案については脚注29に書いてあるとおり高裁レベルで判断が分かれていましたが、最高裁は、日本の租税法上、法人に該当すると判断しました。

最後に、非居住者・外国法人に対する支払に係る源泉徴収の話をしておきます。非居住者や外国法人に対して何らかの支払をするときには、源泉徴収される範囲が広いため、源泉徴収義務者である支払者が気をつけなければなりません。このような源泉徴収義務の有無につき、裁判になっているケース

Ⅱ 所得税に関する争訟

が見受けられました。特に、レジュメ9ページの一番上に書いてある非居住者に対する国内不動産の譲渡対価に該当するかどうかという事案ですが、譲渡対価の受領者が非居住者に当たるかどうかは簡単には分からない場合があります。それでも、受領者が非居住者に該当するのであれば、源泉徴収は免れませんし、源泉徴収義務違反の責任は支払者が負うというのが裁判所の結論でした。

平成20年から平成25年9月までの裁判例・裁決例を拾ってみると、今のような傾向が窺えて、所得税法の分野でどの辺りが争点になってくるかが大体イメージとしてつかめるかと思います。ただ、新しい類型の訴訟、紛争というのが常にあるわけですから、それはそれで後付けの勉強になりますが、対処していかなければなりません。

Ⅲ 現行の行政不服申立制度と租税訴訟のあらまし

レジュメ9ページは、先回の講義でも紹介があったことの繰り返しになります。租税訴訟は、普通の訴訟と比べるといくつか特殊な点があるのですが、その最たるものの一つは、前段階として行政不服申立ての手続を踏まなければならず、しかも原則は異議申立てと審査請求の2段階の手続を踏まなければいけないというところにあります。

先回、山本先生自身がかなり異議申立てあるいは審査請求手続をされていることもあって詳しく説明されたので、ここではあまり深入りはしません。

二つだけ指摘しておきます。一点目は、審査請求の段階までは特に手続を行うための手数料はかからないことです。そこは、訴訟費用の納付を要する訴訟とは大きく違う点です。それからもう一つの大きな違いは、もし異議申立てや審査請求の段階で課税処分が取消されると、課税庁側は不服申立てができずに、そこで確定してしまうという点です。そういう意味からも、もし行政不服申立手続の中で納税者に有利な解決が図れるのであれば、それに越したことはありません。

それから、もう一つ、忘れてはならないものとして期間制限の話があります。異議申立ては処分があってから2か月以内、審査請求は異議決定があってから1か月以内、裁決から訴訟に行く場合には6か月以内という期間制限

があります。訴訟提起の段階では結構時間的余裕がありますが、それより前の段階では割と早く期限が到来してしまいます。この期間制限を遵守しないと後の手続を行うことが封ぜられてしまいますので、特に注意しなければなりません。

最後に、平成26年6月に、行政不服審査法関連3法が成立したことにより、行政不服審査に関する規定が全面的に見直されたことに触れておきます。この改正法は、平成28年度からの施行が予定されていますが、①「異議申立て」を「再調査の請求」と名称変更し、審査請求との選択制にすること、②不服申立期間を2か月以内から3か月以内に延長したこと、③口頭意見陳述に全ての審理関係人を招集することとし、原処分庁への質問権を明記したこと、④担当審判官が職権で収集した証拠書類等に関する閲覧権と謄写権を認めたこと等の大きな改正を含んでいます（青木丈『こう変わる！　国税不服申立て』（ぎょうせい、平成26年）、橋本博之・青木丈・植山克郎『新しい行政不服審査制度』（弘文堂、平成26年）参照）。

Ⅳ　租税訴訟の検討の視点

第1　はじめに

租税訴訟と一口にいってもいろいろな種類がありますが、圧倒的に多いものは課税処分の取消訴訟です。今回もこれを中心にお話します。

大多数の方が租税訴訟にはなじみがないかもしれませんが、通常の民事訴訟は普段から手掛けられていると思いますので、それとの対比で考えるのが一番分かりやすいと思います。

非常に大まかに言ってしまうと、租税訴訟は、入口のところでは特殊性があります。出訴期間の点、あるいは行政不服申立てを経ずにいきなり取消訴訟を提訴することができないのが原則である点、給付訴訟ではなく、課税処分の取消訴訟という形態を原則とする点などは、通常の民事訴訟とは明らかに異なっています。

それから、通常の民事訴訟であれば和解で決着する場合が結構多くありますし、それがむしろ望ましい解決であることが少なくありません。しかし、租税訴訟の場合には基本的には和解はありません。基本的にというのは、ご

くごく例外的な場合に和解と見得るような処理がされることがあるという意味ですが、ほとんどの場合は、判決まで行くことになります。そうすると、白か黒かはっきりしますが、その結果は、これまでの実績値で見ると、納税者にとって厳しいものとなっています。

第2　課税処分の取消訴訟の構造

課税処分の取消訴訟について、レジュメに沿って説明します。主として一般的な説明と具体的な裁判例を交えながら話をします。

1　課税処分の取消訴訟の訴訟物

訴訟物というのは審理の対象ですが、課税処分取消訴訟の場合には、処分の取消原因としての違法性一般が訴訟物であると考えられています。

租税訴訟に特徴的なことは、課税処分の適法性の主張立証を被告である国がしなければならないという原則がとられている点です。したがって、被告（国）が、実体法上、課税処分が適法であるということのみならず、手続上も適法だということを全部主張立証することが原則になります。

2　課税処分の取消訴訟の適法要件

実体上の適法要件、手続上の適法要件という言葉について、簡単に説明しておきます。

所得税の例を挙げると、例えば、所得区分が退職所得なのか、あるいは給与所得なのかが争点になったときに、給与所得であるということを課税庁側が主張立証しなければならないというのが実体上の適法要件です。あるいは事業所得で収入がいくらで、必要経費がいくらかということを主張立証するのも、原則、課税庁側です。

他方、手続上の適法要件というのは、聞いていてもイメージがわきにくいかもしれません。それを書いてあるのがレジュメ11ページから12ページにかけてです。

実務上よく問題になり得るものとしては、12ページ(b)の「更正の理由の附記」があります。課税庁が更正処分をするには理由を書くことが必要とされます。以前は青色申告の場合についてだけ更正の理由を附記する形になっていましたが、脚注の38に書いてありますとおり、国税通則法が改正になり、平成25年1月からは全ての処分について理由附記が要請されることになり、

現在は実施されています。そうすると全ての処分について理由が書かれていることになりますが、それが十分なのかどうかが、時折訴訟で問題になります。それはまさに手続上の適法要件の問題です。

これらの論点についても基本的に全部被告である国が主張立証しなければなりませんが、特に手続上の適法要件については、納税者が争ってこなければ争点とならずにそのまま推移します。このため、租税訴訟においては、実体上の適法要件が問題になるのが一般的であるのに対して、手続上の適法要件が争われるかどうかは、訴訟ごとに変わってきます。課税処分の取消訴訟を起こす場合には、実体上の適法要件はもちろんのこと、手続上の適法要件を満たしているかどうかということも含めて、検討しなければなりません。

3　事実問題と法律問題の区別

レジュメ12ページ以降は、事実問題、法律問題を分けた上で、法律問題について租税訴訟において特殊性があるものを列挙してあります。このうち重要なところに絞って説明していきます。租税訴訟も中に入ってしまえば、手続としては、通常の民事訴訟とあまり変わらないと言いましたが、租税訴訟においても、事実を認定して、法律を解釈して当てはめることに変わりはありません。ただし、適用される法律はもちろん税法で、この税法の解釈あるいは適用については通常訴訟とは異なる注意が必要ですので、異なる点を中心に指摘していきます。

第3　法令、通達、判例、裁決、文献の調査と活用の方法
1　法　令
(1)　借用概念と固有概念

レジュメ14ページに「借用概念」という言葉が出てきて、「固有概念」という言葉と対比されています。「借用概念」とは、税法自体が特に定義をすることなく私法上の言葉を借用して使っている言葉のことをいいます。例えば、14ページに書いてある古い最高裁判例（最判昭和35年10月7日）では、利益配当（今は剰余金の配当といいますが）につき特に税法上定義があるわけではないので、当時の商法（今でいえば会社法）でいう利益配当と同じことを意味するかどうかが問題になりました。一般的な教科書によると、租税法律主義、すなわち予測可能性や法的安定性を重視する見地から、一般に同じ

概念を他の法律で使っているのであれば、同じように解釈するのが妥当であるといわれています。したがって、「特段の事情がない限り」という留保が付きますが、税法に定義がない言葉が出てきたとすると、それは一般私法、すなわち民法や商法に戻って、その意義を考えることになります。

「借用概念」とは異なり、税法独自の解釈をする場合もあり、それを「固有概念」と呼びます。例えば、レジュメ14ページの最高裁の昭和63年7月19日の判例をご覧ください。その裁判例では、「居住者が次に掲げる事由により取得した前条第1項に規定する資産を譲渡した場合における事業所得の金額、山林所得の金額、譲渡取得の金額又は雑所得の金額の計算については、その者が引き続きこれを所有していたものとみなす。」と規定する所得税法60条1項が問題となっています。60条1項には、1号と2号があり、1号に「贈与」という言葉が入っています。この「贈与」に「負担付き贈与」が入るかどうかが問題になったのが、上記最高裁の昭和63年のケースです。

贈与と普通に民法でいえば負担付き贈与も入ると思いますが、最高裁は、それは入らないという判断を下しています。その理由は、結局条文の趣旨から、負担付き贈与を含めるのは妥当でないというところに尽きます。そうすると、何が借用概念で、何が固有概念なのかはそんなにクリアではありません。まずは、一般私法の概念を借用して解釈してみて、その当てはめの結果が条文の趣旨に沿った妥当なものかどうかを吟味するという2段構えの判断がそこでは行われているのだろうと思います。

固有概念の中には、一般私法上の概念ではないものもあります。例えば、分かりやすい例として「譲渡」という言葉を挙げることができます。「譲渡」に関しては税法に定義がありません。それが何を意味するかを明らかにするためには、結局、譲渡が問題になっている税法条文の趣旨を考える必要があります。

(2) 厳格解釈と合目的的解釈

レジュメ15ページから16ページにかけて厳格解釈と合目的的解釈のことが書いてあります。ここは結構重要なので少し詳しくお話します。一般に租税法律主義というと、租税法規は厳格に文言通りに解釈しなければならないということに結びつくと思われますし、そういうことを声高々に言っている

IV　租税訴訟の検討の視点

最高裁の判決も少なくありません。

　典型例は、ここに挙げている最判平成22年3月2日です。これはホステスの報酬に対する源泉徴収の事案です。この件では、法令の解釈、特に「期間」の意味が問題になりました。そこで最高裁が言っているのは、租税法規はみだりに規定の文言を離れて解釈すべきではないということです。これだけ読むと税法は厳格に文言通りに解釈すべきだということになりそうですが、物事は必ずしもそれだけでは割り切れません。他方で、文言解釈を離れた、いわゆる合目的的な解釈を行う場合があるからです。同じく最高裁の判例を二つほど引いてあります。合目的的な解釈の結果が納税者に不利な場合もありますし、逆に納税者有利に合目的的な解釈が行われる場合もあります。

　課税庁側も、事案によって厳格な文言通りの解釈が有利な場合には、租税法規はみだりに拡張解釈すべきでないと主張することがありますし、事案によって合目的的に解釈しないと不利な場合には、むしろ柔軟に実質的に解釈すべきだと主張してきます。そういう意味では異なる基準が併存しているのが実情です。最終的には、事案の解決にふさわしい解釈方法が適用されるべきだという話になりますが、ここでは一般論だけではなく、具体例を挙げて説明します。

　レジュメ16ページの平成18年1月24日の最高裁判例は、法人税の事案で、かなり事実関係が複雑なものなので、ここでは詳細には触れませんが、いわゆる租税回避のスキームに関する事案でした。租税回避のためのスキームを金融機関等がアレンジし、日本の投資家がそれに乗ったときに、その租税回避をそのまま認めるべきかどうかが問題になったケースです。

　具体的には、映画フィルムが「減価償却資産」に当たるかどうかというところで、最高裁は決着を付けました。すなわち、最高裁は、減価償却費資産の意義を、文字通り解釈するのではなく、合目的的に限定解釈して、当該事案の映画フィルムは、事業の用に供しているものということはできないとすることによって、減価償却費を損金算入して課税上のメリットを受けていた納税者を敗訴させました。このように、本件は、「減価償却資産」という言葉を合目的的に限定解釈し、納税者に不利な判断を下した例だと言えます。

　他方、レジュメ16ページの平成19年1月23日の最高裁判例は、相続税

の事案ですが、合目的的に拡張解釈をすることによって、むしろ納税者有利の判断を下したケースです。小規模宅地であれば、相続税の課税価格の計算の特例の適用があり、相続税負担が軽減されます。ところが、この件では、対象土地に関しては、公共事業による仮換地の指定等があった結果、相続開始時点で、住居の用には供していなかったことが明らかです。租税特別措置法69条の3は、相続の開始の直前において居住の用に供されていた宅地に当たるかどうかを問題としており、この事案では仮換地という特別な事情があったにせよ、相続開始時点で、その土地を居住の用に供していなかったことは明らかであり、同条の要件を文字通り満たしているとは言えません。そうであるにもかかわらず、最高裁が納税者を救済している事案です。つまり、この件では、最高裁は、租税法規の厳格な文言通りの解釈は全くしておらず、しかも納税者を勝たせています。

　このように、最高裁も、法令の解釈適用の局面においては、厳格な文言通りの解釈と合目的的解釈を使い分けていることが指摘できます。

　実際の租税訴訟においては、事案に応じて自己の主張に沿った裁判例の援用を考えることになります。

2　通　達

　多くの通達がある点も租税法の世界に特有なことです。通達とは、一口でいえば、上級行政庁から下級行政庁に対して、こういうふうに租税法規を解釈して適用しなさいということを示すものです。租税法規の条文自体が読みにくいことや、適用関係が分かりにくい等の特徴が見られるため、実際にかなり膨大な通達が発遣されています。通達は下級行政庁を拘束するので、行政組織の内部では当然のことながら拘束力を持って、それに沿った課税が行われます。他方、「通達は法源ではない」といわれ、国民も裁判所も通達に拘束されないと考えられています。そうすると、課税庁は通達に従ってやっているが、国民と裁判所は必ずしも通達に拘束されないという現象が生ずることになります。そのような状況下で、租税訴訟の中で、どのように通達を位置づけていけばよいかが問題となることがあります。

　場合分けとしては、レジュメ17ページ以下に書いてありますとおり、納税者の視点から見ると、通達に依拠したほうが有利な場合と、そうではなく

IV 租税訴訟の検討の視点

て通達の適用を制限するほうが有利な場合とに分かれます。

これもかなりの数の裁判例があるので、何をどのように取り上げるか迷いましたが、例えば通達に依拠する場合としては東京高判平成23年8月4日（確定）が挙げられます。これは、民法上の組合に関する所得の計算方法についての通達の規定をどのように解釈すべきかが問題になった事案です。組合に関する所得計算の仕方は税法には全く規定がなく、通達にのみ規定があります。これによって所得計算をして、申告をしているのが課税の実務です。

このため、通達の規定を前提としてどう解釈するかが問題になります。この事案で、裁判所は「課税庁の通達の読み方は通達に書いてないことを後から足しているのではないか、それは租税法律主義の趣旨に抵触する」と言い、通達に書いてあるとおりに解釈し申告をした納税者の主張を認めました。これはまさに通達の解釈に専念した上で、議論を展開し、納税者が勝訴したケースです。

上記とは逆に、通達の適用を否定したり、制限したりする場合ももちろんあります。もともと法律に従っていない通達があり得るわけで、それは当然法令違反だから通達の効力なしということが言えます。そうではなく、通達の合理性を問題にして通達自体を無効にすることに成功したケースがレジュメの18ページの東京高判平成25年2月28日です。この件は、国が上告せず確定しています。ここで問題になっているのは、未上場株式の評価です。

納税者が、通達の定める株式の評価方法が通達制定時と違った社会的実態になっていることを積極的に主張立証することによって、この規定自体が無効だという結論を勝ち得、それによって通達が変更になったケースです。この件は、法令に違反して通達が無効だということではなく、今の状況に照らして通達自体が合理性を欠くという意味で無効となったことを裁判所に認めさせた画期的な事例です。

さらなるバリエーションとしては、通達を限定的に解釈することによって通達の適用を制限し、別の結論を導くということも可能です。それに成功したのが東京地判平成7年6月30日のケースです（レジュメ18ページ）。個人の行う建物の貸付けが事業として行われているかどうかを問題とする、いわゆる5棟10室基準に関するものです。この件では、5棟10室を厳密に満た

していなくても、社会通念上事業に当たると言える場合があり得ることを納税者が積極的に主張立証し、勝利を収めました。

3 判　例

先ほどからかなりの数の判例を紹介しながら、話を進めていますが、通常の民事訴訟で判例が先例として果たす役割が大きいのと全く同じように、判例は租税訴訟においても大きな意味を持つことが少なくありません。ある争点に関し、特に最高裁の判例があって確定している場合には、なかなかそれを正面からひっくり返すのは難しいと思われます。逆に有利な裁判例、特に最高裁判例があれば、それを最大限活用することになります。

したがって、判例等をリサーチして自分の抱えている事案に類似するものがあるかどうかは、事件を処理する上で常に考えなければいけないことです。自己に有利な判例は、訴訟の中で引用することになります。他方、被告（国）が、自己の主張を裏付けるために裁判例を引用する場合も当然あるわけで、その場合には、射程範囲が違うとか、前提事実が異なるといった反論を試みることになります。そのようなことを意識した上での判例の読み方や使い方は、通常の民事訴訟とあまり変わりません。

裁判例の中には、リーティングケースと呼ばれるものがいくつかあります。それらは判例としての射程範囲が広く、参照される機会も当然多くなります。一つ例を挙げます。レジュメ19ページの最判平成7年12月19日をご覧ください。これは所得税法ではなく、法人税法に関する事案です。法人税法22条2項は、「内国法人の各事業年度の所得の金額の計算上当該事業年度の益金の額に算入すべき金額は、別段の定めがあるものを除き、資産の販売、有償又は無償による資産の譲渡又は役務の提供、無償による資産の譲受けその他の取引で資本等取引以外のものに係る当該事業年度の収益の額とする。」と規定しています。

上記最高裁判例で問題となったのは、法人税における益金の額の考え方です。有償で資産を譲渡したときに見返りにもらう金銭が益金の額に算入されるというのは分かりやすいと思いますが、上記条文には、無償による資産の譲渡によっても益金が生じると書いてあり、その意味が問題になります。例えば、100の資産を100で譲渡すれば、100が益金になることは明らかです。

IV 租税訴訟の検討の視点

さらに、100の資産を無償で（0で）譲渡したときに、会計上は何も利益を得たことにはならないのですが、税法上はそこからも益金が生じる、つまり時価で譲渡したものとして、益金の額を計算することになります。ですから法人税法上は、収入として得た金額が0でも、益金の額を100として計算するわけです。では、時価100の資産を、例えば50で譲渡したらどうなるのでしょうか。この点について判断したのが上記平成7年12月19日の最高裁判決です。同判決は、譲渡時における当該資産の適正な価格をもって法人税法22条2項の資産の譲渡に係る収益の額に当たるとし、いわゆる低額譲渡の場合についても無償譲渡の場合と同じであると判示しました。つまり、時価100の資産を50で譲渡すれば、50ではなく、100が益金の額に算入されることになります。このように、法人税法22条2項には、「無償による資産の譲渡」としか書いていないのですが、そこには時価を下回る低額譲渡を含むと最高裁は言ったわけで、同条文はそのように解釈されています。

レジュメ20ページで傍論の活用について触れているので、簡単に見ておきます。裁判例のうち、法律問題に関する必要かつ十分な範囲での判断が後の事案に影響を及ぼすことは当然と言えましょう。そうではなく、いわゆる傍論でも活用し得る場合があるので、一つ例を挙げておきます。最高裁の平成24年1月13日判決は、脚注54に書いてあるとおり、満期保険金の一定の保険料がその収入を得るために支出した金額に当たるかどうかが問題になった事案です。まさに法令の解釈が問題になったケースです。

同判決には、須藤裁判官の補足意見が付いていますので、紹介します。同裁判官は、租税法の解釈も通常の法解釈の方法によってなされるべきものであって、特別の方法によってなされるべきものではないと述べていますが、これは法解釈に関するものです。それに続けて、「『疑わしきは納税者の利益に』との命題は、課税要件事実の認定について妥当し得るであろうが、租税法の解釈原理に関するものではない」と言っています。法解釈においては疑わしきは納税者の利益には解釈されないところがこの補足意見の真意なのですが、裏から見れば、事実認定においては疑わしきは納税者の利益という命題が適用されるということを言っていると読めます。

先に、課税要件事実の立証責任は、被告（国）が負うという話をしましたが、

II 所得税に関する争訟

この話は、上記の補足意見の判示と通じ合うところがあると思われます。すなわち、課税要件事実に関し立証責任が尽くされているかどうかを考えた場合、上記補足意見は、合理的な疑いが残るのであれば、それは納税者の利益に解すべきだという主張につながってくると思われます。このような立証責任に関する主張の一つの補強材料として、この傍論が使い得るのではないかと思い、実際最近の事例で使ったことがあります。

4 裁 決

レジュメ21ページで述べていますが、国税不服審判所の裁決の一部が公開されています。それに加えて、情報公開を使って非公開裁決についても一部のデータベースでは登載されています。したがって、租税争訟の中で、過去の類似裁決が自分に有利であれば、それらを活用することが、裁判例の場合と全く同じように考えられます。

特に行政不服申立手続、あるいはもっと前の税務調査の手続で関与するときには、裁決は、課税庁側のいわば身内が下している判断ですから、特に説得力を持つと思います。

5 課税庁職員執筆の文献

さらに活用すべきものとして、課税庁の職員が執筆している文献があります。これらの文献には、「文中意見にわたる部分は私見である」という注意書きが最近は常に書かれているようです。そうはいっても国税庁職員が書いているということ自体が一つの説得材料につながりますので、有利なものがあればもちろん活用しますし、逆に相手方から引用された場合にはそれに反駁する必要が出てきます。その反論の仕方は、裁判例に反論する場合と同じです。射程範囲が違うとか、前提とする事実関係が異なるという主張を当然しなければなりません。

第4 受任の際の注意事項

ここまでで、租税争訟において、法令、通達、裁判例、裁決例、そして職員本等をどうやって活用するかということについて概観してきました。次に、租税訴訟事件の受任の際の注意事項がレジュメ22ページ以降に書いてあります。ここは通常の民事事件と重複するところが大いにあります。すなわち、事実を聴き取り、裁判例、先例を調べて評価をした上で事件の見通しを立て

るところは基本的に同じです。

　全ての課税処分について理由が付記されていますので、その理由を見ることによってどういう根拠で課税をされたかということが分かります。ただ、レジュメ24ページに書いてあるように、「理由の差替え」の問題に注意する必要があります。今の実務では、課税処分の取消訴訟においては、いわゆる総額主義が採用されており、租税争訟の対象は、結局のところ税額の適否であり、個々の争点ごとに訴訟物があるわけではありません。したがって、課税庁側が理由を後から差し替えることがあり得るわけです。そうしたことも想定しながら、訴訟の見通しを立てていかなければなりません。そうしないと、方針を見誤ることになります。

第5　主張の書き方

　レジュメ25ページ以降はこれも今更ということかもしれませんが、私が準備書面の書き方、主張の書き方について普段考えていることをまとめておきました。試験の答案を書く場合には、論点を発見し、構成を考えて、頭から書き始めなければなりません。しかし、我々が実務で作っている書面は必ずしもそうではないことが強調されてよいと思います。つまり、書けるところから書き、プリントアウトして何度も見直し、編集していくことが、読みやすくかつ論理的な書面を作るコツではないかと思います。

　どうしてそうすべきかということは、心理学の知見によります。つまり、複雑なことはなかなか一遍に考えられないように人間の頭はできているのだと思います。ですから、複雑な論点を取り扱う書面であればあるほど、論点ごとに集中した上で何回もプリントアウトして読み直すことによって、全体の構成の中での位置付け、矛盾や論点の欠落、重複した議論の存在等が分かってきます。読み直すことで、論述の順番についても、再構成の必要性に気づく場合があると思います。

　このような作業は、頭から書き下ろしていく形では、なかなかうまくいかないだろうと経験上思います。変更や修正、編集が極めて容易であるというワープロのメリットを最大限活用すべきです。

　このように、ワープロの有用性には絶大なものがあるのですが、反面、コピー・ペーストを多用することによって書面が長くなる傾向が出てきます。

どうしても、いったん書いたものを削ることには、心理的な抵抗が働いてしまう結果だと思われます。

さらに、ある程度複雑なことを主張しようとすると、それ相応の分量を書かなければなりませんが、それでかえって核心から遠ざかってしまうようなジレンマが常にあります。どのようにそれを克服するかが問題となりますが、今のところ考えつくのは、長い書面の場合には目次を付け、要約を付すということぐらいです。ここは本当に悩ましい、痛し痒しのところです。

第6 証拠の検討と収集の方法

これも特に通常の民事事件と異なるところではありません。最近、事実認定論に関する文献等がいろいろ出ており、レジュメでは、それらをつまみ食い的にまとめてあるだけです。

事実認定論は、一口でいえば、どうやって裁判官が事実を認定しているかを体系的に明らかにするものです。それは、動かしがたい事実は何かを基本にしながら、経験則に沿って考えていると要約することが可能なようです。そうだとすると、納税者の代理人として主張立証計画を立て、実践するときにも同じようなプロセスを踏み、検証して、何が足りないか、どこが弱いか、あるいは逆にどの点に強みがあるのかを確かめることができると思います。

一つ例を挙げれば、契約書はあるけれども実体と異なる内容が書かれているときに、どうすればよいかという問題があります。この場合には、結局のところ契約書の文言と違う実体がある、あるいは契約書とは異なる法律関係があることを主張立証しなければいけないことになります。そうすると契約書に書いてあることと、実際に行われていることの食い違いは何か、その理由は何かを考えていかなければなりません。さらに、それをどうやって基礎づけるかが問題となり、具体的には、契約書の文言と矛盾する事実を特定した上で、契約当事者の陳述書や証言をもっての裏付けを考えることになります。このような主張をどういうふうに構成し、どのように説得力がある形でまとめ上げるかは、別に租税訴訟であろうが、通常の民事訴訟であろうが変わらないと思います。

ただ課税庁側は、税務調査を通じてこちらに不利な証拠を持っていることもありますから、あらかじめ向こうが一体何を持っているのか、あるいは何

V　岩瀬事件を題材とした実例解説

を出してくる可能性があるのかを確認した上で、こちらの主張立証を組み立てなければならないと思います。

V　岩瀬事件を題材とした実例解説

第1　背景説明

　レジュメ30ページに掲げてあるのは、通称岩瀬事件と呼ばれる東京高裁平成11年6月21日判決の事案です。これは上告不受理決定によって最終的に確定していますが、私自身が原告の代理人を務めたケースです。司法試験で租税法をとられた方は勉強されたことがあるかもしれませんが、第1回の司法試験の問題の下敷きになった裁判例です。

　一言でいうと、交換か売買かが問題になったケースで、細かい事実関係はそこに書いてありますが、バブルや地上げ、国土法の届出とかが出てきて、今から思うと現実感が乏しいのですが、それは平成元年頃の話だからです。

第2　本件の中心的な争点、当事者の主張

　このケースの争点になったところと判決がどういう意味を持っているかということを簡単にお話して、今日の講義を終えたいと思います。事案は相続とかが絡んでいて複雑だったのですが、極めて単純化して話しますと、原告納税者は本件譲渡資産を7億円で売り、本件取得資産を4億円で買って、差額が3億円あったのでその差金である3億円を受領するという取引をしました。納税者は、本件譲渡資産の売却によって、譲渡所得を実現したため、売却価格を7億円として申告、納税をしました。

　ところが、課税庁は、本件譲渡資産の売却価格が7億円と納税者が言っているが、本件取得資産の過去の取引履歴を見ると、その時価は4億円ではなくむしろ7億円であり、本件譲渡資産の譲渡収入金額は、7＋3で10億円になると主張してきました。そうすると、譲渡所得金額を3億円過少申告したことになり、その点をめぐって訴訟に発展したというケースです。

　なぜ7億円の売却価格なのに、譲渡収入金額を10億円と考えて本件譲渡資産の譲渡所得金額を計算するかということの根拠は、レジュメ35ページの脚注68にあります。所得税法36条1項において「その年分の各種所得の金額の計算上収入金額とすべき金額又は総収入金額に算入すべき金額は、別

II　所得税に関する争訟

段の定めがあるものを除き、その年において収入すべき金額とする。」となっています。今、括弧の中を飛ばして読んだのですが、括弧の中は「金銭以外の物又は権利その他経済的な利益をもって収入する場合には、その金銭以外の物又は権利その他経済的な利益の価額」となっており、同条2項はその括弧書の意味を「前項の金銭以外の物又は権利その他経済的な利益の価額は、当該物若しくは権利を取得し、又は当該利益を享受する時における価額とする。」と規定しています。

　すなわち、所得税法上、収入をお金でもらったら、その金額が収入金額となります。これに対し、物とか経済的利益でもらった場合には、収入金額は、その時の時価で計算するとしているわけです。このため、課税庁は、「これは売買だと言っているが実質は交換で、交換だとすると取得資産の時価に基づき譲渡所得の収入金額を考えるべきであり、その金額は、7億円の資産と3億円の現金をもらっているから、10億円になる」と主張しました。

第3　裁判所の判断

　では、どのような判決が下されたかを簡単に確認しておきます（レジュメ36ページ）。第一審はこの論点に関して納税者を敗訴させました。東京地裁は、課税庁と同じように、補足金付交換取引と本件取引を捉え、時価7億円の資産と3億円の現金をもらったのだから課税処分は正しかったと言っている一方で、譲渡資産の時価は7億円であると言いました。これが課税上どういう意味を持ってくるかは、ここでは時間の関係もあって立ち入りません。特に強調したいのは、納税者と課税庁がともに、本件取引を対価的バランスの取れた取引であると主張していた（ただし、納税者は7億円でバランスしていると主張したのに対し、課税庁は10億円でバランスしていると主張していた）にもかかわらず、本件取引は、対価的なバランスの取れた取引ではなかったというのが第一審判決の認定です。

　これに対して控訴審判決がどう言ったかというと、交換取引と見るのは間違いであり、売買で行われたものは売買であると明言して、納税者を全面的に勝訴させました。判示の中核部分がレジュメ36ページの真ん中あたりに書いてあります。

　「……いわゆる租税法律主義の下においては、法律の根拠なしに、当事者

の選択した法形式を通常用いられる法形式に引き直し、それに対応する課税要件が充足されたものとして取り扱う権限が課税庁に認められているものではないから、本件譲渡資産及び本件取得資産の各別の売買契約とその各売買代金の相殺という法形式を採用して行われた本件取引を、本件譲渡資産と本件取得資産との補足金付交換契約という法形式に引き直して、この法形式に対応した課税処分を行うことが許されないことは明かである。」という部分です。

本件取引は、弁護士が関与している不動産取引だったので、売買契約書が作成されています。それにもかかわらず、課税庁は実質的には交換だと言いまして、第一審の東京地裁はそれを基本的に認めました。これに対して、東京高裁は、はっきりとした法律の根拠なしにそのような法形式の引き直しはできないとして、納税者を勝たせました。

第4 その後の裁判例の傾向

この論点に関して、その後の裁判例がどうなっているかということですが、仮装行為と私法上判断される場合を除いて、納税者が選択した法形式が尊重されることがレジュメ37ページの①から⑤まで五つの判例によって示されており、基本的にはそれ以降も踏襲されていると思います。今から見ると当たり前の判示だと思われるかもしれませんが、当時私が実際に担当していたときには、税法の世界では実質的に物事を考えるのだから、売買契約書があっても実質的に交換だと認定される可能性は十分あると考えていました。もちろん裁判所における主張の中では売買契約を締結しているのだから、売買に違いないとずっと主張していましたが、本心から確信していたかというと必ずしもそうではなく、実質的に捉えられる危険性を常に念頭に置きながら訴訟活動を行っていました。このため、控訴審判決がここまではっきり言ってくれたこと自体が、私自身にとっては極めて新鮮な体験でした。

翻って考えてみますと、本件譲渡資産を譲渡して本件取得資産を取得する仕方としては、交換でやることももちろん可能ですが、相互に売買することも可能なわけで、そのいずれを選択するかということは、基本的に契約自由ですから納税者の意思に委ねられているはずです。課税も納税者の選択した法形式を前提にした上で考えなければいけないということは、言われてみれ

ば当たり前かもしれないのですが、当時の私としては正に「目からうろこが落ちる」思いだったのです。

この岩瀬事件の詳細に興味がある方は、租税訴訟学会編『事例で学ぶ租税争訟手続』(財経詳報社、平成18年)を参照してください。

第5　書式サンプル

レジュメ38～45ページには、「岩瀬事件」に関する一連の異議申立書、審査請求書及び訴状のサンプルを登載しています。訴状は当時と今では書式が変わっておりますので、今の書式に合わせて変えてあります。そのような点を除けば、訴状については、基本的には当時のものをそのまま、しかも私が起案したものをそのまま採録しています。異議申立書と審査請求書の作成は当時納税者の税理士の方が担当していましたので、その方が書かれたことを基本的にそのまま登載しています。これらのサンプルは、そういう前提でご覧ください。

訴状のサンプルを見ていただくと、基本的に課税処分を特定してそれが違法であると言えばよいことが分かります。したがって、請求の原因のところも45ページの4のところを見ていただければ分かるとおり、骨になるところとして、「課税庁は、本件譲渡資産が実際に7億円で譲渡されたのに、それが10億円であると認定して課税処分を行った。このような課税処分は、本件譲渡資産の譲渡と本件取得資産の取得を一体と見て交換取引であるという前提に基づいているが、そのような前提には全く理由がないから、同処分は違法である」ということだけを言っています。あとは課税処分がされた経緯を書く必要があるのと、審査請求、異議申立てという行政不服申立手続を踏んでいることは手続要件として書いておく必要があります。それを書く前提として課税処分を特定しなければなりませんし、さらにその前提として、本件取引に関する事実関係ついては一応のことを説明しておくことになります。このように、この訴状のサンプルでは、本当に骨だけが書かれる形になっています。

おわりに

一言だけ申し添えておしまいにします。年間300件ぐらい租税訴訟があり

おわりに

ます。平成24年度の終結件数を見ると6％程度の勝訴率ですから、極めて割が悪いと思われるかもしれません。このように、勝訴しにくいことは事実ですが、私の場合、最近は、年に数件はコンスタントに租税訴訟を担当しています。

何が醍醐味かといえば、未知の問題と出会え、深く考える機会を得られることです。税務の世界では、分からないこと、誰も書いてないことがいっぱいあります。そうすると、訴訟ですから、一審段階でも最低1年から2年くらいは続くわけで、（もちろん四六時中それだけを考えているわけではないのですが）相手方から準備書面が出る、又は当方が準備書面を出すとき、あるいは証拠をどうするか検討するとき、さらには、関係者と打合せをし、事実関係の追加確認をするとき、証人尋問に備えるときには、それぞれの局面でいろいろなことを考えます。それは法令の解釈の問題の場合もあるし、主張立証をどうやって組み立てていくかという事実認定に関する問題であることもあります。そういった意味で、同じ問題について、かなり長期にわたり、濃密な検討の時間を持つことができます。また、一般的には、勝訴件数が少ないだけに、勝ったときには格別です。

私は、本日お話した岩瀬事件が、取り扱った租税訴訟としては2件目であり、しかも1人でやり、ビギナーズラックで何とか勝つことができました。それがきっかけとなって、私は、租税訴訟を自分のライフワークとしてやっていこうと思うようになりました。ぜひ、今日の講義、あるいはこのシリーズの講義を聴いて、租税訴訟を手掛けてみようと思われる方は挑戦していただければと思います。租税訴訟の勝訴率を少しでも高めていくためにも、そのような取組みが必要だと思います。

本日は、長時間にわたり、ご清聴いただき、ありがとうございました。

レジュメ

Ⅱ　所得税に関する争訟

弁護士　井上　康一

Ⅰ　税法の勉強の仕方
第1　勉強の二方向性
- 全体をつかむ。→横の概観。全体が分からないと問題点が分からず、リサーチにも困る。→「入門の入門シリーズ」「赤本」の拾い読み。分かったことはメモにまとめる。専門家の話を聞き、知識を広げ、深める。
- 具体的な重要問題をよく考える。→縦の掘り下げ（「80対20の法則」の適用場面）。観念論では理解は深まらない。→事案の処理を通じて。
- 関連論点を調べてみる。→縦の掘り下げを少し横に広げてみる→論文の作成等を通じて。
- 横と縦の勉強により、大まかな体系が頭の中に構築される。

第2　税法学習のための考えるヒント
- 税法条文は難解、重層的（法律、施行令、規則、通達）→条文をよく読む。かっこ書きは飛ばして読む。定義を押さえる。言葉の式（せいぜい1次方程式の世界）を算式で表してみる。概説書の説明・図表と条文を相互に参照する。
- 段階的に考える（原則と例外、複合的要件（及びと又は）の当てはめ、取引・組織変更の順を追って考える）。
- きちんと場合分けをして考える（個人と法人の区別、譲渡の形態の区別）。
- 制度趣旨を考える（組織再編税制、外国税額控除等）→理解と位置づけが容易になる。
- ひとまず原則を押さえ、例外は別途考える（租税訴訟の中でも取消訴訟をまず理解）→理解が容易になる。
- 具体的、実質的に考える→議論の実益は（組織再編が適格か非適格か）？、具体例を念頭に置く（時には数字を当てはめてみる→みなし配当・譲渡益の計算）。

第3　リサーチの仕方
- 関連条文を見つける。←課税処分の場合には理由を精査、それ以外の場合には、赤本、金子租税法、税法辞典等を参照、インターネット・サーチの活用
- 法令通達をよく読む。
- コンメンタールを参照する。
- 判例、裁決例を調査する。
- 職員本、概説書を調査する。
- 立法過程を調べる（『改正税法のすべて』、情報公開の活用）。

- ●「隠された論点」の検討←「理由の差替え」のリスク
- **第4　税法の弁護士業務への生かし方**
  - ●紛争系の仕事：税務訴訟、行政不服申立、税務調査、調査前の評価と改善提案
  - ●プランニング系の仕事：税効果を考えた取引の構築、取引・民事紛争解決の一部として弁護士業務の様々な局面に関係
  - ●（税務申告業務）

Ⅱ　所得税の概観
第1　所得税の税額計算の仕組みと留意点

　（申告）所得税は、暦年中の個人の所得に対して課される租税。

　所得税の税額計算の仕組みの概要と留意点は、以下の1ないし8のとおり。

1　非課税所得の除外

　（永住）居住者は、すべての所得について所得税を課せられるのを原則としている（所法5条1項、7条1項1号）。

　しかし、特定の所得は、社会政策上の配慮、担税力の考慮、二重課税の防止等の点から非課税となっている（所法9条、9条の2、10条等）。

2　10種類の各種所得の計算

　個人の所得は、発生原因や形態の違いにより、担税力を考慮し、以下のとおり10種類に区分されており、それぞれ所得金額の計算方法が異なる。

	種類（所得税法の条文）	内容	所得金額の計算方法
1	利子（23条）	公社債、預貯金の利子	収入金額
2	配当（24、25条）	株式、出資の配当等	（配当等の金額）−（一定の借入金利子）
3	不動産（26条）	不動産の貸付等による所得	（総収入金額）−（必要経費）
4	事業（27条）	農業、漁業、製造業、卸売業、小売業、サービス業等の事業から生ずる所得	（総収入金額）−（必要経費）
5	給与（28条）	給料、賃金、賞与等	（収入金額）−（給与所得控除額）
6	退職（30、31条）	退職手当、一時恩給等	{（収入金額）−（退職所得控除額）}×1/2[1]
7	山林（32条）	山林の伐採・譲渡による所得	（総収入金額）−（必要経費）−（特別控除額（最高50万円））
8	譲渡（33条）	資産（棚卸資産等及び山林を除く）の譲渡による所得	（総収入金額）−{（取得費）＋（譲渡費用）}−（特別控除額）
9	一時（34条）	一時的、偶発的利得	（総収入金額）−（収入を得るための支出額）−（特別控除額（最高50万円））
10	雑（35条）	公的年金等	（収入金額）−（公的年金等控除額）
		その他	（総収入金額）−（必要経費）

1　役員等勤続年数が5年以下である者が受ける特定役員退職手当等については、1/2課税が行われない（所法30条2項、4項）。

II 所得税に関する争訟

3 各種所得の分類と課税方法

各種所得分類に応じて以下のとおり課税方法が異なる。

	所得の種類		課税方法の概要
1	利子所得		源泉分離課税（所得税15.315％、住民税5％）（措置法3条）
2	配当所得	原則	20.42％の源泉徴収の上、超過累進税率による総合課税（所法22条、182条）
		私募公社債等運用投資信託の収益の分配	源泉分離課税（所得税15.315％、住民税5％）（措置法8条の2）
		一定の上場株式等	選択による申告分離課税[2]（措置法8条の4）
		少額配当等	確定申告からの除外を選択した場合には、20.42％の源泉徴収で完了（措置法8条の5）
		一定の上場株式等	確定申告からの除外を選択した場合には、源泉分離課税（所得税15.315％、住民税5％）（措置法8条の5）
3	不動産所得		超過累進税率による総合課税（所法22条、89条）
4	事業所得	原則	超過累進税率による総合課税（所法22条、89条）
		株式等の譲渡による事業所得	株式等に係る譲渡所得等の金額として分離課税（措置法37条の10）
		先物取引に係る事業所得	先物取引に係る雑所得等の金額として分離課税（措置法41条の14）
5	給与所得		超過累進税率による総合課税（所法22条2項、89条）
6	退職所得		他の所得と区分して、退職所得金額に超過累進税率を適用（所法22条、89条）
7	山林所得		他の所得と区分して、山林所得金額に5分5乗法を適用（所法22条3項、89条）
8	譲渡所得	総合短期[3]	全額[4]が総所得金額に含められ超過累進税率による総合課税（所法22条2項、89条）
		総合長期	1/2が総所得金額に含められ超過累進税率による総合課税（所法22条2項、89条）
		土地建物等の譲渡に係る分離短期[5]	短期譲渡所得の金額として分離課税[6]（措置法31条）
		土地建物等の譲渡に係る分離長期	長期譲渡所得の金額として分離課税[7]（措置法32条）

2 所得税の税率は平成25年末まで7.147％、平成26年以降は15.315％（他に住民税5％）。この場合には上場株式等の譲渡損失との損益通算が可能。
3 資産の譲渡が取得の日以降5年以内にされたものを「短期」といい、それ以外のものを「長期」という（所法33条3項）。
4 譲渡所得の特別控除額は50万円で、まず総合短期譲渡益から控除し、控除不足額は、総合長期譲渡益から控除する（所法33条4項、5項）。
5 土地建物等の譲渡所得の場合には、譲渡年の1月1日における所有期間が5年以下のものを「短期」といい、5年を超えるものを「長期」という（措置法31条、32条）。
6 原則として所得税30.63％、地方税9％の税率で課税。
7 原則として所得税15.315％、地方税5％の税率で課税。

	所得の種類		課税方法の概要
		株式等の譲渡による譲渡所得	株式等の譲渡に係る譲渡所得等の金額として分離課税[8]（措置法37の10）
		先物取引に係る譲渡所得	先物取引に係る雑所得等の金額として分離課税（措置法41条の14）
9	一時所得	原則	1/2が総所得金額に含められ、超過累進税率による課税（所法22条）
		懸賞金付預貯金の懸賞金等、一時払養老保険等の差益	源泉分離課税（所得税15.315%、住民税5%）（措置法41条の9、41条の10）
10	雑所得	原則	超過累進税率による総合課税（所法22条、89条）
		株式等の譲渡による雑所得	株式等の譲渡に係る譲渡所得等の金額として分離課税（措置法37の10）
		先物取引に係る雑所得	先物取引に係る雑所得等の金額として分離課税（措置法41条の14）
		金融類似商品	源泉分離課税（所得税15.315%、住民税5%）（措置法41条の10）
		割引債の償還差益	発行時の18.378%の税率による源泉徴収のみで完了（措置法41条の12）

4 所得の損益通算、損失の繰越し

(1) 損益通算の概要

他の種類の所得との損益通算の対象となる所得	不動産所得[9]、事業所得、山林所得、譲渡所得[10]
他の種類の所得との損益通算の対象にならない所得	利子所得、配当所得、給与所得、退職所得、一時所得、雑所得

(2) 純損失の利用

青色申告者の純損失の3年間の繰越控除（所法70条）

青色申告者の純損失の繰戻しによる還付（所法140〜142条）

5 所得控除による課税所得金額の計算

一定の順序で、16種類の所得控除（雑損控除、医療費控除、社会保険料控除、小規模企業共

---

[8] 原則として所得税15.315%、地方税5%の税率で課税されるが、上場株式等にはいくつかの特例（①軽減税率、②特定口座の特例、③上場株式等の譲渡損失と上場株式等の配当所得との損益通算、④譲渡損失の繰越控除、⑤非課税口座内の少額上場株式等に係る配当所得及び譲渡所得等の非課税措置（NISA）等の導入）がある。

[9] 例えば、不動産所得の金額の計算上生じた損失額のうち、土地等を取得するために要した負債の利子の額に相当する金額は、例外的に損益通算の対象とならない（措置法41条の4）。

[10] 例えば、土地、建物等の譲渡に係る譲渡所得金額の計算上生じた損失金額（措置法31条1項、32条1項）（ただし、一定の要件を満たす居住用財産の譲渡損失の損益通算の特例あり）、株式等の譲渡に係る譲渡所得金額の計算上生じた損失金額（措置法37条の10第1項）は、例外的に損益通算の対象とならない。

Ⅱ 所得税に関する争訟

済等掛金控除、生命保険料控除、損害保険料控除、寄付金控除、障害者控除、老年控除、寡婦控除、寡夫控除、勤労学生控除、配偶者控除、配偶者特別控除、扶養控除及び基礎控除）を行い、課税所得金額を算出する。

6 税額の算出

(1) 課税総所得金額、課税山林所得金額[11]及び課税退職金額に対し、以下のとおり超過累進税率を適用して、税額を算出する。

所得税の速算表

課税される所得金額	税率	控除額
195万円以下	5%	0円
195万円を超え　330万円以下	10%	97,500円
330万円を超え　695万円以下	20%	427,500円
695万円を超え　900万円以下	23%	636,000円
900万円を超え　1,800万円以下	33%	1,536,000円
1,800万円超	40%	2,796,000円

(出典) 国税庁HPから転載

(注) 例えば「課税される所得金額」が700万円の場合には、求める税額は次のようになる。
700万円×0.23-63万6千円＝97万4千円

※平成25年から49年までの各年分の確定申告においては、所得税と復興特別所得税（原則としてその年分の基準所得税額の2.1％）を併せて申告・納付することとなる。

※平成27年からは、上記表に4,000万円超の課税所得金額の区分が足され、その区分に係る適用税率は、45％である。

※上記に加え、住民税が、前年の所得について一律10％の税率で課税される。

(2) 申告分離課税の対象となる所得（土地建物等の譲渡に係る譲渡所得、株式等の譲渡に係る所得、先物取引に係る所得）に対し、比例税率を適用して税額を算出する。

例えば、土地建物等の譲渡所得については、申告分離により所得税が課される。特例の適用がない場合の税率は、以下のとおりである（措置法31条、32条、地法附則34条、35条）。

	所得税	地方税	合計
長期譲渡所得	15.315%	5%	20.315%
短期譲渡所得	30.630%	9%	39.630%

(注) 譲渡のあった年の1月1日における所有期間が5年を超える場合が長期譲渡所得で、同期間が5年以下の場合が短期譲渡所得である。

(3) 上記(1)及び(2)の算出税額を全て合計する。

---

11 累進税率の適用を緩和するため、5分5乗法（課税山林所得金額の1/5に超過累進税率を適用し、得られた金額を5倍して税額を算出する）の適用がある（所法89条1項）。

7　税額控除による所得税額の算出

上記6の算出税額の合計から、配当控除、外国税額控除、住宅借入金等特別控除などの税額控除を行い、その年分の所得税額を計算する。

8　納税額の算出

上記7の所得税額から、その年分に課された源泉所得税額と予定納税額を控除し、最終的に確定申告時に納付すべき税額を算出する。

第2　所得税をめぐる争訟

平成20年から平成25年9月までの期間の所得税に関する裁判例・裁決例を概観すると、以下のようなものが多くみられる。

- ●所得区分に関する争い
  - ○勤務先の親会社から付与された譲渡制限付株式（リストリクテッド・シェア）について、勤務先退職後に、その譲渡制限が解除されたことに伴い得た経済的利益は、退職所得か、給与所得か[12]
  - ○匿名組合契約（同契約に基づく営業者は航空機リース事業を営む）に基づき、匿名組合員が営業者から分配される損益に係る所得は、不動産所得か、雑所得か[13]
  - ○特許法35条3項にいう職務発明に係る相当の対価を求める訴えによって受領した和解金は、譲渡所得か、雑所得か[14]
  - ○期間契約社員の有給休暇の残日数に応じて、契約期間満了時に支給される金員は、給与所得か、退職所得か[15]
  - ○分掌変更に伴う役員退職金名目の金員は、給与所得か、退職所得か[16]
  - ○学校法人が運営していた退職年金制度を廃止したことに伴い、同制度の加入者に支給した分配金は、給与所得か、退職所得か[17]

---

[12] 東京地判平成24年7月24日（税務訴訟資料262号順号12010）（確定）は、退職所得ではなく、給与所得と認定した（納税者敗訴）。

[13] 東京高判平成24年7月19日（税務訴訟資料262号順号12004）は、不動産所得ではなく、雑所得であると認定した（納税者敗訴）。

[14] 大阪高判平成24年4月26日（訟務月報59巻4号1143頁、税務訴訟資料262号順号11941）は、譲渡所得ではなく、雑所得であると認定した（納税者敗訴）。

[15] 平成23年5月31日裁決（裁決事例集83集536頁）は、退職所得に該当すると判断した（納税者敗訴）。

[16] 京都地判平成23年4月14日（税務訴訟資料261号順号11669）（確定）は、専修学校の理事（校長と学院長という地位は退職）に対し支払われた金員は、給与所得ではなく退職所得であることを肯定した（納税者勝訴）。東京地判平成20年6月27日（判タ1292号161頁）（確定）は、代表取締役及び取締役を辞任して監査役に就任する分掌変更によって役員としての地位・職務内容が激変し、実質的に退職したと同様の事情にあると認定し、退職所得であることを肯定した（この論点につき納税者勝訴）。大阪地判平成20年2月29日（判タ1268号164頁）（確定）は、学校法人の理事長が、同法人の設置する中学校・高校の校長の職を退いて、同法人の設置する大学の学長に就任するに際し、高校の退職金規程に基づき支給された退職金名目の金員に係る所得が、給与所得ではなく、退職所得であると判断した（納税者勝訴）。

[17] 大阪地判平成22年11月18日（税務訴訟資料260号順号11559）（確定）は、給与所得に該当すると判断した（納税者敗訴）。

II 所得税に関する争訟

- ○会社の常勤監査役が大学で非常勤講師を務めている場合の非常勤講師料は、事業所得か、給与所得か[18]
- ○競走馬及び牝馬の保有に係る所得は、事業所得か、雑所得か[19]
- ○個人が組合員となっている民法上の組合として行った船舶賃貸事業に係る収益は、不動産所得か、雑所得か[20]
- ●必要経費・取得費に関する争い
  - ○弁護士が弁護士会等の役員としての活動に伴い支出した懇親会費等が必要経費に該当するか[21]
  - ○所得税更正処分取消訴訟に勝訴し、還付加算金(雑所得)の支払を受けたときの、同訴訟に要した弁護士費用等の訴訟費用が必要経費に該当するか[22]
  - ○法人が契約者となり保険料を払った養老保険契約に基づいて、法人の代表者が支払を受けた満期保険金に係る保険料が、「その収入を得るために支出した金額」(所法34条2項)に該当するか[23]
  - ○遺産分割調停及び遺産分割審判における被相続人(原告が相続人としてその納税義務を承継)の代理人弁護士に対する報酬額が、被相続人が遺産分割審判によって取得した土地の譲渡所得の計算における取得費に該当するか[24]
- ●所得税法64条2項[25]に関する争い

---

[18] 大阪高判平成22年9月29日(税務訴訟資料260号順号11520)(最決平成23年4月7日により確定)は、非常勤講師料を事業所得ではなく、給与所得と認定した(納税者敗訴)。
[19] 東京高判平成21年1月29日(税務訴訟資料259号順号11130)(確定)は、独立した事業活動であるとの評価を与えるのは困難であるとして、事業所得ではなく、雑所得と判断した(納税者敗訴)。
[20] 名古屋高判平成19年3月8日(判例集未登載)(最決平成20年3月27日により確定)は、賃貸事業に係る収益は不動産所得に当たり、また船舶は減価償却資産に該当すると判断した(納税者勝訴)。岐阜地判平成20年1月24日(税務訴訟資料258号順号10870)も同旨。
[21] 東京高判平成24年9月19日(判時2170号20頁、判タ1387号190頁)(最決平成26年1月17日により確定)は、一部の懇親会費等について必要経費該当性を肯定した(納税者一部勝訴)。
[22] 広島高判平成24年3月1日(訟務月報58巻8号3045頁)(最決平成24年12月20日により確定)は、必要経費該当性を否定した(納税者敗訴)。福岡高判平成24年2月15日(訟務月報58巻8号3073頁)(最決平成24年10月25日により確定)も同旨。
[23] 最判平成24年1月13日(判時2149号52頁、判タ1371号118頁)及び同1月16日(判時2149号58頁、判タ1371号125頁)は、上記保険料のうち2分の1に相当する法人において保険料として損金処理がされた部分(すなわち、個人が負担した部分あるいは個人に対する役員報酬として損金経理がされた部分以外の部分)は、「その収入を得るために支出した金額」に当たるとはいえず、これを保険金に係る一時所得の金額の計算において控除することはできないと判断した(納税者敗訴)。
[24] 東京高判平成23年4月14日(税務訴訟資料261号順号11668)は、遺産分割の手続について弁護士に委任した場合における弁護士報酬は、相続人が相続財産を取得するための付随費用には当たらないと判断した(納税者敗訴)。
[25] 所得税法64条1項及び2項は、以下のとおり規定している。
  1 その年分の各種所得の金額(事業所得の金額を除く。以下この項において同じ。)の計算の基礎となる収入金額若しくは総収入金額(不動産所得又は山林所得を生ずべき事業から生じた

レジュメ

- ○適用否定例（納税者敗訴）[26]
- ○適用肯定例（納税者勝訴）[27]
- ●推計課税の事案[28]
- ●国際的な事案
  - ○外国における組織体の日本の租税法上の位置づけ
    - ・米国デラウェア州のリミテッド・パートナーシップ（LPS）[29]
    - ・米国ニューヨーク州のリミテッド・ライアビリティ・カンパニー（LLC）[30]
    - ・バミューダのリミテッド・パートナーシップ（LPS）[31]
  - ○非居住者・外国法人に対する支払に係る源泉徴収

ものを除く。以下この項において同じ。）の全部若しくは一部を回収することができないこととなつた場合又は政令で定める事由により当該収入金額若しくは総収入金額の全部若しくは一部を返還すべきこととなつた場合には、政令で定めるところにより、当該各種所得の金額の合計額のうち、その回収することができないこととなつた金額又は返還すべきこととなつた金額に対応する部分の金額は、当該各種所得の金額の計算上、なかつたものとみなす。

2 保証債務を履行するため資産（第33条第2項第1号（譲渡所得に含まれない所得）の規定に該当するものを除く。）の譲渡（同条第1項に規定する政令で定める行為を含む。）があつた場合において、その履行に伴う求償権の全部又は一部を行使することができないこととなつたときは、その行使することができないこととなつた金額（不動産所得の金額、事業所得の金額又は山林所得の金額の計算上必要経費に算入される金額を除く。）を前項に規定する回収することができないこととなつた金額とみなして、同項の規定を適用する。

26 福岡高判平成24年9月20日（税務訴訟資料262号順号12041）は、共同保証人に求償権を行使できたとして、所得税法64条2項の適用を否定した。大阪高判平成21年4月24日（税務訴訟資料259号順号11189）（確定）は、控訴人は債務の履行について法的責任を有していたとはいえないと認定した。福岡高裁平成21年3月18日（税務訴訟資料259号順号11162）（最決平成21年8月28日により確定）は、実質的にも主債務者であり、保証特例の適用はないとして、原判決を取り消した。名古屋地判平成20年9月29日（税務訴訟資料258号順号11039）（確定）は、借入金債務は、保証人でなく、債務者が所有不動産を売却して返済したものであるとして、保証特例の適用はないと判断した（ただし、譲渡費用を追加で認定したことにより、納税者一部勝訴）。

27 名古屋高判金沢支部平成22年9月1日（税務訴訟資料260号順号11499）（確定）は、原判決を覆し、「保証債務を履行するため資産の譲渡があった場合」に該当すると判断した。

28 所得税法156条は、「税務署長は、居住者に係る所得税につき更正又は決定をする場合には、その者の財産若しくは債務の増減の状況、収入若しくは支出の状況又は生産量、販売量その他の取扱量、従業員数その他事業の規模によりその者の各年分の各種所得の金額又は損失の金額（その者の提出した青色申告書に係る年分の不動産所得の金額、事業所得の金額及び山林所得の金額並びにこれらの金額の計算上生じた損失の金額を除く。）を推計して、これをすることができる。」と規定している。推計課税の事案においては、「推計課税の必要性」と「推計課税の合理性」が争われることが多い。

29 東京高判平成25年3月13日（訟務月報60巻1号165頁）及び大阪高判平成25年4月25日（税務訴訟資料263号順号12208）はデラウェア州LPSの「法人」性を肯定したのに対し、名古屋高判平成25年1月24日（税務訴訟資料263号順号12136）は「法人」性を否定した。最判平成27年7月17日（裁判所時報1632号1頁）は、「法人」に該当するとの初判断（納税者敗訴）を示した。

30 東京高判平成19年10月10日（訟月54巻10号2516頁）（確定）は、LLCの「法人」性を肯定した（納税者敗訴）。

31 東京地判平成24年8月30日（金融商事判例1405号30頁）は、バミューダLPSの「法人」性を否定した（納税者勝訴）。

II 所得税に関する争訟

- 非居住者に対する国内不動産の譲渡対価に該当するか[32]
- 造船契約の解除に基づき、売主から買主たる外国法人に対し、受領済みの分割払金の返還及び同分割金に対する約定の割合に基づく金員の支払がされた場合に、当該金員が所得税法161条6号所定の「貸付金（これに準ずるものを含む。）の利子」に該当するか[33]

III 現行の不服申立て制度及び訴訟のあらまし

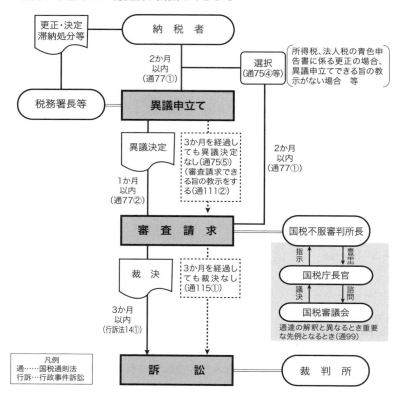

（出典）国税庁HPから転載

---

[32] 東京高判平成23年8月3日（税務訴訟資料261号順号11727）（最決平成24年9月18日により確定）は、非居住者に対する国内源泉所得の支払であるとして、源泉徴収義務を肯定した（納税者敗訴）。

[33] 大阪高判平成21年4月24日（税務訴訟資料259号順号11188）（確定）は、造船契約の解除に基づく返還金の債権の性質、内容等が貸付債権とおおむね同様又は類似の債権に当たるとはいえないこと等を理由として、「貸付金（これに準ずるものを含む。）の利子」に該当しないと判断した（納税者勝訴）。

IV 租税訴訟の検討の視点
第1 はじめに
1 概観
　租税訴訟とは租税法律関係に関する訴訟の総称であり、多様な形態が考えられるが、その中心をなすのは、課税処分の取消訴訟である。そこで、以下では、課税処分の取消訴訟を念頭においた上で、納税者の立場から、いかなる点に留意しながら租税訴訟を追行すべきかについて以下の順に概観する。
① 課税処分の取消訴訟の構造
② 法令、通達、判例、裁決、文献の調査と活用の方法
③ 受任の際の留意事項
④ 主張の書き方
⑤ 証拠の検討と収集の方法

2 本稿の射程範囲
　税務に絡む紛争においては、税務調査を経た上での課税庁による課税処分、課税処分に対する行政不服申立手続（異議申立て及び審査請求）を経て、課税処分の租税訴訟に至るのが通常のケースである。そして、租税訴訟と行政不服申立手続の対象となる課税処分は同一であり、一方は司法救済、他方は行政救済という相違はあるものの、課税処分の適法性を争う手続という点では共通している。

　これに対し、税務調査の段階では、未だ課税処分がなされておらず、その点で、租税訴訟及び行政不服申立手続とは決定的に異なっている。しかし、税務調査は、むしろ課税庁が課税処分をなす前段階と捉えることができ、そこでも適法な課税処分がなされるかどうかが最終的な攻防の焦点となる。このため、税務調査においても、（課税庁が将来行う可能性のある）課税処分の適法性が争点になっていることに変わりはない。

　以上より、以下で取り上げる「租税訴訟の検討の視点」は、租税訴訟のみならず、その前段階をなす行政不服申立手続、さらには税務調査のレベルにおいても基本的に参照可能と考えられる。

第2 課税処分の取消訴訟の構造
1 課税処分の取消訴訟の訴訟物
　課税処分の取消訴訟の訴訟物（審理の対象）は、課税処分の取消原因としての「違法性一般」であると解されている[34]。このため、納税者たる原告としては課税処分を特定した上で、それが「違法」である旨主張すれば訴訟物は特定される。これに対し、被告たる国は、課税処分の適法性を基礎付けるための実体上の適法要件（課税要件とも呼ばれる）及び手続上の適法要件が具備されていることを主張立証しなければならない。

　実体上の適法要件（課税要件）及び手続上の適法要件に該当する具体的な事実の存否の判断を通じて、課税処分の適法性に対する最終的な判断が下されることになる。

---

34 泉徳治・大橋敏・満田明彦『租税訴訟の審理について（改訂新版）』（法曹会、平成14年）72、85頁。

II　所得税に関する争訟

2　課税処分の取消訴訟の適法要件
(1)　実体上の適法要件（課税要件）
　実体上の適法要件（課税要件）とは、それが充足されることによって納税義務の成立という法律効果を生ずる法律要件のことをいう。
　各租税に共通な実体上の適法要件（課税要件）は、以下の6つの要件からなると一般的に説明されている[35]。
　①　課税権者：国税の場合は国、地方税の場合は地方公共団体。
　②　納税義務者：租税債務を負担する者。
　③　課税物件：課税の対象とされる物、行為又は事実。例えば、所得税や法人税における課税物件は「所得」であり、相続税の課税物件は「相続又は遺贈に因り取得した財産」である。
　④　課税物件の帰属：一定の課税物件と特定の納税義務者との結びつき。
　⑤　課税標準：課税物件たる物、行為又は事実を金額化・数量化したもの。例えば、所得税又は法人税における課税標準は「所得金額」であり、相続税の課税標準は「相続又は遺贈に因り取得した財産の価額の合計額」である。
　⑥　税率：税額算出のために課税標準に対して適用される比率。
　このような実体上の適法要件（課税要件）は、租税法律主義（憲法84条）（特に課税要件法定主義）の要請するところに従い、各種の租税ごとに、法律又はその委任による政令、省令等で定められている。したがって、実際の租税訴訟においては、法令が定める各種租税の課税要件の解釈と適用が問題となることが少なくない。
(2)　手続上の適法要件
　手続上の適法要件とは、課税要件の充足によって客観的、抽象的に成立した納税義務（租税債務）を、課税庁が具体的な納税義務として確定するために備えなければならない手続上の要件をいう。このような手続上の適法要件としては、通常以下のような点が問題となる[36]。
　(a)　税務調査の適法性
　　裁判例の多くは、「税務調査の違法は当然に課税処分の違法事由になるものではないが、調査を全く欠くなど違法性の程度が著しい場合には課税処分も違法になる」という考え方を採用していると解されている[37]。
　(b)　青色申告に関する納税手続上の特典
　　青色申告者には、納税手続上以下のような特典が認められている。
　　●備え付けの帳簿書類の調査の要請（所法155条1項、法法130条1項）。

---

[35]　前掲注34泉他・租税訴訟の審理2～3頁。
[36]　前掲注34泉他・租税訴訟の審理97頁以下。
[37]　金子宏『租税法（第20版）』（弘文堂、平成27年）855頁。なお、同意なしに居室に入る等、調査が行きすぎで違法であったとして50万円の国家賠償を認めた例として大阪高判平成10年3月19日（判タ1014号183頁）がある。また、国税庁長官「国税通則法第7章の2（国税の調査）関係通達の制定について（法令解釈通達）」（平成24年9月12日）参照。

- ●更正の理由の附記[38]（所法155条2項、法法130条2項）。
- ●推計課税の禁止（所法156条、法法131条）。
- ●青色申告承認取消の際の手続上の要件（所法150条1項2項、法法127条1項、2項）。

　これらの手続上の特典に違反してなされた課税処分は、手続上の適法要件を具備しないものとして違法になるものと考えられる[39]。

(c) 推計課税の必要性

　青色申告に係る更正を除き、一定の要件の下に推計課税による更正又は決定を行うことが認められている（所法156条、法法131条）。

　このような推計課税を行う際に必要性の存在が前提要件となるか否かについては争いがある[40]。

(d) 除斥期間

　更正、決定、再更正には、期間制限がある（国通法70条、71条）ので、この期間経過後になされた場合には、当該課税処分は違法である[41]。

　上記のような手続上の適法要件の存在は、本来であれば被告に主張責任があるが、裁判実務上は、原告から特に主張がない以上、この点の適法性には争いがないものとして取り扱われる[42]。このため、課税処分の手続上の適法要件に疑義がある場合には、原告の方からその要件が満たされていないことを明示的に争う必要がある。

3　事実問題と法律問題の区別

　そもそも、裁判の過程は、事実の認定と法の適用の二つに大別されるが、この考え方は、以下のとおり、行政訴訟である課税処分の取消訴訟にも、基本的に当てはまる。

　前記のとおり、課税処分の取消訴訟の審判の対象（訴訟物）は、課税処分の違法性一般と解されており、この点の判断は、実体上の適法要件（課税要件）と手続上の適法要件に該当する具体的な事実の存否の判断を通じて行われる。そして、このような適法要件に該当する事実の存否の判断を適正に行うためには、正しく認定された事実を前提として、正しく法規を解釈し、適用しなければならない。しかも、適法要件の具備を主張立証する責任は、被告にある[43]から、いかなる法令と事実に基づき、課税要件が満たされ、納税義

---

[38] 平成23年11月30日に成立した国税通則法の改正により、平成25年1月から全ての処分について理由附記が実施されることになった（国通法74条の14第1項、行政手続法8条、14条）。なお、従来、記帳義務及び記録保存義務が課されていなかった個人の白色申告者に対する所得税の更正等に関する理由附記については、記帳及び記録保存の義務化がなされる平成26年1月から実施される（所法231条の2）。

[39] 前掲注34泉他・租税訴訟の審理103頁。

[40] 前掲注34泉他・租税訴訟の審理105頁。

[41] 前掲注34泉他・租税訴訟の審理106頁。

[42] 前掲注34泉他・租税訴訟の審理87頁。

[43] 最判昭和38年3月3日（訟務月報9巻5号668頁）は、所得税の課税処分の取消訴訟に関し、所得の存在及びその金額について課税庁が立証責任を負うことを認めた。また、東京地判平成23年5月17日（税務訴訟資料261号順号11688）（東京高判平成23年11月30日（税務訴訟資料261号順号11821）により是認）は、相続税の課税処分の取消訴訟に関し、相続財産の存在及びその金額について課税庁が立証責任を負うことを肯定した。東京地判平成18年9月22日（税務訴訟資料256号順号10512）（確定）も同様である。

II 所得税に関する争訟

務の成立という法律効果が発生しているかということを主張しなければならないのは、被告である。
　したがって、納税者の立場に立って、課税処分の違法性の有無について検討する際にも、事実判断の問題と法的判断の問題を区別した上で、課税処分をなした課税庁の事実判断及び法的判断の双方について誤りがないかどうかを吟味する必要がある。

第3　法令、通達、判例、裁決、文献の調査と活用の方法

　上記の課税処分の取消訴訟の基本的な構造を前提とした上で、以下では、具体的な事件を取り扱う上で、何を素材として、争点を発見し、課税庁に対する反論及び納税者側の主張を組み立てていけばよいかを概観する。

　1　法　令
　　(1)　法令の位置づけ
　　わが国の租税法では、基本的・一般的事項は法律で規定し、細則的事項は内閣が制定する政令（一般に施行令）と各省大臣が制定する省令（一般に施行規則）に委任することが多い。
　　租税法律主義の下では、課税要件の全てと租税の賦課・徴収の手続は、原則として法律によって規定されていなければならない。したがって、課税要件の充足の有無が問題となる租税訴訟においては、まず、課税の根拠となる法律とそれに基づく政省令を検討する必要がある。

　　(2)　法令の検討の際の留意点
　　法令の検討に際しては、特に以下の点に留意すべきである。
　　　(a)　政省令への委任
　　　租税法律主義（特に課税要件法定主義）の下では、法律の根拠なしに政省令で新たに課税要件に関する定めをすることは許されないし（法律の留保の原則）、法律の定めに違反する政省令が無効であることも明らかである（法律の優位の原則）[44]。
　　　さらに、課税要件法定主義の趣旨から、政省令への委任は具体的・個別的な委任に限られ、一般的・白紙的な委任は許されないと解すべきである[45]。
　　　したがって、法律の根拠なしに、又は法律の定める範囲を超えて政省令で課税要件が定められていないかどうか、あるいは政省令への委任が一般的・白紙的ではないかどうかという点に注意する必要がある。

> 〈参考判例〉東京高判平成7年11月28日（判時1570号57頁）（確定）
> 　租税特別措置法自体からは、登録免許税に関する軽減税率の適用に際し、一定の書面等の添付が必要であることが読みとれず、省令ではじめて書面等の添付が必要である旨加重要件を定める規定は、租税法律主義に照らし、無効である。

---

[44]　前掲注37金子77頁。
[45]　前掲注37金子77頁。

(b) 借用概念の解釈

租税法が用いている概念の中には、租税法が独自の概念（固有概念）を使用していることもあるが、他の法分野（特に民商法等の私法の分野）で用いられている概念を借用している場合が少なくない。

このような借用概念は、私法上におけるのと別の意味に解釈すべきことが租税法規の明文又はその趣旨から明らかな場合には、別の意味に解釈すべきことになる。

それ以外の場合には、かかる借用概念は、本来の法分野におけるのと同じ意義に解して、概念の統一的な理解を図るのが、租税法律主義＝法的安定性の見地からも望ましいと一般に考えられている[46]。

このため、借用概念については、租税法規の明文又はその趣旨から別の意味に解すべきかどうかを検討した上で、かかる事情が認められないときには、本来の法分野における意義を明らかにする必要がある。

〈参考判例〉最判昭和35年10月7日（民集14巻12号2420頁）
所得税法中には、利益配当の概念として、とくに、商法の前提とする、取引社会における利益配当の観念と異なる観念を採用しているのと認むべき規定はないので、所得税法もまた、利益配当の概念として、商法の前提とする利益配当の観念と同一観念を採用しているものと解するのが相当である。

これに対し、下記は、私法上の概念と別意に解すべきとされた例である。

〈参考判例〉最判昭和63年7月19日（判時1290号56頁、判タ678号73頁、税務訴訟資料165号352頁）
所得税法60条1項1号にいう「贈与」には、贈与者に収入すべき金額その他の経済的利益をもたらすこととなる負担付贈与は含まれない。
〈参照条文〉
（贈与等により取得した資産の取得費等）
所得税法60条 居住者が次に掲げる事由により取得した前条第1項に規定する資産を譲渡した場合における事業所得の金額、山林所得の金額、譲渡所得の金額又は雑所得の金額の計算については、その者が引き続きこれを所有していたものとみなす。
一　贈与、相続（限定承認に係るものを除く。）又は遺贈（包括遺贈のうち限定承認に係るものを除く。）
二　前条第2項の規定に該当する譲渡

(c) 定義のない固有概念

租税法が独自に用いている固有概念の中には、租税法の中に定義が設けられていないものが少なくない。

46　前掲注37金子117頁以下。

Ⅱ 所得税に関する争訟

　これらの概念の意義を明らかにするためには、その言葉の通常有する意味内容を辞書・辞典等を通じて明らかにする（文理解釈）とともに、具体的妥当性と法的安定性の双方に配慮しながら、法規の趣旨・目的に照らして解釈する必要がある[47]。

〈参考例〉措置法61条の4第2項
　租税特別措置法第61条の4第2項は、「交際費等」を「交際費、接待費、機密費その他の費用で、法人が、その得意先、仕入先その他事業に関係のある者等に対する接待、供応、慰安、贈答その他これらに類する行為のために支出するもの（専ら従業員の慰安のために行われる運動会、演芸会、旅行等のために通常要する費用その他政令で定める費用を除く。）をいう。」と定義している。しかし、例えば、「接待、供応、慰安、贈答その他これらに類する行為」が何を意味するかについては、特に税法上の定義がない。

　なお、税法上の固有概念の解釈が判例上固まっている場合には、判例で確立された解釈を前提に検討することになる。

〈参考判例〉最判昭和56年4月24日（民集35巻3号672頁）
　弁護士の顧問料収入が事業所得と給与所得のいずれに該当するかが争いになった事案において、最高裁は、以下のとおり、両者を区別した。
　「事業所得とは、自己の計算と危険において独立して営まれ、営利性、有償性を有し、かつ反覆継続して遂行する意思と社会的地位とが客観的に認められる業務から生ずる所得をいい、これに対し、給与所得とは雇傭契約又はこれに類する原因に基づき使用者の指揮命令に服して提供した労務の対価として使用者から受ける給付をいう。なお、給与所得については、とりわけ、給与支給者との関係において何らかの空間的、時間的な拘束を受け、継続的ないし断続的に労務又は役務の提供があり、その対価として支給されるものであるかどうかが重視されなければならない。」

　(d)　厳格解釈と合目的的解釈
　租税法規の解釈においては、文言に忠実な厳格解釈の原則が妥当するという考え方が一般的であるといわれることがある。

〈参考判例〉最判平成22年3月2日（税務訴訟資料260号順号11391）（ホステス報酬の源泉徴収事件）
　「期間」につき、時間的連続を持った概念として解するのが自然であり、これと異なる解釈を採るべき根拠となる規定も見当たらない。租税法規はみだりに規定の文言を離れて解釈すべきではない。

　他方で、納税者の不利益に合目的的な限定解釈をする場合もある。

47　田中英夫『実定法学入門（第3版）』（東京大学出版会、昭和49年）98頁以下、183〜186頁。

〈参考判例〉最判平成18年1月24日（民集60巻1号252頁、裁判所時報1404号14頁、訟務月報52巻12号3656頁、判時1929号19頁、判タ1208号82頁）（映画フィルム・リース事件）

本件は、納税者（原告・控訴人・上告人）が民法上の組合を通じて所有権を取得したとされる外国映画フィルムについて旧法人税法31条1項所定の減価償却費の損金算入が認められないとして、納税者を敗訴させた事案である。

最高裁は、原審のように取引を実質的に捉えて別の法形式に引き直すのではなく、法人税法の定める「減価償却資産」の意義を限定解釈し、「事業の用に供しているものということはできない」と判断することにより、減価償却費の損金算入を否定した。

さらに、納税者の利益に合目的的な拡張解釈をすることもある。

〈参考判例〉最判平成19年1月23日（裁判所時報1428号4頁、訟務月報54巻8号1628頁、判時1961号42頁、判タ1233号152頁）

本件は、上告人ら（納税者）が、相続財産中の土地について小規模宅地等についての相続税の課税価格の計算の特例の適用があるものとして相続税の申告をしたところ、同特例の適用は認められないとして、相続税の課税処分を受けたので、その取消しを求めた事案である。

本件で、最高裁は、相続開始の直前においては、本件土地は更地となっていたが、それは公共事業における仮換地指定により使用収益が禁止された結果、やむを得ずそのような状況に立たされたためであるから、相続開始ないし相続税申告の時点において、上告人らが本件仮換地を住居の用に供する予定がなかったと認めるに足りる特段の事情のない限り、租税特別措置法69条の3にいう「相続の開始の直前において……居住の用に供されていた宅地」に当たると解するのが相当であるという形で措置法の定める本件特例を拡張解釈した。その上で、最高裁は、本件においては、上記特段の事情は認めることができず、本件特例が適用されると結論づけている。

2 通達

(1) 通達の位置づけ

通達は、上級行政庁が関係下級行政庁に対し、その職務権限の行使を指揮し、職務に関し命令をするために発するものである（国家行政組織法14条2項）。特に租税行政の領域では、複雑な租税法規の解釈適用基準を示すことにより、租税法規の適正な解釈運用を図るとともに、税務行政の統一性を維持するために、国税庁長官により、大量の税務通達が発せられている。このため、日々の租税法の解釈・適用に関する大多数の問題は、通達に依拠して解決されていると言っても過言ではない。

このような通達は、行政組織内部では拘束力をもつが、国民に対して拘束力をもつ法規ではなく、裁判所もそれに拘束されないと解されている[48]。

Ⅱ　所得税に関する争訟

(2)　通達の検討の際の留意点

上記のような法的性格を通達が有することから、納税者としては、課税処分の適法性を検討する際に、関連する通達については、以下のような二つの異なる対応をとることが可能となる。したがって、当該具体的な事案に応じて、いかなる対応が納税者の立場に資するかを確認した上で、いずれかを選択しなければならない。

(a)　通達に依拠する場合

通達が納税者の主張に資する場合には、通達が行政組織内部では拘束力を有すること及び裁判所も通達の内容が法令に適合する例が多いこと[49]を利用し、通達を前提に、課税庁に対する反論を組み立てることが考えられる。

〈参考判例〉東京高判平成23年8月4日（税務訴訟資料261号順号11728）（確定）
民法上の組合の組合損益及び組合員に帰属すべき所得の計算方法につき、所得税基本通達36・37共-20は、総額方式、中間方式、純額方式を定めており、上記通達に定めていない要件を、解釈により付加する課税庁側の主張は、租税法律主義の趣旨に抵触するとして、課税処分の取消しを肯定した事例。

さらに、特定の通達が法令に適合していることを前提としながら、その通達の定める一定の事項に関する解釈を争うことも考えられるし、あるいは通達の事実への当てはめのレベルで争うこともあり得る。

(b)　通達の適用を否定・制限する場合

先に述べたとおり、通達の内容は、法令に抵触するものであってはならない。したがって、通達自体が法令に反することを理由に、通達の適用を否定する立場に立って主張することが考えられる。

〈参考判例〉大阪高判平成2年12月19日（判タ768号102頁）（確定）
本件は、更生会社における評価益・債務免除益の発生事業年度の所得計算は、まず評価益・債務免除益につき旧会社更生法269条3項に定める累積繰越欠損金（会社更生欠損金）に達するまでの金額を益金に算入しないこととして益金額を算出し、それから法人税法57条1項により青色申告欠損金の繰越控除をすべきであるとして、これに反する旧法人税基本通達14-3-1の6（先ず青色申告欠損金、次いで会社更生欠損金の順序で損金の額に算入）に基づく取扱いが否定された事例である。

さらに、通達規定の合理性を問題とし、通達規定を無効とすることも考えられる。

48　最判昭和38年12月24日（訟務月報10巻2号381頁）。
49　前掲注37金子109頁。

〈参考判例〉東京高判平成25年2月28日（判例集未登載）（確定）
　　取引相場のない株式の評価の関する財産評価基本通達の定めのうち、大会社につき株式保有割合が25％以上である会社を一律に株式保有特定会社と定め、例外的な評価方式を適用することが、本件相続開始時においてもなお合理性を有していたものとはいえないとした事例。

　また、通達を限定的に解釈することにより、当該事案における通達の適用を制限し、別の結論を導くことも可能である。

〈参考判例〉東京地判平成7年6月30日（訟務月報42巻3号645頁、税務訴訟資料209号1304頁、行政事件裁判例集46巻6・7号659頁）（確定）
　　不動産所得を生ずべき事業といえるか否かは、営利性・有償性の有無、継続性・反復性の有無、企業遂行性の有無、精神的肉体的労力の程度、人的・物的設備等を総合して、社会通念上事業といいうるか否かによって判断すべきであり、いわゆる5棟10室基準は事業というための十分条件を定めたに過ぎず、5棟10室程度の規模に至らない不動産の貸付けが直ちに社会通念上事業に当たらないということはできないとした事例。
〈参照通達〉所得税基本通達26-9　建物の貸付けが事業として行われているかどうかの判定
　　建物の貸付けが不動産所得を生ずべき事業として行われているかどうかは、社会通念上事業と称するに至る程度の規模で建物の貸付けを行っているかどうかにより判定すべきであるが、次に掲げる事実のいずれか一に該当する場合又は賃貸料の収入の状況、貸付資産の管理の状況等からみてこれらの場合に準ずる事情があると認められる場合には、特に反証がない限り、事業として行われているものとする。
　(1)　貸間、アパート等については、貸与することができる独立した室数がおおむね10以上であること。
　(2)　独立家屋の貸付けについては、おおむね5棟以上であること。

3　判　例
(1)　判例の位置づけ
(a)　判例の尊重[50]

　裁判の過程は、事実の認定と法の適用の二つに大別される。そして、裁判所は、具体的な事件の解決のために、事実の認定を行うとともに、そこに含まれる法律問題に対し、裁判という形で解答を与えていかなければならない。このように、裁判は、あくまでも具体的な事件の解決を目的としているが、それを超えた今後の裁判に対する先例—判例—としての機能を果たすことが少なくない。同種の事件には同じ解決が与えられることが正義の要請であるし、法の基盤にある平等の理念にも合致するため、

50　前掲注47田中57頁、197頁以下。

Ⅱ　所得税に関する争訟

判例を尊重することが正当化される。

わが国の場合、先例の拘束性が認められているわけではないが、裁判所は実際上多くの場合判例にしたがって裁判をしている。それゆえ、わが国では、判例は、「事実上の法源」たる地位を占めており、特に実務においては判例に十分な注意を払う必要がある。

(b)　判例とは何か[51]

判例として後の事件の解決に当たって尊重されるべき部分とは、具体的な事件の解決に「必要かつ十分」な範囲での、法律問題の判断（ratio decidendi）であると考えられている。これに含まれない部分は、傍論（dictum）と呼ばれるが、傍論が全く無意味というわけではなく、学説と同じ次元で後の事件の解決に際し参考にされることがある。

(c)　租税訴訟における判例の位置づけ

具体的な事件の解決に「必要かつ十分」な裁判所の法律判断が先例として尊重されることは、租税訴訟においても同様である。したがって、実際の租税事件の裁判において、過去の類似の案件に関する判例を引用しつつ、自己の主張を補強しようとすることは少なくない。

また、課税庁の処分が最終的には司法審査に服するという仕組みが取られているため、行政不服申立手続及び税務調査の段階においても、判例は尊重されることになる。

このような判例の果たす機能からも明らかなように、類似の案件に関する判例を調査し、関連判例を基に、課税庁に対する反論及び納税者側の主張を組み立てることは極めて重要である。

(2)　判例の検討の際の留意点

以上のような判例についての基本的な理解を前提とすると、判例の検討に際しては特に以下の点に留意する必要がある。

(a)　上級審の判例の尊重[52]

わが国では、先例の拘束性が認められているわけではないため、下級の裁判所が上級の裁判所の先例の趣旨に反する裁判をすることも可能である。しかし、このような下級審の判決は通常上訴され、上級審にかかると、上級審が自らの先例にしたがって下級審の判決を破棄する可能性が高い。このため、判例の検討においては、上級審、特に最高裁の判例に対し十分な注意を払う必要がある。

中でも判決の理由中に示された法解釈が確立したものとして一般に尊重されるような場合には、当該判例のもつ意味は大きい。

〈参考判例〉最判平成7年12月19日（民集49巻10号3121頁）
　資産の低額譲渡が行われた場合には、譲渡時における当該資産の適正な価額をもって法人税法22条2項にいう資産の譲渡に係る収益の額に当たる。

51　前掲注47田中202頁、215頁。
52　前掲注47田中198頁。

> 〈参照条文〉法法22条2項
>   内国法人の各事業年度の所得の金額の計算上当該事業年度の益金の額に算入すべき金額は、別段の定めがあるものを除き、資産の販売、有償又は無償による資産の譲渡又は役務の提供、無償による資産の譲受けその他の取引で資本等取引以外のものに係る当該事業年度の収益の額とする。

(b) 判例の射程範囲[53]

現在問題となっている事件と判例の「重要な事実」が同じとみるべきか否か、争点となる「法律問題」が同じであるかどうかについては、十分留意する必要がある。

両者が同じと考えられるときには、従来の判例を尊重した解決がなされる可能性が高い。

反対に、先例と「重要な事実」が異なる場合、あるいは「重要な事実」は同じでも「法律問題」が異なる場合には、その事案は新しい問題として処理されることになる。事案により、先例の趣旨が拡張され先例と同じような結論になることもあるし、逆に先例の趣旨が縮小され先例とは逆の結論が導かれる可能性もある。

以上の点を十分考慮し、その射程範囲を見極めた上で、課税庁に対する反論及び納税者の主張を組み立てるために関連判例を活用すべきである。

例えば、下記の最高裁判例は、同一当事者間の支払の原因に関し、異なる法律関係の存在を肯定するとともに、判断要素を示しているので、他の事案の参考に供し得る。

> 〈参考判例〉最判平成13年7月13日（判時1763号195頁）
>   民法上の組合の組合員が組合の事業に従事したことにつき組合から金員の支払を受けた場合、当該支払が組合の事業から生じた利益の分配に該当するのか、……給与等の支払に該当するのかは、当該支払の原因となった法律関係についての組合及び組合員の意思ないし認識、当該労務の提供や支払の具体的態様等を考察して客観的、実質的に判断すべきものであって、組合員に対する金員の支払であるからといって当該支払が当然に利益の分配に該当することになるものではない。また、当該支払に係る組合員の収入が給与等に該当するとすることが直ちに組合と組合員との間に矛盾した法律関係の成立を認めることになるものでもない。

(c) 傍論の活用

具体的な事件の解決に直接関係しない判決の判示事項は、先に述べたとおり傍論と呼ばれ、後の事件において尊重されるべき「判例」には含まれない。しかし、傍論にも、少なくとも学説と同等の価値があるから、特に先例の乏しい分野では十分参照に値する。

53　前掲注47田中203頁。

Ⅱ　所得税に関する争訟

> 〈参考判例〉最判平成24年1月13日[54]（判時2149号52頁、判タ1371号118頁）の須藤正彦裁判官の補足意見
> 「租税法の解釈も通常の法解釈の方法によってなされるべきものであって、特別の方法によってなされるべきものではない。『疑わしきは納税者の利益に』との命題は、課税要件事実の認定について妥当し得るであろうが、租税法の解釈原理に関するものではない。」

4　裁決

(1)　裁決の位置づけ

国税不服審判所は、国税の執行機関からは分離して、国税に関する審査請求を専門に処理する機関であり、その結論を「裁決」という形で示している。この「裁決」の内、法令の解釈適用上先例となり得る判断を含んだもの、また事実認定に関し他の参考となる判断を含んだもの等が公表されている。

このような裁決に先例としての拘束性が認められるわけではないけれど、過去の裁判例が先例として尊重されるのと全く同じ理由により、国税不服審判所の裁決も後の事件において尊重されると考えられる。また、課税庁の課税処分が第一次的には行政不服申立手続に服することからすると、税務調査の段階においても、納税者に有利な裁決例を参照することには十分な意味があると考えられる。

(2)　裁決の検討の際の留意点

判例の検討のための留意事項として述べたことは、以下のとおり裁決例に関してもほぼ同様に当てはまる。

すなわち、まず裁決が後の司法審査により覆っていないことを確認する必要がある。司法判断が行政判断に常に優先する以上、裁決の示した判断が裁判所により否定されている場合には、当該裁決が先例として尊重される前提を欠くからである。

司法審査によって覆っていない裁決例については、その先例としての射程範囲に十分留意しつつ、課税庁に対する反論材料としての活用を考えることになる。また、裁決の中に示された傍論にも利用価値があるケースが考えられる。

5　課税庁職員執筆の文献

(1)　課税庁職員執筆の文献の位置づけ

課税庁側が監修し、執筆した書物・文献が多数出版されている。それらの書物・文献には、通常「文中意見にわたる部分は私見である」旨の注意書きがあるけれども、税務職員の見解を公表していることに変わりはない。したがって、依拠すべき裁判例・裁決例が見つからないような場合には、課税庁職員執筆の文献を有効に活用することが考えられる。

---

[54] 本件は、法人が契約者となり保険料を払った養老保険契約に基づいて、法人の代表者が支払を受けた満期保険金に係る保険料のうち、当該法人が支払保険料として損金経理した部分が、「その収入を得るために支出した金額」（所法34条2項）に該当するかどうかが争われた事案である。

また、財務省主税局が執筆し、毎年発行されている『改正税法のすべて』（大蔵財務協会）は、改正税法の内容を知るための資料として有用である。
(2) 課税庁の文献の検討の際の留意点
課税庁の職員の執筆による書物・文献の中に納税者側の主張を裏付けるものがある場合には、積極的に活用すべきである。
特に、このような文献の引用は、税務調査の段階で有効な場合が多いと思われる。

〈参考判例〉最判平成18年10月24日（民集60巻8号3128頁、判タ1227号111頁）、最判平成18年11月16日（判タ1229号209頁）
ストック・オプションの権利行使益を給与所得でなく一時所得として申告したことにつき、過少申告加算税を課さない「正当な理由」があるとした事例。
〈参考判例〉東京高判平成19年4月25日（税務訴訟資料257号順号10702）（最決平成21年6月2日により確定）
ストック・オプションの権利行使益を一時所得とする取扱いを平成10年ころから変更し、給与所得として統一的に取り扱うようになったが、平成14年6月の所得税基本通達の改正で初めて変更後の取扱い通達に明記したのであるから、通達改正前の3か年分については過少申告加算税を課さない「正当な理由」があるのに対し、通達改正後の1か年分については「正当な理由」なしと判断した事例。

これに対し、上記の書物・文献等に依拠し、課税庁側が課税しようと試みる場合には、納税者側は、これに対し、積極的に反論する必要がある。
その反論のための視点は、以下の2点である。
第1の反論は、書物・文献等で、課税庁側が公表した見解そのものが誤った法解釈であることを示すことである。そのためには、何故その見解が誤っているのかを、説得的な根拠（例えば裁判例や裁決例）により論証しなければならない。
第2の反論は、事案が異なるというものである。課税庁側の書物・文献で示された結論の前提をなす事実関係が、実際に問題となっているケースと重要な点において異なっているのであれば、その点を指摘し、異なる結論が導かれなければならないという主張が可能になる。

第4　受任の際の注意事項
1　はじめに
第3では、課税処分の適法性を検討する上で、何を材料として争点を発見し、いかなる観点から課税庁に対する反論及び納税者側の主張を組み立てていけばよいかについて概説した。
以下では、租税訴訟の留意点という同じ問題を、訴訟提起の段階で初めて関与すると仮定したときに、いかなる時間的な順序で検討していけばよいかという観点から概観する。通常は、以下に述べるとおり、具体的な事実関係の把握にはじまり、課税庁の主張を確認し、関係する法令・通達・判例・裁決・文献等の調査し、事件の見通しを立てた上で、事

II 所得税に関する争訟

件の処理方針を確立することになる。このような事件処理の手順は、通常の民事訴訟と共通する部分が少なくない[55]。

2 具体的な事実関係の把握

特に最初の段階では、関係者からの事情聴取、関連資料の検討を通じて、具体的な事実関係を正確に把握することが重要である。

そのためには、通常以下のようなステップを踏むのが有用である。なお、これらのステップは、決して単線的に進むものではなく、時間をおいていくつかのステップが繰り返されたり、逆の順序で展開したりすることも少なくない。

(1) 事案の概要の理解と資料の検討

事案の概要を把握し、関連資料を請求し、それを検討する場合には、通常以下のような手順を踏む。

① 依頼者との面談と聴取による事案の概要の理解と必要資料の要求
② 裁決書の検討による事案の概要の理解
③ 当初の申告書、課税処分等の関連資料の検討
④ 課税処分に至るまでの提出資料の検討
⑤ 行政不服申立手続段階の資料の検討

特に事実関係が複雑な場合には、事情聴取や資料の検討の過程で、適宜時系列表、論点表等を作成することが望ましい。

(2) 関係者からの追加聴取と事実の調査

関係者からの事情聴取の際、関係者がいかなる事実が重要であるか、どのような証拠が必要であるかを正確に理解していないことが少なくない。また、関係者が誤った情報を伝えることもあるし、極端な場合には嘘をつくこともある。

このため、関係資料を精査した上、関係者から重ねて事情を聞くことが必要になる。その際には、証拠と対照して、一致していない点や、不明な点を確認することが重要である。

また、訴訟の係属後も、被告の主張や証拠に関連して、追加の事情聴取が必要となる事態がしばしば生じる。

3 課税庁の主張の検討

(1) 概 説

先に説明したとおり、課税処分の適法性の要件は、実体上の適法要件（課税要件）と手続上の適法要件に区分され、両要件の具備を主張立証する責任は、被告たる国にあるのが原則である。すなわち、いかなる法令と事実に基づき、課税要件が満たされ、納税義務の成立という法律効果が発生しているかということを主張しなければならないのは、課税庁の属する国である。したがって、納税者の立場からは、まず、課税庁（国）

---

[55] 司法研修所編『7訂 民事弁護の手引』（法曹会、平成17年）17頁以下、伊藤滋夫『要件事実の基礎−裁判官による法的判断の構造』（有斐閣、平成12年）284〜285頁。

の課税要件に係る主張を吟味し、その当否を検討することが重要である。

このような課税庁（国）の課税要件に係る主張は、通常は更正処分の段階で理由の附記がされることにより明らかになっているはずである（所法155条2項、法法130条2項、国通法74条の14第1項、行政手続法8条、14条）。さらに、行政不服申立手続の段階では課税処分の理由はより詳細な形で明らかにされている。このため、その主張を特定し、検討するためには、通常は裁決書を精査することになる。

(2) 特別な留意点

上記のような一般的な説明に対しては、以下のような注釈が必要である。

(a) 理由の差替えの可能性

課税処分の取消訴訟においては、いわゆる総額主義[56]の下に、処分理由の差替えが認められるのが原則である。したがって、訴訟の段階において、被告がそれまでの処分理由とは別の理由で、課税処分の適法性を根拠付けようとする可能性がある。このため、被告による理由の差替えの可能性も常に念頭に置きながら、課税庁の従前の主張を吟味する必要がある。

(b) 手続上の適法要件の主張

裁判実務上は、原告から特に主張がない限り、手続上の要件の適法性については争いがないものとして取り扱われる[57]。このため、租税訴訟を受任した際には、手続上の適法要件についても積極的に検討し、その充足の有無に疑義があるときには、訴訟において明示的に争う必要がある。

4 法令・通達・判例・裁決・文献等の活用と事実の再整理

将来における理由の差替えの可能性はあるものの、課税処分に関する課税庁の主張を検討することにより、課税要件を定める法令が特定される。このように、課税根拠となる法令が特定されると、さらに、以下のような点に留意しながら、検討を進め、最終的に事件処理の見通しを立てなければならない。

(1) 課税要件の解明

租税訴訟の実際の処理に当たっては、法令の定める課税要件の内容を解明する必要のある場合が少なくない。また、課税要件の事実への当てはめの段階での判断に迷う事態もしばしば生ずる。このような場合には、当該法令に関する通達を検討するほか、関連する判例、裁決、文献等を調査検討する必要がある。

なお、法令、通達、判例、裁決、学説等の調査の結果を、原告の主張とどのように結びつけ、活用するかについては、第3で検討したとおりである。

(2) 事実関係の再整理

正しく課税要件を解釈することにより、当該事案における諸々の事実を要件事実とそ

---

[56] 課税処分に係る争訟の対象はそれによって確定された税額の適否であるとする見解を「総額主義」といい、課税処分に係る争訟の対象は処分理由との関係における税額の適否であるという見解を「争点主義」という（前掲注37金子946頁以下）。

[57] 前掲注34泉他・租税訴訟の審理87頁。

Ⅱ 所得税に関する争訟

れ以外の事実に明確に分別することが可能になるし、争点となる要件事実と関係する間接事実としてはどのようなものがあるかを具体的に考えることもできるようになる[58]。この結果、追加の事実調査を有効になすことができるし、立証方法、立証の難易についても具体的に検証することが可能になる。

5 事件の見通しと処理方針の決定

以上のような一連のプロセスを経ることにより、事件の見通しを立て、訴訟提起段階での事件の処理方針を決定することになる。ただし、訴訟の進行の過程で、一旦立てた方針に軌道修正の必要が生じたり、当初明確に意識していなかった論点を発見したりすることもあるので、柔軟な対応が肝要である。

第5 主張の書き方

1 はじめに

租税訴訟においては、納税者側の主張は、基本的には、準備書面としてまとめられる。したがって、納税者側の主張をどのように組み立て、それを書面でいかに表現するかについて十分な考慮を払う必要があることはいうまでもない。

また、行政不服申立手続の段階においても、納税者側は、自己の主張を裏付ける書面を提出することができる。このため、異議申立て及び審査請求手続においても、納税者側の主張をどのようにして書面化するかという問題は、同様に重要である。

さらに、税務調査の段階においても、納税者側の主張を書面にまとめることが、課税庁に対する反論として有効であることが少なくない。

以上より、いかにして納税者側の主張を効果的に書面にまとめるかということは、租税に絡む紛争のあらゆる段階において課題となる。そこで、以下では、納税者側の主張をまとめた書面の効率的な作成方法について概観する。

2 書面作成の目的

納税者側の主張をまとめた書面を作成する最大の目的は、書面の読み手（租税訴訟では裁判官、審査請求では国税不服審判所審判官、異議申立てでは異議審理庁である担当官、税務調査では調査担当官）を説得することにある。したがって、説得力を増すような書面の構成と表現方法に十分留意する必要がある。

他方、一旦書面により行った主張は、自らを拘束することになる点にも留意する必要がある。

3 書面作成の方法

(1) はじめに

パソコンのワープロ・ソフトの普及により、文書の作成方法が根本的に変わったといっても過言ではない。

ワープロ・ソフトが普及する前の「下書き→和文タイプ」方式では、加筆、削除、修正、変更、編集作業を容易に行うことができないので、「考えてから書く」ことが必要であった。

---

[58] 前掲注55伊藤・要件事実の基礎284頁。

ところが、パソコンの利用により、上記の加筆、削除、修正、変更、編集作業が極めて容易になり、「書きながら考える」ことと「考えながら書く」ことが可能になった。具体的には、以下のような文書の作成方法が有効と考えられる。

(2) 書けるところから書く

パソコンを利用する場合には、後の変更・編集作業を気にする必要がないため、文書全体の構成にとらわれることなく、「書けるところ」や「書きたいところ」から書くことが可能である[59]。

ある程度の分量の文書は、一気に書き下ろすことは難しいから、いずれにしろ特定の部分からはじめるほかない。パソコンの利用は、叙述の順序に係わる束縛を解き、任意の場所から書きはじめることを可能にした。しかも、パソコンによる文書の場合には、後で、叙述の順序や、表現を簡単に修正することができる。

極端なことをいえば、ある程度書きたまったところで通読し、全体の構成は後から考えることも十分可能である。

(3) 何度も見直す

短期記憶に関する人間の処理能力には、限界があると一般にいわれている。すなわち、人間が一瞬の内に把握し、識別できる対象の数が最大で7個程度であるのと同様に、短期記憶の限界もほぼ7といわれている[60]。このため、複雑なことを一度に考えることは、人間の脳には適していない。つまり、論点の入り組んだ事案について書面を作成する場合には、論点を整理し、全体の構成を固めることが難しい。他方、説得力ある書面を作成するには、叙述の順序や文書全体の構成に十分意を払う必要がある。

したがって、複雑な事柄を書面化する場合には、まず論点ごとの叙述に集中する方が効率的である。そして、論点ごとの叙述のある程度の固まりができるたびに、印刷し、通読し、全体の見直しと修正をする。このような原稿の読み直しにより、自らの頭も整理され、叙述の順序の変更、主張の補強、修正、削除、新たな論点の付加等が比較的容易にできる。

なお、可能であれば、書面全体がある程度固まった段階で他人に通読を依頼し、意見を聞かせてもらい、さらに文書の構成、内容、体裁、表現を改良することが望ましい。

(4) わかり易さのための工夫

(a) 書面の分量

パソコンのワープロ・ソフトの文書編集機能（特にコピー・貼り付け機能）により、長文の書面を作成することが容易になった。また、文書作成者の心理として、一旦作成した部分を削除することには無意識の抵抗がある。この結果、準備書面の分量は自ずと増える傾向にある。

他方、準備書面の作成の目的が読み手である裁判官を説得するところにあることからすると、いたずらに冗長な書面は慎むべきで、「簡にして要を得たもの」にするよ

---

59 野口悠紀雄『「超」文章法』（中央公論社、平成14年）233頁以下。
60 野口悠紀雄『続「超」整理法・時間編』（中央公論社、平成7年）216頁以下、226頁以下。

う努力すべきである[61]。

ただし、分量の多寡は、個々の事案や内容による場合もあるので、どうしても長文になるケースでは、目次を付けたり、要約を記載する等の工夫が必要であろう。

(b) 構成の工夫

説得力ある準備書面となるためには、叙述の順序と全体の構成に特に注意しなければならないことは既に繰り返し述べたとおりである。

しかし、どのような叙述の順序を採用し、書面全体いかに構成するかについては、個々の事案により異なり得る。

なお、先に述べたように、特に長い文書の場合には、ある程度の文章の固まりからはじめ、その固まり同士の関連性、配列の妥当性に留意しながら、何度も読み直し、修正を加える内に、自然と体系や構成が生まれることが実際には少なくない。

(c) 表現方法の工夫

準備書面の読み手である裁判官を説得するためには、文書自体の読み易さにも十分留意する必要がある。

具体的には、以下のような点に配慮した方がよい。

(i) 文の構造と接続

一文は、長過ぎないように工夫する必要がある。そして、主語と述語の関係、修飾語と被修飾語の関係、文と文との関係と順序及び接続詞の使い方には十分配慮し、叙述の流れが損なわれないように工夫すべきである。

特に「が」という接続詞を多用して文をつなぐことは避けた方がよい[62]。「が」は逆接にも順接にもなり得るので、文書のつながりや論理の運びが不分明になる恐れがあるからである。

(ii) 段落分けと見出し

書面全体を見やすくするためにも、適度な段落分けをし、適当な見出しをつけることが望ましい。また、このような段落分けと見出し付けを意識的に行うことにより、文書全体の構成の再検討、論点の欠落や矛盾の発見につながることも少なくない。

(iii) 箇条書きの活用

論点が複雑なケースでは、例えば一つの主張の裏付けとなる理由が複数ある場合が少なくない。また、その個々の理由付けをさらに基礎付ける主張が複数にわたるというように、重層的な主張の展開をしなければばらないこともしばしば生ずる。このようなケースでは、適宜箇条書きの形式を活用し、結論と理由及び上位の理由と下位の理由がどのような関係で結びつくのかを明らかにすることが望ましい[63]。

---

[61] 「裁判官アンケート(2) 東京地裁民事裁判官109名に聞きました」二弁フロンティア平成15年12月号31頁以下、特に34頁では、冗長な準備書面を強く批判する裁判官の生々しい肉声が収録されている。

[62] 前掲注59野口・「超」文章法210頁。

[63] 前掲注59野口・「超」文章法176頁。

特に、理由付けや論点が3つ以上になる場合には、箇条書きや段落分けの形式を利用する方が、書き易いし、かつ読み易い。
　　(iv)　図表の活用
　　　図表にまとめることが一覧性を増し、かつ理解の手助けになる場合がある。そのようなケースでは、図表を積極的に活用することが望ましい。
第6　証拠の検討と収集の方法
1　はじめに
　裁判の過程が事実の認定と法の適用の二つに大別されるという説明が課税処分の取消訴訟にも当てはまることは先に述べたとおりである。そして、一般の民事裁判と同様に、租税訴訟においても、事実の存否について争いがあるときには、裁判所は、当該事実をどのようにして認定するかという問題に直面することになる。このような事実認定に役立つ理論的な枠組みに関する研究が近年行われ、その成果が発表されている[64]。
　租税訴訟においても法律問題だけでなく、重要な事実について争いがある場合があるので、このような研究の成果を踏まえ、個々の事件における立証活動に活用していくことが考えられる。このような観点から、以下では、民事裁判における事実認定論の中核となるところを指摘した上で、そこで示された考え方を租税訴訟の立証活動の中にいかにして反映させるべきかについて簡単に説明する。
2　事実認定論の概要
　(1)　二つの基本的な考え方
　　裁判官がいかにして適正な事実認定をなすかという理論的な枠組みに関連する問題点は多種多様であるが、最も基本となる考え方としては、以下の二つが重要である[65]。
　　(a)　「経験則」という考え方
　　　主張された事実が経験則（普通、物事はこのような経過で進んでいくものだとか、普通、人間はこのような行動を取るものであるとかいう法則）に照らして自然に存在するものかどうかという観点から判断するという考え方。
　　(b)　「動かし難い事実」という考え方
　　　主張された事実が当該訴訟においてその存在が明らかな事実（公知の事実、客観的に信用力が確定している証拠によって確認し得る事実）に矛盾・抵触することがないかどうかという観点から判断する考え方。
　　　上記の二つの考え方が組み合わされることにより、経験則に反する主張事実は真実と認められないこと、経験則に合致していても「動かし難い事実」に反しているときは主張事実を真実とは認められないこと、が導かれる。
　(2)　間接事実による推認
　　訴訟においては要件事実が立証の対象になるが、このような事実を直接証明する証拠

---

[64]　伊藤滋夫『事実認定の基礎―裁判官による事実判断の構造』（有斐閣、平成8年）等参照。
[65]　伊藤滋夫『要件事実・事実認定入門―裁判官の判断の仕方を考える』（有斐閣、平成17年）120頁以下。

II 所得税に関する争訟

（直接証拠）が常にあるとは限らない。この場合には、要件事実を推認させる力を有している事実（間接事実）を立証することにより、要件事実を立証することが必要となる。

何が要件事実であるかについては、訴訟物との関係から特定されるが、どのような事実が間接事実となり、その間接事実がいかなる理由で要件事実を推認させる力を有するのかは、一義的に定まるわけではない。このような間接事実の特定と推認力の評価は、経験則によって行われることになる。

(3) 証明度

特定の事件において証明の対象となる事実（要件事実）の存在を肯定するために、最低限必要とされる証明の程度のことを証明度と呼んでいる。

証明度についてはいくつかの考え方があるが、最判昭和50年10月24日（民集29巻9号1417頁）を基にして考えると、「裁判官として、証拠の状況から、通常人が疑いを差し挟まない程度に真実性の確信を持ち得るような証明の程度に達していることは間違いないと考えることができれば、それで、証明ありとするに必要な心理状態に達していると言ってよい」とまとめることができる。

3 証拠の検討の際の留意点

(1) 証拠価値の検討

手持証拠の価値を検討する際にも、経験則を働かせ、「動かし難い事実」との矛盾・抵触の有無を検討することが重要である。また、争いある要件事実を直接証明する証拠がない場合には、経験則に従い、有力な間接事実を特定した上で、手持証拠がその間接事実を立証する上でいかなる価値を有するかを評価する必要がある。かかる手持証拠の評価に基づき、実際に訴訟において提出される証拠が特定されていく。このような検証を行わずに、誤って自己に不利な証拠を提出した場合、相手方に有利な事実を認定するために利用されるリスクがある（証拠共通の原則）ことに十分注意すべきである。

他方、課税庁側が保有し、裁判に提出する証拠についても、上記と同様の観点からその証拠価値を検証すべきである。

上記のような検討を通じて、争いがある要件事実について、両当事者が訴訟において提出した証拠の状況が証明の程度に達していると考えられるかどうかを判断することになる。

(2) 課税庁の手持証拠の特定と評価

課税庁は、主に税務調査の段階で、納税者及び関係者から様々な証拠を収集しているのが通常であるから、自己の主張を裏付けるために、これらの証拠を訴訟の段階で提出してくることが想定される。被告の立証活動に対するある程度の予想を立て、対策を講ずるためにも、被告側がどのような手持証拠を有するかを特定し、評価することは重要である。

このため、特に税務調査の段階で、いかなる資料等が課税庁に提出済みであるかを小まめに記録しておく必要がある。また、審査請求段階では、審査請求人は、原処分庁が提出した書類その他の物件の閲覧を求めることができる（国通法96条2項）ので、かか

る閲覧権を行使することにより、課税庁側の手持証拠を確認することがある程度は可能な場合がある。

4　新たな証拠収集の際の留意点

争いのある事実について手持証拠だけでは十分でないと考えられる場合には、新たな証拠の収集を考慮することになる。関係者の陳述書、資産の時価の鑑定書等がその例である。

なお、かかる証拠の収集活動の際の指針になるのは、先に述べた経験則である。すなわち、経験則を働かせ、手持証拠を補う証拠として何が考えられるかを検討した上で、入手可能なものを準備し、それを裁判所に提出することになる。

V　岩瀬事件（東京高判平成11年6月21日[66]）を題材とした実例解説

第1　背景説明

本件は、Xが自己の保有していた不動産（以下「本件譲渡資産」と略称する）を、その付近一帯を地上げしていたY社に譲渡すると同時に、Y社所有の不動産（以下「本件取得資産」と略称する）を取得し、差金を受領したところ、譲渡所得課税の観点から、その取引（以下「本件取引」と略称する）が売買なのか交換なのかが争われた事案である。

以下では、本件事案の理解を容易にするため、主要な登場人物（1参照）、XとY社間の本件取引の概要（2参照）、XがY社に譲渡した本件譲渡資産の内訳（3参照）、XがY社から取得した本件取得資産の内訳（4参照）、本件取引の実行時の状況（5参照）について概説した上、本件における重要な事実関係を表にまとめる（6参照）。さらに、本件では、本件譲渡資産と本件取得資産の時価が重要な争点の一つになっているので、XとY社間で行われた本件取引の前後に両資産がどのように取引されたかについても説明する（7参照）。

1　主な登場人物

本件において登場する個人及び法人で主要なものを挙げ、それぞれの役割を簡単に説明すると、以下のとおりである。

- X：長年保有していた本件譲渡資産に居住していたが、本件譲渡資産付近がY社による地上げにあったために、Y社に本件譲渡資産を7億円で譲渡するとともに、Y社から本件取得資産を4億円で取得し、差金3億円を受領した。Xは、本件取引の交渉に全面的に関与している。
- 甲野太郎弁護士：Xの代理人として、本件取引に関する売買契約書を作成するとともに、本件取引の契約調印と実行に立ち会った。
- Y社：X保有の本件譲渡資産の付近の地上げを行い、Xから本件譲渡資産を7億円で取得するとともに、Xに対し本件取得資産を4億円で譲渡し、差金3億円を交付した。
- 地上進：Y社の担当者として本件取引の交渉をほぼ全面的に行い、本件取引の契約調印と実行に立ち会った。
- 元締太郎：Y社の代表取締役として、本件取引の契約調印と実行に立ち会った。但し、

---

[66]　高民集52巻26頁、訟月47巻1号184頁、判時1685号33頁、判タ1023号165頁。

Ⅱ 所得税に関する争訟

本件取引の交渉自体は、地上進に一任していた。

- M不動産：本件取引時に、Y社がXに譲渡した本件取得資産は、①甲土地（79㎡）、②乙土地（30㎡）の借地権及び③本件取得建物の三つの資産からなるが、M不動産は、その内①甲土地を従前から所有していた。XとY社間の本件取引に先立ち、M不動産は、Y社の依頼を受けたM商事に対し、①甲土地を売却した。
- M商事：本件取得資産の一部をなす①甲土地を、Y社の依頼を受けて、M不動産から購入した。M商事は、同土地を、本件取引直前に、Y社に売却した。
- 借家二郎：本件取得資産の一部をなす②乙土地（30㎡）の借地権及び③本件取得建物のもと所有者であり、同資産を、本件取引直前に、Y社に売却した。なお、②乙土地（30㎡）の底地は、本件取引当時、東京都が所有していた。
- Z税務署長：Xに対する譲渡所得課税に関する更正処分を行った。
- 税理士麻：Xの顧問税理士として、Xの申告書作成に関与するとともに、本件の異議申立て及び審査請求手続をXの代理人として行った。本件に関する訴訟提起後は、補佐人として関与している。
- 弁護士郎：本件の訴訟提起段階から、Xの代理人として関与している。

2 本件取引の概要

平成元年3月23日、Xは、Y社に、本件譲渡資産を総額7億円で売買する旨の契約を締結した。

同日、Y社は、Xに対し、本件取得資産を総額4億円で売買する旨の契約を締結した。

代金の決済は、相殺後の差金3億円を、Y社がXに対し、小切手を交付することで行われた。

3 本件譲渡資産の内訳

本件譲渡資産は、以下の二つの資産からなる（下図参照）。

① 本件譲渡土地（90㎡）
② 本件譲渡建物（但し、本件譲渡建物自体には経済的価値は認められない）

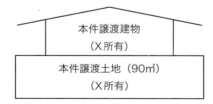

4 本件取得資産の内訳

本件取得資産は、以下の三つの資産からなる（下図参照）。

① 本件取得土地（Y社所有の甲土地（Y社の依頼を受けたM商事がM不動産から購入し、本件取引直前にY社がM商事から取得））（79㎡）
② 本件取得借地権（Y社が乙土地について有する賃借権（本件取引直前にY社が借家二郎から取得、本件取引当時、底地は東京都が所有））（30㎡）

③ 本件取得建物（Y社所有の建物（本件取引直前にY社が借家二郎から取得））（但し、本件取得建物自体には経済的価値は認められない）

甲土地（79㎡）	乙土地（30㎡）
（Y社所有／もとM商事（前M不動産）所有）	（東京都所有）

（※上部に「本件譲渡建物（Y社所有／もと借家二郎所有）」）

5　本件取引の実行

(1) 平成元年3月23日に、Xの取引銀行で、以下の取引が行われた。
　① XからY社に対し、本件譲渡資産を、総額7億円で売買する旨の不動産売買契約書を締結（778万円／㎡）。
　② Y社からXに対し、本件取得土地（甲土地）を、3億1600万円で売買する旨の土地売買契約書を締結（400万円／㎡）。
　③ Y社からXに対し、本件取得借地権及び本件取得建物を、8400万円で売買する旨の借地権付建物売買契約書を締結（400万円／㎡）。
　④ Y社からXに対し、上記①ないし③の各契約代金の相殺差金（以下「本件差金」と略称する）として、3億円（＝7億円－（3億1600万円＋8400万円））の小切手を交付。

(2) 本件取引実行時の主要な関与者は、以下のとおりである。
- X：本件譲渡資産の所有者として、Y社の担当者である地上進との間で本件取引の交渉を全面的に行い、本件取引の契約調印と実行に立ち会った。
- 甲野太郎弁護士：Xの代理人として、本件取引に関する3通の売買契約書を作成し、本件取引の契約調印と実行に立ち会った。
- 地上進：Y社の担当者として本件取引に関するXとの交渉を全面的に行い、本件取引の契約調印と実行に立ち会った。
- 元締太郎：Y社の代表取締役として、本件取引の契約調印と実行に立ち会った。但し、本件取引の交渉自体は、地上進に一任していた。

6　本件取引に関連する重要な事実の概要

本件取引に関する重要な事実を時間順に列挙すると、以下のとおりである。

日　付	事　項	備　考
昭和62年初め	地上げ交渉が開始した（主として、Xと地上進との間の交渉）。	
昭和63年	地上げの進行による環境の悪化から、交渉が本格化した（Xが本件譲渡資産を譲渡する代わりに、代替地を手当てする案の検討等が行われた）。	

II 所得税に関する争訟

日 付	事 項	備 考
昭和63年5月頃	X名義で、M不動産に対し、甲土地を買い付ける旨の証明書が発行された。	甲土地の買付価格は5億5300万円（700万円／㎡）
昭和63年6月17日	M不動産からXに対し、甲土地のみ（売買代金5億5300万円）を売却する旨の合意が成立した？	異議決定では、左記事実を認定し、理由付けに利用している。 裁決では、左記事実の有無に特に言及していない。 第一審判決では、左記契約書は地上進が無断で作成したと認定している。
昭和63年8月1日	M不動産がY社の依頼を受けたM商事に対し甲土地を売却した。	甲土地＝5億5300万円（700万円／㎡）
昭和63年11月4日	本件譲渡資産の売買に関する国土法上の勧告の通知を受けた。	本件譲渡資産＝8億円（889万円／㎡）
昭和63年11月21日	本件譲渡資産の売買に関する国土法上の不勧告の通知を受けた。	本件譲渡資産＝7億円（778万円／㎡）
平成元年2月28日	Y社が借家二郎から本件取得借地権付の本件取得建物を購入取得した。	本件取得借地権＝1億8900万円（借地権割合0.7で、900万円／㎡）
平成元年3月23日	M商事がY社に対し甲土地を売却した。	甲土地＝6億3200万円（800万円／㎡）
平成元年3月23日	**本件取引の実行**	本件譲渡資産＝7億円（778万円／㎡） 本件取得資産＝4億円（400万円／㎡）
平成元年5月8日	Xが東京都から乙土地に対する所有権を購入取得した。	乙土地底地権＝1800万円（借地権割合0.7とすると、更地ベースで200万円／㎡）
平成元年12月20日	Xが本件取得建物取り壊した。	
平成2年3月14日	Xが平成元年分の所得税確定申告書をZ税務署長に提出した。	
平成2年8月2日	Y社が地上げに成功し、本件譲渡資産を含む一団の土地を売却した。	

7 本件譲渡資産と本件取得資産の取引の経緯

(1) 本件譲渡資産の取引の経緯

本件譲渡資産は、本件譲渡土地（90㎡）と本件譲渡建物からなる。本件譲渡建物は無価値であると考えられるため、本件譲渡資産の価値は、結局のところ本件譲渡土地の価値に等しい。Xが本件譲渡資産を長年所有していたために、本件取引前に本件譲渡土地自体の売買実例があるわけではない。

しかし、当時の国土利用計画法の規制の下では、一定規模以上の土地の権利移転については事前の届出制がとられており、当該土地の予定対価の額が近傍類地の取引価格等

を考慮して政令で定められたところにより算定した相当な対価に照らし著しく適正を欠く場合等には、勧告がなされ、勧告の不遵守に対しては、公表という不利益が予定されていた。本件譲渡土地については、以下の(a)及び(b)のとおり、国土利用計画法の下での届出がなされている。

(a) 昭和63年11月4日　本件譲渡土地の予定対価8億円（889万円/㎡）の届出に対し、勧告の通知を受けた。

(b) 昭和63年11月21日　本件譲渡土地の予定対価7億円（778万円/㎡）の届出に対し、不勧告の通知を受けた。

このため、XがY社に対し、本件譲渡資産を売却する際の売買価格は、上記の不勧告通知に従い、7億円（778万円/㎡）であった。

(2) 本件取得資産に関連する取引の経緯

本件取得資産は、本件取得土地（甲土地（79㎡））並びに本件取得借地権（乙土地（30㎡）の借地権）と本件取得建物からなる。本件取得建物は、無価値と考えられるため、本件取得資産の価値は結局のところ本件取得土地と本件取得借地権の価値の合計に等しい。さらに、乙土地の所有権に対する借地権の割合は、70％である。

本件取引において、Xは、Y社から本件取得資産を合計4億円で購入しているが、売買契約書に従い、その内訳を示すと、以下のとおりである。なお、本件取得借地権の1平方メートル当たりの価格は、借地権割合70％として、更地ベースに引き直して計算したものである。

本件取得土地（甲土地（79㎡））：　　　3億1600万円（400万円/㎡）
本件取得借地権（乙土地（30㎡）の借地権）：　8400万円（400万円/㎡）

合　計：　　　　　　　　　　　　　　　4億円（400万円/㎡）

Xに代替地を提供するため、本件取得資産の手当ては、Y社が行っている。さらに、Xは、本件取引後、乙土地の底地を東京都から取得している。

これらの取引の経緯を簡単にまとめると、以下の（a）ないし（c）のとおりである。

なお、Y社による本件取得資産の購入の経緯は、後の裁判の結果明らかになった事実であり、本件取引当時、Xはこれらの事実の詳細を知り得る立場にはなかった。

(a) 本件取得土地（甲土地（79㎡））の売買の経緯

| M不動産 |
| ↓ | 昭和63年8月1日、売却価格5億5300万円（700万円/㎡）
| M商事 |
| ↓ | 平成元年3月23日、売却価格6億3200万円（800万円/㎡）
| Y社 |
| ↓ | 平成元年3月23日、売却価格3億1600万円（400万円/㎡）
| X |

II 所得税に関する争訟

(b) 本件取得借地権（乙土地（30㎡）の借地権（借地権割合70％））売買の経緯

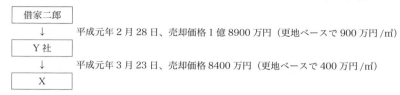

借家二郎
↓
Y社　平成元年2月28日、売却価格1億8900万円（更地ベースで900万円/㎡）
↓
X　　平成元年3月23日、売却価格8400万円（更地ベースで400万円/㎡）

(c) 乙土地（30㎡）の底地（借地権割合70％）売買の経緯

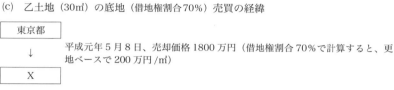

東京都
↓
X　　平成元年5月8日、売却価格1800万円（借地権割合70％で計算すると、更地ベースで200万円/㎡）

第2 本件の中心的な争点

本件の中心的な争点は、本件取引が、課税庁の主張するように、本件譲渡資産と本件取得資産との補足金付交換契約とみるべきものであったのか、それともXの主張するように、本件譲渡資産及び本件取得資産の各別の売買契約とその各売買代金の相殺とみるべきものであったのかという点にある。

なお、課税庁の主張するように、本件取引が補足金付交換契約とみられると、本件譲渡資産の譲渡所得に係る総収入金額（所法33条3項[67]）は、本件取得資産の時価と本件差金の合計額となる（同法36条1項、2項[68]）。

第3 当事者の主張と裁判所の判断

1 本件取引に関する見方の相違

① 原告（控訴人）の見方（売買と相殺後の差金の決済）

本件譲渡資産		本件取得資産	+	本件差金
売買価額7	=	売買価額4	+	3

② 被告（被控訴人）の見方（補足金付交換取引）

本件譲渡資産		本件取得資産	+	本件差金
時価10	=	時価7	+	3

---

[67] 所得税法33条2項は、「譲渡所得の金額は、……当該所得に係る総収入金額から当該所得の基因となつた資産の取得費及びその資産の譲渡に要した費用の額の合計額を控除し、その残額の合計額……から譲渡所得の特別控除額を控除した金額とする。」と規定している。

[68] 所得税法36条1項は、「その年分の各種所得の金額の計算上収入金額とすべき金額又は総収入金額に算入すべき金額は、別段の定めがあるものを除き、その年において収入すべき金額（金銭以外の物又は権利その他経済的な利益をもつて収入する場合には、その金銭以外の物又は権利その他経済的な利益の価額）とする。」と、同条2項は、「前項の金銭以外の物又は権利その他経済的な利益の価額は、当該物若しくは権利を取得し、又は当該利益を享受する時における価額とする。」と規定している。

③ 第一審判決の見方（補足金付交換取引）

④ 控訴審判決の見方（売買と相殺後の差金の決済）

2 裁判所の判断

(1) 第一審判決

第一審判決[69]は、二つの売買契約の締結の事実に加え、本件取引においては本件譲渡資産の移転と本件取得資産及び本件差金の移転を同時にかつ不可分一体として履行して初めて意味があるという事実、すなわち二つの移転合意の不可分一体性を基礎づける事実を根拠として、本件契約が一つの補足金付交換契約であるという法的評価に至っている。

(2) 控訴審判決

これに対し、控訴審判決は、本件取引を一つの補足金付交換契約として締結されたことを認めず、本件取引を二つの売買契約と各売買代金の相殺取引と認める結論に至っている。その判断の中核は、以下の判示である。

「……いわゆる租税法律主義の下においては、法律の根拠なしに、当事者の選択した法形式を通常用いられる法形式に引き直し、それに対応する課税要件が充足されたものとして取り扱う権限が課税庁に認められているものではないから、本件譲渡資産及び本件取得資産の各別の売買契約とその各売買代金の相殺という法形式を採用して行われた本件取引を、本件譲渡資産と本件取得資産との補足金付交換契約という法形式に引き直して、この法形式に対応した課税処分を行うことが許されないことは明かである。」

(3) 補　足

判決文自体には明記されていないが、上記控訴審判決の背後には、売買契約書のような処分証書の成立の真正が証明されれば、当該証書によって作成者が記載内容どおりの法律行為をした事実が直接的に証明される[70]という処分証書の法理が税法の世界でも貫徹されるべきであるという考え方がある[71]。このような考え方に立てば、不明確でも不完全でもなく、また虚偽表示も錯誤もない売買契約書を、課税庁が再解釈する余地はないし、まして交換契約と読み替えることが許容されないことは明らかである。

さらに、本件譲渡資産の売買と本件取得資産の売買がいかに密接不可分に関連していても、それを根拠に一つの交換契約が成立したと認定されるわけではないことは、いわゆるリゾー

---

[69] 東京地判平成10年5月13日（訟月47巻1号199頁、判時1656号72頁）。
[70] 前掲注64・伊藤・事実認定34頁。
[71] 筆者がX代理人として立ち会った平成11年4月27日の弁論準備手続において涌井紀夫裁判長は、この趣旨の発言をされた。

Ⅱ 所得税に関する争訟

ト・マンションの売買契約と同時にスポーツクラブ会員権契約が締結された場合の解除の可否が争いになった最判平成8年11月12日・民集50巻10号2673頁[72]からも裏付けられる。最高裁は、同一の当事者間で締結されたリゾート・マンションの区分所有権の売買契約とスポーツクラブ会員権の売買契約という二つの契約が、相互に密接に関連付けられていて、しかも一方の契約の履行だけでは社会通念上意味をなさないと認められることを正面から肯定しつつも、なおそれを根拠に一つの売買契約が成立したという認定をするのではなく、あくまでも二つの売買契約が存在するという認定自体を動かしてはいない。したがって、各別の売買契約が締結されたという動かし難い事実があるにもかかわらず、二つの移転合意の不可分一体性を根拠に、本件取引を一つの補足金付交換契約であると認定した第一審判決の事実認定の手法とその結論は、上記最高裁判決の趣旨に反するといえよう。

第4 その後の裁判例の傾向

仮装行為と私法上判断される場合を除き、納税者が選択した法形式を租税法上も尊重し、法律の根拠なしに否認しないという岩瀬事件で明確に示された考え方は、その後の裁判例においても以下のように踏襲されており、租税訴訟における事実認定の動向を定着させる契機になったと考えられる[73]。

① 岩瀬事件と同様に相互売買か補足金付交換取引かが争われ、納税者が勝訴した東京高判平成14年3月20日（訟月49巻6号1808頁（最高裁の上告不受理決定により確定））

② 納税者の主張どおり、航空機リース契約が民法上の組合契約に該当するとして国側の主張を退けた名古屋高判平成17年10月27日（公刊物未登載、国側の上告受理申立て断念により確定）

③ 納税者の主張どおり、船舶リース契約が民法上の組合契約に該当するとして国側の主張を退けた名古屋高判平成19年3月8日（公刊物未登載、最高裁の上告不受理決定により確定）

④ 匿名組合契約を任意組合契約と再構成する国側の主張を退け、匿名組合契約により租税回避を図った納税者を勝訴させた東京高判平成19年6月28日（判時1985号23頁、判タ1275号127頁（最高裁の上告不受理決定により確定））

⑤ 欧米の金融市場で一般的に用いられている標準契約書式に則って行われた債券の売買・再売買取引（レポ取引）から生じる債券の売買代金と再売買代金によって得られる所得が、「貸付金（これに準ずるものを含む。）……の利子」（所得税法161条6号）に該当しないとして国側の主張を退けた東京高判平成20年3月12日（金融・商事判例1290号32頁（最高裁の上告不受理決定により確定））

---

72 リゾート・マンションの売買契約と同時にスポーツクラブ会員権契約が締結された事案において、最高裁は、右スポーツクラブ会員契約の要素たる債務である屋内プールの完成の遅延を理由として買主が右リゾート・マンションの売買契約を民法541条により解除できることを肯定した。

73 平川雄士「裁決・判例研究 外国税額控除の余裕枠の流用が制度の濫用とされ控除が否定された事例」税研126号80頁以下、山田二郎「租税訴訟の回顧と展望」『税財政の今後の課題と展望（日本租税研究会創立60周年記念 租税研究大会記録）』（日本租税研究会、平成21年）111頁以下所収参照。

第5 書式サンプル
1 異議申立書

※整理欄	郵便局受付日付		整理簿	審理表	連絡せん
	平成　年　月　日	確認印			

平成5年4月27日

Z税務署長　殿

異議申立書（処分用）

異議申立人	住所（納税地）	【住所】	郵便番号
	氏名又は名称	X	電話番号
	法人代表者住所		郵便番号
	法人代表者氏名		電話番号
代理人	住　　所	【住所】	
	氏　　名	税　理　士　麻　㊞	電話番号

　平成5年3月3日付でされた下記1の処分について、不服があるので異議申立てをします。

記

1．異議申立てに係る処分
　<u>平成元年分所得税の更正処分及び過少申告加算税の賦課決定処分</u>
2．処分の通知を受けた日　　　平成5年3月4日
　通知を受けない場合には、
　処分があったことを知った日
3．添付書類
　・<u>1売買契約書コピー3部、2領収書コピー2部、3委任状1部</u>
　・_____
　・_____
　○処分があった時以後に納税地に異動があった場合の記載事項
　　　処分をした税務署長_____税務署長
　　　処分の際の納税地

Ⅱ　所得税に関する争訟

4．異議申立ての趣旨及び理由
(1)　趣　旨
　　所得税の更正処分及び過少申告加算税の賦課決定処分の全部取消しを求める。
(2)　理　由（この欄に書ききれないときは、別紙に書いてください。）
　平成元年分譲渡所得における譲渡価額について、申告額●円に対し、●円と認定した原処分は取消しが相当である。
　　ア　本件譲渡資産の譲渡価額　　　700,000,000円
　　　平成元年3月23日XがY社との間で行った不動産売買契約は、別添契約書コピー1のとおりであり、その譲渡価額は700,000,000円である。
　　イ　本件取得資産の購入価額　　　400,000,000円
　　　平成元年3月23日Y社が所有していた本件取得資産（明細省略）について、XとY社は売買契約（別添契約書コピー2、3のとおり）を締結し、譲渡価額を各購入物件につきそれぞれ316,000,000円と84,000,000円とし、それぞれ同日譲渡代金の決済をしたことは領収書コピー2通（別添参照）より確認できる。
　　　上記イ及びロは、本件が何れもXとY社双方の真正な売買契約に基づいて行われたことを示すものであり、本件譲渡資産の譲渡価額と異なる金額を認定した原処分は、取引自由の原則を無視しており、違法である。

2 審査請求書

審査請求書（初葉）

正本 / 収受日付印

(注) 必ず次葉とともに、正副2通を所轄の国税不服審判所に提出してください。

※審判所処理事項 ／ 通信日付 ／ 確認印 ／ 整理簿記入

国税不服審判所長　殿

① 請求年月日　平成 5 年 8 月 26 日

審査請求人
- ② 住所・所在地（納税地）：〒【住所】
- ③ （ふりがな）氏名・名称：（　）X　㊞　電話番号 ― ―
- ④ 法人の代表者又は総代：住所・所在地 〒／（ふりがな）氏名・名称（　）㊞　電話番号 ― ―
  - 総代が互選されている場合は総代選任届出書を必ず添付してください。

⑤ 代理人
- 住所・所在地：〒【住所】
- （ふりがな）氏名・名称：（　）税理士 麻　㊞　電話番号 ― ―
- 委任状（代理人の選任届出書）を必ず添付してください。

審査請求に係る処分（原処分）

- ⑥ 原処分庁：（　）税務署長・（　）国税局長・その他（　）
- ⑦ 処分日等：
  - 原処分（下記⑧）の通知書に記載された年月日：平成 ___年___月___日付
  - 原処分（下記⑧）の通知を受けた年月日：平成 ___年___月___日
  - 更正・決定・加算税の賦課決定などの処分に係る日付であり、異議決定に係る日付とは異なりますからご注意下さい。

⑧ 処分名等（該当する番号を○で囲み、対象年分等は該当処分名ごとに記入する。）

税目等	処分名	対象年分等
1 申告所得税	① 更正	平成元年分
	2 決定	
	3 青色申告の承認の取消し	
2 復興特別所得税	4 更正の請求に対する更正すべき理由がない旨の通知	
	5 更正の請求に対する更正	
3 法人税	⑥ 過少申告加算税の賦課決定	平成元年分
4 復興特別法人税	7 無申告加算税の賦課決定	
	8 重加算税の賦課決定	
	9 その他〔　〕	
5 消費税・地方消費税	1 更正	
	2 決定	
	3 更正の請求に対する更正すべき理由がない旨の通知	
6 相続税	4 更正の請求に対する更正	
7 贈与税	5 過少申告加算税の賦課決定	
	6 無申告加算税の賦課決定	
8 地価税	7 重加算税の賦課決定	
	8 その他〔　〕	
9 源泉所得税	1 納税の告知	
10 復興特別所得税	2 不納付加算税の賦課決定	
	3 重加算税の賦課決定	
11 滞納処分等	1 督促〔督促に係る国税の税目：　〕	
	2 差押え〔差押えの対象となった財産：　〕	
	3 公売等〔a 公売公告、b 最高価申込者の決定、c 売却決定、d 配当、e その他（　）〕	
	4 相続税の延納又は物納〔a 延納の許可の取消し、b 物納申請の却下、c その他（　）〕	
	5 充当	
	6 その他〔　〕	
12 その他		

※印欄には記入しないでください。

付表1号様式（初葉）

II 所得税に関する争訟

正本

審　査　請　求　書　（次　葉）

審査請求人氏名（名称）　X

原処分に係る異議申立ての状況	⑨異議申立てをした場合（該当する番号を○で囲む。）	異議申立年月日　：　平成 5 年 4 月 27 日 ① 異議決定あり……異議決定書謄本の送達を受けた年月日　：　平成 5 年 7 月 28 日 2　異議決定なし
	⑩異議申立てをしていない場合（該当する番号を○で囲む。）	1　所得税若しくは法人税の青色申告書又は連結確定申告書等に係る更正であるので、審査請求を選択する。 2　原処分の通知書が国税局長名（国税局長がした処分）であるので、審査請求を選択する。 3　原処分の通知書に異議申立てをすることができるという教示がないので、審査請求を選択する。 4　その他

⑪審査請求の趣旨（処分の取消し又は変更を求める範囲）	◎該当する番号を○で囲み、必要な事項を記入してください。 ① 全部取消し………初葉記載の原処分（異議決定を経ている場合にあっては、当該決定後の処分）の全部の取消しを求める。 2　一部取消し………初葉記載の_____ _____の取消しを求める。 3　その他………_____

⑫審査請求の理由	◎取消し等を求める理由をできるだけ具体的に、かつ、明確に記載してください。 　なお、この用紙に書ききれないときは、適宜の用紙に記載して添付してください。 　　　別紙審査請求の理由書のとおり。

⑬添付書類の確認（該当する番号を○で囲む。）	① 委任状（代理人の選任届出書）　2　総代選任届出書 ③ 審査請求の趣旨及び理由を計数的に説明する資料 ④ その他　　甲野太郎弁護士の陳述書

○審査請求書の記載に当たっては、別紙「審査請求書の書き方」を参照してください。　　　　付表1号様式（次葉）

レジュメ

審査請求の理由

　Z税務署長（「原処分庁」）は、平成5年3月3日付で、審査請求人Xの平成元年分の所得税の更正処分及び過少申告加算税の賦課決定処分をなした。
1　Xの譲渡の内容は下記のとおりである。
　(1)　Xは、平成元年3月23日にXが所有していた本件譲渡資産（明細省略）をY社に対し700,000,000円で売り渡した。
　(2)　Xは、平成元年3月23日にY社が所有していた本件取得資産（明細省略）を、Y社から本件取得土地については316,000,000円、本件取得借地権（本件取得建物を含む）については84,000,000円でそれぞれ買い受けた。
2　Xの平成元年分の所得税確定申告の内容は下記のとおりである。
　(1)　譲渡資産の譲渡収入金額は●円である。
　(2)　さらに、当時の租税特別措置法を適用し、譲渡金額を計算した（明細省略）。
3　ところで、原処分庁の更正処分は、Xの平成元年分の所得税につき譲渡所得金額●円の申告に対し、●円が正当であるというものである。つまり、本件譲渡資産の譲渡収入金額700,000,000円の申告に対し、1,042,000,000円である旨の更正処分である。
　審査請求人は、この処分を不服として、全部取り消しを求め、平成5年4月27日に原処分庁に対して異議申立てをしたところ、平成5年7月27日付でZ税務署長により異議申立てを棄却する旨の異議決定書の送達があった。
4　異議決定書によると、原処分は次の理由により正当であるとされている。
　(1)　審査請求人は、本件譲渡資産に係る取引と本件取得資産に係る取引が別個独立である旨主張するが、本件取引は、Xが本件譲渡資産をY社に譲渡する代価としてY社に対し本件取得資産と本件差金を要求したことから、Y社は、Xが要求するままに本件取得資産を他から購入し、Xに引渡したもの、すなわち、その実質は交換取引と認められる。
　(2)　Xは、本件取得土地を直接購入することを一度は承諾している。Y社は、M商事に依頼し、本件取得土地を取得したが、M商事が従来同土地を所有していたM不動産から購入した金額は、Xの当初の購入予定金額と同額の553,000,000円である。
　(3)　Y社は、本件取得土地の取得価額についても特別に高い価額ではなく、一般の取引価額と認識している。また、Y社は、本件取得土地と隣接する本件取得借地権を189,000,000円で取得している。
　(4)　本件取得資産の各売買契約書に記載された金額は、いずれも甲野太郎弁護士が提示した金額であって、Y社は一般の取引価額より低額であることを認識している。
　(5)　以上の理由により、本件取得土地の価額はXの当初購入予定額553,000,000円、Y社が借家二郎から本件取得借地権を購入した価額189,000,000円の合計額742,000,000円と認められる。

II 所得税に関する争訟

　　　また、本件取引が交換取引と認められるため、本件差金300,000,000円を加算した合計額1,042,000,000円が譲渡収入金額となる。
5　しかしながら、この更正処分は、以下に述べる理由により不当かつ違法な処分である。
　(1)　そもそも売買契約は、「売る」という意思表示と「買う」という意思表示の合致により成立する。そのために売買の目的物と代金額が取り決められなければならない。
　　　契約の締結方法に制限はないから、口頭の契約でも有効であるが、不動産売買等の重要な契約では、契約書を取り交わすのが一般的である。
　　　異議決定においては、本件取引を交換取引と認定しているが、本件において交換契約書は存在せず、本件譲渡資産の売買契約書及び本件取得資産の購入契約書のみであるから、一方的に交換取引と認定するのは違法である。
　(2)　昭和63年6月17日付で、売主M不動産、買主X、売買代金553,000,000円の内容の売買契約書が双方了解の下に一旦作成されたが、甲野太郎弁護士の意見で最終調印に至らなかったという事実はない。また、仮に当該価額による購入意思が一時的にあったとしても、このような契約は現実には行われていない。
　(3)　Xの意向は、当時本件取得土地を553,000,000円にて一度購入しようと考えたが、関係者討議の結果、高額すぎる購入を見合わせ金額を下げるべき交渉をY社に打診している。
　(4)　Y社は、昭和63年8月頃、Xから本件取得土地の購入額を当初金額より安くしたい旨の申出があったにもかかわらず、昭和63年8月1日付で売主M不動産、買主M商事とする売買契約が締結されている。この契約日以前に、Y社からM商事への購入依頼があったものと認められる。
　(5)　異議決定理由によると、昭和63年12月頃、甲野太郎弁護士から具体的な取引条件の提示があったとしているが、Xは本来譲渡代金を先に収受することに何の不都合もなかった。しかし、購入予定地の明け渡しが完了していないこと、またY社の資金都合の問題もあり、平成元年3月23日の同日売買に至ったものである。
　(6)　異議決定理由によれば、Y社がM商事及び借家二郎から購入した本件取得資産は特別に高い価額ではなく、一般的な価額と認識しているとされている。しかし、むしろ購入価額より安い価額で本件取得資産を売却したのは、以下のとおり、Y社が純経済人として、経済活動をしたことの証左である。
　　　Y社は、いわゆる地上げ屋であり、地上げの利益により、Y社が購入し、Xに売却したことによる本件取得資産の損失を補填できればよいと判断して、純経済人として、本件譲渡資産の購入と本件取得資産の売却を行ったものであり、交換取引の主張には全く理由がない。
6　甲野太郎弁護士の関与に関する異議決定の認定は、添付の同弁護士の陳述書に反する。
　　　　　　　　　　　　　　　　　　　　　　　　　　　　　　　　　　　以上

レジュメ

3 訴 状

訴　状

東京地方裁判所　御中

平成7年7月21日

〒●【住所】
　　原告　X
〒●【住所・事務所名】
　（電話●）
　（ファクシミリ●）
　　原告訴訟代理人弁護士　弁　護　士　郎　㊞
〒●【住所・事務所名】
　（電話●）
　（ファクシミリ●）
　　原告補佐人税理士　　　税　理　士　麻　㊞
〒100-0013　東京都千代田区霞ヶ関1丁目1番1号
　　被　　告　　国
　　　　代表者法務大臣　●
（処分行政庁）
　　Z税務署長　　Z

所得税更正処分等取消請求事件
　　訴訟物の価額　　金●円
　　貼用印紙額　　　金●円

第1　請求の趣旨
　1　処分行政庁が、平成5年3月3日付けで原告に対してした原告の平成元年分の所得税にかかる更正処分のうち、長期譲渡所得金額●円、納付すべき税額●円を超える部分及び過少申告加算税賦課決定処分を取り消す。
　2　訴訟費用は、被告の負担とする。
　　との判決を求める。

第2　請求の原因
　1　本件譲渡取引について
　　平成元年3月23日、原告は、別紙物件目録1記載の土地及び建物（以下「本件譲渡資産」という。）を、訴外株式会社Y社（以下「Y社」という。）に対し、合計金7億円で売り渡した（以下「本件譲渡取引」という。）。

—44—

II 所得税に関する争訟

2 本件取得取引について
(1) 平成元年3月23日、原告は、別紙物件目録2-1記載の土地の所有権(以下「本件取得土地」という。)並びに同目録2-2記載の土地の借地権(以下「本件取得借地権」という。)及び建物(以下「本件取得建物」という。以下、本件取得土地、本件取得建物及び本件取得建物を併せて「本件取得資産」という。)を、Y社より、合計金4億円で購入した(以下「本件取得取引」という。)。
(2) 本件取得取引後の平成元年5月8日、原告は、東京都から本件取得借地権に対応する底地権を総額1800万円で取得し、平成元年12月20日に、本件取得建物を取り毀した。

3 本件訴訟に至る経緯
(1) 本件譲渡取引を行ったことに伴い、原告は、平成元年分の所得税について、本件譲渡資産の譲渡価格を7億円、分離長期譲渡の所得金額を●円として確定申告した。
(2) これに対し、原処分庁は、本件譲渡資産の譲渡価格が10億円であるとし、右資産にかかる長期譲渡の所得金額が●円であるという認定を行った。そして、原処分庁は、納付すべき税額を●円とし、過少申告加算税額を●円とした上で、平成5年3月3日付けで、原告に対し、所得税更正処分及び過少申告加算税賦課決定処分をなした(以下、所得税更正処分及び過少申告加算税賦課決定処分を併せて「本件更正処分等」という。)。
(3) そこで、原告は、本件更正処分等を不服として平成5年4月27日、原処分庁に対し、異議申立てをしたが、原処分庁は、平成5年7月27日付けでこれを棄却した。さらに、原告は、本件更正処分等に不服があるとして、平成5年8月26日付けで国税不服審判所長に対し審査請求をしたところ、平成7年4月27日付けで、審査請求を棄却する旨の裁決を受けたので、本件訴訟に及んだ次第である。

4 本件更正処分等の違法について
(1) 先に述べたとおり、原告は、本件譲渡資産を、平成元年3月23日付けで、Y社に対し、7億円で譲渡した。
(2) しかるに、原処分庁は、その調査の結果、本件譲渡取引と本件取得取引を一体とみて交換取引であるとみなし、右譲渡対価が10億円であると認定し、本件更正処分等を行った。
(3) しかしながら、原処分庁が、本件譲渡取引と本件取得取引を一体とみて交換取引であるとする主張には全く理由がなく、上記譲渡対価の認定は、事実を無視した違法なものである。したがって、本件更正処分等は明らかに違法であり、取消しを免れない。

附属書類
1 訴訟委任状 1通
2 補佐人選任届 1通
3 訴状副本 1通

物件目録（略）

物件目録1（本件譲渡資産の明細）
物件目録2-1及び2（本件取得資産の明細）

Ⅲ　相続税・贈与税に関する争訟

弁護士　菅原　万里子

Ⅲ　相続税・贈与税に関する争訟

Ⅰ　プロローグ

　皆さん、こんばんは。弁護士の菅原です。経歴は皆様のお手元に配った経歴書のとおりですが、私自身は租税訴訟の専門の弁護士ではありません。私は、15年ほど前から常に年間1件は租税訴訟を抱えている状況でトータル十数件やったことがあり、その中で何回か勝ちましたが、自分の実際の業務の中で租税訴訟が占める割合は必ずしも多くありません。私は、ある意味弁護士のほとんどの割合を占めるゼネラリスト、すなわちいろいろな分野を何でもやる弁護士の1人です。

　租税訴訟の割合が少ないことに関して不安を感じる人もいると思いますが、私は、租税争訟は専門弁護士でなければできないような争訟分野ではないと思います。弁護士が自ら受けてきた教育のもと、自らのリーガルマインドで自らの職務として一生懸命やれば、必ずしも専門家でなくても勝訴できる分野だと思っています。したがって、私は、専門家ではないごく普通の弁護士に租税争訟を受任してほしいと思います。

　本件は、「超・実践！租税争訟専門講座」という刺激的でプレッシャーをかけられるようなタイトルですが、あえてこちらに出てきたのは、私のような弁護士であっても租税争訟は十分にやっていけると実感してほしいからです。

　講義をする前にいろいろ考えましたが、本件のコンセプトは、今日若しくは明日に、知り合いの税理士若しくはクライアントから、「先生、租税争訟を起こしたいんです。納得いかないんですけど、相談に乗ってもらえますか」と言われた場合に、相続税の分野で受けようと思えば何とか受けられそうだという最低限の知識を伝えることにしたいと思います。要するに一夜漬けです。

　後でも述べますが、もともと相続税の分野は基礎控除が大きく、申告が必要になる人はある程度以上の資産家に限定されていた状況があり、相続税が問題になるクライアントはかなり偏っていたと思います。ところが、平成25年の税制改正で、平成27年度からは基礎控除が大幅に減額されます。したがって、多くの納税者が相続税の申告をしなければならない立場になるので、潜在的なクライアント・原告候補者は現状よりもっと広がると感じています。

一応、この講義は三部構成で考えています。第一部はレジュメⅡ（レジュメ1ページ）の相続税の基本的な考え方についてです。第二部はⅢ～Ⅴ（レジュメ6～8ページ）の争訟に至るまでのプロセスから事件受任の部分と租税訴訟において争点とされることが多い問題です。第三部がⅥ（レジュメ8～13ページ）の実際の租税訴訟に関する解説です。

Ⅱ　相続税・贈与税の概要

1　相続税
(1)　相続税とは

　まず初めに、相続税と贈与税の基礎知識です。まず、相続税の定義としては、「人の死亡によって財産が移転する機会にその財産に対して課される租税」といわれています。根拠法令は、法律に関しては相続税法があります。相続税法の特則が規定されているものとして、租税特別措置法があります。資料として条文を添付しました。政令は相続税法施行令、省令は相続税法施行規則があります。

　租税法は、通達の存在を避けて通れないところが特徴的で、法律の解釈が通達に任されているところがあります。その通達には、相続税法基本通達と財産評価基本通達があります。レジュメ1ページにも書いておきましたが、通達は、「上級行政庁が関係下級行政庁に対し、その職務権限の行使を指揮し、職務に関し命令をするために発するもの」です。これは国家行政組織法14条2項に定められています。

　特に、租税行政の領域では、複雑な租税法規の解釈適用基準を示すことにより税務行政の統一を維持すべく、国税庁長官により大量の税務通達が発せられています。このため、日々の租税法の解釈・適用に関する大多数の問題は、通達に依拠して解決されているといっても過言ではないといわれています。

　ただ、租税法の問題を取り扱うに当たって注意しておかなければならない点、忘れてはならない点としては、憲法84条に規定されている租税法律主義です。それによると、「あらたに租税を課し、又は現行の租税を変更するには、法律又は法律の定める条件によることを必要とする」となっています。したがって、租税法律主義の原則のもとでは、法律の根拠なしに政省令によっ

Ⅲ　相続税・贈与税に関する争訟

て新たに課税することは許されないといわれていますし、法律の定めに違反する政省令が無効であることも明らかです。

　通達に関しても、あくまでも法令の解釈適用のためのもので、法律ではありません。通達は、行政組織内部では拘束力を持ちますが、国民に対して拘束力を持つ法規ではありません。裁判所もそれに拘束されないと解されています。ただ、後に述べますが、ある一部の通達に関しては、合理性がない限りその通達によって課税のための解釈運用はされるべきと言い切る判決も出ているのが現状です。以上が、相続法の根拠法令と通達です。通達は、国税庁のホームページに全て掲載されているので、ダウンロードして確認することができます。

　(2)　納税義務者

　相続税法1条の3の1項、2条1項によると、相続又は死因贈与を含む遺贈によって財産を取得した個人が納税義務者になっています。相続税法1条の3の2号・3号に、日本国内に住所を有しない者の取扱いが載っているので参照してください。

　納税義務者に関しては、連帯納付義務者も定められています。これは、相続税法34条3項で、内容としてはレジュメの2ページに掲載しているとおりです。

　(3)　課税物件

　課税物件とは課税される対象のことですが、これは、相続税法2条1項によると、「相続又は遺贈によって取得した財産」と規定されています。ここで注意が必要なのは、相続税法には、民法の相続財産でないものも相続税法上の相続財産とみなし、課税の対象にされるという規定があることです。それは、相続税法3条から9条で規定されている財産です。

　具体的には、保険金や定期金に関する権利、特別縁故者への財産分与、低廉譲受による利益、債務免除によって得た利益などが相続税法上の相続財産として扱われます。

　(4)　相続税額の計算

　添付資料の別紙1（レジュメ14ページ）を見てください。相続時精算課税適用財産というものが出てきますが、今回、これは割愛します。そういうも

のがあることだけは意識しておいてください。

　相続税額の計算方法は以下のようになります。相続や遺贈によって取得した財産の価額に相続時精算課税適用財産の価額を加え、債務・葬式費用の金額をマイナスし、相続開始前3年以内の贈与財産の価額をプラスします。そうすると、各人の課税価額が出てきます。その後に、課税価格の合計額から遺産に係る基礎控除額をマイナスします。後で出てきますが、この基礎控除額が結構大きく、一般的な人は基礎控除額の範囲内の遺産となるので、課税遺産総額がゼロ若しくはマイナスになる場合が多かったのです。この計算で課税遺産総額が算出されます。課税遺産総額に関して、それぞれ相続人が取得した財産について税率が掛けられ、相続税の総額が出ます。

　相続税法では、そうやって出された総額のほかに、実際の計算に当たっては各種控除や特例の適用による遺産の金額の圧縮などが認められているので、それは個別にやっていきます。別紙1のレジュメ15～16ページにかけて相続税の税額の控除に関してまとめてあるので、それを参照してください。

　このように計算される相続税ですが、具体的には別紙4を見てください。これは、実際に私が担当した相続税に関する租税事件の前提となった申告書です。今説明した別紙1の計算方法は、実は条文に沿っています。この条文の内容は、この申告書に全て組み込まれるように作られています。時間の都合上、今ここで詳しい話をすることはできませんが、条文と申告書を照合しながら、一度申告書を読んでみてください。申告書は、条文内容を反映していることがよく分かります。

　レジュメで取り上げている事件は平成16年に相続開始した相続税に関するものだったので、使用されている申告書も平成16年分の申告書です。租税法が変わると、この申告書のフォーマットも微妙に変わります。したがって、例えば、今年（＝平成25年）亡くなった人に関しては、平成25年用の相続税の申告書をダウンロードして使うことになります。

(5) 財産の評価

　相続税を算出するに当たって、相続税の対象となる財産の価額の評価をどういうふうにするかという問題になります。この財産の評価については非常に議論が多く、相続税の租税争訟の重要争点の一つになるようなところでも

III 相続税・贈与税に関する争訟

あります。

財産の評価に関しては相続税法上、22条に規定があります。22条を読むと、「この章で特別の定めのあるものを除くほか、相続、遺贈又は贈与により取得した財産の価額は、当該財産の取得の時における時価により、当該財産の価額から控除すべき債務の金額は、その時の現況による」となっています。すなわち、当該財産の取得時の時価で、その取得時は相続開始時（＝亡くなった時）です。この時価が何かについては非常に議論が多くあります。議論はありますが、通達もあります。

財産評価基本通達は国税庁のホームページに掲載されているので、皆さんの時間のあるときに、評価のやり方を見てください。先ほども言ったように、この通達は法令ではありません。個別の財産の評価は、その価格に影響を与えるあらゆる事情を考慮して行われるべきだと考えられているので、建前上は、必ずしもこの通達を適用してやらなくても構わないことになっています。

しかしながら、課税庁側の考え方は、レジュメにも書いておきましたが、「財産評価基本通達は、予め定めた評価方式によりこれを画一的に評価する方が、納税者の公平、納税者の便宜、課税庁の事務負担の軽減、徴税費用の節減の観点から、定められたものである」ということなので、簡易かつ画一的であり、したがって、納税者に対して平等に適用され、課税の公平が図られることから、それが最も合理的な方法だと主張しています。例えば、相続税の申告に当たって、鑑定評価によって申告をした場合には、否認されることはよくあります。特に問題になるのは、土地や、非公開会社の株式などです。時価とは何かということについて考え方がいろいろあるので、考え方の違いから租税訴訟に発展しがちです。

では、実際の裁判でどのように判断される傾向があるかというと、私が判例などを検索すると、残念ながら、実は、評価通達による評価が不合理でない限り、評価通達による評価を行うべきと判断されることが多いと思います。しかしながら、そうはいっても評価通達による評価が不合理でない限りという前提が付いているので、その不合理を主張して争うことは十分あり得ます。

実は、私は相続税で勝訴したことはありませんが、評価が不合理ということで勝訴をしているケースも何件かあります。ここは、時価概念の問題とし

て大きな論点になっているところです。

(6) 相続税の申告

相続税の申告書は、国税庁のホームページにフォーマットが公表されています。毎年の税制改正による改正点がその年ごとの申告書に反映されているので、相続開始年に注意して利用することになります。申告義務者は納税義務者とほぼオーバーラップしています。レジュメ3〜4ページに書いてあるとおりです。

相続税の申告期限は、相続税法27条1項に、「相続の開始があったことを知った日の翌日から10月以内」と規定されています。皆さんも、これは租税争訟と関係なく覚えておいたほうがよいと思います。遺産分割や相続関係の相談を受けたときに、相続税を申告しなければならない場合には、その申告期限を守らなければならないので、結構大変です。

申告期限は相続があったことを知った日の翌日から10か月以内で、その10か月以内に相続税も納付しなければなりません。したがって、遺産分割でもめていたり、相続財産を隠しているのではないかということで紛争があったりすると、キャッシュはない、相続税額は決まらない、申告はどうすればいいか分からないということで非常に困ります。この10か月の期限は非常に重要なので、覚えておいてください。

申告期限内になされた申告を、法定期限内申告といいます。相続はもめることも多く、遺産の範囲を確定させることが非常に難しいケースもあるので、相続税法30条1項で、期限後申告も認められています。すなわち、「申告書の提出期限後において第32条第1項第1号から第6号までに規定する事由（＝更正の請求の特則）が生じたため新たに第27条第1項に規定する申告書を提出すべき要件に該当することとなった者は、期限後申告書を提出することができる」とされています。

条文を見てみます。32条1項1号には、「第55条の規定により分割されていない財産について民法の規定による相続分又は包括遺贈の割合に従って課税価格が計算されていた場合において、その後当該財産の分割が行われ、共同相続人又は包括受遺者が当該分割により取得した財産に係る課税価格が当該相続分又は包括遺贈の割合に従って計算された課税価格と異なることと

Ⅲ　相続税・贈与税に関する争訟

なったこと」とあります。こういった場合が一つあります。

　また、2号としては、「認知の訴え又は推定相続人の廃除等の規定による認知、相続人の廃除又はその取消しに関する裁判の確定、相続回復請求権に規定する相続の回復、相続の承認及び放棄の撤回及び取消しの規定による相続の放棄の取消しその他の事由により相続人に異動を生じたこと」です。

　3号として「遺留分による減殺の請求に基づき返還すべき、又は弁償すべき額が確定したこと」、4号は「遺贈に係る遺言書が発見され、又は遺贈の放棄があったこと」、5号が「第42条第30項の規定により条件を付して物納の許可がされた場合において、当該条件に係る物納に充てた財産の性質その他の事情に関し政令で定めるものが生じたこと」、6号が「前各号に規定する事由に準ずるものとして政令で定める事由が生じたこと」です。政令は付けていないので、興味のある人は政令を参照してください。そういった事情が生じた場合は期限後申告が認められます。

(7) 相続税の納付

　先ほども言ったように、申告書の提出期限までに相続税を納付しなければなりません。以上が相続税の大まかな概要です。

2　贈与税

(1) 贈与税とは

　贈与税とは、「贈与によって財産が移転する機会にその財産に対して課される租税」です。これは、相続税の補完税として位置づけられています。なぜ相続税の補完税と位置づけられているか、レジュメ4ページにも書いておきました。「相続税のみが課される場合は、生前に財産を贈与することによって、その負担を容易に回避することができるため、かかる相続税の回避を封ずることを目的として贈与税が採用された。理論的には、贈与による財産の取得は、取得者の担税力を増加させるから、それ自体として課税の対象とされるべきものである」と説明されます。ですから、根拠法令は相続税法です。贈与税法というものはありません。

(2) 納税義務者

　死因贈与は相続税ですので、死因贈与を除く贈与によって財産を取得した

個人であると、相続税法1条の4で定められています。

(3) 課税物件

課税物件は、贈与財産です。これも、相続税法の2条、2条の2で定められています。ただし、非課税財産として贈与税の対象から除外されるものは課税物件にはなりません。これは、相続税法21条3項に規定があります。相続税法と同様、みなし贈与財産があります。これは、相続税法5条から9条ですので、相続税の場合とほぼオーバーラップしています。

(4) 贈与財産の評価

贈与財産の評価も、相続税と同じように相続税法22条に基づいて評価されます。

(5) 贈与税の納税義務の成立時期

贈与税の納税義務の成立時期は、通則法15条2項5号に「贈与による財産取得の時」とあります。

(6) 贈与税額の計算

贈与税の額の計算は、添付資料の別紙2に整理しておきました。贈与税はいたってシンプルです。贈与を受けた財産の価額の合計額から基礎控除額を引き、税率を掛けます。この基礎控除額が110万円です。したがって、110万円の範囲内であれば、誰かにお金をもらっても贈与税はかかりません。配偶者控除の適用を受ける場合として、限度額は2000万円です。

贈与税の税率は、別紙2の3に表を掲載しておきました。基礎控除後の課税価格が1000万円を超えていると50パーセント掛かります。

ただ一つ、先ほども相続税の計算の中で出てきましたが、相続の開始前3年以内の贈与財産は、贈与税ではなく相続税の対象になります。相続開始前の3年以内にもらったからといって贈与税の課税対象にされるわけではないので、その点は注意しておいてください。また、数年前にできた制度ですが、相続時精算課税の適用を受けるような贈与の場合は、また別の計算をすることになります。これは、別の機会に勉強しておいてください。

(7) 贈与税の申告

贈与税の申告書もホームページに出ています。これもいたってシンプルなもので、横書きの贈与税の計算の内容が、縦書きにされたような感じです。

Ⅲ　相続税・贈与税に関する争訟

　申告義務者は、贈与により財産を取得した者です。申告期限は、贈与により財産を取得した年の翌年２月１日から３月15日までです。これは、所得税の確定申告の時期とオーバーラップしているのか今は思い出せませんが、相続税とはまた違う考え方をしています。申告時期が決められていることがポイントであり、それを外すと申告期限内に申告がなされなかったことになります。ただし、贈与税も期限後申告が認められています。これは、相続税法30条２項に規定があるので、見ておいてください。以上が、贈与税の大まかな内容です。

3　各種加算税
(1)　加算税

　忘れてはいけないのが、租税訴訟をやる上でこういった相続税や贈与税という本税だけではなく、加算税も認識しておかなければならないことです。加算税とは何かということをレジュメ５ページの３にまとめておきました。

　これは、定義を見ると面白くも何ともありませんが、「申告納税制度及び徴収納付制度の定着と発展を図るため、申告義務及び徴収納付義務が適正の履行されない場合に課される付帯税」です。簡単にいうと、申告・納税すべき人が申告しなかった、申告・納税はしたけれども過少だった、あるいは源泉納付すべき義務があるにもかかわらず納付しなかった等の場合ですが、もっと大事なのは、ごまかして申告しなかったり過少に申告したりする悪質な場合に課せられるペナルティーです。そういったものが加算税といわれます。

(2)　相続税に関する加算税の種類

　相続税に関して問題になってくる加算税の種類は、レジュメ６ページにあります。過少申告加算税は、相続税法ではなく、国税通則法65条において「期限内申告書が提出された場合において、修正申告又は更正処分がなされ、当初の申告税額が結果的に過少となったときに課される加算税」とされています。これは、本来払うべき金額との差額（増差税額）の10パーセントです。

　無申告加算税は、「法定申告期限内に申告がなされず、期限後申告又は賦課決定処分によって税額が確定した場合、若しくは期限後申告又は決定があった後に修正申告又は更正処分によって増差税額が生じた場合に課される加算税」で、増差税額の15パーセントとなっています。

重加算税は、国税通則法68条に、「納付すべき税額の計算の基礎となる事実の全部又は一部について隠ぺい又は仮装があり、過少申告・無申告又は不納付がその隠ぺいに基づいている場合に、過少申告加算税・無申告加算税の代わりに課される加算税」と規定されています。ダブルで掛かってくるわけではありません。過少申告加算税の代わりに課される重加算税の税率は、その計算の基礎となる税額の35パーセントと大きいです。また、無申告加算税の代わりに課される重加算税は、その計算の基礎となる税額の40パーセントです。こういった加算税の問題が発生する場合があることを認識しておいてください。

Ⅲ　争訟に至るまでのプロセス

　添付資料別紙3のフローチャートを見てください（レジュメ18ページ）。おそらく、前回、前々回でも説明があったと思いますが、もう一度説明します。争訟はどういう形で発生してくるかというところです。まず、申告がある場合と、申告がない場合の二手に分かれます。

　申告がない場合ですが、どんなケースで生じるかというと、よくあるのが贈与税を隠していたというものです。あげたけれど申告しなかった、もらったけれど申告しなかったというところです。それがどういうわけか見つかって、税務調査に来られて、「あなたはこれを申告しなければなりません」と指摘されます。そこで、「それは私が悪かったです。申告いたします」ということで申告を出し、それが受け付けられ、否認もされなければそこで終わりますが、税務調査の結果、「修正申告をいたしません。これは課税をされません」と頑張った場合、若しくは見解の相違で、「これは課税されるべきではない、申告をすべき場合ではないと考えます」という場合は、課税庁側は賦課決定処分をしてきます。

　その後、その賦課決定処分に対して不服がある場合は、2か月以内に異議申立てをします。異議申立てをした後、それが取り消されればハッピーエンドですし、取り消されない、あるいは一部しか取り消されず不満がある、若しくは棄却された、若しくは手続に違法があって却下された場合に、そこで諦めずになお不服であるということであれば、1か月以内に審査請求をしま

III 相続税・贈与税に関する争訟

す。審査請求をすると裁決が出されます。その裁決の内容に不服があれば、6か月以内に訴訟提起をするというルートをたどっていきます。これが無申告の場合です。

次に、申告をした場合です。相続税を申告して、申告したときに納付しますが、その申告の内容が誤っている、若しくは申告内容に疑義がある場合は税務調査がなされます。その税務調査の内容によって、その申告内容が間違っているということで更正処分が出される場合があります。

もう一つは、一旦申告をしたけれども、行った申告内容が間違っていた、誤解をしていたから直させてくれと更正を求める場合があります。更正の請求という手続を踏む場合です。こういった場合、やはり税務署のほうで、本当にこの更正の請求が認められるものかどうかという調査が行われます。これも税務調査です。その調査の結果、更正をすべき理由がないと判断された場合は、その旨の通知処分がなされます。

したがって、税務争訟の原因となる行政庁の処分としては、別紙3（レジュメ18ページ）の真ん中ぐらいに並べておきました。「更正をすべき理由がない旨の通知処分」、「更正処分」、過少申告加算税や重加算税の「賦課決定処分」、贈与税や相続税の申告をしていないけれども課税庁が勝手に計算して「これで払いなさい」と言う「賦課決定処分」です。今後、不服申立手続なり、その後の訴訟なりで、この処分そのものを争っていくことになります。

ですから、まず申告があるのがほとんどです。無申告の場合は、ケースがまた違ってきます。そういう行為があって、税務調査があって、処分があるというプロセスをたどっていきますが、大多数の場合、納税者が本人申告をすることはありません。特に資産家になると、十分な注意を払って税理士に頼み、その税理士が申告書を作って申告するので、税理士の関与があります。税務調査が行われた場合、大体において税理士が対応しています。

例えば、課税庁（一般的には税務署）が「この申告書はこのままでは認められない」と言う場合は、認められない理由を税理士が聞いて確かに間違っていたということであれば、納税者の代理として修正申告をします。また、例えば非課税物件であることが問題になっている場合で、課税庁の認識が十分でないときは、こういう理由に基づいて非課税物件であるという説明をし

て、課税庁が納得すればそれで済みます。財産の評価に関しても、こういう評価が適切ではないかということで、いろいろ交渉をします。そこで課税庁と折り合いをつけて、税務調査の段階で決着されることが一般的です。

多少の間違いに関しては修正申告をします。仮に、この修正申告が間違っていた場合は、更正の請求という道も残されています。これは、国税通則法の改正で明確化されたところです。

したがって、ほとんどの場合、税務調査の段階で税理士が調査対応をしてくれて、紛争にはなりません。そこで行われていることとしては、税理士を代理人とする納税者と税務署との間で和解をしているのではないかと理解しています。しかしながら、税務の世界では和解はあり得ないというのが課税庁側の建前です。今後、ここは税法の分野で解明されなければならないと考えています。

それはともかくとして、税務調査では税理士が調査対応をし、いわば前さばき的に決着をしていきますが、税務調査段階ではどうしても解決できない問題があります。例えば、見逃せない法令違反がある場合、あるいは税務署側と納税者側で法令通達の解釈に著しい対立がある場合、ここで折り合いをつけて修正申告をできるかというと、納税者が納得しないことがあります。

また、事実認識の誤りを課税庁が認めようとしない場合があります。客観的に間違っていれば大体応じてくれるとは聞いていますが、例えば、税務調査の段階で税務署側と感情的に対立して関係がこじれた場合、お互いが意固地になることもままあるようです。ある税務争訟をやったときに、なぜこんなもので折り合いがつかなかったのかというような事実認識の誤りがあったこともありました。話を聞いてみると、どうも関係が相当悪くなっていたようです。

次に、当該事実に関する評価について、課税庁側が自らの評価に拘泥して、納税者との間に著しい見解の対立が生じたような場合です。不動産の評価などもそうです。また、相続税とは関係ないかもしれませんが、ある一定の取引について、売買なのか、交換なのかといったときに、事実は一つですがそれをどう評価するかについて見解の対立が激しい場合です。こういった場合は、税務調査の段階では決着がつかないので争訟になっていきます。

Ⅲ 相続税・贈与税に関する争訟

　我々に相談が来る場合は、初めに処分ありきです。「何らかの処分がなされる、なされた、どうしよう」ということです。若しくは珍しいケースで、「税務調査で少しこじれました。おそらく見解の対立が埋められるとは思えません。したがって、処分をしてくださいと税務署に話そうと思っているが、どうしようか」という相談を、税理士が持ち掛けてくることもあります。

　ただ、そういう場合でも、処分があって受任するというか、相談というか、事件になってくるわけです。その事件受任に関してですが、おそらく皆さんが聞きたいと思うので、私なりに感じたこと、経験したことを話します。

Ⅳ　事件受任

1　受任に至るルート
(1)　税理士ルート

　一つには、税理士ルートがあります。それは当然で、知人の税理士が、自分で申告をしたけれど課税庁に理解されないので争おうと思っているときに、どうしようかと相談に来るのが一般的です。ほぼ80パーセントから90パーセントはそうだと思います。特に、個人の納税者の場合、中小企業の納税者の場合は圧倒的にこちらが多いです。

(2)　納税者（依頼者ダイレクト）ルート

　納税者からダイレクトに相談されることもあります。上場会社や大企業のクライアントの場合は、申告には税理士を使いますが、実際に異議を申し立てるときや対応をする場合に判断をするのは、会社の経理部若しくは経理担当の取締役や取締役会といった部門や機関です。経理部と法務部若しくは総務部が、これは税理士ではなく弁護士マターだと判断した場合は、税理士からではなく依頼者からダイレクトに話が来たりします。

　気を付けたいのが、私は経験がありませんが、申告を担当した税理士と関係が悪くなった納税者がダイレクトに弁護士に相談しに来るときです。後で留意点を述べますが、この場合は、税務過誤の問題が背後に隠れていることがあります。

(3)　弁護士ルート

　また、レジュメには書き漏らしていますが、弁護士ルートがあることを思

い出しました。これは後でも話をしたいと思っていますが、実は、この業界では一緒にやってほしいと誘われることも珍しくありません。こういった受任のルートがあります。

あけすけにいうと、税務争訟をやりたいと思ったら税理士と仲よくしておくとよいと思います。仲よくしてこの弁護士なら税務争訟の相談もできると信頼してもらえれば、そういった相談や依頼ができることがあります。

少し横道にそれますが、税理士にとって専門家として仕事をしている中で税務争訟になるような事例は、忸怩たる思いをするものがあります。「自分は間違っていたのではないか」と自問自答しながら悶々と悩んでおられる方も中にはいます。ですから、そういった場合に親身になって相談に乗ってくれる弁護士は、おそらく税理士にとっては非常に貴重な存在だと思いますし、出会ったばかりの弁護士に相談できることではないと思います。税務争訟をやりたい思う場合は、税理士との日常の付き合いで信頼関係を築くのは非常に有益なことだと思います。

2　相談を受ける際の留意点

(1)　納税者に対する意思確認

一般的に、特に相続税の場合は、納税者と税理士2人で相談に来るケースが多いです。まず初めに認識しておかなければならないのは、誰が依頼者かということです。非常に愚問かもしれませんが、要は、誰が不満を持っているかということが、租税事件の場合、実は微妙になってきたりします。

変な話ですが、担当税理士さんだけが処分に不満を持っている場合もあります。納税者本人に聞くと、意外と冷静でどうでもよいと思っている方もいます。このときに、納税者の認識及び考え方と担当の税理士の認識及び考え方を一致させておいていただかないと、さあ訴訟を提起しようかという土壇場になって委任状が出なかったり、費用負担をしたくないと言い出したりするトラブルが生じることもあります。

私が実際に争訟を提起したときにこうなったことはありませんが、相談の段階で、納税者が本当にやりたいかどうかは税理士と話をしているだけでは分かりません。納税者と実際に面談して意思確認をしないと、「じゃあ、やりましょう」とは決められません。また、税務関係は難しいので、納税者が

III　相続税・贈与税に関する争訟

理解していないこともあります。理解をしていても面倒臭いという場合もあります。ですから、そこでどれだけの共感を持ってもらえるかということを確認する必要があります。確認ができない場合は、絶対に受けません。

(2) 脱税の疑い

次の留意点は、脱税が隠れていないかということです。相続税もあるかもしれませんが、これは納得がいかないということで事件受任をして、よくよく話聞いて調べてみたら、隠していたものがたくさんあったということもなくはありません。幸いにして私はそういうケースに遭ったことがありませんが、判決などを見るとどうもそうなのではないかと思う事件が見られたりします。

租税争訟をやることが脱税の片棒を担ぐことになるわけではありませんが、自分の倫理観として、脱税を隠してかばうことはできません。自分のやっていた脱税を隠して租税事件だけをやってくれという依頼を受けるのは、とてもできる話ではありません。ですから、隠しているものがないか、依頼者、税理士双方によく確認します。

(3) 納税者からのダイレクトな相談の場合

納税者からのダイレクトな相談の場合は、先ほども話をしましたが、税理士との関係が悪化している場合があります。筋の悪い納税者というと申し訳ありませんが、ある意味で、自分が希望する答えを出す人に当たるまでいろいろな弁護士を転々とする人がたまにいます。中には、自分の希望に沿うように弁護士を誘導してできもしない租税訴訟をやらせようとする人もいます。

きちんと筋に沿って、言っていることの正当性が認められるような納税者ではなく、税理士に何らかの責任を課したい、若しくは止められているにもかかわらず、税理士に対して納得がいかないから自分でやってやれと思っている人の事件は、本当に受けてよいかどうかをよく考えたほうがよいと思います。

納税者からのダイレクトな相談の場合は、例えば、自分は答弁の赤い本、法律家のための税法を熟読しているから税法の世界で専門家だと誤解をして、自分限りで断定的なアドバイスをするようなことは絶対にやめたほうがよいと思います。弁護士が申告業務をやっているわけではありませんし、租

税法を全て分かっているわけではありません。税理士でも失敗するような分野もありますから、自分限りで拙速に結論は出さないようにしてください。書籍からの聞きかじりでの断定的なアドバイスは危険なので、避けることが必要だと思います。

(4) その他

留意点でマイナス面ばかり言いましたが、例えば、不服申立て前の相談で、その後、おそらく租税争訟に移行していくことが見受けられる場合は、できれば、不服申立ての代理人として関与させてもらうとよいと思います。これは、自分がメインである必要はありません。それまで担当した税理士に中心になってもらって自分が補助的に受任するとか、代理人にならなくても税理士なり納税者なりから定期的に報告を受けたり、自分の事務所で検討会をしてもらったりして、その段階から関与をした上で訴訟受任に至るのは非常に有益です。

相談の段階でよく言われることは、納税者は、訴訟に関してとんちんかんな懸念を抱いている場合があるということです。「国とけんかするなんて畏れ多い」と恐縮したり、「訴訟を提起することによって嫌がらせ的に税務調査を受けることにならないか」と危惧したりしている場合があります。

一つに、国とけんかするというのは全くナンセンスというか、とんちんかんな話で、私は、「自分は国にお金を出しているスポンサーだと言って堂々としていればよい」といつも言っています。

争訟をすることによって税務調査を受けることは、昔はあったようです。ただ、国税通則法が改正されて税務調査の規定が明記されたり、課税庁側が納税者に対して情報を開示したりする時代になったので、みんなの目があります。したがって、あまりにも荒っぽいことをすればいずれは世の中の批判の対象になるので、争訟を提起したからといって、税務調査や嫌がらせをすることは、私が聞く限り最近はありません。私も、もう十数件やりましたが、実は一度も税務調査を受けたことがありません。税務調査をするほど課税庁は暇ではないと思うので、断言はできませんがその辺は大丈夫だと思います。

3 受任を依頼された場合の留意点

レジュメ7ページにも書いておきましたが、租税事件の大部分を占める処

III 相続税・贈与税に関する争訟

分取消事件を前提にします。

(1) 初めに処分ありき

まず、処分があっての租税事件です。したがって、税務調査で態度が悪かったとか、こんなひどい目に遭ったとかでどんなに不満を抱いていても、処分がなければ取消しの対象がないので問題になりません。

別紙5(レジュメ31ページ)を見てください。これが、実際の相続税の更正処分及び加算税の賦課決定通知書です。こういった形で処分は出されます。こういったものを見せられてやらなければならないのは、申告と違うのは何か、どんな処分かということの特定です。ここで見なければならないところは左の部分で、この処分の本体はこの通知により新たに納付すべき税額です。このケースの場合、本税に関して3674万2700円足らないということで課税されました。そこで、過少申告加算税として367万4000円という結構な金額の加算税が課せられています。この書面でそういった処分がなされたことが分かります。

右半分には申告内容と違うところが書いてあります。また、このような目に遭った理由が左下の「この通知に係る処分の理由」のところに簡潔に書かれています。「○○の土地は、マンションまたは店舗敷地が最有効利用に適しており、広大地評価を否認します」とか、「○○の貸家2棟は、実際の賃借割合により貸家及び貸家建付地評価の一部を是正します」と書いてあります。これは書いてある分だけましです。例えば、所得税の白色の申告書には、国税通則法が23年に改正される前は、処分理由などは一切書かれていませんでした。相続税もそうです。処分理由が書かれていたのは青色申告の場合だけです。ひどい話で、処分理由が書かれていないので、なぜこんな目に遭ったのか分かりませんでした。

地方税などはもっとひどく、私がやったのは事業所税でしたが、「事業所税の課税部分の計算の誤り」と一言書いてあっただけで、どこがどう間違っていたか全く書かれていませんでした。ですから、「どういう計算でやったんですか」と行政庁に電話をかけて聞いたところ、「税務調査のときに税理士さんに説明しています。だから、そんなの言う必要ありません」と言われました。審査請求をしたら計算書が出てきました。それに加え不十分な反論

書が出てきて、何を言っているのかよく分かりませんでした。そこで、裁決をもらって争訟というプロセスをたどりましたが、ひどいものです。

しかしながら、国税通則法が23年に改正されて、処分理由を記載しなければならなくなりました。これは非常に大きなことであり、日弁連が頑張りました。

そういったことで、なぜこうなったのかというのはこの処分理由を見て特定していきます。何がまずかったか大体分かってきて、争点が把握されます。先ほども言ったように、処分が出される前は税理士が税務調査の段階で課税庁とやりとりをします。「ここが納得できない」「ここはこう変えろ」というように、いろいろなことをやりとりしますので、ぼんやりとした争点はそこである程度分かってきますが、実際に更正の通知書を出されて初めて、納得いかない部分が何かという検討が始まります。

そういった検討をする場合に、レジュメには「申告書の解読は必要か？」と書いていますが、大ざっぱには不要だと言う人が多いです。しかしながら、実際に訴訟をやると、どのような申告をしたか問題にされる場合もあります。したがって、把握しておかないと「あなたはこう言ったでしょう」という準備書面が出されて、「確かにそうでした」と恥をかくこともあり得るので、把握をしておいたほうがよいと思います。

それから、訴訟の最終的な落としどころ、獲得したいものは処分の取消しですが、取消しを求めるにしても、申告書の内容そのものを維持したいと考えているような場合は、その申告内容をバックアップする準備書面を書かなければなりません。したがって、申告書は条文の反映ですから、できればきちんと読んでおいてほしいと思います。それが面倒なら、争点となり得る部分について早い機会に申告書の記載内容を把握します。具体的には、担当の税理士と面談して、説明、レクチャーを受けます。

争点の把握ですが、まず相続税の納税義務者への該当性です。例えば無申告の場合に、「申告はしなかったけれど、私は納税義務者に該当しませんよ」という場合もないわけではありません。

次に課税対象財産への該当性です。問題とされている財産は課税対象かという問題です。例えば課税財産となる遺産の範囲の問題があります。つまり

III 相続税・贈与税に関する争訟

遺産ではない、課税対象財産にそもそも該当しません。また、非課税規定の適用がなされてこれは非課税財産だという場合です。

そして、課税財産の評価の適否の問題があります。評価方法、評価基準について、課税庁が主張していることと納税者自身が主張していることが違う場合、通達による評価をなすべきか鑑定による評価をなすべきかが争点になってくるところです。また、評価通達による評価の場合において、どの通達に当てはめるべきかというところで見解が相違する場合もあります。レジュメに添付した訴状の事案はそうです。通達での評価をしていますが、その評価の前提となる適用されるべき通達について、課税庁と納税者が見解対立しているということです。

それから、特例の適否の問題、税額控除の問題などが争点とされます。今私が言った争点は全て条文に書いてあります。条文の問題だということを覚えておいてください。

それで、相談に来て受任を依頼されたときに、どのような資料を求めるかという点です。まず、第一に申告書です。それから、別紙5のような処分の通知書です。それから、適用が問題とされている当該条文、通達です。

なぜこんなことを言うかというと、紛争になって、争いたいというような段階は、実は税務調査を経てやって来るので、相続が開始してから数年経っていることがあります。ですから、問題となっている条文が現行法と違う場合がよくあります。特に、申告をしてから1か月、2か月後に調査が来ることはあまりありません。下手をすれば1年以上の時間が経ってから調査が来ることもあります。その間に法律が変わることがあったりするので、問題になっている条文も税理士に提供してもらうことが必要です。

また、納税者が不服と思っている理由を基礎づける資料です。例えば、「この間口のメーター数が違っています」とか、「ここの路線価はおかしいです。おかしい理由にはこういう事情があります。その根拠付けはこれです」というものがあれば、それも提供してもらいます。受任の段階が、不服申立て、異議申立て及び審査請求を経た後になる場合は、その異議決定と審査請求に対する回答である裁決書を一緒に提供してもらって、その分析から始まります。それが初動の話です。

(2) 行政不服申立て（異議申立て・審査請求）段階での受任について

　行政不服申立ての段階の受任についてです。先ほどフローチャートで見たように、不服申立ては、異議申立てと審査請求の2段階をしなければならないことになっています[1]。

　異議申立手続の段階で弁護士が関与することはほとんどありません。私が関与したケースではありません。これはなぜかというと、費用はただですし、異議申立書は簡単なフォーマットでできてあまり文章を書く必要もないからです。弁護士が付くと立派な文章を書いたりしますが、そんなことは全然要求されていません。したがって、大体税理士がサービスではありませんが無償でやってしまうので、弁護士のところまではまだ来ないことが多いです。

　注意しなければならないのは、弁護士が関与しないにしても、不服申立期間が厳格に定められていることです。異議申立ての場合は、処分があったことを知った日の翌日から起算して2か月以内[2]です。不変期間は、知ったか否かは問わず、処分があった日の翌日から起算して1年です。審査請求は、異議決定書の謄本の送達があった日の翌日から起算して1か月以内に申し立てなければならない[3]ので、この期間遵守はとても大事です。相談に来られて放っておいて、1週間前だった、2日前だったということになると、弁護過誤の問題になるので、控訴期間と同じように意識して対応しなければなりません。

　異議申立てに弁護士が関与するケースは稀ですが、先ほど言ったように、争訟に行くほかない場合は、背後でその経過を聞くなどして、争訟の前の肩慣らしというかウォーミングアップに利用することはあると思います。

　また、私は経験がありませんが、ある弁護士が言うには、弁護士が異議申立ての段階から受任して、課税要件事実を意識した書面を提出して理路整然と交渉すれば、一部でも取り消してくれるケースがあるそうです。ですから、弁護士が受任して対応することにも意味があるのかもしれません。

1　平成26年行政不服審査法改正に伴う国税通則法の改正（以下、「平成26年改正国税通則法」という。）により、「異議申立て」は「再調査の請求」に名称が改められ、「再調査の請求」を申し立てるか、それとも申し立てずに直接審査請求を申し立てるかは納税者の選択に委ねられることになった（75条1項1号）。
2　平成26年改正国税通則法では3か月に延長された（77条1項）。
3　平成26年改正国税通則法では再調査決定書の謄本の送達があった日から起算して1月（77条2項）。

III 相続税・贈与税に関する争訟

ただ、審査請求にも同様のことが言えると思いますが、争点となる部分として、通達そのものの無効を主張して闘う場合や法令解釈が問題となってくる事案では、異議審理庁が独自に判断して自らの処分を見直すことは少し荷が重すぎます。ですから、自ら取り消してくれることは、まずないと思われます。したがって、あえて弁護士が受任することはコストとの関係でどうかという問題もあります。

次に、審査請求手続の利用です。弁護士から見た審査請求手続ですが、申立ては国税不服審判所に対してします。手続は国税通則法に規定があります。ただし、かなり古い時代に作られた規定なので、だいぶ陳腐化していますし不備も多いです。実際に、手続としておかしいところもあります。

どういうことかというと、審判所が収集した証拠や鑑定意見書、聴取した関係者の録取書といった証拠資料は開示されません。また、課税庁が出した資料も、コピーがもらえるわけではなく「見に来い」と言います。写真も撮ってはいけないし、謄写もできない、非常に不公平な手続になっています[4]。また、提出された証拠や書面の目録も、申立人には開示されません。申立人、納税者側から見て、相手方、課税庁側と審判所のやりとりはほとんど見えず、何をやっているのかよく分かりません。手続の進行度合いも、しつこく電話をかけて聞かなければ教えてもらえません。そもそも、審判官のポジションもよく分からないという問題があると思います。

ただ、利点を述べる人もいます。それは、担当審判官とフェイス・トゥー・フェイスで議論ができることです。法廷のような場所を設けるわけではなく、審判官が出向いてきて事情聴取をすることもあります。したがって、その事情聴取の席を利用して、「これはどう考えているんですか」と審判官にずばっと聞くことも可能です。

また、深刻な法律問題の場合です。この通達は違憲だというレベルの問題でなければ、納税者の主張に一定の合理性があれば理解を示して取消しをしてくれることもあります。だから「よい制度だ」と言う人もいます。当然、

---

4 平成26年改正国税通則法（ただし施行は平成28年）により、課税庁側が提出した証拠資料の謄写が、担当審判官が収集した資料も同様に、閲覧・謄写できるようになった。その他審査請求手続については様々な合理化が図られた。

争訟に至る以前に早期に解決できますし、手続費用も印紙代などがかかりませんので、よい制度といえばよい制度です。

ただ、審査請求の手続には限界があります。先ほども言ったように、難しい法令解釈や憲法問題が出てくるような場合は、取消しをすべきかという判断を自分ではせずに、投げてしまいます。この間、私が深刻な法令解釈を争点として持ち出すと、「審判所ではそこまで判断できません」と実際に言われました。確かに、通達に反する裁決をするときは、国税庁の長官の判断がなければならないので、拘束されています。

また、困ったのがマンパワーです。審判官のレベルになるとかなり能力がある人が担当しますが、実際に争点整理案を作るのは審判官ではなく審査官です。その人は、法曹の有資格者でも何でもないので、必ずしも争点整理の教育を受けているわけではありません。

私が困ったのは、深刻な争点を持ち出そうとすると、それを書こうとしなかったり、「結局、先生のおっしゃっていることはこうでしょう」と言って別のことを書こうとしたりしたことです。私が、「そうじゃないでしょう。これはこういうふうに言っているんですよ」と何度言っても聞こうとしませんでした。「じゃあ、データを送ってください。私が書いてあげます」と言ってもデータを送ってこないので、自分でワードでフォーマットを作って、「こういうふうにしてください」と言って出したら、争点整理表を付けずに裁決をしたことが実際にありました。この問題について、本当に争点整理能力のきちんとある人がやっているかというと、必ずしもそうではないという限界があります。

もう一つが、行政庁は国税庁の一つの組織にもなるので、一部でも税金をごまかした者に対する見方は必要以上に厳しいことがあります。ごまかした分について既に税金を納めて加算税も払った場合であっても悪い人だと決め付け、関係のないことまで疑って一罰百戒のように言われたと、納税者から聞いたこともありました。でも、これは刑事事件を経験した裁判官などからすると、少し考えられない話です。ですから、そういう限界はあります。

そういった手続を、利用できるときは利用しますが、やっても無駄だと思うようなケースについては、とにかくやり過ごすことです。また、やっても

Ⅲ　相続税・贈与税に関する争訟

無駄だと思うようなケースでも、実は利用価値がある場合があります。課税庁側の意見書や最終的に出された裁決書の記載内容から税庁側の考えを把握して、訴訟ではおそらくこういうことを言ってくるだろうと推測することができる点で有用であったりします。

(3)　訴訟段階での受任について

先ほどの不服申立てのときにも出てきたように、出訴期間の遵守が重要です。これは訴訟要件にもなっているので守らなければなりません。出訴期間については、レジュメ7ページ(3)のところに書いておきました。処分又は裁決があったことを知った日から6か月です。不変期間は、処分又は裁決の日から1年です。訴訟要件として、不服申立手続の遂行は必須なので、これをきちんとやっているかということは、納税者や税理士に確認します。

Ⅴ　相続税・贈与税に関する租税訴訟において争点とされることが多い問題

相続税、贈与税について税務訴訟において争点とされることが多い問題として、レジュメにはいくつか最近の裁判例を挙げておきました。これらを取り上げて説明する時間は全くございませんので割愛させていただきます。

Ⅵ　訴　　訟

基本的に、租税訴訟の手続は民事訴訟とほぼ同じです。行政事件訴訟法第7条に「この法律に定めがない事項については、民事訴訟の例による」とされているためです。ただ、行政事件訴訟法に特別の規定のある事項（例えば取消訴訟に関する同法8条～35条）については民事訴訟と異なる扱いがされます。どの段階が一番特徴的かというと、訴え提起段階です。さっきも言ったように、処分又は裁決があったことを知った日から6か月、処分又は裁決の日から1年という出訴期間（行訴14条）があるとか、不服申立手続を経てこなければならない（行訴8条1項、通則115条）などの訴訟要件があることと、請求の趣旨の書き方が民事訴訟と違います。取消訴訟であれば、求める取消しの範囲の特定がすごく重要になってきたり、訴えの利益が問題になってきたりという特徴を有しています。順番を追って説明します。

VI 訴訟

1 当事者
(1) 原告

まず、不満を持っている納税者全部が租税訴訟の当事者になり得るのかというと、そうではありません。原告適格を有していなければだめで、訴え却下になります。その原告適格は、行訴法9条に「当該処分又は裁決の取消しを求めるにつき法律上の利益を有する者」とあります。これは、後ほども述べる訴えの利益の問題ですが、大まかにいえば不利益の処分を受けているかどうかです。

どういうことかというと、更正処分を受けて税額が減額された人にそれを取り消す利益はありません。更正処分を受けて本税の額が増額した、若しくは過少申告加算税、重加算税が課税されたといった場合は不利益の処分を受けているので、訴えの利益があります。そういったものがない場合は、税務調査で意地悪をされて不満があるからといって、取消しはできません。もちろん、処分がなければ取消しの対象もありません。

原告について、相続税の場合に気になるところは共同相続人の取扱いです。私も実際に悩んだことがあります。仲の悪い相続人が何人もいると、全員が一丸にはなりません。その中で租税訴訟をやりたい人が1人でも出てきたときに、1人で訴訟を提起できるのかという疑問が生じたことがあります。

結論からいうと、共同相続人全員が原告になる必要はありません。法律で定められている必要的共同訴訟のようなものではありません。また、申告は、納税者である相続人が相続人ごとに行うものです。たまたま1枚の申告書に名前が並べられていますが、例えば仲の悪い相続人が依頼した税理士に頼みたくないと思ったら、別の税理士に頼んで自分で申告をすることは可能です。したがって、処分も納税者各個人に対して出されます。別紙5の通知書も、資料の31ページと32ページは別の文書であり、それぞれに出された更正処分です。ですから、一緒に訴訟提起しなくても構いません。

もう一つ、レジュメ8ページの(1)2)②ですが、「例えば、相続財産の評価が争われている事案において、仮に一部の相続人が処分取消訴訟において勝訴し相続財産の評価額及び課税価格が減額されることによって、その結果、更正処分等によっても計算上税額が増額しなかった他の共同相続人の課税価

格も減額されうるような場合」とあります。増額更正はありませんが、評価が変わることによって減額される場合の共同相続人も原告適格が認められるだろうかと真剣に悩んだことがあります。結論からいうと、これは認められません。審査請求では、認められないと却下されています。

よくよく考えてみると、訴える利益があるかというとありません。納税額が増額されていないので、反射的利益を受けるにすぎません。勝訴した後の更正の請求の問題はあるかもしれませんが、当初出された処分に対して訴えの利益はないと思います。

(2) 被　告

被告適格を有する者は、行訴法11条1項1号に「当該処分をした行政庁の所属する国又は公共団体」と書かれています。相続税は国税なので、相続税に関する処分取消訴訟の場合、被告適格を有するのは国です。処分行政庁は被告ではありません。ただ、訴状には国・法務大臣とともに併記をする扱いになっています。これは後で述べます。

2　管轄裁判所

(1)　事物管轄

訴額にかかわらず、地方裁判所が第一審の管轄裁判所になります。これは、裁判所法24条、33条1項1号にあります。覚えておきたいこととして、地方裁判所の支部は行政事件訴訟の管轄権を有しません。これは、地方裁判所及び家庭裁判所支部設置規則1条2項に定められています。ですから、川越に住んでいる人の税務訴訟ならば埼玉地裁の川越支部ではなく埼玉の本庁でやることができます。

(2)　土地管轄

また、土地管轄も少し嬉しい話です。被告の普通裁判籍の所在地を管轄する裁判所又は処分若しくは裁決をした行政庁の所在地を管轄する裁判所ですので、国の場合は東京地裁に管轄があります。そのほかにもう一つ、原処分庁の所在地を管轄する地方裁判所もあります。

また、行訴法12条4項に特定管轄裁判所があります。これは、原告の普通裁判籍の所在地を管轄する高等裁判所の所在地を管轄する地方裁判所です。例えば、原告が神戸在住の場合は大阪地裁で訴え提起ができます。九州

でも、例えば長崎地裁の佐世保支部かと思っていたら、福岡でできるというメリットもあります。

どこの裁判所に訴え提起をするかはそういう形で選ぶことができますが、実は、地方のクライアントの考えでは、地元ではやりたくないという人が結構多いです。なぜかというと、地元で税務署を相手にして戦うと評判になるのではないかと気にするからです。実は、これはばかにできない話で、それを東京に持ってきて人知れずやれることは結構なメリットです。ただ、東京でやれるのが全てよいことかというとそうではありません。ステレオタイプ化された判断が出される可能性もないわけではありませんし、判例集などを読むと地方の裁判所の裁判官が出した判決の中には、判決理由中の判断を丁寧に示し、納得のいく理由を付して納税者を勝訴させる裁判例もありました。こういうふうに考えるのかと、とても参考になることもあるので、私の正直な気持ちとしては、地元の地方裁判所の利用を念頭に置き、依頼者とよく相談して決めればよいと思います。

3　取消訴訟の訴訟物

レジュメ9～10ページに詳しく書いておいたのでよく読んでおいてください。訴訟物は、行政処分の違法性一般と言われています。これは、処分の主体、処分の内容、処分の手続、処分の方式全てにおける違法性ということです。課税処分の同一性をどのように捉えるかによって、訴訟物の範囲、要は審理・判断する範囲が異なってくると考えて、租税法の本によく書かれているように、総額主義と争点主義の対立につながっていきます。

ここは、今後もいろいろな講義で出てくるところだと思うので、とりあえずレジュメに箇条書きで並べたことを読んでおいてください。

4　訴えの利益（狭義の訴えの利益）

取消判決を得るために権利利益の侵害が存続していることと、その回復のために当該行政処分の取消しが必要であるという状態になければなりません。更正処分は1回だけではなく、何回もやられることがあります。私の経験した事件では、3回やられたことがあります。最初に増額、修正申告をして減額、また増額という結構なことがあって、どこを取ったらよいのかということです。

III 相続税・贈与税に関する争訟

　減額更正や減額再更正は、税額の一部取消しのように納税者に有利な効力をもたらす処分なので、減額更正そのものの取消しを求める訴えに納税者の利益はないと考えられています。そこは気をつけなければなりません。

　また、増額更正が行われてその次に減額再更正が行われたが、増額分の全額についての減額はしてもらえなかった場合は、減額された残りの増額分について取消しを求める利益があるという扱いになります。ですから、訴訟提起をするに当たって、取消しを求めるのはどこかという特定が非常に重要です。

5　訴状の作成

　別紙6（レジュメ36ページ）はある事件で使った具体的な訴状です。必要的記載事項は民事訴訟と同じで、行訴法7条、民訴法133条2項です。当事者も、原告・被告ということで書いていきます。2枚目ですが、被告の表記はこういった書きぶりをします。被告は国、代表者法務大臣、処分行政庁の三つを併記します。

　管轄裁判所は、先ほど言ったように選びます。訴訟物の特定は、取消しを求める範囲に該当するところです。訴状の記載例を見てください。「被告（原処分庁○○税務署長）が原告○○Ａ子に対し、平成19年○月○日付でした被相続人甲の相続にかかる相続税の更正処分の内）」とあって、大事なところは「課税価格○○万円、納税すべき税額○○万円を超える部分及び過少申告加算税の賦課決定処分を取り消す」とあります。

　私も昔は、課税処分を丸ごと取り消してもよいと考えたことがありますが、納税者が申告をしてしまった納税額は、原則として取消しの対象としてはいけないと解されています。どういうことかと、レジュメ11ページに書いておきました。

　「相続税・贈与税含め、申告納税方式を採る国税についての納税額は、納税者の申告によって確定するのを原則としており、申告は私人の行為とはいえ、納税額を確定するという公法上の効力が認められている。納税者において申告が過大である場合には、更正の請求の手続によって税額の減額を求め、これが却下（更正の請求の理由のない旨の通知）され、異議申立＋審査請求を経て、処分取消訴訟（更正の請求を理由が無いとした処分に対する取消）を提

起することによって争うこと」とされ、丸ごと取消しすることはだめだと解されています。

　昔、丸ごと取消しを求めたら、裁判所から電話がかかってきて、「こういうふうに書き直してください。申告をしているでしょう。それは取り消せませんよ」といって書き直しをさせられた経験があります。ですから、そこは注意が必要です。更正処分を見て、どういう申告をしているかというところで金額をチェックします。

　また、相続税の場合は、遺産の構成や相続人の状況が複雑であることなどの事情から、更正処分が何度もなされたり、その間に修正申告が介在したりすることがあります。これについては、どこの更正処分を取り消すかを決める必要があります。そのときに、納税者、税理士に、どの部分が不服でどこを取り消したいと思っているかをしっかり聴かなければなりません。また、先ほどの訴えの利益があるのかという問題にも立ち返って確認します。

　それで、税額が増額する更正処分が何度もあるような場合の取消しを求める範囲に関する考え方には二つあります。レジュメの11ページ3）②の「吸収説」と「併存説」は読んでおいてください。判例は吸収説を採っていますので、増額再更正がなされると、当初の更正処分の取消しを求める訴えの利益は失われます。吸収されるので、最後の増額再更正の取消しを求めることになります。

　その次に、相続税の場合です。これは、共同相続人ごとに各人の請求の趣旨を記載します。本件の場合も、既に亡くなっていた原告A子さんと、その相続人のB子さんとCさんとDさんが原告ですので、請求の趣旨は、それぞれ共同相続人ごとに記載をしていきます。

　訴状において最低限書くべき請求原因事実が何かというと、理論上はシンプル極まりないものです。課税処分の取消請求の場合ですと、この課税処分が存在したことと、それが違法だと言えばよいだけです。「所有しています。占有しています。出ていけ」と言うのと同じです。でも、一瞬それで通るはずがないと思ってしまいます。

　立証責任の問題等も関わってくるので、具体的に何がどう違法かと詳しく書く必要がないことは念頭に置いておく必要があると思います。ただ、現実

に、「所有しています。占有しています。出ていけ」だけで済むはずがないと思うのと同様に、事案の概要や、争点となるべき事実関係など、早期に裁判官に理解してもらいたいと考える場合は、当事者の属性や、課税の経緯、違法と考える理由を簡潔に記載することが多いです。

私が添付した訴状例は本当に最低限のことを書いています。これで済みますが、ただ、事案によっては、裁決書や異議決定書に書かれた課税庁側の意見、要は、課税庁側が絶対に触れてもらいたくない論点がある場合があります。時として、被告は論点をねじ曲げて通らないようにして、裁判所に判断させる工夫を凝らせた答弁書や準備書面を出してくることがあります。そのようなことはさせないということで、先手を打って論点となる部分の主張を詳細に書くこともあります。ただ、それが必須かといわれると、そうではありません。

ですから、被告自身が触れられたくないようなアンタッチャブルな論点があるかどうか、それを早期に述べて裁判官に刷り込みをしたいと考えるかは、納税者、担当の税理士、弁護団を構成する弁護士ともよく議論をして対応する必要があると思います。

以上が課税処分の取消しの場合ですが、更正の請求の理由が無い旨の通知処分を受けた場合、この通知処分を取り消したい場合は、原告が自己の申告が過大であったというのですから、原告側で更正すべき理由を具体的に主張することが必要になってきます。主張立証責任が逆転します。したがって、これをきちんと書くことは気を付けてください。

それから、訴訟物の価額です。訴額については、課税処分のうち、取消しを求める範囲の額です。課税額全部ではないので、気を付けてください。また、付帯税の取扱いにも気を付けたいところです。本税の課税処分と合わせて過少申告加算税や重加算税などの付帯税の賦課決定処分の取消しを求めるときは、取消しを求める付帯税の額を訴訟の目的の額に加算する必要はないとされています。

しかしながら、本税の課税処分は争わない場合、付帯税のみの賦課決定処分について取消しを求めるときは、原則どおり、取消しを求める付帯税の額を基準にして訴訟の目的の額を計算します。

貼用印紙の額について判断に困ったときは、裁判所に相談します。補正命令が出された際にはきちんと印紙の追加を行います。

6 主　張

主張責任に関しては、原告側は課税処分の存在とそれが違法である旨を主張すればよいです。被告側で、租税債権の発生要件事実として、課税処分が実態上、手続上、適法要件を具備していることについて主張責任があります。実態上の適法要件は被告が主張します。手続上の適法要件も被告が主張します。ですから、それが正しいかどうかをこちらで争うということです。

争点に関しては2種類あります。前提となる事実認定に関する争点と、法律上の解釈・適用に関する争点です。これらを混同しないようにしてください。事実認定に関する争点には、例で書いたようなものがあります。法律解釈についても、例で書いたようなものがあります（レジュメ12～13ページ）。

混在するものもあります。例えば、非課税要件の該当性の問題です。これは、非課税要件の規定の解釈と、該当すべき財産であるか否かの前提事実の当てはめの問題などが混在しますが、どういうレベルの争点かを自分できちんと整理して準備書面にすることが肝要です。

大事なことですが、弁論主義は適用されるかという点です。弁論主義は適用されます。行訴法は職権探知主義を採用していないので、通常の民事訴訟と同様に弁論主義が適用されます。ですから、自白の恐ろしい拘束力も当然降り掛かってくるので注意してください。

7 立　証

行訴法は職権証拠調べという規定を設けていますが、そんなものはほぼ空文化しています。職権探知主義は採用していないといって、裁判所は動きません。例えば、鑑定が必要になる場合にも、「当事者で申し立ててください」と言われるのが現実です。したがって、原告側は原告なりに、裁判所が調べてくれると考えず自分できちんと立証していく意識を持ってやっていく必要があります。

それから、適用法令の解釈です。先ほども言ったように、いつの法令が適用対象になるかをいうことは確認しましょう。現行法を見ても意味がないことがあります。改正や、廃止される条文もあるので、条文番号自体が移動し

ていることがありますが、税理士に聞いて当時の条文を出してもらうことで対応できると思います。

　文献類は足で稼ぐしかありません。地道なリサーチをしてください。どこに行けば取れるかというと、ここに書いておいた場所に結構あります。判例等も各種データベースを利用します。

　証人尋問は、事実認定が必要な争点だったりするときに行われます。

　それから、学者の意見書です。ここは聞きたいと思います。学者の意見書が有用かという点ですが、裁判官は、「学者の意見書が出たからといって、それで判決が左右されることはありません」とよく言います。確かに、それはそのとおりだと思いますが、私が有用だと感じたことが何回かあります。それは、原告代理人1人が独自の見解で言っているわけではなく、研究者がきちんと調べた結果、こういう意見はある面ではオーソライズされていると立証するための資料として意見書が利用されることはあります。

　ただ、「ためにする意見書」を求めてはいけません。学者の先生に、「こういう意見書を書いてください」と持っていってもだめです。どういうことをすべきかというと、その先生が書いた文献、要は自分の考え方に似た考え方、若しくは一致する考え方が書かれた文献をしっかり読んで、その先生の考え方を理解した上で、「私の言っていることは間違いですか」というような問い掛けをすると、学者の先生もきちんと対応してくれます。

　アクセスができないような場合は、自分の出身大学のゼミの先生や同期の研究者になった友達を頼ってみるのは、方法の一つとしてあります。私の経験からすると、私の同期の大学の先生をしていた人が、過去に非常に助けになってくれました。そういった人に意見を聞いて、自分なりに勉強して、その先生に問います。そして、粗略にしません。これは意見書作成のための費用については事前に確認をし、確認の結果についてはきちんと報告します。やりっ放しにせずマナーをきちんと持った対応は、当然必要になってきます。学者の意見書は有用なこともあり、貴重な援軍です。

8　税務訴訟との付き合い方

　税務訴訟は、残念ながら勝訴率は低いです。しかしながら、めげないでください。「勝訴できないから」と言わず、もし依頼者が「やってほしい」と言っ

たら、できれば受けてあげてください。裁判所に論点を問い、その回答を裁判所に出させることが、租税法の解釈の進歩発展に重要な役割を果すので、勝訴できないからということではなく、敗訴をしても何度でもトライすることが必要だと思います。長い年月を経て、税法の条文解釈は陳腐化してきたりしますので、新しい解釈があってもよいのです。税法の条文自体それほど具体的ではなく、突っ込みどころが満載です。したがって、トライする価値はあります。

　それと、負けてめげるところもありますが、私の経験上のお勧めで、できれば複数人でやってください。お金にはならないかもしれませんが、同期の友達とやるとか、他の事務所の弁護士と組んでやると、それぞれの持ち味を生かして議論することができます。経験のない人を入れてもよいと思います。自分の書いた税法の準備書面が、経験のない人から見て理解されるかは、裁判官に理解してもらえるかにつながっていきます。したがって、いろんな人に見てもらい、批判の対象にしてもらって、批判に堪えられる準備書面であれば勝訴につながります。

　報酬の配分が少なくなるかもしれませんが、楽しんでやれるし、自分のスキルアップになります。租税法の準備書面をしっかり書くことは、民事事件の準備書面をしっかり書くことにもつながります。そういった利用ができるということで、事件はできるだけ受けます。自分一人でやるのが寂しければ、知り合いに頼んでやってもらうことは非常にお勧めです。

　以上をもって私の講義とします。ご清聴ありがとうございました。

Ⅲ 相続税・贈与税に関する争訟

レジュメ

Ⅲ 相続税・贈与税に関する争訟

弁護士　菅原　万里子

Ⅰ　プロローグ

Ⅱ　相続税・贈与税の概要
1　相続税
(1)　相続税とは
：人の死亡によって財産が移転する機会にその財産に対して課される租税
《根拠法令》
　（法律）
　　相続税法（昭和25年3月31日法律第73号）
　　　★相続税は、相続税法に基づき計算・課税される。
　　租税特別措置法（昭和32年3月31日法律第26号）
　　　★相続税法の特則が規定
　（政令）
　　相続税法施行令（昭和25年3月31日政令第71号）
　（省令）
　　相続税法施行規則（昭和22年大蔵省令第48号）
《通達》
　　相続税法基本通達（昭和34年1月28日付直資10国税庁長官通達）
　　財産評価基本通達（昭和39年4月25日付直資56、直審（資）17国税庁長官通達）
　　※通達は、上級行政庁が関係下級行政庁に対し、その職務権限の行使を指揮し、職務に関し命令をするために発するものである（国家行政組織14②）。特に租税行政の領域では、複雑な租税法規の解釈適用基準を示すことにより、租税法規の適正な解釈運用を図るとともに、税務行政の統一性を維持するために、国税庁長官により大量の税務通達が発せられている。このため、日々の租税法の解釈・適用に関する大多数の問題は、通達に依拠して解決されているといっても過言ではない。
　　　★通達は上記法令の解釈適用のためのものである。
　　　★通達のみを根拠に課税することは許されない。⇒租税法律主義
留意点
　①　租税法律主義（憲法84）（特に課税要件法定主義）のもとでは、法律の根拠なしに政省令で新たに課税要件に関する定めをすることは許されないし（法律の留保の原則）、

—1—

法律の定めに違反する政省令が無効であることも明らかである（法律優位の原則）。
② 通達は、行政組織内部では拘束力をもつが、国民に対して拘束力をもつ法規ではなく、裁判所もそれに拘束されないと解されている（最判昭和38年12月24日等）。

※憲法第84条
あらたに租税を課し、又は現行の租税を変更するには、法律又は法律の定める条件によることを必要とする。

(2) 納税義務者
1) 納税義務者：相続又は遺贈（死因贈与を含む）によって、財産を取得した個人　相税1の3Ⅰ、2①
日本国内に住所を有しない者の取扱い　相税1の3ⅡⅢ
2) 連帯納付義務者
① **同一の被相続人から相続又は遺贈**（相続時精算課税による贈与を含む。以下この項及び次項において同じ。）**により財産を取得した全ての者は、その相続又は遺贈により取得した財産に係る相続税について、当該相続又は遺贈により受けた利益の価額に相当する金額を限度として、互いに連帯納付の責めに任ず。**　相税34①
② **同一の被相続人から相続又は遺贈により財産を取得した全ての者は、当該被相続人に係る相続税又は贈与税について、その相続又は遺贈により受けた利益の価額に相当する金額を限度として、互いに連帯納付の責めに任ず。**　相税34②
③ **相続税又は贈与税の課税価格計算の基礎となった財産につき贈与、遺贈若しくは寄附行為による移転があつた場合においては、当該贈与若しくは遺贈により財産を取得した者又は当該寄附行為により設立された法人は、当該贈与、遺贈若しくは寄附行為をした者の当該財産を課税価格計算の基礎に算入した相続税額に当該財産の価額が当該相続税の課税価格に算入された財産の価額のうちに占める割合を乗じて算出した金額に相当する相続税又は当該財産を課税価格計算の基礎に算入した年分の贈与税額に当該財産の価額が当該贈与税の課税価格に算入された財産の価額のうちに占める割合を乗じて算出した金額に相当する贈与税について、その受けた利益の価額に相当する金額を限度として、連帯納付の責めに任ず。**　相税34③

(3) 課税物件
1) 相続又は遺贈によって取得した財産　相税2①
※非居住者の場合　相税2②
2) みなし相続財産
相続財産ではないが、相続税法上、相続財産とみなされる財産　相税3
① 保険金　相税3
② 退職手当金　相税3
③ 生命保険契約に関する権利　相税3
④ 定期金に関する権利　相税3
⑤ 保証期間付定期金に関する権利　相税3

—2—

Ⅲ　相続税・贈与税に関する争訟

　　⑥　契約に基づかない定期金に関する権利　相税3
　　⑦　特別縁故者への財産分与
　　⑧　低廉譲受による利益　相税7
　　⑨　債務免除による利益　相税8
　　⑩　その他の利益
　　　　⇒対価を支払わないで、又は著しく低い価額の対価で利益を受けた場合　相税9
(4)　相続税額の計算
　　別紙1
(5)　財産の評価
　　（評価の原則）
第22条　この章で特別の定めのあるものを除くほか、相続、**遺贈又は贈与により取得した財産の価額は、当該財産の取得の時における時価**により、当該財産の価額から控除すべき債務の金額は、その時の現況による。

財産評価基本通達
　　課税庁の現実の評価事務は、財産評価基本通達によって行われている[1]。
　　但し、通達は法令ではなく、また、個別の財産の評価は、その価額に影響を与えるあらゆる事情を考慮して行われるべきであるから、ある財産の評価が通常と異なる基準で行われたとしても、それが直ちに違法となるわけではない[2]。
　　土地や非公開会社の株式などについては、時価評価として鑑定による評価に基づき申告した納税者側と、財産評価基本通達による評価によるべきとする課税庁側とで見解の対立が生じ、租税争訟へと発展することがある。
　　財産評価基本通達は、予め定めた評価方式によりこれを画一的に評価する方が、納税者の公平、納税者の便宜、課税庁の事務負担の軽減、徴税費用の節減の観点から、定められたものである。簡易かつ画一的であるがため硬直的であり、個々の財産の特性を評価に反映しきれない問題がある。
　　また、法人税法における時価の算定基準とはされていない。
　　時価概念の問題
(6)　相続税の申告
　　ⅰ）申告書
　　　　国税庁HPにフォーマットが公表されている。
　　　　http://www.nta.go.jp/tetsuzuki/shinsei/annai/sozoku-zoyo/annai/2223-01.htm
　　　　※毎年の税制改正による改正点が反映されるので、相続開始年に注意。
　　ⅱ）申告義務者
　　　　相続又は遺贈（当該相続に係る被相続人からの贈与により取得した財産で相続時精算課

---

[1] http://www.nta.go.jp/shiraberu/zeiho-kaishaku/tsutatsu/kihon/sisan/hyoka/01.htm（国税庁ホームページ）
[2] 金子宏「租税法」（第18版）弘文堂　569頁

—3—

税の適用を受けるものに係る贈与を含む。）によって財産を取得した者で、その取得した財産につき法第19条の2第1項並びに措置法第69条の4第1項、第69条の5第1項、第70条第1項、第3項及び第10項の規定の適用がないものとして計算した場合において納付すべき相続税額がある者。

　つまり、**遺産の総額が基礎控除額を超える場合において、配偶者の相続税額の軽減の規定がないものとして相続税額の計算を行ったときに、納付すべき税額がある場合**

平成26年12月31日までに開始された相続

⇒**基礎控除額：5000万円＋（1000万円×法定相続人の数）**

平成27年1月1日以降開始された相続

⇒**基礎控除額：3000万円＋（600万円×法定相続人の数）**

ⅲ）申告期限

　　その相続の開始があつたことを知った日の翌日から10か月以内　相税27①

（前項の規定により申告書を提出すべき者が当該申告書の提出期限前に当該申告書を提出しないで死亡した場合には、その者の相続人（包括受遺者を含む。第5項において同じ。）は、その相続の開始があつたことを知った日の翌日から10か月以内　相税27②）

⇒申告期限内になされた申告：法定期限内申告

※申告義務者が、国税通則法第117条第2項（納税管理人）の規定による納税管理人の届出をしないで当該期間内にこの法律の施行地に住所及び居所を有しないこととなるときは、当該住所及び居所を有しないこととなる日まで

ⅳ）期限後申告

　　申告書の提出期限後において第32条第1項第1号から第6号までに規定する事由（更正の請求の特則）が生じたため新たに相続税申告書を提出すべき要件に該当することとなった者は、期限後申告書を提出することができる。　相税30①

(7)　相続税の納付

　申告書の提出期限までに納付しなければならない。　相税33

2　贈与税

(1)　贈与税とは

：贈与によって財産が移転する機会にその財産に対して課される租税

相続税の補完税としての位置づけ。

⇒相続税のみが課される場合は、生前に財産を贈与することによって、その負担を容易に回避することができるため、かかる相続税の回避を封ずることを目的として贈与税が採用された。理論的には、贈与による財産の取得は、取得者の担税力を増加させるから、それ自体として課税の対象とされるべきものである、との説明がされている。

根拠法令

　相続税法　　※贈与税も相続税法に基づき計算・課税される。

(2)　納税義務者

：贈与（死因贈与を除く）によって、財産を取得した個人　相税1の4

Ⅲ 相続税・贈与税に関する争訟

(3) 課税物件
　1) 贈与財産（贈与によって取得した財産）　相税2、2の2
　　　ただし、非課税財産として贈与税の対象から除外されるものは課税物件にならない。
　　　相税21③
　2) みなし贈与財産　相税5〜9
(4) 贈与財産の評価
　相続税の場合と同じ。　相税22
(5) 贈与税の納税義務の成立時期
　贈与による財産取得の時　通則15②Ⅴ
(6) 贈与税額の計算
　別紙2
(7) 贈与税の申告
　ⅰ）申告書
　　　http://www.nta.go.jp/tetsuzuki/shinkoku/zoyo/tebiki2012/01.htm
　ⅱ）申告義務者
　　　贈与により財産を取得した者　相税28①
　　　財産の贈与（法人からの贈与を除く。）を受けた個人（以下、「受贈者」という。）は、1月1日から12月31日までの1年間に贈与を受けた財産について、「暦年課税の贈与」「相続時精算課税の贈与」に区分して、贈与税の申告をしなければならない。
　　　「暦年課税」の贈与
　　　：1年間に受けた財産の贈与の額の合計額が110万円（基礎控除額）を超える場合
　ⅲ）申告期限　相税28①
　　　贈与により財産を取得した年の翌年2月1日から3月15日まで　相税
　　　⇒申告期限内になされた申告：法定期限内申告
　　　※申告義務者が国税通則法第117条第2項（納税管理人）の規定による納税管理人の届出をしないで当該期間内にこの法律の施行地に住所及び居所を有しないこととなるときは、当該住所及び居所を有しないこととなる日まで
　ⅳ）期限後申告
　　　申告書の提出期限後において第32条第1項第1号から第6号までに規定する事由（更正の請求の特則）が生じたため新たに相続税申告書を提出すべき要件に該当することとなった者は、期限後申告書を提出することができる。　相税30②
(8) 贈与税の納付
　申告書の提出期限までに納付しなければならない。　相税33

3　各種加算税
(1) 加算税
　：申告納税制度及び徴収納付制度の定着と発展を図るため、申告義務及び徴収納付義務が適正に履行されない場合に課される付帯税

⇒過少申告・無申告等に対するペナルティである。
　　ただし、
　　⇒納付すべき税額の計算の基礎となった事実のうちにその修正申告又は更正前の税額（還付金の額に相当する税額を含む。）の計算の基礎とされていなかつたことについて正当な理由があると認められるものがある場合には、これらの項に規定する納付すべき税額からその正当な理由があると認められる事実に基づく税額として政令で定めるところにより計算した金額を控除する。　通則65④、66④
　　⇒修正申告書の提出があった場合において、それらの提出が、その申告に係る国税についての調査があつたことにより当該国税について更正があるべきことを予知してされたものでない場合には、適用しない。　65⑤
　　　同様に、期限後申告の提出があった場合において、期限内申告書を提出する意思があつたと認められる場合として政令で定める場合に該当してされたものであり、かつ、当該期限後申告書の提出が法定申告期限から2週間を経過する日までに行われたものである場合には、適用しない。　66⑥
　　　当該期限後申告書の提出が、その申告に係る国税についての調査があつたことにより当該国税について更正又は決定があるべきことを予知してされたものでない場合には、減額　66⑤
(2)　相続税に関する加算税の種類
　1)　過少申告加算税　通則65
　　：期限内申告書が提出された場合において、修正申告又は更正処分がなされ、当初の申告税額が結果的に過少となったときに課される加算税。⇒増差税額の10パーセント
　2)　無申告加算税　通則66
　　：法定申告期限内に申告がなされず、期限後申告又は賦課決定処分によって税額が確定した場合、若しくは期限後申告又は決定があった後に修正申告又は更正処分によって増差税額が生じた場合に課される加算税⇒増差税額の15パーセント
　3)　重加算税　通則68
　　：納付すべき税額の計算の基礎となる事実の全部又は一部について隠ぺい又は仮装があり、過少申告・無申告又は不納付がその隠ぺいに基づいている場合に、過少申告加算税・無申告加算税の代わりに課される加算税
　　①　過少申告加算税の代わりに課される重加算税
　　⇒その計算の基礎となる税額の35パーセント
　　②　無申告加算税の代わりに課される重加算税
　　⇒その計算の基礎となる税額の40パーセント

Ⅲ　争訟に至るまでのプロセス
　別紙3（フローチャート）

Ⅲ　相続税・贈与税に関する争訟

Ⅳ　事件受任
1　受任に至るルート
(1)　税理士ルート
(2)　納税者（依頼者ダイレクト）ルート
2　相談を受ける際の留意点
3　受任を依頼された場合の留意点
　※租税事件の大部分を占める処分取消事件を前提とする
(1)　初めに処分ありき　別紙5
　　処分内容の特定・理解
　　申告書の解読は必要か？
(2)　行政不服申立て（異議申立て・審査請求）段階での受任について
　ⅰ）異議申立手続と審査請求手続の概要
　ⅱ）不服申立期間の遵守
　　①　異議申立て
　　　処分があつたことを知った日（処分に係る通知を受けた場合には、その受けた日）の翌日から起算して2か月以内　通則77①
　　　処分があつた日の翌日から起算して1年　（知ったか否かを問わない）　通則77④
　　②　審査請求
　　　異議決定書の謄本の送達があつた日の翌日から起算して1か月以内　通則77②
　ⅲ）異議申立手続
　　弁護士が関与するケースは稀
　　⇒弁護士が関与して意味があるのか？
　　異議申立手続の利用価値
　ⅳ）審査請求手続の利用の仕方
　　弁護士から見た審査請求手続
　　審査請求手続の利用価値
　　⇒どのような不服内容かによって、審査請求の利用の仕方が変わってくる。
(3)　訴訟段階での受任について
　ⅰ）出訴期間の遵守
　　処分又は裁決があつたことを知った日から6か月：主観的出訴期間
　　処分又は裁決の日から1年（知ったか否かを問わない）：客観的出訴期間
　ⅱ）不服申立手続遂行の確認　不服申立前置主義
　　異議申立・審査請求手続きを経ていないと訴訟提起しても訴え却下となってしまう。

Ⅴ　相続税・贈与税に関する租税訴訟において争点とされることが多い問題
1　相続財産の評価
　株式保有特定会社の株式の評価

東京高判平成25年2月28日　裁判所ウェブサイト掲載
東京地判平成24年3月2日　判例時報2180-18
2　課税財産の範囲
宮崎地判平成23年9月9日　税務訴訟資料261-11762
3　債務控除規定適用の有無
平成22年12月16日／東京高等裁判所　税務訴訟資料260-11572
平成22年7月2日／東京地方裁判所　税務訴訟資料260-11469
4　非課税規定適用の有無
東京地判平成24年6月21日　判例時報2231-20
5　特例の適否
小規模宅地
東京地判平成23年8月26日　税務訴訟資料261-11736
※いずれも「第一法規法情報総合データベース」には収録されている。

VI　訴　訟
※相続税更正処分及び過少申告加算税賦課決定処分取消請求事件を前提とする。
1　当事者
(1)　原　告
1)　原告適格：当該処分（又は裁決）の取消しを求めるにつき法律上の利益を有する者
行訴9
⇒行政処分の法的効果として自己の権利若しくは当該行政処分の根拠法規により個別具体的に保護された利益を侵害され又は必然的に侵害されるおそれのある者
最判昭和53年3月14日民集32-2-211
※訴えの利益の問題　後述
2)　共同相続人がいる場合
①　共同相続人全員が原告になる必要はない（必要的共同訴訟ではない。）。
⇒申告は、納税者である各相続人毎に行うものであり、処分も各相続人毎に出される建前。したがって、処分を受けた個々の相続人それぞれに原告適格が認められる。
②　例えば、相続財産の評価が争われている事案において、仮に一部の相続人が処分取消訴訟において勝訴し相続財産の評価額及び課税価格が減額されることによって、その結果、更正処分等によっても計算上税額が増額しなかった他の共同相続人の課税価格も減額されうるような場合、当該税額が増額しなかった他の共同相続人も原告適格は認められるのだろうか？
(2)　被　告
被告適格を有する者
処分取消しの訴え⇒当該処分をした行政庁の所属する国又は公共団体　行訴11①Ⅰ
cf.裁決取消しの訴え⇒当該裁決をした行政庁の所属する国又は公共団体　行訴11①Ⅱ

III 相続税・贈与税に関する争訟

したがって、
<u>相続税（国税）に関する処分取消訴訟の場合⇒被告適格を有するのは「国」</u>
法務大臣が国を代表。
処分行政庁の取扱い⇒被告ではない。ただし、訴状には国・法務大臣と共に併記。（後述）

2 管轄裁判所

(1) 事物管轄

訴額にかかわらず、地方裁判所が第一審の管轄裁判所。　裁判所24、33①Ⅰ
地方裁判所の支部は、行政事件訴訟の管轄権を有しない。　地方裁判所及び家庭裁判所支部設置規則1②

(2) 土地管轄

1) 原　則

被告の普通裁判籍の所在地を管轄する裁判所又は処分若しくは裁決をした行政庁の所在地を管轄する裁判所　行訴12①
① 国の場合⇒**東京地方裁判所**
② 原処分庁の所在地を管轄する地方裁判所（ただし支部はダメ）。

2) 特定管轄裁判所

国又は独立行政法人通則法（平成11年法律第103号）第2条第1項に規定する独立行政法人若しくは別表に掲げる法人を被告とする取消訴訟は、**原告の普通裁判籍の所在地を管轄する高等裁判所の所在地を管轄する地方裁判所**（次項において「特定管轄裁判所」という。）にも、提起することができる。　行訴12④

ex：原告が神戸在住であれば、大阪地裁

3 取消訴訟の訴訟物

(1) 訴訟物：行政処分の**違法性一般**（処分の主体・処分の内容・処分の手続・処分の方式全てにおける違法性）

★課税処分（行政処分）の同一性をどのように捉えるかによって訴訟物（審判の対象）が異なってくる。⇒総額主義と争点主義

(2) 総額主義と争点主義

1) 総額主義

：課税処分の同一性を、その処分によって確定される租税債務の同一性によってとらえ、訴訟物を課税処分によって確定された税額（租税債務の内容）の適否であるとする見解

① 課税処分によって確定された税額が総額において租税実体法によって客観的に定まっている税額を超えていなければ、当該課税処分は適法とされることになる。
② 課税処分において、税務署長がいかなる理由によって税額を認定しようとも、そのことは別として、結論としてその数額が処分時に客観的に存在した税額を上回らなければ、違法に納税義務を課したことにならず、処分は適法と考える。
③ 審理の範囲は、課税処分によって確定された税額が総額において処分時に客観的

に定まっている税額を上回るか否かを判断するために必要な事実全部に及ぶ。
- ④ 被告国は、訴訟の段階において、処分時に認定した処分理由に拘束されることなく、事実を追加・変更するなどして処分理由を差し替えることは可能であるし、当該課税処分に係る税額を維持するための一切の理由を主張することができる。
- ⑤ 判決で、当該課税処分につき、税務署長が一定額を超えて認定したことは違法であると判断され、この部分が取り消された場合には、判決の拘束力により、税務署長は、訴訟で主張しなかった理由をもって、その一定額を超える課税処分を行なうことはできないことになる。

2) 争点主義

：争点主義は、課税処分の同一性を、税務署長が処分時に現実に認定した処分理由の同一性によってとらえ、訴訟物は当該処分理由との関係における税額の適否であるとする見解

- ① 税務署長が処分時に認定した処分理由に誤りがあれば、仮に、他に所得があり、客観的な税額が数額において課税処分で認定された税額を上回っていたとしても、課税処分は違法として取消しを免れない。
- ② 審理の範囲は課税処分時の認定処分理由の存否に限定され、それのみが争点となる。
- ③ 被告国は、訴訟の段階において処分理由を差し替えることは許されない。
- ④ 判決で、課税処分を違法とする判断がなされても、その判断は、税務署長による処分時の現実の認定処分理由に係るものであるから、更正・決定の除斥期間内であれば、新たな処分理由に基づいて再更正をすることができる。

4 　訴えの利益 （狭義の訴えの利益）[3]

(1) 取消判決を得るためには、権利利益の侵害が存続し、その回復のため、当該行政処分の取消しが必要であるという状態になければならない。

(2) 減額更正

減額更正・減額再更正は、税額の一部取消しという納税者に有利な効果をもたらす処分であるから、納税者にその取消しを求める訴えの利益はない。

増額更正が行われ、減額再更正が行われたものの、増額分全額につき減額再更正されなかったような場合には、減額された残りの増額分につき、取消しを求める利益が認められる。

5 　訴状の作成　　別紙4～6

(1) 必要的記載事項

民事訴訟と同じ　行訴7、民訴133②

(2) 当事者
- ① 原告
- ② 被告

---

[3] 中尾巧「税務訴訟入門」（第5版）商事法務154ページ以下では、各種更正処分と訴えの利益の関係につき場合を分けて論じられており、理解しやすい。

Ⅲ　相続税・贈与税に関する争訟

「被告　国」「代表者法務大臣●●」の表記と共に処分行政庁の表記が必要
「処分行政庁　●●税務署長」
(3)　管轄裁判所
どこを選ぶか？
(4)　訴訟物の特定（取消しを求める範囲）
1)　請求の趣旨の書き方
⇒取消しを求める範囲の特定が重要！
別紙6　訴状記載例
2)　申告書における申告納税額の扱い
申告した税額についても取消しを認めることができるか？
⇒**申告額については取消しを求めることはできない。と解されている。**
　相続税・贈与税含め、申告納税方式を採る国税についての納税額は、納税者の申告によって確定するのを原則としており、申告は私人の行為とはいえ、納税額を確定するという公法上の効力が認められている。納税者において申告が過大である場合には、更正の請求の手続によって、税額の減額を求め、これが却下（更正の請求の理由のない旨の通知）され、異議申立＋審査請求を経て、処分取消訴訟（更正の請求を理由がないとした処分に対する取消）を提起することによって争うことになる。
3)　修正申告や、何回も、更正・再更正されているような場合
① 　相続税の場合、遺産の構成や相続人の状況が複雑であったりするなどの事情から、更正処分が何度もなされたり、その間に修正申告が介在したりすることがよくある。
⇒どこの更正処分を取り消すのかを決める必要がある。
※納税者はどの部分を不服としているのか？
※狭義の訴えの利益問題がからむ
② 　税額を増額する更正処分が複数回存在する場合の訴えの利益と取消しを求める処分の範囲に関する考え方
吸収説：増額再更正処分は、更正・決定に係る税額の脱漏部分のみを追加確認するものではなく、当該納税者の納付すべき税額を全体的に見直し、更正・決定に係る税額をも含めて全体として税額を確定するものとし、当初の更正処分は増額再更正処分の内容としてこれに吸収されて一体となり、その外形が消滅して、独立の存在を失うとする見解
併存説：当初の更正処分と増額再更正処分とはそれぞれ別個独立の行為として併存し、増額再更正処分の効力は、これによって増加する部分の税額についてのみ生じ、当初の更正処分と増額再更正処分の両者で一個の納税義務を確定させるとする見解
　判例は、吸収説を採用しており、増額再更正処分がなされると、当初の更正処分の取消しを求める訴えの利益は失われるとしている（最一小判昭和32年9月19日・民集11巻9号1608頁、最三小判昭和42年9月19日・民集21巻7号1828頁、最一小判昭和55年

—11—

レジュメ

11月20日・訟月27巻3号597頁参照)。
　　更正処分がなされた後、更にこれを増額する再更正処分がなされた場合には、「再更正処分のうち申告額を超える部分」を取消しの対象・範囲として訴えを提起すべきことになる。
　4) 相続税の場合、共同相続人ごとに各人の請求の趣旨を記載。
(5) 訴状における最低限の請求原因事実
　1) 課税処分の取消請求場合
　　① 課税処分の存在
　　② それが違法であること
　　　具体的に何がどう違法か詳しく書く必要はなく、抽象的でよいとされている[4]。
　　　ただし、現実には事案の概要や争点となるべき事実関係など、早期に裁判官に理解してもらいたいと考える場合には、当事者の属性や、課税の経緯、違法と考える理由を簡潔に記載することが多い。
　2) 更正の請求が理由のない旨の通知処分の取消請求の場合
　　　原告は自己の申告が過大であったというのであるから、原告側で更正すべき理由を具体的に主張することが必要　最判昭和39年2月7日
(6) 訴訟物の額(訴額)と貼用印紙
　1) 課税処分の内、取消しを求める範囲の額
　2) 付帯税の取扱い
　　本税の課税処分と併せて過少申告加算税や重加算税などの付帯税の賦課決定処分の取消しを求めるときは、取消しを求める付帯税の額を訴訟の目的の額に加算する必要はない。
　　　ただし、本税の課税処分を争わず、付帯税の賦課決定処分のみについて取消しを求めるときは、原則どおり、取消しを求める付帯税の額を基準にして訴訟の目的の額を計算する[5]。
　3) 貼用印紙の額について判断に困ったとき
　　　裁判所に相談する。
　　　補正命令が出された際に追加等を行う。

6　主　張
(1) 主張責任
　1) 原告側では、<u>課税処分等の存在＋それが違法である旨主張すればよい。</u>　前記5(5)別紙6　訴状記載例参照
　2) 被告(国)側で、租税債権の発生要件事実として、課税処分が実体上及び手続上の適法要件を具備していることにつき主張責任。(抗弁事実)
(2) 違法(適法)要件とは？
　実体上の違法

---
[4] 司法研修所偏「租税訴訟の審理について(改訂新版)法曹会　85頁
[5] 中尾巧「税務訴訟入門」(第5版)商事法務　31頁

Ⅲ 相続税・贈与税に関する争訟

手続上の違法
(3) 争　点
　1) 前提となる事実認定上の争点
　　（ex）　相続財産である預金の額の誤り
　　　　　　相続財産である土地の評価の前提となる事実関係の認識の誤り
　2) 法律の解釈・適用の争点
　　（ex）　当該通達そのものの違法性の問題
　　　　　　通達の合理性の問題
　　　　　　通達そのものの適法性ではなく適用される場面の問題
　　　　　　特例を定めた法令の違法性の問題
　3) 混在するもの
　　（ex）　非課税要件該当性の問題（非課税規定の解釈＋該当すべき財産であるか否か　前提事実とあてはめ）
(4) 弁論主義は適用されるのか？
　行訴法は職権探知主義を採用しておらず、通常の民事訴訟と同様に弁論主義が妥当する。
　⇒裁判上の自白に関する民訴法は、租税訴訟にもそのまま適用される。

7　立　証
(1) 行訴法は、職権証拠調べを認めている（行訴24）が……、職権探知主義は採用していない。職権で証拠調べを行うことはほとんどない。
(2) 適用法令の解釈（法令解釈のためのリサーチ）
　いつの法令の適用対象になるのかは要確認！
　⇒現行法を見ても意味がないこともある。
　税務訴訟事件は、申告から訴訟提起まで時間がかかることから、既に廃止されたり、改正がなされたりした法令・通達が問題となることが多い。条文番号も移動していることがある。
　1) 文献類
　　　　国会図書館・日本税理士会連合会の税務図書館・各種大学図書館
　　　　日本税務研究センター図書室（http://www.jtri.or.jp/）
　2) 判例等
　　　　各種データベース・日税連税法データベース
(2) 証人尋問は行われるのか？
(3) 学者の意見書

8　税務訴訟との付き合い方（敗訴判決の利用）

別紙1

相続税額の計算方法

1．相続税額の計算方法（各人の納付すべき相続税額の計算は、次の順序で行う。）

(1) 各人の課税価格の計算

相続、遺贈や相続時精算課税に係る贈与によって財産を取得した人ごとに各人の課税価格を計算。

(注1)「相続や遺贈によって取得した財産の価額」には、みなし相続財産の価額が含まれ、非課税財産の価額が除かれる。

(注2)「債務・葬式費用の金額」を差し引いた結果、赤字のときは「0」とし、その上で「相続開始前3年以内の贈与財産の価額」を加算する。

(2) 課税遺産総額の計算

課税遺産総額は、上記(1)で計算した各人の課税価格の合計額（「課税価格の合計額」という。）から遺産に係る基礎控除額を差し引いて計算。

(3) 相続税の総額の計算

相続税の総額の計算は、まず、相続人等が遺産を実際にどのように分割したかに関係なく、「法定相続人の数」に算入された相続人が上記(2)の課税遺産総額を法定相続分に応じて取得したものと仮定し、各人ごとの取得金額を計算する。

次に、この各人ごとの取得金額にそれぞれ相続税の税率を掛けた金額（法定相続分に応じる税額）を計算し、その各人ごとの金額を合計する。この合計した金額が相続税の総額となる。

課税遺産総額　※下図では、配偶者と子2人を相続人と想定

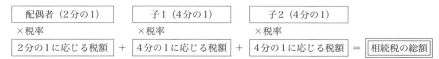

(4) 各人の納付すべき相続税額又は還付される税額の計算

相続税の総額を課税価格の合計額（上記(2)参照）に占める各人の課税価格（上記(1)で計算した課税価格）の割合で按分して計算した金額が各人ごとの相続税額となる。

尚、相続、遺贈や相続時精算課税に係る贈与によって財産を取得した人が、被相続人の一親等の血族（代襲して相続人となった孫（直系卑属）を含む。）及び配偶者以外の人である場合には、その人の相続税額にその相続税額の2割に相当する金額が加算される。

(注1) この場合の一親等の血族には、被相続人の養子となっている被相続人の孫（直系卑属）は、被相続人の子（直系卑属）が相続開始前に死亡したときや相続権を失ったためその孫が代襲して相続人（その地位を放棄した人を除く。）となっているときを除き、

Ⅲ 相続税・贈与税に関する争訟

含まれない（加算の対象となる。）。
(注2) 相続時精算課税適用者が相続開始の時において被相続人の一親等の血族に該当しない場合であっても、相続時精算課税に係る贈与によって財産を取得した時において被相続人の一親等の血族であったときは、その財産に対応する一定の相続税額については加算の対象とならない。

次に、各人ごとの相続税額から「贈与税額控除額」、「配偶者の税額軽減額」、「未成年者控除額」などの税額控除の額を差し引いた金額が、各人の納付すべき相続税額又は還付される税額となる。

2．相続税の税額控除

次のいずれかに該当する場合には、その人の算出税額から次の順序に従って控除する。

(1) 暦年課税分の贈与税額控除

相続、遺贈や相続時精算課税に係る贈与によって財産を取得した人に相続開始前3年以内の贈与財産について課せられた贈与税がある場合には、その人の相続税額からその贈与税額（贈与税の外国税額控除前の税額）を控除。

(2) 配偶者の税額軽減

相続や遺贈によって財産を取得した人が被相続人の配偶者である場合には、その配偶者の相続税額から、次の算式によって計算した額を控除する。

なお、この配偶者の税額軽減の適用を受ける人は、それによって納付すべき相続税額が「0」となる場合であっても、相続税の申告書の提出が必要！

（算式）

$$\text{相続税の総額} \times \frac{\text{次のイ又はロのうちいずれか少ない方の金額}}{\text{課税価格の合計額}}$$

イ 課税価格の合計額に配偶者の法定相続分を掛けて計算した金額又は1億6千万円のいずれか多い方の金額

ロ 配偶者の課税価格（相続税の申告期限までに分割されていない財産の価額は除かれる。）

(注1) ロの「配偶者の課税価格」に含まれる財産は以下のとおり。

A	申告期限内に遺産分割（遺産の一部分割も含む。）によって取得した財産
B	単独相続によって取得した財産
C	特定遺贈によって取得した財産
D	相続税法上、相続や遺贈によって取得したものとみなされる財産
E	相続開始前3年以内の贈与財産で、相続税の課税価格に加算されるもの

(注2) 相続税の申告期限までに分割されていない財産が、次の場合に該当することとなったときには、改めて上記の算式により、配偶者の税額軽減の計算をやり直すことができるが、この場合は、遺産分割が行われた日の翌日から4か月以内に更正の請求書を提出する必要がある。

(1) 相続税の申告期限後3年以内に分割された場合

(2) 相続税の申告期限後3年を経過する日までに分割できないやむを得ない事情があり、税務署長の承認を受けた場合で、その事情がなくなった日の翌日から4か月以内に分割されたとき

(税務署長の承認を受けようとする場合には、相続税の申告期限後3年を経過する日の翌日から2か月以内に、財産の分割ができないやむを得ない事情の詳細を記載した承認申請書を提出する必要がある。)

(3) 未成年者控除

相続や遺贈によって財産を取得した人が、満20歳未満の相続人（相続を放棄した人を含む。）である場合には、その人の相続税額から、6万円[6]に相続開始の日からその人が満20歳に達するまでの年数（その年数が1年未満であるとき又は1年未満の端数があるときはこれを1年とする。）を掛けて計算した金額（未成年者控除額）を控除する。

この場合、未成年者控除額がその人の相続税額を超える場合には、その超える金額を、その人の扶養義務者の相続税額から控除することができる。

(4) 障害者控除

相続、遺贈や相続時精算課税に係る贈与によって財産を取得した人が、日本国内に住所を有する障害者で、かつ、相続人（相続を放棄した人を含む。）である場合には、その人の相続税額から、6万円[6]（特別障害者である場合には12万円）に相続開始の日からその人が満85歳に達するまでの年数（その年数が1年未満であるとき又は1年未満の端数があるときはこれを1年とする。また、平成22年3月31日までに相続が開始した場合は、満70歳に達するまでの年数となる。）を掛けて計算した金額（障害者控除額）を控除する。

この場合、障害者控除額がその人の相続税額を超える場合には、その超える金額を、その人の扶養義務者の相続税額から控除することができる。

(5) 相次相続控除

今回の相続開始前10年以内に被相続人が相続、遺贈や相続時精算課税に係る贈与によって財産を取得していた場合には、その被相続人から相続、遺贈や相続時精算課税に係る贈与によって財産を取得した人（相続人に限る。）の相続税額から一定の金額を控除する。

(6) 外国税額控除

相続、遺贈や相続時精算課税に係る贈与によって外国にある財産を取得したため、その財産について外国で相続税に相当する税金が課税された場合には、その人の相続税額から一定の金額を控除する。

(7) 相続時精算課税分の贈与税額控除

相続時精算課税適用者に相続時精算課税適用財産について課せられた贈与税がある場合には、その人の相続税額（赤字の場合は0となる。）からその贈与税額（贈与税の外国税額控除前の税額）に相当する金額を控除する。

なお、上記により相続税額から控除する場合において、なお控除しきれない金額があるときは、その控除しきれない金額（相続時精算課税適用財産に係る贈与税について外国税額控除の適用を受けた場合には、その控除しきれない金額からその外国税額控除額を控除した残額）に相当する税額の還付を受けることができる。

この税額の還付を受けるためには、相続税の申告書を提出しなければならない。

---

6 平成26年相続税法改正により平成27年1月1日以後開始の相続については10万円となる。

Ⅲ 相続税・贈与税に関する争訟

別紙2
贈与税額の計算方法

1. 一般の場合

1年間に贈与を受けた財産の価額の合計額（課税価格）から基礎控除額（110万円）を控除した金額（千円未満の端数切捨て）に、税率を掛けて計算する。

（算式）

贈与税額　＝　|贈与を受けた財産の価額の合計額－基礎控除額|　×　税率

（注）人格のない社団や財団又は一定の場合の公益法人等が個人から贈与を受けた場合には、個人とみなされて贈与税がかかることがある。この場合、1年間に2人以上の人から財産の贈与を受けているときは、一般の贈与税額の計算とは異なり、贈与者ごとに、贈与を受けた財産の価額の合計額から基礎控除額（110万円）を差し引き、その残額に税率を掛けて税額を計算し、それぞれの税額の合計額を人格のない社団や財団又は公益法人等の納める贈与税額とされる。

2. 配偶者控除の適用を受ける場合

配偶者が配偶者控除の対象となる居住用不動産等の贈与を受けた場合には、基礎控除のほか、贈与税の配偶者控除（限度額:2,000万円）が受けられる。

（算式）

贈与税額　＝　|贈与を受けた財産の価額の合計額－配偶者控除額－基礎控除額|　×　税率

3. 贈与税の税率

贈与税の税率は6段階に分かれている（速算表は以下のとおり。）。

速算表の利用に当たっては、贈与を受けた財産の価額の合計額から、配偶者控除額（限度額:2,000万円）及び基礎控除額（110万円）を差し引いた後の課税価格（千円未満の端数切捨て）を当てはめて計算されたい。

（速算表）[7]

基礎控除後の課税価格		税率	控除額
200万円以下		10%	－
200万円超	300万円以下	15%	10万円
300万円超	400万円以下	20%	25万円
400万円超	600万円以下	30%	65万円
600万円超	1,000万円以下	40%	125万円
1,000万円超		50%	225万円

（例）贈与を受けた財産の価額の合計額が500万円の場合の贈与税額

　（500万円－110万円）　×　20%　－　25万円　＝　53万円
　（基礎控除後の課税価格）　　（税率）　　（控除額）　　（贈与税額）

---

[7] 平成26年相続税法改正により
　1,000万円超～1,500万円以下は一般税率が45%、特別税率が40%
　1,500万円超～3,000万円以下は一般税率が50%、特別税率が45%
　3,000万円超～4,500万円以下は一般税率が55%、特別税率が50%
　4,500万円超～　　　　　　　は一般税率が55%、特別税率が55%　に改正された。

別紙3

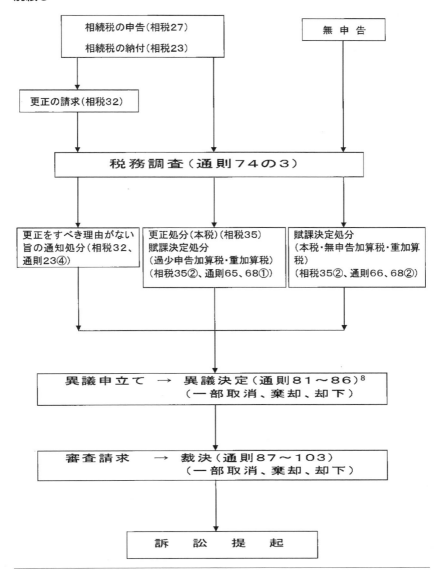

8 平成26年行政不服審査法の改正に伴う国税通則法の改正により、「異議申立て」は「再調査の請求」に名称が改められ、再調査の請求を申し立てるか否かは納税者の選択によるものとされ、納税者は、その選択により、再調査の請求をしないで直接審査請求の申立てを行うことができるようになった（ただし、改正行政不服審査法の施行は平成28年を予定している）。

III 相続税・贈与税に関する争訟

別紙4

項目	各人の合計	財産を取得した人
① 取得財産の価額（第11表③）	1,653,679,293	551,995,539
② 相続時精算課税適用財産の価額（第11の2表1⑦）		
③ 債務及び葬式費用の金額（第13表3⑦）	107,048,4809	3,092,92
④ 純資産価額（①+②-③）（赤字のときは0）	583,194,484	548,902,47
⑤ 純資産価額に加算される暦年課税分の贈与財産価額（第14表1④）		
⑥ 課税価格（④+⑤）（1,000円未満切捨て）	583,194,000 Ⓐ	548,90,000
法定相続人の数及び遺産に係る基礎控除額	2（人） 70,000,000 Ⓑ	
⑦ 相続税の総額	171,277,600	
⑧ 一般の場合（あん分割合）	1.00	0.0941196240
⑨ 算出税額	171,277,599	16,120,583
⑩ 相続税額の加算金額（第4表②）		
⑫ 暦年課税分の贈与税額控除額（第4表2⑤）		
⑬ 配偶者の税額軽減額（第5表④又は⑨）		
⑭ 未成年者控除額（第6表1②、③又は⑥）		
⑮ 障害者控除額（第6表2②、③又は⑥）		
⑯ 相次相続控除額（第7表②又は⑬）		
⑰ 外国税額控除額（第8表1⑧）		
⑱ 計		
⑲ 差引税額（⑨+⑩-⑱又は⑪+⑩-⑱）（赤字のときは0）	171,277,599	16,120,583
⑳ 相続時精算課税分の贈与税額控除額（第11の2表⑨）	0 0	0 0
㉑ 小計（⑲-⑳）（黒字のとき100円未満切捨て）	171,277,500	16,120,500
㉒ 納税猶予税額（第8表2⑦）	0 0	0 0
㉓ 申告期限までに納付すべき税額（㉑-㉒）	171,277,500	16,120,500
㉔ 還付される税額		

レジュメ

相続税の申告書（続）　FD3524

第1表（続）（平成十六年分以降用）

被相続人：

○フリガナは、必ず記入してください。

○この申告書は機械で読み取りますので、黒ボールペンで記入してください。

※の項目は記入する必要がありません。

		財産を取得した人	財産を取得した人
	フリガナ		
	氏名		㊞
	生年月日	年　月　日（年齢　　歳）	年　月　日（年齢　　歳）
	住所（電話番号）	〒（　　）	〒（　　）
被相続人との続柄	職業	長男	
	取得原因	相続・遺贈・相続時精算課税に係る贈与	相続・遺贈・相続時精算課税に係る贈与
	※整理番号		

課税価格の計算	取得財産の価額（第11表③）	①	1,598,479,754 円	
	相続時精算課税適用財産の価額（第11の2表①）	②		
	債務及び葬式費用の金額（第13表3①）	③	1,070,175,517	
	純資産価額（①+②-③）（赤字のときは0）	④	528,304,237	
	純資産価額に加算される暦年課税分の贈与財産価額（第14表①）	⑤		
	課税価格（④+⑤）（1,000円未満切捨て）	⑥	528,304,000	,000

各人の算出税額の計算	法定相続人の数及び遺産に係る基礎控除額			
	相続税の総額	⑦		
一般の場合	あん分割合	⑧	0.9058803760	
	算出税額（⑦×⑧）	⑨	155,157,016 円	円
相続税額の2割加算が行われる場合の加算金額（第4表⑦）	算出税額（第3表⑨）	⑩	相続、遺贈や相続時精算課税に係る贈与によって財産を取得した人のうちに農業相続人がいる場合には、⑦、⑧欄の記入を行わず、この欄に第3表の⑩欄の税額を記入します。	
		⑪		

各人の納付・還付税額の計算	暦年課税分の贈与税額控除額（第4表の2⑳）	⑫		
税額控除	配偶者の税額軽減額（第5表○又は○）	⑬		
	未成年者控除額（第6表1②又は③）	⑭		
	障害者控除額（第6表2②又は③）	⑮		
	相次相続控除額（第7表⑤又は⑨）	⑯		
	外国税額控除額（第8表1⑧）	⑰		
	計	⑱		
	差引税額（⑨+⑩-⑱又は⑪-⑱）（赤字のときは0）	⑲	155,157,016	
	相続時精算課税分の贈与税額控除額（第11の2表⑧）	⑳	00	00
	小計（⑲-⑳）（黒字のときは100円未満切捨て）	㉑	155,157,000	
	納税猶予税額（第8の2表⑦）	㉒	00	00
申告納税額	申告期限までに納付すべき税額	㉓	155,157,000	00
	（⑳-㉒）還付される税額			

（注）⑲欄の金額が赤字となる場合は、⑲欄の左端に△を付してください。なお、この場合で、⑲欄の金額のうちに贈与税の外国税額控除額（第11の2表⑧）があるときの⑲欄の金額については、「相続税の申告のしかた」を参照してください。

第1表（続）（平16.5）

III 相続税・贈与税に関する争訟

相続税の総額の計算書 第2表（平成十六年分以降用）

被相続人：

この表は、第1表及び第3表の「相続税の総額(」の計算のために使用します。
なお、被相続人から相続、遺贈や相続時精算課税に係る贈与によって財産を取得した人のうちに農業相続人がいない場合は、この表の㋑欄及び㋺欄並びに㋩欄から㋥欄までは記入する必要がありません。

①課税価格の合計額	②遺産に係る基礎控除額	③課税遺産総額
(第1表) 583,194,000 円	5,000万円 +(1,000万円 × ④法定相続人の数 2) = ⑤ 7,000 万円	(㋑-②) 513,194,000 円
(第3表) ,000	④の人数及び⑤の金額を第1表⑧へ転記します。	(㋺-②) ,000

④法定相続人 （（注）1参照）		⑤左の法定相続人に応じた法定相続分	第1表の「相続税の総額⑦」の計算		第3表の「相続税の総額⑦」の計算	
氏名	被相続人との続柄		法定相続分に応ずる取得金額 (㋩×⑤) (1,000円未満切捨て)	相続税の総額の基となる税額 下の「速算表」で計算します。	法定相続分に応ずる取得金額 (㋥×⑤) (1,000円未満切捨て)	相続税の総額の基となる税額 下の「速算表」で計算します。
長女		1/2	256,597,000 円	85,638,800 円	,000 円	円
長男		1/2	256,597,000	85,638,800	,000	
			,000		,000	
			,000		,000	
			,000		,000	
			,000		,000	
法定相続人の数 ⓐ 2	合計 1		⑥相続税の総額 (㋬の合計額) (100円未満切捨て)	171,277,600	⑪相続税の総額 (㋭の合計額) (100円未満切捨て)	00

(注) 1 ④欄の記入に当たっては、被相続人に養子がある場合や相続の放棄があった場合には、「相続税の申告のしかた」をご覧ください。
2 ⑥欄の金額を第1表⑦欄へ転記します。財産を取得した人のうちに農業相続人がいる場合は、⑥欄の金額を第1表⑦欄へ転記するとともに、⑪欄の金額を第3表⑦欄へ転記します。

相続税の速算表

法定相続分に応ずる取得金額	10,000千円以下	30,000千円以下	50,000千円以下	100,000千円以下	300,000千円以下	300,000千円超
税率	10%	15%	20%	30%	40%	50%
控除額	- 千円	500千円	2,000千円	7,000千円	17,000千円	47,000千円

この速算表の使用方法は、次のとおりです。
⑥欄の金額×税率-控除額=㋬欄の税額　　⑪欄の金額×税率-控除額=㋭欄の税額
例えば、⑥欄の金額30,000千円に対する税額(㋬欄)は、30,000千円×15%-500千円=4,000千円です。

○連帯納付義務について
　相続税の納税については、各相続人等が相続、遺贈や相続時精算課税に係る贈与により受けた利益の価額を限度として、相互に連帯して納付しなければならない義務が課されています。

第2表(平16.5)

レジュメ

1ページ

相続税がかかる財産の明細書
（相続時精算課税適用財産を除きます。）

被相続人　　　　　　

第11表（平成十六年分以降用）

○相続時精算課税適用財産の明細については、この表によらず第11の2表に記載します。

この表は、相続や遺贈によって取得した財産及び相続や遺贈によって取得したものとみなされる財産のうち、相続税のかかるものについての明細を記入します。

遺産の分割状況	区　分	① 全部分割	2 一部分割	3 全部未分割
	分割の日	・　・	・　・	・　・

財産の明細							分割が確定した財産	
種類	細目	利用区分、銘柄等	所在場所等	数量 / 固定資産税評価額	単価 / 倍数	価額	取得した人の氏名	取得財産の価額
土地	畑	自用地			円	円		円
	畑	自用地						
	畑	自用地						
	小計							
	宅地	貸家建付地						
	宅地	貸宅地						
	宅地	自用地						
	宅地	貸家建付地						
	宅地	貸家建付地						
★	宅地	貸家建付地		258.08㎡	127,400 / 0.76	27,602,585		27,602,585
★	宅地	貸家建付地		425.44㎡	122,200 / 0.76	39,511,463		39,511,463
	宅地	貸家建付地						
	宅地	貸家建付地						
	宅地	自用地						
	小計							
	その他の土地	雑種地（自用地）						
	その他の土地	雑種地（自用地）						
	その他の土地	雑種地（自用地）						

↑本件土地B

合計表	財産を取得した人の氏名	（各人の合計）					
	分割財産の価額 ①	円	円	円	円	円	円
	未分割財産の価額 ②						
	各人の取得財産の価額（①＋②） ③						

（注）1　「合計表」の各人の③欄の金額を第1表のその人の「取得財産の価額①」欄に移記します。
　　　2　「財産の明細」の「価額」欄は、財産の細目、種類ごとに小計及び計を付し、最後に合計を付して、それらの金額を第15表の①から㉘までの該当欄に移記します。

第11表（平21.3）　　　　　　　　　　　　　　　　　　　　　　　　　　　（資4-20-12-1-A4統一）

III 相続税・贈与税に関する争訟

2ページ

相続税がかかる財産の明細書
(相続時精算課税適用財産を除きます。)

第11表 (平成十六年分以降用)

被相続人

この表は、相続や遺贈によって取得した財産及び相続や遺贈によって取得したものとみなされる財産のうち、相続税のかかるものについての明細を記入します。

遺産の分割状況	区分	1 全部分割	2 一部分割	3 全部未分割
	分割の日	・ ・	・ ・	・ ・

○相続時精算課税適用財産の明細については、この表によらず第11の2表に記載します。

財産の明細							分割が確定した財産		
種類	細目	利用区分、銘柄等	所在場所等	数量 固定資産税評価額	単価 倍数	価額	取得した人の氏名	取得財産の価額	
土地 ★ ↑本件土地A	その他の土地	雑種地（自用地）		1,227.52㎡	180,000 0.538624	119,010,911 円		119,010,911 円	
	その他の土地	公衆道路				0		0	
	その他の土地	公衆道路				0		0	
	その他の土地	公衆道路				0		0	
	その他の土地	公衆道路				0		0	
	その他の土地	公衆道路				0		0	
	その他の土地	公衆道路				0		0	
	その他の土地	私道（不特定多数の通行の用に供されている）				0		0	
	その他の土地	私道（不特定多数の通行の用に供されている）				0		0	
	小計					0		0	
計									
家屋・構築物	家屋	貸家							
	家屋	自用家屋							
	家屋	自用家屋							
	家屋	自用家屋							
	家屋	貸家							
	家屋	貸家							
	家屋	貸家							
	家屋	貸家							
	家屋	貸家							

合計表	財産を取得した人の氏名	（各人の合計）					
	分割財産の価額 ①	円	円	円	円	円	円
	未分割財産の価額 ②						
	各人の取得財産の価額（①+②） ③						

(注) 1 「合計表」の各人の③欄の金額を第1表のその人の「取得財産の価額①」欄に移記します。
2 「財産の明細」の「価額」欄は、財産の細目、種類ごとに小計及び計を付し、最後に合計を付して、それらの金額を第15表の①から㉘までの該当欄に移記します。

第11表 (平21.3) (資4-20-12-1-A4統一)

レジュメ

小規模宅地等又は特定事業用資産についての課税価格の計算明細書

被相続人： ____

第11・11の2表の付表1（平成十六年分以降用）

この表及び第11・11の2表の付表2から付表5までについては、相続、遺贈や相続時精算課税に係る贈与によって財産を取得した人が、租税特別措置法第69条の4第1項に規定する「小規模宅地等の特例」又は同法第69条の5第1項に規定する「特定事業用資産の特例」の適用を受ける場合に記入します。

1 特例の適用にあたっての同意

（注）「小規模宅地等の特例」又は「特定事業用資産の特例」の対象となり得る財産を取得したすべての人の同意が必要です。

私（私たち）は、下記の「2　特例の適用を受ける財産の明細」の(1)から(3)までの明細において選択した財産のすべてが、租税特別措置法第69条の4第1項に規定する小規模宅地等又は同法第69条の5第1項に規定する選択特定事業用資産に該当することを確認の上、その財産の取得者が、同法第69条の4第1項又は同法第69条の5第1項に規定する特例の適用を受けることに同意します。	特例の対象となる財産を取得したすべての人の氏名

2 特例の適用を受ける財産の明細

（注）特例の適用を受ける財産の明細の番号を◯で囲んでください。

(1) 小規模宅地等の明細
第11・11の2表の付表2の「1　小規模宅地等の明細」のとおり。

(2) 特定（受贈）同族会社株式等である選択特定事業用資産の明細
第11・11の2表の付表3の「1　特定同族会社株式等である選択特定事業用資産の明細」又は「2　特定受贈同族会社株式等である選択特定事業用資産の明細」のとおり。

(3) 特定（受贈）森林施業計画対象山林である選択特定事業用資産の明細
第11・11の2表の付表4の「1　特定森林施業計画対象山林である選択特定事業用資産の明細」又は「2　特定受贈森林施業計画対象山林である選択特定事業用資産の明細」のとおり。

3 特定事業用資産の特例の対象となる特定事業用資産の調整限度額の計算

この欄は、「小規模宅地等の特例」と「特定事業用資産の特例」の対象となる財産の両方又は特定（受贈）同族会社株式等である特定事業用資産と特定（受贈）森林施業計画対象山林である特定事業用資産の両方について「特定事業用資産の特例」を適用する場合に記入します。

(1) 小規模宅地等の特例の適用を受ける面積

	①限度面積	②特例の適用を受ける面積（第11・11の2表の付表2の「2　限度面積要件の判定」の「[合計]」の㋑の面積）	③特例適用残面積（①－②）
	100㎡	㎡	㎡

(2) 特定事業用資産の特例の対象となる特定（受贈）同族会社株式等の調整限度額等の計算

④特定事業用資産の特例の対象として選択することのできる特定（受贈）同族会社株式等である各法人の株式（出資）の時価総額のいずれかに相当する金額の合計額 ※ 10億円を超える場合は10億円となります。	⑤特例の対象となる特定（受贈）同族会社株式等の調整限度額（④×③/①）	⑥④のうち特例の適用を受ける価額（第11・11の2表の付表3の「3　特定（受贈）同族会社株式等である選択特定事業用資産の価額の合計額」の「A＋B」欄の金額）	⑦特例適用残額（⑤－⑥）
円	円	円	円

（注）
1. ③欄が0となる場合には、特定（受贈）同族会社株式等について特定事業用資産の特例の適用を受けることはできません。
2. 小規模宅地等の特例の適用がない場合には、⑤欄には④欄の金額を移記します。
3. 被相続人が生前に特定受贈同族会社株式等の贈与をしている場合の④欄の金額については、税務署（資産税担当）又は税務相談室にお尋ねください。

(3) 特定事業用資産の特例の対象となる特定（受贈）森林施業計画対象山林の調整限度額等の計算

⑧特定事業用資産の特例の対象として選択することのできる特定（受贈）森林施業計画対象山林である立木又は土地等の価額の合計額	⑨特例の対象となる特定（受贈）森林施業計画対象山林の調整限度額（⑧×③/①　又は　⑧×⑦/④）	⑩⑧のうち特例の適用を受ける価額（第11・11の2表の付表4の「3　特定（受贈）森林施業計画対象山林である選択特定事業用資産の価額の合計額」の「A＋B」欄の金額）	
円	円	円	

※⑪の項目は記入する必要がありません

（注）
1. ①欄が0となる場合又は④欄が0となる場合には、特定（受贈）森林施業計画対象山林について特定事業用資産の特例の適用を受けることはできません。
2. 小規模宅地等の特例と、特定（受贈）同族会社株式等について特定事業用資産の特例を適用しない場合において、①欄に特例適用残面積が生じたときの⑨欄は、「⑧×③/①」により計算します。
3. 特定（受贈）同族会社株式等について特定事業用資産の特例を適用した場合（あわせて小規模宅地等の特例を適用する場合を含みます。）において、⑦欄に特例適用残額が生じたときの⑨欄は、「⑧×⑦/④」により計算します。

税務署整理欄　年分　名簿番号

第11・11の2表の付表1（平16.5）　　　（資4-20-12-3-A4統一）

III 相続税・贈与税に関する争訟

小規模宅地等についての課税価格の計算明細

被相続人：

第11・11の2表の付表2（平成十六年分以降用）

1 小規模宅地等の明細

この欄は、特例の対象として小規模宅地等を選択する場合に記入します。

選択した小規模宅地等	宅地等の番号	所在地番	①面積	②宅地等の価額	③特例の適用を受ける取得者の氏名	④①のうち特例の対象として選択した宅地等の面積	⑤課税価格の計算に当たって減額される金額	⑥宅地等について課税価格に算入する価額（②−⑤）
	1		㎡			㎡	円	円

(注) 1 「⑤ 課税価格の計算に当たって減額される金額」欄の金額の計算は、下記3によります。
2 ⑥欄の金額を第11表の「財産の明細」の「価額」欄に移記します。

2 限度面積要件の判定

上記「1 小規模宅地等の明細」の「④ ①のうち特例の対象として選択した宅地等の面積」欄で選択した宅地等のすべてが限度面積要件を満たすものであることを、次の算式の「[下記3の⑩、⑪、⑭の面積の合計]」、「[下記3の⑫の面積の合計]」、「[下記3の⑬、⑮、⑯の面積の合計]」及び「[合計]」の各欄を記入することにより判定します。

$$\left[\begin{array}{c}\text{下記3の⑩、⑪、⑭}\\\text{の面積の合計}\end{array}\right] \boxed{\quad\text{㎡}} + \left[\begin{array}{c}\text{下記3の⑫}\\\text{の面積の合計}\end{array}\right] \boxed{\quad\text{㎡}} \times \frac{5}{3} + \left[\begin{array}{c}\text{下記3の⑬、⑮、⑯}\\\text{の面積の合計}\end{array}\right] \boxed{\quad\text{㎡}} \times 2 = [\text{合計}] \boxed{\quad\text{㎡}} \leq 400\text{㎡}$$

3 「⑤ 課税価格の計算に当たって減額される金額」の計算

上記「1 小規模宅地等の明細」で選択した小規模宅地等（上記2の限度面積要件を満たすものに限ります。）についての「⑤ 課税価格の計算に当たって減額される金額」欄の金額は、次により計算します。

（上記「1 小規模宅地等の明細」の「宅地等の番号」の番号に合わせて記入します。）

区分		小規模宅地等の種類	⑦宅地等の番号	⑧特例の適用を受ける取得者の氏名	⑨その宅地等における相続開始の直前の事業	⑩小規模宅地等の面積	⑪小規模宅地等の価額 [②×⑩/①]	割合	⑫小規模宅地等について減額される金額 (⑪×⑫)
被相続人等の事業用宅地等	⑩	特定事業用宅地等				㎡	円	80/100	円
	⑪	特定同族会社事業用宅地等						80/100	
	⑫	上記以外						50/100	
被相続人等の居住用宅地等	⑬	特定居住用宅地等	1					80/100	
	⑭	上記以外						50/100	
国の事業用宅地等	⑮	国営事業用宅地等						80/100	
	⑯	上記以外						50/100	

(注) 1 1棟の建物の敷地の一部が「特定居住用宅地等」の要件に該当する場合には、その建物の敷地のうち「特定事業用宅地等」、「特定同族会社事業用宅地等」又は「国営事業用宅地等」に該当する部分以外の部分を「特定居住用宅地等」欄に記入します。
2 ⑨欄には、その宅地等の上で行われていた事業について、書籍・雑誌小売、鮮魚小売、貸家のように具体的に記入します。

第11・11の2表の付表2（平16.5） (資4-20-12-4-A4統一)

レジュメ

債務及び葬式費用の明細書

第13表（平成十六年分以降用）

被相続人　　　　　

1　債務の明細
(この表は、被相続人の債務について、その明細と負担する人の氏名及び金額を記入します。)

債務の明細							負担することが確定した債務	
種類	細目	債権者		発生年月日	金額	負担する人の氏名	負担する金額
		氏名又は名称	住所又は所在地	弁済期限			
別紙のとおり				・・	円		円
				・・			
				・・			
				・・			
				・・			
				・・			
				・・			
合計					1,067,231,524		

2　葬式費用の明細
(この表は、被相続人の葬式に要した費用について、その明細と負担する人の氏名及び金額を記入します。)

葬式費用の明細				負担することが確定した葬式費用	
支払先		支払年月日	金額	負担する人の氏名	負担する金額
氏名又は名称	住所又は所在地				
別紙のとおり			円		円
		・・			
		・・			
		・・			
		・・			
		・・			
合計			3,253,285		

3　債務及び葬式費用の合計額

債務などを承継した人の氏名		(各人の合計)				
債務	負担することが確定した債務 ①	円 1,067,231,524	309,292	円 1,066,922,232	円	円
	負担することが確定していない債務 ②					
	計（①+②） ③	1,067,231,524	309,292	1,066,922,232		
葬式費用	負担することが確定した葬式費用 ④	3,253,285		3,253,285		
	負担することが確定していない葬式費用 ⑤					
	計（④+⑤） ⑥	3,253,285		3,253,285		
合計（③+⑥） ⑦		1,070,484,809	309,292	1,070,175,517		

(注)　1　各人の⑦欄の金額を第1表のその人の「債務及び葬式費用の金額⑧」欄に転記します。
　　　2　③、⑥及び⑦欄の金額を第15表の⑯、㊹及び㊺欄にそれぞれ転記します。

III 相続税・贈与税に関する争訟

相続財産の種類別価額表

第15表（平成十六年分以降用）

FD3533

種類	細目	番号	各人の合計 被相続人	相続人（氏名）
土地（土地の上に存する権利を含みます。）	田	①		
	畑	②	205,431,569	
	宅地	③	701,718,165	349,566,36
	山林	④		
	その他の土地	⑤	273,587,750	
	計	⑥	1,180,737,484	349,566,36
⑥のうち特例農地等	通常価額	⑦		
	農業投資価格による価額	⑧		
家屋、構築物		⑨	277,815,386	242,903
事業（農業）用財産	機械、器具、農耕具、その他の減価償却資産	⑩	4,394,446	
	商品、製品、半製品、原材料、農産物等	⑪		
	売掛金	⑫		
	その他の財産	⑬		
	計	⑭	4,394,446	
有価証券	特定同族会社の株式及び出資	配当還元方式によったもの	⑮		
		その他の方式によったもの	⑯		
	⑮及び⑯以外の株式及び出資	⑰	213,000	
	公債及び社債	⑱		
	証券投資信託、貸付信託の受益証券	⑲		
	計	⑳	213,000	
現金、預貯金等		㉑	178,693,812	20,000,000
家庭用財産		㉒	300,000	
その他の財産	生命保険金等	㉓		
	退職手当金等	㉔		
	立木	㉕		
	その他	㉖	15,480,165	
	計	㉗	15,480,165	
合計（⑥+⑨+⑭+⑳+㉑+㉒+㉗）		㉘	1,653,679,293	551,995,39
相続時精算課税適用財産の価額		㉙		
不動産等の価額（⑥+⑨+⑩+⑫+㉕+㉙）		㉚	1,458,992,316	351,995,39
農業投資価格による合計額（㉘-⑦+⑧）		㉛		
農業投資価格による不動産等の価額（㉚-⑦+⑧）		㉜		
債務等	債務	㉝	1,067,231,524	309,292
	葬式費用	㉞	3,253,285	
	合計（㉝+㉞）	㉟	1,070,484,809	309,292
差引純資産価額（㉘+㉙-㉟）（赤字のときは0）		㊱	583,194,484	548,902,47
純資産価額に加算される暦年課税分の贈与財産価額		㊲		
課税価格（㊱+㊲）（1,000円未満切捨て）		㊳	583,194,000	548,900,00

レジュメ

相続財産の種類別価額表（続）

第15表（続）（平成十六年分以降用）

FD3534

（単位は円）

種類	細目	番号	氏名	金額	被相続人（氏名）	
土地（土地の上に存する権利を含みます）	田	①				
	畑	②		205431569		
	宅地	③		666761529		
	山林	④				
	その他の土地	⑤		273587750		
	計	⑥		1145780848		
	うち特例農地等	通常価額	⑦				
		農業投資価格による価額	⑧				
家屋、構築物		⑨		277572483		
事業(農業)用財産	機械、器具、農耕具、その他の減価償却資産	⑩		439446		
	商品、製品、半製品、原材料、農産物等	⑪				
	売掛金	⑫				
	その他の財産	⑬				
	計	⑭		439446		
有価証券	特定同族会社の株式及び出資	配当還元方式によったもの	⑮				
		その他の方式によったもの	⑯				
	⑮及び⑯以外の株式及び出資	⑰		213000		
	公債及び社債	⑱				
	証券投資信託、貸付信託の受益証券	⑲				
	計	⑳		213000		
現金、預貯金等		㉑		158693812		
家庭用財産		㉒		300000		
その他の財産	生命保険金等	㉓				
	退職手当金等	㉔				
	立木	㉕				
	その他	㉖		15480165		
	計	㉗		15480165		
合計(⑥+⑨+⑭+⑳+㉑+㉒+㉗)		㉘		1598479754		
相続時精算課税適用財産の価額		㉙				
不動産等の価額(⑥+⑨+⑩+⑪+⑬+⑭)		㉚		1423792777		
農業投資価格による合計額(⑧-⑥+⑦)		㉛				
農業投資価格による不動産等の価額(⑧-⑥+㉚)		㉜				
債務等	債務	㉝		1066922232		
	葬式費用	㉞		3253285		
	合計(㉝+㉞)	㉟		1070175517		
差引純資産価額(㉘+㉙-㉟)(赤字のときは0)		㊱		528304237		
純資産価額に加算される暦年課税分の贈与財産価額		㊲				
課税価格(㊱+㊲)(1,000円未満切捨て)		㊳		528304000		000	

197

III 相続税・贈与税に関する争訟

土地及び土地の上に存する権利の評価明細書（第1表）

局（所）	署
16年分	43067 ページ

（平成十六年分以降用）

(住居表示)	( )		住所(所在地)			住所(所在地)	
所在地番		所有者	氏名(法人名)		使用者	氏名(法人名)	

地 目	地 積	路 線 価				地形図及び参考事項
宅地　原野 田　[雑種地] 畑　山林 [ ]	㎡ 1,227.52	正面 円 180,000	側方 円	側方 円	裏面 円	

間口距離	m	利用区分	自用地／貸家建付借地権／貸宅地／転貸借地権／貸家建付地／転借権／借地権／個人の有する権利／私道／( )	地区区分	ビル街地区　普通住宅地区／高度商業地区　中小工場地区／繁華街地区　大工場地区／普通商業・併用住宅地区
奥行距離	m				

自用地1平方メートル当たりの価額	1 一路線に面する宅地 （正面路線価） × （奥行価格補正率）			(1㎡当たりの価額) 円	A
	2 二路線に面する宅地 (A) [側方／裏面 路線価] × [奥行価格補正率] + (円 × ×) [側方／二方 路線影響加算率]			(1㎡当たりの価額) 円	B
	3 三路線に面する宅地 (B) [側方／裏面 路線価] × [奥行価格補正率] + (円 × ×) [側方／二方 路線影響加算率]			(1㎡当たりの価額) 円	C
	4 四路線に面する宅地 (C) [側方／裏面 路線価] × [奥行価格補正率] + (円 × ×) [側方／二方 路線影響加算率]			(1㎡当たりの価額) 円	D
	5-1 間口が狭小な宅地等 （AからDまでのうち該当するもの） 円 × ([間口狭小補正率] × [奥行長大補正率])			(1㎡当たりの価額) 円	E
	5-2 不 整 形 地 （AからDまでのうち該当するもの） 不整形地補正率※ ※不整形地補正率の計算 (想定整形地の間口距離) (想定整形地の奥行距離) = ㎡ (想定整形地の地積) (不整形地の地積) ÷ (想定整形地の地積) = % (かげ地割合) (不整形地補正率表の補正率) × (間口狭小補正率) = ① 不整形地補正率 (奥行長大補正率) × (間口狭小補正率) = ② ①、②のいずれか低い率、0.6を限度とする。			(1㎡当たりの価額) 円	F
	6 無 道 路 地 (F) (※) ※割合の計算（0.4を限度とする。） (正面路線価) (通路部分の地積) (F) (評価対象地の地積) 円 × (÷)			(1㎡当たりの価額) 円	G
	7 がけ地等を有する宅地 （AからGまでのうち該当するもの） [南、東、西、北] (がけ地補正率) ×			(1㎡当たりの価額) 円	H
	8 容積率の異なる2以上の地域にわたる宅地 （AからHまでのうち該当するもの） 円 × (1 -) (控除割合（小数点以下3位未満四捨五入）)			(1㎡当たりの価額) 円	I
	9 私 道 （AからIまでのうち該当するもの） 円 × 0.3			(1㎡当たりの価額) 円	J
自用地の評価額	自用地1平方メートル当たりの価額 （AからJまでのうちの該当記号） ( ) 円	地 積 ㎡	総 額 (自用地1㎡当たりの価額) × (地積) 円		K

(注) 1 5-1の「間口が狭小な宅地等」と5-2の「不整形地」は重複して適用できません。
　　2 5-2の「不整形地」の「AからDまでのうち該当するもの」欄の金額について、AからDまでの欄で計算できない場合には、（第2表）の「備考」欄等で計算してください。
　　3 広大地を評価する場合には、（第2表）の「広大地の評価額」欄で計算してください。

(資4-25-1-A4統一)

土地及び土地の上に存する権利の評価明細書（第2表）

広大地の評価額	(正面路線価) (広大地補正率) ※端数処理はしない (地積) 180,000円 × (0.6 - 0.05 × 地積(1,227.52)㎡ / 1,000㎡) × 1,227.52㎡	(自用地の評価額) 119,010,911 円	L
セットバックを必要とする宅地の評価額	(自用地の評価額) (自用地の評価額) (該当地積) 円 － (円 × 該当地積/総地積 × 0.7)	(自用地の評価額) 円	M
都市計画道路予定地の区域内にある宅地の評価額	(自用地の評価額) (補正率) 円 ×	(自用地の評価額) 円	N

（平成十六年分以降用）

大規模工場用地等の評価額	○ 大規模工場用地等 (正面路線価) (地積) (地積が20万㎡以上の場合は0.95) 円 × ㎡ ×	円	O
	○ ゴルフ場用地等 (宅地とした場合の価額) (地積) (1㎡当たりの造成費) (地積) (円 × ㎡ × 0.6) － (円 × ㎡)	円	P

	利用区分	算　　　　式	総　　額	記号
総額計算による価額	貸宅地	(自用地の評価額) (借地権割合) 円 × (1 －)	円	Q
	貸家建付地	(自用地の評価額又はS) (借地権割合)(借家権割合)(賃貸割合) 円 × (1 － × ㎡/㎡)	円	R
	目的となっている土地(注)	(自用地の評価額) (割合) 円 × (1 －)	円	S
	借地権	(自用地の評価額) (借地権割合) 円 ×	円	T
	貸家建付借地権	(T,AAのうちの該当記号) (借家権割合) (賃貸割合) ( ) 円 × (1 － × ㎡/㎡)	円	U
	転貸借地権	(T,AAのうちの該当記号) (借地権割合) ( ) 円 × (1 －)	円	V
	転借権	(T,U,AAのうちの該当記号) (借地権割合) ( ) 円 ×	円	W
	借家人の有する権利	(T,W,AAのうちの該当記号) (借家権割合) (賃借割合) ( ) 円 × × ㎡/㎡	円	X
	(区分地上)権	(自用地の評価額) (割合) 円 ×	円	Y
	土地に関する権利が競合する場合の区分地上権	(Q,Sのうちの該当記号) (割合) ( ) 円 × (1 －)	円	Z
	他の権利と競合する場合の区分地上権	(T,Yのうちの該当記号) (割合) ( ) 円 × (1 －)	円	AA
備考				

(注) 1　区分地上権と区分地上権に準ずる地役権とが競合する場合については、備考欄等で計算してください。
　　 2　「広大地の評価額」と「セットバックを必要とする宅地の評価額」は重複して適用できません。

別紙５

□□□-□□□□

住　所

氏　名　　　　　　　　　　　　　　殿

平成 16 年 7 月 23 日 の相続開始に係る相続税及びその加算税について、右の表のとおり 更正 及び加算税の賦課決定をします。
したがって、この通知により新たに納付すべき~~又は減少する~~税額は、次のとおりとなります。

○ この通知により新たに納付すべき~~又は減少する~~税額

納付すべき本税の額	納付すべき加算税の額		納税猶予額控除後の本税の額
円 ★ 36,742,700	過少申告加算税	円 3,674,000	円
	重加算税		

○ 納付すべき税額及び延滞税（納税猶予額のある人は、納税猶予額控除後の本税・加算税の額及び延滞税の額）は、同封の納付書により 平成19年7月23日 までに日本銀行（本店、支店、代理店、歳入代理店（郵便局を含む。））又は当税務署に納付してください。
○ 新たに納付すべき本税について延納又は物納を希望される方は、上記の期限までに申請してください。
○ ~~減少する税額が既に納付されている場合において、未納の国税等がないときは、金融機関等の預貯金口座への振込み又は郵便局の窓口での受取りの方法により還付することになりますので、後日、改めてお知らせいたします。~~

○ 延滞税の計算方法
（国税通則法第60条、第61条、第118条及び租税特別措置法第94条）

納付すべき本税の額（注１）	×	延滞税の割合 7.3％（注２） 納期限の翌日から２月を経過した日以後は14.6％	×	期間（日数）（注３） 法定納期限の翌日から完納の日まで		延滞税の額（注４）
		365			=	

注１　本税の額が10,000円未満の場合には、延滞税を納付する必要はありません。
　また、本税の額に10,000円未満の端数があるときは、これを切り捨てて計算してください。
　２　平成12年1月1日以後の延滞税の割合は、年単位（1月1日～12月31日）で適用することとなります。
　具体的には、次のとおりです。
　・　納期限の翌日から2月を経過する日まで・・年「7.3％」と「前年の11月30日の公定歩合＋４％」のいずれか低い割合
　・　納期限の翌日から2月を経過した日以後・・年「14.6％」
　３　５に期間の記載がある場合には、その期間の日数を差し引いた後の日数により延滞税の額を計算してください。
　４　延滞税の額が1,000円未満の場合は、納付する必要はありません。
　また、延滞税の額に100円未満の端数があるときは、これを切り捨ててください。
　５　あなたの場合は、国税通則法の規定により（自　・　・　至　・　・　）の期間は、上記の計算期間に含まれないことになっています。

○ この更正又は決定が申告期限から１年を経過してされた場合で、その国税等を一時に納付することができないと認められるときは、原則として納期限内にされた申請により、１年以内の期間、納税の猶予が認められます。

○ この通知に係る処分の理由

の土地は、マンションまたは店舗敷地が最有効利用に適しており、広大地評価を否認します。
丁目　　　　の貸家２棟は、実際の賃借割合により貸家及び貸家建付地評価の一部を是正します。

○ あなたは、上記の新たに納付すべき税額のほか、あなたが受けた利益の価額を限度として相続税法第34条第　　項の規定により他の相続人又は受遺者の相続税について連帯納付の責任があります。

相続税の 更正 通知書及び加算税の賦課決定通知書 （通知用）

第　　号
平成19年　月　日

税務署長　　　　　　㊞

○ 課税標準等及び税額等の計算明細
(1) 納付税額又は還付税額の計算明細

	区分		当初課税額（申告額）	更正額
①	取得した財産の価額		円 1,598,479,754	円 1,691,019,311
②	相続時精算課税適用財産の価額		0	
③	債務控除額		1,070,175,517	1,070,175,517
④	純資産価額（①＋②－③）		528,304,237	620,843,794
⑤	純資産価額に加算される暦年課税分の贈与財産価額		0	
⑥	課税価格（④＋⑤）		528,304,000	620,843,000 ←
⑦	相続税の総額（（２）の⑨の金額）		171,277,600	208,866,000
一般の場合	⑧	同上のあん分割合	0.905880376	0.9187696916
一般の場合	⑨	相続税額（⑦×⑧）	155,157,016	191,899,750
租税特別措置法第70条の6第2項の規定適用の場合	⑩	相続税額（付表(1)の⑬）	0	
⑪	相続税法第18条の規定による加算額		0	
税額控除額	⑫	暦年課税分の贈与税額控除額	0	
税額控除額	⑬	配偶者の税額軽減額	0	
税額控除額	⑭	未成年者控除額	0	
税額控除額	⑮	障害者控除額	0	
税額控除額	⑯	相次相続控除額	0	
税額控除額	⑰	外国税額控除額	0	
税額控除額	⑱	計	0	
⑲	差引税額（⑨＋⑪－⑱又は⑩＋⑪－⑱）		155,157,016	191,899,750
⑳	相続時精算課税分の贈与税額控除額		0	0
㉑	小計（⑲－⑳）		155,157,000	191,899,700
㉒	納税猶予税額（付表（１）の⑫）		0	0
申告納税額（㉑－㉒）	㉓	納付すべき税額	155,157,000	191,899,700 ←
申告納税額（㉑－㉒）	㉔	還付される税額	0	

(2) 相続税の総額の計算明細

	区分	当初課税額（申告額）	更正額
①	取得財産価額の合計額	円 1,653,679,293	円 1,746,218,850
②	相続時精算課税適用財産価額の合計額	0	
③	債務控除の合計額	1,070,484,809	1,070,484,809
④	純資産価額に加算される暦年課税分の贈与財産価額の合計額	0	
⑤	課税価格の合計額	583,194,000	675,733,000
⑥	法定相続人の数	2人	2人
⑦	遺産に係る基礎控除額	円 70,000,000	円 70,000,000
⑧	計算の基礎となる金額（⑤－⑦）	513,194,000	605,733,000
⑨	相続税の総額	171,277,600	208,866,000

○ 加算税の額の計算明細

区分		① 加算税の基礎となる税額	② ①のうち国税通則法第65条第2項の規定による加算額の基礎となる税額	③ ①に対する加算税の割合	④ ②に対する加算税の割合	⑤ 加算税の額（①×③と②×④との合計額）
過少申告加算税	賦課決定額	円 36,740,000	円 0,000	10/100	5/100	円 3,674,000
過少申告加算税	変更決定後の賦課決定額	0,000	0,000	/100	5/100	
過少申告加算税	減少する額					
重加算税	賦課決定額	0,000		/100		
重加算税	変更決定後の賦課決定額	0,000		/100		
重加算税	減少する額					

（２）枚のうち（１）枚目　　　　　　　　（資４－75－２－Ａ４統一）

レジュメ

相続税の更正通知書及び加算税の賦課決定通知書 (通知用)

平成19年7月23日

税務署長

住所

氏名　　　　　　殿

平成16年7月23日の相続開始に係る相続税及びその加算税について、右の表のとおり更正・加算税の賦課決定をします。
したがって、この通知により新たに納付すべき又は減少する税額は、次のとおりとなります。

○この通知により新たに納付すべき又は減少する税額

納付すべき本税の額	納付すべき加算税の額	納税猶予額控除後の本税の額
★ 円 過少申告 加算税 845,700	円 84,000 重加算税	円

○ 納付すべき税額及び延滞税（納税猶予のある人は、納税猶予控除後の本税・加算税の額及び延滞税の額）は、同封の納付書により平成19年7月23日までに日本銀行（本店、支店、代理店、歳入代理店（郵便局を含む。））又は当税務署に納付してください。
○ 新たに納付すべき本税について延納又は物納を希望される方は、上記の期限までに申請してください。
○ 減少する税額が既に納付されている場合において、未納の国税等がないときは、金融機関等の預貯金口座への振込み又は当税務署の窓口での受取りの方法により還付することになりますので、後日、改めてお知らせいたします。

○ 延滞税の計算方法
（国税通則法第60条、第61条、第118条及び租税特別措置法第94条）

$$\frac{納付すべき税額(注1) \times 延滞税の割合\begin{pmatrix}注2\\7.3\%\\納期限の翌日から2月を\\経過する日以後は14.6\%\end{pmatrix} \times 期間(注3)\begin{pmatrix}法定納期限の翌日から完納の日まで\end{pmatrix}}{365} = 延滞税の額(注4)$$

注1　本税の額が10,000円未満の場合には、延滞税を納付する必要はありません。
　　また、本税の額に10,000円未満の端数があるときは、これを切り捨てて計算することとなります。
2　平成12年1月1日以後の延滞税の割合は、年単位（1月1日～12月31日）で適用することとなります。
　　具体的には、次のとおりです。
　　・納期限の翌日から2月を経過する日まで…年「7.3%」と「前年の11月30日の公定歩合＋4%」のいずれか低い割合
　　・納期限の翌日から2月を経過した日以後…年「14.6%」
3　5に記載のある場合には、その期間の日数を差し引いた後の日数により延滞税の額を計算してください。
4　延滞税の額が1,000円未満の場合は、納付する必要はありません。
　　また、延滞税の額に100円未満の端数があるときは、これを切り捨ててください。
5　あなたの場合は、国税通則法の規定により（自　　・・至　　・・）の期間は、上記の計算期間に含まれないことになっています。

○ この更正又は決定が申告期限から1年を経過した場合で、その国税等を一時に納付することができないと認められるときは、原則として納期限内にされた申請により、1年以内の期間、納税の猶予が認められます。

○ この通知に係る処分の理由
　526-3、4、5の土地は、マンションもしくは店舗敷地が最有効使用に適しており、広大地評価を否認します。
　3061の貸アパート2棟は、実際の賃借割合により貸家及び貸家建付地評価を一部是正します。

○ あなたは、上記の新たに納付すべき税額のほか、あなたが受けた利益の価額を限度として相続税法第34条第1項の規定により他の相続人又は受遺者の相続税について連帯納付の責任があります。

課税標準等及び税額等の計算明細
(1) 納付税額又は還付税額の計算明細

	区分	当初課税額 （申告額）	更正額
①	取得した財産の価額	円 55,199,539	円 55,199,539
②	相続時精算課税適用財産の価額	0	0
③	債務控除の額	309,292	309,292
④	純資産価額	54,890,247	54,890,247
⑤	純資産価額に加算される暦年課税分の贈与財産価額	0	0
⑥	課税価格（④＋⑤）	54,890,000	54,890,000	←
⑦	相続税の総額（表2）	171,277,600	208,866,000
一般の場合	同上のあん分割合	0.0941196240	0.0812303084
	相続税額（⑦×⑧）	16,120,583	16,966,249
	農地等納税猶予の規定適用後の税額	0	0
⑪	相続税法第18条の規定による加算額	0	0
税額控除額	暦年課税分の贈与税額控除額		
	配偶者の税額軽減額		
	未成年者控除額		
	障害者控除額		
	相次相続控除額		
	外国税額控除額		
	計		
⑫	差引税額（⑨＋⑪－⑫）又は（⑩＋⑪－⑫）	16,120,583	16,966,249
⑬	相続時精算課税分の贈与税額控除額		
⑭	小計（⑫－⑬）	16,120,583	16,966,290
⑮	納税猶予税額（付表1）の⑳	0	0
申告納税額	納付すべき税額（⑭－⑮）	16,120,500	16,966,200	←
	還付される税額	0	

(2) 相続税の総額の計算明細

	区分	当初課税額（申告額）	更正額
①	取得財産価額の合計額	円 1,653,679,293	円 1,746,218,850
②	相続時精算課税適用財産価額の合計額		
③	債務控除の合計額	1,070,484,809	1,070,484,809
④	純資産価額に加算される暦年課税分の贈与財産価額の合計額		
⑤	課税価格の合計額	583,194,000	675,733,000
⑥	法定相続人の数	2人	2人
⑦	遺産に係る基礎控除額	70,000,000	70,000,000
⑧	計算の基礎となる金額（⑤－⑦）	513,194,000	605,733,000
⑨	相続税の総額	171,277,600	208,866,000

○ 加算税の額の計算明細

区分	加算税の基礎となる税額	うちの国税通則法第65条第2項の規定に該当するもの	割合（10）／100	割合（5）／100	加算税の額（②×③＋⑤×④の合計）
過少申告加算税 賦課決定額	円 840,000	円 0,000	10 100	5 100	円 84,000
変更決定賦課決定額	0,000	0,000	100	100	
減少する額					
重加算税 賦課決定額	0,000		100		
変更決定賦課決定額	0,000		100		
減少する額					

（　）枚のうち（／）枚目

（資4-75-2-A4統一）

III　相続税・贈与税に関する争訟

土地及び土地の上に存する権利の評価明細書（第1表）

局(所)	署
年分	ページ

平成十六年分以降用

(住居表示)	(　町 　)	住所(所在地)		住所(所在地)	
所在地番	526-3.4.5	所有者 氏名(法人名)		使用者 氏名(法人名)	

地目	地積 m²	路線価				地形図及び参考事項
宅地 原野 田 雑種地 畑 [ ] 山林 [ ]	1,227.52	正面 180,000 円	側方 170,000 円	側方 円	裏面 円	ビル街地区　普通住宅地区 高度商業地区　中小工場地区 繁華街地区　大工場地区 普通商業・併用住宅地区

間口距離 24.55 m	利用区分	自用地 貸家建付借地権 貸宅地 貸家建付転貸借地権 貸家建付地 転貸借地権 借地権 借家人の有する権利 私道	地区区分	
奥行距離 50.00 m				

			1m²当たりの価額	円	
自用地1平方メートル当たりの価額	1 一路線に面する宅地 　　（正面路線価）　　　　　（奥行価格補正率） 　　180,000 円 ×　　0.90			162,000	A
	2 二路線に面する宅地 　　（A）　　　　　　　　　側方 　　　　　　　　　　　　　 裏面 路線価 ［奥行価格補正率］ ［側方 　　　　　　　　　　　　　　　　　　　　 二方 路線影響加算率］ 　　162,000 円 + （ 170,000 円 × 0.90 × 0.03 ）			166,590	B
	3 三路線に面する宅地 　　（B）　　　　　　　　　側方 　　　　　　　　　　　　　 裏面 路線価 ［奥行価格補正率］ ［側方 　　　　　　　　　　　　　　　　　　　　 二方 路線影響加算率］ 　　　　円 + （　　円 ×　　×　　）				C
	4 四路線に面する宅地 　　（C）　　　　　　　　　側方 　　　　　　　　　　　　　 裏面 路線価 ［奥行価格補正率］ ［側方 　　　　　　　　　　　　　　　　　　　　 二方 路線影響加算率］ 　　　　円 + （　　円 ×　　×　　）				D
	5-1 間口が狭小な宅地等 　　（AからDまでのうち該当するもの）　（間口狭小補正率）（奥行長大補正率） 　　166,590 円 × （ 1.00 × 0.98 ）			163,258	E
	5-2 不整形地 　　（AからDまでのうち該当するもの）　不整形地補正率※ 　　　　円 × 0. 　※不整形地補正率の計算 　（想定整形地の間口距離）（想定整形地の奥行距離）（想定整形地の地積） 　　　m　　　　　m　　　　　m² 　（想定整形地の地積）（不整形地の地積）（想定整形地の地積）　（かげ地割合） 　　　m²　－　　m²）÷　　m² ＝ 　　% 　（不整形地補正率表の補正率）（間口狭小補正率）　　　　不整形地補正率 　　　0.　　　　×　　0.　＝　　0.　①　　①、②のいずれか低い 　（奥行長大補正率）（間口狭小補正率）　　　　　　　　 率、0.6を限度とする。 　　　0.　　　　×　　0.　＝　　0.　②				F
	6 無道路地 　　（F） 　　　　円 × （ 1 －　　（※） ） 　※割合の計算（0.4を限度とする。） 　（正面路線価）（通路部分の地積）　（F）　（評価対象地の地積） 　　　円 × 　　m² ÷ 　　円 × 　　m² ＝ 0.				G
	7 がけ地等を有する宅地　　（南、東、西、北） 　　（AからGまでのうち該当するもの）　（がけ地補正率） 　　　　円 ×　　0.				H
	8 容積率の異なる2以上の地域にわたる宅地 　　（AからHまでのうち該当するもの）　　（控除割合（小数点以下3位未満四捨五入）） 　　　　円 × （ 1 －　　0.　　）				I
	9 私道 　　（AからIまでのうち該当するもの） 　　　　円 ×　　0.3				J

自用地の評価額	自用地1平方メートル当たりの価額 （AからJまでの該当記号） （ E ）　163,258 円	地積 1,227.52 m²	総額 （自用地1m²当たりの価額）×（地積） 200,402,460 円	K

(注) 1　5-1の「間口が狭小な宅地等」と5-2の「不整形地」は重複して適用できません。
2　5-2の「不整形地」の「AからDまでのうち該当するもの」欄の金額について、AからDまでの欄で計算できない場合には、（第2表）の「備考」欄で計算してください。
3　広大地を評価する場合には、（第2表）の「広大地の評価額」欄で計算してください。

（資4-25-1-A4統一）

レジュメ

土地及び土地の上に存する権利の評価明細書（第2表）

広大地の評価額	（正面路線価） 円 × $0.6-0.05×\dfrac{地積（\quad）㎡}{1,000㎡}$ （広大地補正率）※端数処理はしない × （地積）㎡	（自用地の評価額） 円	L
セットバックを必要とする宅地の評価額	（自用地の評価額） 円 － （ （自用地の評価額）円 × $\dfrac{（該当地積）㎡}{（総地積）㎡}$ × 0.7 ）	（自用地の評価額） 円	M
都市計画道路予定地の区域内にある宅地の評価額	（自用地の評価額）　　　（補正率） 円 × 0.	（自用地の評価額） 円	N
大規模工場用地等の評価額	○ 大規模工場用地等 （正面路線価）　　（地積）　　（地積が20万㎡以上の場合は0.95） 円 × ㎡	円	O
	○ ゴルフ場用地等 （宅地とした場合の価額）（地積）　　　（1㎡当たりの造成費）　（地積） （円 × ㎡×0.6）－ （円 × ㎡）	円	P

	利用区分	算　式	総　　額	記号
総額計算による価額	貸宅地	（自用地の評価額）　　（借地権割合） 円 × (1 － 0.　)	円	Q
	貸家建付地	（自用地の評価額又はS）（借地権割合）（借家権割合）（賃貸割合） 円 × (1 － 0.　×0.　× $\dfrac{㎡}{㎡}$)	円	R
	目的となっている土地の権利	（自用地の評価額）　（　割合） 円 × (1 － 0.　)	円	S
	借地権	（自用地の評価額）　（借地権割合） 円 × 0.	円	T
	貸家建付借地権	（T，AAのうちの該当記号）（借家権割合）（賃貸割合） （　）円 × (1 － 0.　× $\dfrac{㎡}{㎡}$)	円	U
	転貸借地権	（T，AAのうちの該当記号）（借地権割合） （　）円 × (1 － 0.　)	円	V
	転借権	（T，U，AAのうちの該当記号）（借地権割合） （　）円 × 0.	円	W
	借家人の有する権利	（T，W，AAのうちの該当記号）（借家権割合）（賃借割合） （　）円 × 0.　× $\dfrac{㎡}{㎡}$	円	X
	権利が競合する場合の他の権利と競合する場合の価額	（自用地の評価額）　（　割合） 円 × (1 － 0.　)	円	Y
		（Q，Sのうちの該当記号）（　割合） （　）円 × (1 － 0.　)	円	Z
		（T，Yのうちの該当記号）（　割合） （　）円 × (1 － 0.　)	円	AA
備考		200,402,460 － 1,227,520 ＝ 199,174,940円		

（注）1　区分地上権と区分地上権に準ずる地役権とが競合する場合については、備考欄等で計算してください。
　　　2　「広大地の評価額」と「セットバックを必要とする宅地の評価額」は重複して適用できません。

（平成十六年分以降用）

III 相続税・贈与税に関する争訟

市街地農地等の評価明細書

市街地農地　　市街地山林
市街地周辺農地　　市街地原野

所在地番			
現況地目		① 地積	㎡

評価の基とした宅地の1平方メートル当たりの評価額	所在地番		③（評価額） 円
	② 評価額の計算内容		
評価する農地等が宅地であるとした場合の1平方メートル当たりの評価額	④ 評価上考慮したその農地等の道路からの距離、形状等の条件に基づく評価額の計算内容		⑤（評価額） 円

宅地造成費の計算	平坦地	整地費	整地費	（整地を要する面積）　　　　（1㎡当たりの整地費） 1,227.52 ㎡ × 　　　　1,000 円	⑥ 1,227,520 円
			伐採・抜根費	（伐採・抜根を要する面積）　（1㎡当たりの伐採・抜根費） ㎡ × 　　　　円	⑦ 円
			地盤改良費	（地盤改良を要する面積）　　（1㎡当たりの地盤改良費） ㎡ × 　　　　円	⑧ 円
		土盛費		（土盛りを要する面積）（平均の高さ）（1㎡当たりの土盛費） ㎡× 　　m× 　　円	⑨ 円
		土止費		（擁壁面の長さ）（平均の高さ）（1㎡当たりの土止費） m× 　　m× 　　円	⑩ 円
		合計額の計算		⑥＋⑦＋⑧＋⑨＋⑩	⑪ 円
		1㎡当たりの計算		⑪ ÷ ①	⑫ 円
	傾斜地			（傾斜度）　　　　度	⑬ 円

市街地農地等の評価額	（⑤－⑫（又は⑬））× ① （注）市街地周辺農地については、さらに0.8を乗ずる。	円

(注) 1　「②評価額の計算内容」欄には、倍率地域内の市街地農地等については、評価の基とした宅地の固定資産税評価額及び倍率を記載し、路線価地域内の市街地農地等については、その市街地農地等が宅地であるとした場合の画地計算の内容を記載してください。なお、面積計算が複雑な場合には、「土地及び土地の上に存する権利の評価明細書」を使用してください。

2　「④評価上考慮したその農地等の道路からの距離、形状等の条件に基づく評価額の計算内容」欄には、倍率地域内の市街地農地等について、「③評価額」欄の金額と「⑤評価額」欄の金額とが異なる場合に記載し、路線価地域内の市街地農地等については記載の必要はありません。

(資4-26-A4統一)

別紙6

訴　　状

平成21年　月　日

東京地方裁判所民事部御中

　　　　　　　　　原告ら訴訟代理人弁護士
　　　　　　　　　原告ら補佐人　　税理士

〒○○○-○○○○
　　　　　　　　　原　　告　　○　○　A　子
〒○○○-○○○○
　　　　　　　　　原　　告　　○　○　B　子
〒○○○-○○○○
　　　　　　　　　原　　告　　○　○　C
〒○○○-○○○○
　　　　　　　　　原　　告　　○　○　D

〒○○○-○○○○　東京都○○区○○○○
　　　　　　　　　○○○○○○事務所
　　　　　　　　　原告ら訴訟代理人弁護士　　○　○　○　○
　　　　　　　　　電話
　　　　　　　　　FAX
〒○○○-○○○○　東京都○○区○○○○
　　　　　　　　　原告ら補佐人税理士　　　　○　○　○　○

〒100-8977　東京都千代田区霞が関一丁目1番1号
　　　　　被　　　告　　　国
　　　　　代表者法務大臣　　　　千　葉　景　子
　　　　　処　分　行　政　庁　　　税　務　署　長

相続税更正処分等取消請求事件
　　訴訟物の価額　　金3758万8400円
　　貼用印紙額　　　金　13万4000円

Ⅲ　相続税・贈与税に関する争訟

第1　請求の趣旨
1　被告（原処分庁○○税務署長）が原告○○A子に対し、平成19年○月○日付でした被相続人甲の相続に係る相続税の更正処分の内、課税価格5489万円、納付すべき税額1612万0500円を超える部分及び過少申告加算税の賦課決定処分を取り消す。
2　被告（原処分庁○○税務署長）が、故○○乙（共同相続人原告○○B子、同○○C、同○○D）に対し、平成19年○月○日付でした被相続人○○○○の相続にかかる相続税に関する更正処分の内、課税価格5億2830万4000円、納付すべき税額1億5515万7000円を超える部分及び過少申告加算税の賦課決定処分を取り消す。
3　訴訟費用は被告の負担とする。
との判決を求める。

第2　請求の原因
1　当事者
(1)　原告○○A子（以下、「原告A子」という。）は、被相続人甲（以下、「被相続人」という。）の長女であり、相続人である。
　原告○○B子（以下、「原告B子」という。）は、被相続人の長男であり相続人である○○乙（以下、「故乙」という。）の妻であり、故乙の相続人である。
　原告○○C（以下「原告C」という。）は、故乙の長男であり、故乙の相続人である。
　原告○○D（以下「原告D」という。）は、故乙の二男であり、故乙の相続人である。
(2)　平成16年○月○日、被相続人が死亡し、原告A子と故乙は、共同相続人として被相続人の遺産を相続した（以下、「本件相続」という。）。
　平成21年○月○日、故乙が死亡し、原告B子、同C、同D（以下、同原告3名を「原告B子ら」という。）は、故乙の共同相続人として、故乙の相続財産及び被相続人の相続人たる地位を相続し承継した。
2　本訴に至る経緯
(1)　本件相続税申告
　故乙と原告A子は、被相続人の相続税の法定申告期限内の平成17年○月○日、別表1「申告額」欄記載のとおり記載した本件相続に係る相続税の申告書を、○○税務署長（以下、「原処分庁」という。）に提出した（以下、「本件相続税申告」という。）。
　本件相続税申告にあたって、故乙及び原告A子は、相続財産の内、故乙が取得した別紙1「物件目録」記載の各土地（以下、併せて「本件土地一」という。）につき、広大地に該当するとして、財産評価基本通達24-4（広大地の評価）に従って評価し、評価額は金1億1901万0911円であるとして申告した。また、相続財産の内、故乙が取得した別紙2「物件目録」記載の各土地（以下、併せて「本件土地二」という。）及びその土地上に建築されていた建物（以下、「本件貸家」という。）につき、本件貸家全体が賃貸されているものと評価し、その評価額については本件土地二については合計金6711万4048円（内訳：○○アパートⅠ敷地につき金2760万2585円。○○アパートⅡ敷地につき金3951万

1463円)、本件貸家については合計金533万5717円(内訳:○○アパートⅠにつき金233万4376円。○○アパートⅡにつき金300万1341円)であるとして申告した。
  (2) 更正処分
    本件相続税申告に対して、原処分庁は、本件土地一については、広大地に該当しないとして、その評価額につき金1億9917万4940円であると評価し、本件貸家及び本件土地二については、本件貸家全体が賃貸されていないとして、その評価額につき本件土地二については合計金7771万1003円(内訳:○○アパートⅠ敷地につき金3196万0888円。○○アパートⅡ敷地につき金4575万0115円)、本件貸家については合計金711万4290円(内訳:○○アパートⅠにつき金311万2502円。○○アパートⅡにつき金400万1788円)であると評価し、別表1の「更正処分等」欄のとおり、故乙及び原告A子に対してそれぞれ、平成19年6月22日付で更正処分(以下、「本件更正処分」という。)及び過少申告加算税の各賦課決定処分(以下、「本件賦課決定処分」という。)を行った(以下、併せて「本件更正処分等」という。)。
  (3) 異議申立て
    故乙及び原告A子は、異議審理庁に対して、本件更正処分等の取消しを求めて、平成19年○月○日付で異議申立てをした。
    これに対して異議審理庁は、平成19年○月○日付で、棄却の異議決定を行った。
  (4) 審査請求
    故乙及び原告A子は、故乙を総代として平成19年12月○日、国税不服審判所に審査請求を行った。
    国税不服審判所は、平成21年3月○日付で、この審査請求を棄却する裁決を行い、同裁決書は、故乙に対し、平成21年3月○日ころ送達された。
  (5) 本件訴訟提起
    平成21年○月○日、故乙が死亡し、原告B子らが、故乙の地位を承継した。
    本件更正処分等は、以下3記載のとおり違法であり、取り消されるべきであるから、原告らは、本件訴訟提起に至った。
3 本件更正処分等の違法性
  (1) 本件更正処分等は、本件土地一及び二の評価を誤り、課税価格を過大に認定した上、税額を確定した違法があり、これに基づく本件賦課決定処分もまた違法なものである。
  (2) 本件土地一の価格について
    本件土地一に関して、原処分庁は、広大地評価は認められないとして本件処分等を行った。
    しかしながら、本件土地一は、財産評価基本通達24-4による広大地評価が適用されるべき土地である。
    従って、本件土地一に関する原処分庁の評価は誤っており、そのような誤った評価に基づいて行われた本件更正処分等は違法であって取り消されるべきである。

Ⅲ　相続税・贈与税に関する争訟

(3)　本件土地二の価格について
　原処分庁は、本件土地二につき貸家建付地であるとして行った本件相続税申告について、「本件貸家全体が賃貸されていない」として、本件更正処分等を行った。
　しかしながら、本件土地二は、財産評価基本通達24-4による広大地評価が適用されるべき土地であり、その価格は、本件相続税申告における価格を下回る。
　従って、本件土地二に関する原処分庁の評価は誤っており、そのような誤った評価に基づいて行われた本件更正処分等は違法であって取り消されるべきである。
4　結　論
　よって、原告らは、請求の趣旨記載の判決を求めるものである。

添付書類
1　訴訟委任状　　　4　通
2　補佐人選任届　　1　通
3　戸籍謄本　　　　1　通

以上

レジュメ

別表1

(単位：円)

相続人	内容 \ 区分	申告額 平成17年○月○日	更正処分等 平成19年○月○日
○○乙	取得財産の価額	円 1,598,479,754	円 1,691,019,311
	課税価格（1000円未満切捨て）	528,304,000	620,843,000
	納付すべき税額（1000円未満切捨て）	155,157,000	191,899,700
	過少申告加算税の額	―	3,674,000
○○A子	取得財産の価額	55,199,539	55,199,539
	課税価格（1000円未満切捨て）	54,890,000	54,890,000
	納付すべき税額（1000円未満切捨て）	16,120,500	16,966,200
	過少申告加算税の額	―	84,000
相続税の総額の計算	取得財産の合計額	1,693,679,293	1,746,218,850
	債務控除の合計額	1,070,484,809	1,070,484,809
	課税価格の合計額（1000円未満切捨て）	583,194,000	675,733,000
	法定相続人	2人	2人
	遺産に係る基礎控除額	70,000,000	700,000,000
	相続税の総額	171,277,500	208,866,000

別表2

(単位：円)

相続人	内容	区分	申告額	更正処分
○○乙	本件土地一	①	119,010,911	199,174,940
	本件土地二	②	67,114,048	77,711,003
	内訳 ○○アパートⅠ敷地		27,602,585	31,960,888
	内訳 ○○アパートⅡ敷地		39,511,463	45,750,115
	その他の土地	③	959,655,889	959,655,889
	土地合計（①+②+③）	④	1,145,780,848	1,236,541,832
	本件貸家	⑤	5,335,717	7,114,290
	内訳 ○○アパートⅠ敷地		2,334,376	3,112,502
	内訳 ○○アパートⅡ敷地		3,001,341	4,001,788
	その他の家屋・構築物	⑥	272,236,766	272,236,766
	家屋構築物合計（⑤+⑥）	⑦	277,572,483	279,351,056
	その他の財産	⑧	175,126,423	175,126,423
	取得財産の合計（④+⑦+⑧）	⑨	1,598,479,754	1,691,019,311
○○A子	土地	⑩	34,956,636	34,956,639
	家屋・構築物	⑪	242,903	242,903
	その他の財産	⑫	20,000,000	20,000,000
	取得財産の合計（⑩+⑪+⑫）	⑬	55,199,539	55,199,539

Ⅲ 相続税・贈与税に関する争訟

別紙1

物件目録（本件土地一）

1　所　　在
　　地　　番
　　地　　目
　　地　　積　　　6●●平方メートル

2　所　　在
　　地　　番
　　地　　目
　　地　　積　　　4●●平方メートル

3　所　　在
　　地　　番
　　地　　目
　　地　　積　　　1●●平方メートル

別紙2

物件目録（本件土地二）

1　○市○町○丁目○番　宅地4●●.●●平方メートルのうち
　　2●●.●●㎡

2　○市○町○丁目○番　宅地4●●.●●平方メートル及び
　　○市○町○丁目○番　田1●●●平方メートルのうち
　　4●●.●●平方メートル

Ⅳ 法人税に関する争訟

弁護士 山下 清兵衛

Ⅳ　法人税に関する争訟

はじめに

　私は第二東京弁護士会所属です。第二東京弁護士会では税法研究会がございまして、その代表幹事を10年程度やっておりました。その後、日本弁護士連合会の司法制度調査会税制部会（税制委員会の前身）会長を経験しました。事務所としては、税務訴訟をたくさんやっておりますし、また、それ以外に行政訴訟もたくさんやっております。私自身はほとんど公法系の事件を専門としており、租税訴訟を含む行政訴訟が大半です。税の仕事では、税理士登録も20年以上となり、税理士業務も少なからずやっております。私の所属するマリタックス法律事務所は、個別の紛争絡みの税務申告が多いわけですが、私自身、法律家が税務をやることはとても必要だと思っていますので、弁護士が税務に携わることも納税者にとって大いに必要であろうと考えて、税理業務にも力を入れております。

　私自身のバックグラウンドは経歴書の中に書きました。私がここで講義をすることになったいきさつは、公法系の事件をたくさん扱っていること、それから法科大学院4校で税法、行政法、憲法の講義を担当してきたこと、特に法科大学院のスタートのときからずっと講義してまいったことによります。私自身が得意とするのは、行政訴訟や租税訴訟ですが、税といっても範囲が広いので何が得意かといえば、租税手続と行政手続です。例えば、更正処分といっても租税法を見ただけではなかなか分からないわけですが、私は行政事件訴訟法もたくさん勉強してきましたので、行政法の基本的なところから易しく解説できると考えております。今日は、できるだけ易しく、かつ、実務家である諸先生方のお役に立てるようにという観点で、私自身の経験を交えてお話しし、いくらかでも先生方のお役に立てることができればと考えております。また、法人税がテーマですので、法人税の事件を具体的にどうやればよいか、聴いた後には、「簡単だ、誰でもできる」という思いを持っていただければ幸いです。

　法人税の事件は私もたくさんやりましたし、今も東京地方裁判所で事件をたくさん担当しております。法人税で特色のある事件としては、例えば役員の給与等の事件です。驚いたことに、「不相当に高額だ」と言って、国家が

民間役員の給与の金額について干渉してくるなどということがあります。私もこの数年、役員給与の問題を掘り下げて事件を担当しておりますが、なぜ国家が役員の給与等に干渉してくるのか、とても信じられないわけです。最近の会社法改正で役員給与自体を全て費用として考えることになりましたが、それに関連した法人税法の改正を見てみると、会社法と全く違う形で税法が設定されてしまっています。このようなことが果たして許されるでしょうか。もっとも、そういう文句を言っているだけでは法律家としては意味がありません。そのように、一般的な私法における実務や私法の一般的な基準あるいは会計実務が、また、会社法では役員給与が全て費用とされたわけですが、これを税法が全く180度ゆがめてしまうことがなぜ許されるのか分かりません。法律家としてはもう少し高い憲法の次元でそのことを考えたいところです。すなわち、立法裁量として許されるのか、天下の悪法と言われる法人税法34条1項の改正がなぜ会社法と全く違う形で定められたかということも、法人税法を勉強する中で少なからず考えるべきと思います。

今日は、そういう観点も踏まえてお話しします。私も税理士さんによる法人税法の講義や研究者の講義をたくさん受けましたが、あまりよく分からなかったという経験があります。今日は、法人税あるいは法人税法事件のご経験のある先生方もいらっしゃると思いますが、そういった経験がほとんどない先生方を対象にできるだけ易しく、そして税務事件は面白いという感覚を持ってもらえるようになれば幸いであり、そのような講義をしたいと考えております。

1 税務事件は税務調査から

まず、税務事件は税務調査から始まります。税務調査が事件のスタートです。「税務訴訟の専門家になりたい」とおっしゃる若い先生方がいらっしゃるわけで、私もよく、どうしたら税務訴訟が来るのか、専門家になれるのかという質問を受けます。私はそういったご質問に対して、「それは税務調査から始めるように」と答えるようにしています。税務調査を事件と考えるわけです。というのは、訴訟だけが税務訴訟の全てではなく、最初から訴訟を受けることだけを目指すようであってはならないわけです。法人の事件であ

れば、まずは法人の税務調査に関与することを目指すべきであろうと思います。税務調査に弁護士が立ち会うにはいささか関門があります。ご承知のように、弁護士として税務調査に納税者本人あるいは税理士さんと共に立ち会う場合は、まず、税務調査官が口をきいてくれないということがあります。それはなぜかというと、「税務調査は税理士業務であって弁護士の仕事ではない」ということになっているからです。

(1) 税務調査に立ち会うには

　弁護士が税務調査に立ち会うには、一つは通知弁護士になる方法があります。通知弁護士になるのは簡単です。私の例ですと、先日一緒に仕事をしておりました大手法律事務所の弁護士に「税務調査に立ち会いましょう」と申し上げて、明日というように近接した日程設定をしました。そしてその先生に、「簡単です。朝一番で自分の所属の弁護士会に行って、それぞれの国税局に対して通知を出してもらえばいいのです」「その通知は国税局に当日中の朝一番には届かないでしょうから、そのときには弁護士会へ申請をした際の申請書のコピーを持っていけばいいのです」ということで、当日の朝一番で弁護士会に通知の申請をして、一緒に落ち合って東京国税局に行きました。その先生は元気な方で、東京国税局で5時間も粘って、税務調査にいろいろクレームをつけておりました。そのようなことがつい最近あったばかりです。これがまず一つの方法で通知弁護士になることです。

　ただし通知弁護士は、東京国税局管内で活動する場合には東京国税局長宛てに通知をすることになるのですが、大阪管内では大阪国税局長宛てに通知をすべきですし、あるいは関東でいえば関信越、つまり埼玉、長野、新潟周辺では埼玉にある関信越国税局長に通知をしなければなりません。それぞれの局ごとに通知を出すことになっていますので、全国で通知をしたければ相当の国税局の数だけ通知をすることになるわけです。しかも、通知先は国税局とは限らず、ただ1か所、沖縄だけは沖縄国税局ではなく沖縄国税事務所ですので、沖縄だけは国税事務所長宛てに出すことになります。これは余談ですが、国税庁の組織もなかなか一筋縄でいかず、大したことではありませんがいろいろな変化球があります。

　弁護士が税務調査に立ち会うもう一つの方法は、税理士登録をすることで

す。税理士登録はそう難しいことではありません。ですが、最近の日本税理士会連合会は、税理士ではない弁護士と公認会計士を目の敵にしており、とにかく「公認会計士も弁護士も税理士業務をするな」と、本気で政治家相手にロビー活動をするなど執拗に弁護士の税理士登録を阻止する運動をしています。これが意外に本気でやっていますので、日本弁護士連合会の税制委員会ではその動きを牽制しようとプロジェクトチーム等を作って、今、政治家への対応もしているところです。そのような境界争いをしている場合ではないのですが、税理士会も必死にならざるを得ないのです。というのも、税理士会は7万人を超える人員を擁しており、その一方でどんどん仕事が少なくなってきているわけです。最近では、"税理士殺し"といわれる誰でも簡単に会計処理ができるソフトウエアが発明されて、税理士に顧問料を払うことも少なくなってきていて、その結果マーケットが少なくなるという話もあります。また、公認会計士の多くが税理士登録をしますし、国税局のOBも税理士登録をしますから税理士の数が増える、そこに税理士の仕事がいっそう少なくなってくるわけですから、弁護士と公認会計士を締め出そうという強い動きも起こるわけです。とはいえ、そもそもそういう動きに対しては、弁護士がなぜ税理士業務をやってはいけないのかという疑問が出てきます。よくよく考えてみると、税法の事件は優れた法律紛争であり、本来は弁護士がやるべきものを、弁護士の数が足りないために税理士に臨時にやっていただいている側面があります。本来そうあるべきものですが、税理士会はなかなかそういうことは理解しないようです。

(2) 法人税の税務調査

　税理士は、税務署へ法人事業概況説明書を提出しています。決算期になると申告書やいろいろな勘定科目の内訳書とともに税務署へ提出します。法人事業概況説明書の中に事業内容や資産内容、最近では海外取引、会計処理の実態、パソコンの利用状況等、月別売上等、税務調査に必要な情報を書き込んで報告することになっています。この法人事業概況説明書は提出義務が強化されており、いずれ近いうちに、これを提出しない場合には罰則が科せられることが予想されます。ご承知のように消費税が増税され、最近の税制改正ではマイナンバー制度が施行されましたし、さらに5000万円以上だった

IV 法人税に関する争訟

と思いますが海外財産の報告義務等が課されるようになりました。また、条約により諸外国と国税当局との間の共助も強化されています。

　先般、第二東京弁護士会の井上弁護士が扱われた事件の報告を伺ったところ、シンガポールの事件ですが、日本の国税当局がシンガポールの国税当局に調査依頼をして、わずか3日でその調査報告が返ってきたとのことでした。幸い、その事件は東京高等裁判所で納税者勝訴で確定しました。その判決ですが、今後の国際課税事件や一般的な税務訴訟において大変有益な公正基準を作った立派な判決ということで、多くの専門家が大事な判決と評価しています。それは、納税者に有利な除外事由該当性が問題となった事件で、納税者に有利な除外事由にそれがあるのかないのか、それが除外事由に該当しないことを税務署は主張・立証しなければならないと、また、納税者に有利な除外事由がないという主張を基礎づける事実の立証責任は国すなわち課税当局にあるのだという判決です。東京地方裁判所の租税専門部及び東京高等裁判所という二つの重要な権威ある裁判所で、つい最近出されました。民法的にいえば、自己に有利な事実の主張はその主張する者に挙証責任があるのが原則ですが、税務訴訟においては全く逆で、「金を取る以上は、納税者に有利な除外事由に該当しないという事実については、主張立証責任は国にあるのだ」とまで言ったという意味において、大変重要な判決だと考えられます。

　話を元に戻しますと、法人事業概況説明書に触れましたが、言いたいのは、本来、納税者情報の全部が税務署へ報告されていれば、税務調査はやらなくてもよいものだということです。税務調査では、税務署が質問検査権の行使をするわけですが、最近、国税通則法の改正がありまして、税務調査に当たり、税務当局は日にちを設定して事前に通知をしなければならないと法制化されました。その際、税理士や納税者本人の都合を聞いて日程を入れるという、当局にとって面倒なことになっています。その一方で、マイナンバー制度の施行、法人事業概況説明書の強化、海外財産の報告義務と情報の報告が義務化されているので、税務署が質問検査権の行使としての調査をしなくても、法人情報は自然に集まるような仕組みができつつあるわけです。

　私は数年前、日本弁護士連合会の委員会の仕事で、韓国、アメリカ、ドイツ等を回ってきました。韓国では個人も法人も、現金取引についてもカード

を持たされて、取引の相手方が入力をしていくのですが、現金取引でさえ一瞬のうちに国家のデータベースに報告されるということが、現に隣国では実現されているわけです。日本もマイナンバー制度が国会を通った以上、当然そういう方向に行くだろうということを覚悟しなければなりません。

　法人税調査も、法人事業概況説明書等いろいろな法定調書等の提出あるいは報告が義務化されていますので、いまさら税務調査等をしなくても、法人の税務調査が行われるのはよほどのことと覚悟しなければなりませんし、最近の報告では、税務署の実地調査と言われる、納税者の事務所を訪ねての質問検査権行使という前近代的な調査方法はどんどん少なくなっていくだろうと、多数の専門家によって予想されています。どういう形になっていくかといえば、これは先ほども言ったように報告義務が強化されていくとともに、マイナンバーカードの活用により、国民や企業の全ての取引情報が一瞬のうちに国のデータベースの中に取り込まれるという方向に行くことは必至です。そして韓国の例を見ると、現金取引も捕捉しようという方向になっていくと思います。

　法人の税務調査の特徴として何を見るかというと、売上と費用を見ていくわけです。意外にも法人自体は7割が赤字ですから、どこにでもすぐ法人税を課せるわけではないのが特徴です。最近は消費税の増税がありましたし、当該法人の法人税調査というより、法人税調査と同時に消費税調査も一緒にやるというのが一般的です。そしてもう一つ、法人は給与の支給者でもありますので、源泉徴収の調査も同時に行います。法人は、法人税を自ら払うという面もありますが、多数の従業員の源泉所得税の徴収納付義務者でもありますので、その点が大きな特色であろうと思います。

　今、私は、源泉徴収の事件を3件ほど東京地方裁判所で扱っています。一つはストックオプションの源泉徴収について、もう一つは銀行の預金利子の源泉徴収についての事件です。源泉徴収の事件といえば個人の所得税の事件と思われがちですが、決してそうではありません。法人調査なのです。今日は法人税法がテーマですので、広く法人に対する課税問題ということで、私の経験をお話しするとともに、当然に源泉徴収にも触れなければならないと考えました。今言ったように、法人の税務調査は個人の所得税とは違います。

IV 法人税に関する争訟

個人の所得税調査では源泉についてはあまり調査せず、法人税調査と同時に個人の所得の支給者である法人を調査するということです。ところが今扱っているストックオプションの事件等では、税務当局自身が株式給与の源泉についてよく分かりませんでした。

⑶ 八田事件について

先日、日本弁護士連合会の税制委員会で八田事件について報告をいただきました。これはどういう事件かというと、ストックオプションで数億円の経済的利得を得た元クレディスイス証券職員の八田さんという方が、この種の事件でたった1人、刑事告発をされたわけです。先日、第一審で無罪判決を受けました。私はこの事件を見て、なぜ現物給与である株式を受けた受給者を国が追いかけたのだろうと、非常に不思議でした。というのは、「ストックオプションは給与所得である」と最高裁判所の判決が確定しているため、所得税については支給者に源泉徴収義務が発生するのであって、受給者に手を出してはならないというのが、源泉徴収法律関係の考え方です。これは、昭和45年当時から最高裁判所が一貫して維持する「源泉徴収法律関係は国と企業、要するに支給する者との間だけの公法法律関係であり、受給者である役員も含めた従業員等には国は一切請求権がない」という非常に固い法律関係です。そのように法律関係を設定したほうが国にとっては取りはぐれがないので、都合がよいわけです。我が国の税制における源泉徴収納税義務は、国家の屋台骨を支える非常に大事な制度であろうと思います。そういう意味において、法人税調査の現場では、法人税の調査だけではなく源泉徴収の義務の調査が並行して非常に強く行われるということが言えます。もちろん消費税の調査も同時に行われますが、源泉調査は大事な調査項目であると思います。

2 法人税法概論

先ほど言ったように、第二東京弁護士会でも日本弁護士連合会でも、私自身がいろいろ企画をしましたが、税理士による法人税法講義は、弁護士には本当によく分からないというのが正直なところです。今日は一応レジュメを用意しましたが、一般的なところはさっと流して、お集まりの諸先生方が

法人税の税務調査から法人税法の訴訟に大きく興味を持っていただけるように、どちらかというと経験を中心に話をしまして、どうすれば簡単に法人税法、法人税訴訟をマスターできるかをお話ししたいと思います。せっかくレジュメを用意しましたので、一般論をまず簡単に説明したいと思います。

(1) 法人と構成員の関係

　法人税法を考える場合には、法人と構成員である株主との関係がスターティングポイントです。法人と構成員の関係はどうなのかだけを見ていくとあまり面白くありません。後で説明しますが、事業主体には個人があって法人があり、その中間には組合があったり、パートナーシップと言われるような強い結合ではないもの等、いろいろな事業主体があるわけです。世の中には法人と個人という基本的な事業体があるわけですが、法人と個人それ以外にもいろいろなものがあり得るということです。

　最近私は、詐欺投資会社の集団事件に税の面で関わっています。この10年を振り返ってみると、法人である詐欺投資会社の税務問題では、いろいろな弁護団が脚光を浴びるということが、その時々にありました。豊田商事事件と言われる事件があり、もう亡くなられましたが、有名な中坊弁護士が破産管財人として関与されました。ご本人がいろいろなところで話しておられますが、従業員等の源泉所得税を国税当局に二十数回も掛け合って、訴訟を起こさないで全部の源泉所得税を取り戻して配当したということでした。後でも説明しますが、法人税の事件はいろいろなものがありまして、レジュメの1ページにも書きましたように株主優待金事件と呼ばれるものもあります。我々弁護士が関わる事件といえば、投資の失敗や詐欺投資会社等に関する事件が非常に多いわけですが、この株主優待金事件では、株式の増資をして、その増資に出資してもらえる個人を募集して、株を売買する形で株の売買代金を貸し付けたり、その貸付金が返済されたら、次はその3倍まで融資をしたり等して、いろいろな形でお金を集めるわけです。人間には欲がありますので、法人名義を使って投資金を集めるという商法が何十年も前から横行しているのです。豊田商事事件もそうでしたし、近年ではライブドア事件もそうかもしれません。最近では、私も若干関与しているエムアールアイ事件、それから5年程前にはあさひアセットマネジメントという投資会社の事

IV 法人税に関する争訟

件等もありました。あまり大きな声では言えませんが、私自身逆の立場で関与した事件としては、ふるさと牧場という和牛商法の事件等がありますし、今は安愚楽牧場という投資スキームの詐欺事件等が多数報告されています。

　先生方の中にもそういう事件に関与されている方が少なからずいらっしゃると思いますが、これも法人税法が絡むわけですし、源泉所得税が絡むし、どこから詐欺商法が開始されたのかの認定は非常に難しいわけですが、このような詐欺投資会社事件は、半分が税金の事件だと言っても過言ではないと思います。数年前には、破産管財人の納税義務について最高裁判所まで争われた結果、半分勝って半分負けた事案として、大阪弁護士会の水野武夫先生がやられた事件等が報告されています。破産管財人にとっても更生管財人にとっても、また、私が多く関与した民事再生事件にとっても、税の処理は大変重要な部分を占めるわけです。そのような管財人や民事再生の申立代理人等は、税の知識がなければ適正処理ができないと言っても過言ではないと思いますし、税の知識があることによって多くの配当ができるのです。私は5年前、上場企業の民事再生申立代理人をやりましたが、その事案は前年度に大幅な黒字を出したにもかかわらず、翌年赤字となり突然倒産したというものです。それはリーマンショックの当時でしたので、ドラスティックな倒産劇の体験となりました。いろいろな税の知識を元にして、文献を調べて、繰戻還付請求ということで前年度納めた税金を交渉で取り戻してそれを配当に回してと、非常にうまくいった事件でした。税金を取り戻して配当に回すことは中坊弁護士もやったそうですが、私もそれを実現して一つの自慢にしています。税務戦略は企業倒産においても大変有効であると、身をもって体験した次第です。そのような点も先生方には興味を持っていただき、税に関与していただきたいのです。税務訴訟、税務調査、また、倒産整理事件においても、税の知識は大いに生かされるのだと思えば、税法の勉強に大変身が入るだろうと思います。弁護士にとっては、個人所得税は自分の問題として、また、相続税事件を手掛ける場合には相続税が必ず問題となりますし、法人税も今言ったように、主として倒産事件に関係して法人税の問題が多数発生すると思いますので、勉強の入口として企業の倒産事件における税務処理を切り口として進めることが、法人税をマスターする上で最も簡単なやり方で

はないかと考えています。

(2) 配当所得

　レジュメ1ページでは、先ほど源泉所得税と言いましたが、法人税法のベースはやはり所得税法にあると思いますし、法人税法を理解するためには、まず所得税法を見ていただきたい。そして法人税法を理解するために、倒産事件を見てその全問題を考えることと、第二としては所得税法との関わりで源泉所得税の問題です。そこには、従業員又は役員等の給与所得の問題が関係します。もう一つは配当です。法人が配当をすると、もらった側である個人にとっては配当所得となるわけです。その点をレジュメに書きましたが、これはジュリストの『租税判例百選』の中にも、株主優待金事件が堂々と二つも紹介されています。よく見ると、先ほど言った詐欺投資会社のケースです。法人税法を面白く興味を持って理解する道として所得税との関わりを見るわけですが、先ほどは源泉徴収の問題を言いましたが、二つ目はこの配当所得です。企業は配当をします。そうすると、法人が構成員に対してお金を配ります。給与として配ることもあります。そうすると源泉徴収をしなければなりませんから源泉の問題が出ます。ところが、構成員である株主に配るお金は配当です。この株主優待金事件は、複雑な形でお金を渡していたということです。裁判所は、よく見るとお金を預かって、利子として払っているように見えるという性質決定をしたものですから消費寄託の利子だと判断し、これはもらった側としては利子所得だと言えそうです。すなわち、配当所得か利子所得かが問題となった事件です。最高裁判所は、第一審、第二審の判決を踏まえて、消費寄託の利子だと性質決定をしました。では、利子と配当はどう違うのかが問題となります。そういう切り口で分析をしていくと、所得税法も法人税法もそうですが、分析のポイントはそうたくさんはありませんから、税法分析に必要なポイントだけ頭に入れておけばよいのです。

　法人税法を楽しく学べるやり方はあると思いますので、諸先生方にもぜひお試しいただきたいと思います。一般的に税法を理解するコツは、税法が私法の特則であることを理解することで、さらにいえば、税法も含めて行政法を私法の特則と考えるならば、私法をよく理解していれば特則だけを見ればよいわけなので、簡単に理解できるのです。法人税法も全く同じであろうと

思います。

(3) 法人税法の学び方

次に、このレジュメに関連して、法人税法の学び方について、ケースをご紹介して説明します。まず、配当所得か利子所得かが問題となった第一株主優待金事件をご紹介しました。二つ目の株主優待金事件は、配当はしたもののよく見たらその配当の性質が判然としないという事案です。配当とは、最近の用語でいうと、会社法あるいは税法でも、利益配当というよりも「剰余金の配当」という概念を使うようですが、もし配当となると源泉をしなければなりません。この二つ目の昭和43年事件は剰余金の配当かどうかが争われた事件です。ところが裁判所がよく見たところ、これは剰余金の配当ではないよく分からない所得であり、最高裁判所の判断では「この法人から個人への支払は、よく分析すると剰余金の配当ではない。赤字でもお金を配っているからこれは配当ではない」と言っています。「しかし、雑所得に当たるかもしれないが、それはさておき、少なくとも剰余金の配当ではないから源泉徴収の必要はない」という判決なのです。裁判官の中にはあまり税法を勉強していない方がたくさんいまして、そういう方の判決は大体このような判決が多いのです。すなわち、何かに当たるかもしれないけれどそこには触れないで、「少なくとも源泉徴収義務はないと思う」という判決です。この二つ目の株主優待金事件は非常に歯切れが悪く、しかし納税者を勝たせたという意味においては有益な判決ではあるものの、配当かどうかを問題にしておきながら「しかし配当ではない」という判断を下しています。そんな判断があるのだろうか、もっとその前にこの金銭の支払は何なのかということを裁判であるからには明確にするべきだと思いますが、税の事件は結構そのようなことが多いのです。「少なくとも配当ではないから、雑所得に当たるかどうかはともかく、源泉徴収の必要はないので、納税者の勝ち。」というのが最高裁判所の結論でした。

源泉所得税も見ること、配当所得も見ること、先ほど言った企業倒産の税務も見ること、この三つを勉強すると、法人税法もつまらなくはないな、という思いを持つことができると思います。一般に弁護士業務においては、配当等という概念はあまり使わないし、剰余金の配当等の話を依頼者とするこ

とも少ないと思いますが、法人税法をマスターするためにも法人の税務においては源泉所得税も見てください。ストックオプションも同様です。源泉徴収というシステムがある以上、支給者である法人が従業員に代わってこれを納付しなければなりませんから、法人にとって法人自らの税を納めるだけでなく、支給したときに源泉をして源泉所得税を納付することは法人にとって大きな負担です。法人の7割が赤字なので法人税を納めていませんが、源泉所得税は従業員を抱えていれば多額に納めなければならないものなのです。

(4) 法人税法は会社法の特則

形どおりの話をしますと、先ほど言ったとおり、法人税法に対応する私法は会社法です。法人税法は会社法の特則であると思えばよいのです。あるいは、法人の所得計算の規範は企業会計原則を前提としており、その特則であると考えればよいわけです。法人税法を語るには、会社法の特則であること、企業会計原則の特則であることが基本的に押さえなければならないポイントであろうと思います。分かりにくい書き方で恐縮ですが、レジュメ3ページでは企業会計、会社法会計、税法のこのトライアングルの関係はどうなるのかです。読んでもスッと入ってこない方も多いかと思いますが、今言ったように、会計処理は慣行がルール化されています。公認会計士協会は企業会計原則の制定委員会を作っており、これが企業や法人に非常に大きな影響を与えているわけです。弁護士会も早くそうなればよいのですが、この第三者委員会的な企業会計原則の制定委員会が、法人や企業に大きな影響を与えていることは特筆すべきであるし、法人税法を学ぶときに、このような企業会計の原則ルールが一体法規範の中のどの位置付けになるのかということも考えるとよいと思います。我々は法律家ですからその辺は得意かと思いますが、税理士や公認会計士は意外にそういうことが分かっていない方が多いのです。

私はいつもこの問題をどう考えるのか疑問に思うのです。憲法を頂点として法律があり、そして税の世界では法律が要件を定めるのですが、あまりにも抽象的であってほとんどが通達化されてしまいます。そして税法は不確定な要件が非常に多いのです。法人税法34条2項では「不相当に高額な役員給与は損金算入が否認される」と規定していますが、不相当に高額な役員給

与とは何かといえば、同項を見ると、それは「政令で定める金額」と書いてあります。このようなものが法律かと思うのですが、税法を学ぶ以上はそのような税法規定に慣れなければならないのです。「不相当に高額な役員給与は損金計上が否認される。不相当に高額な役員給与の金額は政令で定める金額とする」というのが法律であり、実に恐ろしいことにこれが堂々と有効なものとしてまかり通っているのが税の世界です。不平を言っても仕方がないので、これに慣れてそして対策を考えるのが法律家の務めであり役割であろうと思います。企業会計原則といえば、特に法人税法22条です。どの法律もそうですが、法人税法を少しマスターした気分になりたいのであれば、法人税法22条だけを勉強すればよいと思います。ここさえ分かれば、法人税を大半理解したと言えましょう。

(5) 階層的な法の構造

話を元に戻すと、税法もまた行政法であり、そして税法を学ぶために必須な知識としては、やはり憲法と行政法であり、そして今言った国家の階層的な法の構造を常に頭に入れておくことです。これは法律家である諸先生方には、よく理解していただけると思います。まず、憲法といえば73条6号です。この条文は、先生方もあまりご覧にはならないかもしれませんが、私はそこがライフワークとは言い過ぎですが、得意なところです。憲法73条6号は、「この憲法及び法律の規定を実施するために内閣は政令を制定することができる」、ただし書があって、「政令で罰則を定める場合には法律の委任が必要である」と書いています。この規定を見て、国会議員や霞ヶ関の各省庁の役人は、「憲法が行政命令を自由に作ってよいと許しているのだ」と読むのです。どこにそのようなことが書いてあるのでしょうか。憲法41条は「国会だけがいわゆる法規たる法、すなわち法律事項を定めることができる」「国民の権利義務に関係するルールは国会で定めなければならない」としており、これは憲法41条の大原則です。ところが73条6号を見ると、それとは全く逆のことが書いてあるようにも読むことができるのです。よく「憲法9条が変遷して大変だ」という議論をあちらこちらで聞きますが、どこに行っても「憲法73条6号が大変な問題を惹起している」とは聞きません。ところが今言ったように、憲法73条6号は、「この憲法及び法律を実施するために政令を定

めることができる」「法律の委任があれば罰則まで定めることができる」というのです。この点について行政法の教科書を読むと、「内閣は委任命令としての政令を定めることができる。そして、実施命令としての政令を定めることができる」と書いてあります。委任命令はまだよいのです。先ほど言ったように、法人税法34条2項を見ると、「不相当に高額」とあります。口頭で言って誤解があってはなりませんので、レジュメにも書きましたので、見ていただければと思います。レジュメ7ページに、役員給与の「③ 報酬のうちの過大な部分についての損金不参入」という条項がありまして、「イ．法34条第2項」は、「役員の給与のうち、第1項および第3項の適用がないものについて、その額が「不相当に高額な部分の金額として政令に定める金額」であれば損金に算入されない」と書いてあります。まさに「不相当に高額な部分の金額として政令に定める金額」が損金算入を否認されるということですが、何を言っているのかさっぱり分かりません。全くの白紙委任で、内閣が政令でこの課税要件の重要な部分を定めてよいというのです。どこから見ても白紙委任ですよね。これが税法の特徴で、先ほど憲法の規定を言いましたが、こういった「政令に定める」とする部分が講学上の委任命令なのです。

　憲法73条6号は、もう一つ「実施のための政令を定めることができる」と言っています。これが実施命令と言われるものです。私法事件だけをやられている先生方は、その辺が少し理解できないかもしれませんので、税法の理解のために必要な部分でもありますから、少し踏み込んで説明します。税法を含む行政法は、ほとんどの条文がこの委任命令を含み、また、不確定要件を定めています。これらは、行政へ委任する共通した規定です。要するに、「行政に委任する」「政令に定める金額」というような表現です。これは、立法を行政に委任するという立法技術です。それからもう一つ、不相当に高額という概念は、先ほど言った実施命令を誘導する立法技術です。要するに、「行政が解釈をしなさい」「解釈をするために政令を定めればいいのだ」ということが実施命令の内容です。賢明な先生方にはよくご理解いただいてもうお気付きだと思いますが、委任命令は法律の委任を受けるもの、実施命令とは不確定な要件を行政が勝手に解釈するものです。委任命令はまだ許せるとし

ても、実施命令なるものを憲法が定めており、そして、税法がたくさんの不確定要件を規定しているので、たくさんの実施命令があります。そして、政令もまた不確定な要件、省令も不確定な要件を定めるので、その解釈の行政通達すなわち解釈通達が税法の何倍も存在します。そうやって、税法が課税要件を政令や、時には省令にも直接委任しています。また、税法自体が不確定要件をたくさん含んでいるのでたくさんの実施命令があり、そして実施命令も不確定な概念を使っていますので解釈通達があり、実施命令が解釈通達を生み、委任命令もまた不確定な要件を使う政令や省令を作るものですから、またそこに解釈通達が生まれていき、最後は委任命令も実施命令も解釈通達を数多く生んでいくのです。したがって、憲法も骨抜き、法律である税法も骨抜き、最後は通達しかない、というのが税の世界です。法人税法もその例に漏れず、実務は、課税庁も税理士も税務通達だけで仕事をしているというようなものです。そういう世界に我々は飛び込んでいかなければなりません。後ほど、よい話を小出しにしようと思いますが、そういう世界に飛び込んでも、我々弁護士は、十分に戦っていけるということを次に話します。

(6) 税務訴訟のポイント

私は、20年ほど前によい税務訴訟にめぐり逢いました。国の代理をされている東京弁護士会の先生から、「自分は納税者の代理人ができないので、おまえやってみないか」と言われ、初めて事件を受けたものでした。どうすれば勝てるのか、いろいろ考えてみました。そこで私が気付いたのは非常にシンプルな話であって、「なぜ通達を見なければならないのか、あるいは政令や省令を見なければならないのか、関係ないではないか、租税法律主義だ」、あるいは憲法41条の「法規たる法は国会でのみ定めることができる、法治主義だ」、「これが憲法の大原則であるとすれば、通達等は見る必要はない」ということを裁判所に話し、最初から最後まで言い続けたものです。当然のことですが、裁判官には非常によく理解していただき、「それでは政令も省令も通達も見ません」「法律だけを見て、そして法律だけを裁判官の公正な立場で解釈いたします」ということで、初めてやった税務訴訟で全面的に勝訴して、それから病みつきになりました。そこで勝った翌年に、その問題となった条文が国会で改正されたのです。「これは大した話だ、税務訴訟

も結構楽しいものだ」と思ったわけです。そのとき私は全くの素人でしたが、うまく勝てたということで、「法律家であれば税務訴訟は誰でもやれるのだ」ということを自分自身で体験したわけです。

そのときのコツといいますか、勝つことができた要因はたった一つ、租税法律主義です。法人税も全く同じで、納税者の武器は憲法84条の租税法律主義、これ一本でよいということです。法人税法の事件であっても、損金、益金は難しい話ではありませんし、細かい条文がたくさん出てきますがそう難しくはありません。私はいつも「税法は簡単なのだ」「どの法律よりも簡単だ」と言っています。それは課税要件の規定を見れば、あとは政令、省令、山のような通達は全部無視してもよいのだということです。法律家として、裁判官である法律家に対して課税要件だけを主張して、刑事法的な分析手法で、その課税要件該当性の議論だけを仕掛けていけば、裁判官も喜ぶし、自分自身もシンプルに租税事件を理解できるのです。

このことを知ってから、第二東京弁護士会では25年ほどを税法研究会で活動しましたし、代表幹事は10年程度やりました。引き続き、税務関係のいろいろな委員会や研究会もやってまいりました。今は、既に約40件の勝訴判決や裁決を取っていて、実績を重ねてきたところです。しかし余談ですが、残念ながら昨日、絶対に勝ちたいと思った事件で敗訴しましてがっかりしています。それは法人税と消費税の事件で、いわゆる仕入税額控除の否認された事件です。

もっとも1日経てば悪いことを忘れてしまうというのも、租税訴訟専門弁護士にとっては絶対に必要なことです。なぜかというと、租税訴訟はたった7、8パーセントしか勝てないので、そんなところで一喜一憂しているようでは身が持たないわけです。9割負けるのですから、負けて当たり前なのです。勝てば刑事事件の無罪判決を取ったと同じような価値があります。そして1件勝てば、その後に出てくる100万人、200万人という同じ立場の納税者が助かるのです。行政事件、租税事件は自分の依頼者だけの事件ではなく、同様の立場にいる納税者を何百万人も救う事件です。そういう意味ではとてもやりがいがあるし、勝てば楽しいです。昨日は負けましたが、年内にあと3件ほど判決言渡しが予定されていますので、諸先生方にはまた今年の勝訴

IV 法人税に関する争訟

判決をご報告できるかと思います。

　今言ったように、私も決して特別なことをしてきたわけではありません。しかし、法律家として原則を主張してきたことが税務訴訟の勝訴のポイントであると思っています。企業会計原則を理解するときに、憲法を頂点とする階層的な法構造の中で企業会計原則をどこに位置づけるのかを解決しておかなければ法人税法がつまらなく見えると思います。先ほど言ったように、法人税法は法人の所得を計算するルールと言っても過言ではありません。企業会計原則はその前提となる規範であると思います。

(7) 損　金

　レジュメ2ページに戻ります。「6．損金」の上に計算式があります。「企業会計上の利益＝収益－費用　　法人税法の所得＝益金－損金」と書きました。これはほぼ一致しているものの少しずれます。先ほど言ったように、この少しずれるところを押さえていくのが法人税法の基本であろうと思います。損金、損金算入、損金経理というところを見てください。この少しずれることがどういうことなのか。法人税法の世界には簡単なことに益金と損金しかないということと、法人税法上の所得すなわち課税対象所得は「益金－損金」という計算式を覚えればよいということだけの簡単な話です。企業会計上の利益の計算は「収益－費用」であり、会計的な用語を知らずに単に法律一辺倒ですと、収益と費用の概念、あるいは法人税法上の益金と損金という概念を混同してしまうところですが、この辺は基本中の基本ですので、法人税法に初めて入門される方はここをよく見ておいてください。

3　法人税法の構造と基本的条文

(1) 法人税の課税対象

　法人税の課税対象は簡単です（レジュメ3ページ）。随分前に私が初めて租税訴訟で勝ったときに、法人税訴訟も個人の所得税訴訟も課税要件は簡単だということに気が付きました。法人の所得、個人の所得が課税対象であって、それ以外に何もない簡単な話です。法人税法や個人所得税法は、細かく分かりにくい書き方をしていますが、そのように理解すれば簡単な話であろうと思います。税法や税の事件が難しく感じられるのは、税法が難しいのではあ

りません。簡単にいうと、税法は課税要件規定と、課税減免要件あるいは非課税要件の二つしかないのです。その事件が一体どちらの事件かさえ分析できれば簡単です。さらに詳しくいうと、課税要件や非課税要件が問題となった事件よりも、8割か9割はその前提である私法上の取引の事実認定が争いになっています。法人税法の訴訟のほとんど8割か9割は、法人の私法の事実認定の紛争です。その取引が、例えば、複雑な法人の株主金融商法だったり、詐欺商法的なFX取引や先物商品に関する取引だったりすると、そこがややこしいだけにすぎず、法人税法の課税要件は法人の所得の発生だけなので、所得があるかないかだけという非常にシンプルな話です。もちろん、いろいろな控除の規定や非課税要件規定等もありますが、課税要件規定か非課税要件規定かのいずれかしかないのですから、税固有の紛争はあまり大したことはないわけです。その前提である私法上の取引の事実認定が最も難しく、その解明に手間取るために税務訴訟が難しく感じるだけで、実際はそれほど難しくない事件だと思います。

(2) 法人の所得と益金・損金

先ほど言ったように、課税所得金額とは「法人の所得＝益金－損金」です（レジュメ4ページ）。繰り返しますが、個人の所得の場合は「収入－必要経費」です。概念が少し違います。法人税法は益金、所得税法は収入という概念を使います。そして、法人の控除すべき費用は損金という概念を使い、所得税法は必要経費という概念を使います。この辺は少し抵抗があるかもしれませんが、基本の概念だけは押さえてください。

あとは益金の範囲と損金の範囲です。例えば、益金の定義は法人税法22条2項です。1項には「内国法人の各事業年度の所得の金額は、当該事業年度の益金の額から当該事業年度の損金の額を控除した額とする」とあり、2項では「別段の定めがあるものを除き、資産の販売、有償又は無償による資産の譲渡又は役務の提供、無償による資産の譲受けその他の取引で資本等取引以外のものに係る当該事業年度の収益の額」と益金の定義を定めています。これは、法人の純資産を増加させるようなもので、取引によって実現された利益があれば、原則としていかなる利益であっても益金に含まれるのであって、個人の所得課税においても包括的所得概念を採っていますので、所得概

念はほぼ同じと見てよいと思います。そして、注目すべき益金の定義の中に、資産販売あるいは資産の譲渡、役務の提供、資産の譲受、資本等取引以外のものという表現があります。売買による利益というのは分かりますし、役務提供の対価として得た収入というのも分かりますが、無償による資産の譲渡又は無償の役務提供による収益の額とあります。「無償でも収益が発生する」というように読みなさいというわけですが、なぜこのような分かりにくい書き方をするのか理解に苦しみます。

(3) 法人税法22条と所得税法59条

　この法人税法22条は基本中の基本なので、法人税法を勉強される場合は、薄い教科書をお勧めします。私は法科大学院に教えに行くときには、大蔵財務協会の薄い教科書を一通り見て、『判例百選』等を年間3回ほど回すので、大体主要な判例は全部頭に入っています。金子本は辞書代わりに使う感じです。金子本の法人税法はあまりよく分からないので、そういうものを読むより薄い本をお勧めします。特にアウトラインを知るためには、大蔵財務協会の本や、法人税法の超入門という手引書がありますが、そういったものがよいでしょう。最近、私どもの事務所のお隣にいらっしゃる村田公認会計士が出版された『弁護士のための租税法』（千倉書房、平成21年）は、手軽に読むのに弁護士には分かりやすいテキストであろうと思います。決して村田先生から「勧めてください」と言われたわけではありません。私もただでいただいてずっと読まずにいまして、最近一読してみたのですが、よかったのは、法人税法だけではなく、所得税法、相続税法、消費税法を簡単にコンパクトに書いており、さらに国際課税も非常に薄く、法律家にスッと入ってくる書きぶりで、入門書としてはとてもよいと思います。確か弁護士さんとの共著と思いますが（村田守弘、加本亘著）、2版、3版（平成26年）ぐらい重ねていて、結構売れていると伺いました。そういう入門書から始めることをお勧めします。税理士が書いた入門書は大方が無味乾燥で、簿記会計をやらない弁護士には非常に読みづらく面白くないと思えるのですが、村田先生の本はスッと入ってきます。この22条を理解するときには、そのような法律家に分かりやすい本を選択することも大事なポイントだと思います。

　先ほど、無償による資産譲渡から収益が発生すると書いてあると言いまし

た。実は、法人税法に限らず、所得税法についても東京弁護士会の赤本等には次のように書いてあります。「税法は怖いものだ」「タックスセンスとリーガルセンスがあって、リーガルセンスでは太刀打ちできないのだ」「だから税法をよく勉強しましょう」と書いてあったように思います。申し訳ないのですが、私は時々それを引き合いに出して、「これは少しスタートを間違えているのではないか。タックスセンスなんてないのだ。リーガルセンスだけで租税訴訟はやるべきだ」と言っています。これは租税法律主義だからということもありますが、この「無償による資産譲渡で収益が認識される」という条文を見たときに、これをタックスセンスだと言ったのでは誤解を招くのではないか、と言いたいのです。そうではなく、「こういう不思議な、常識に反する条文や課税要件規定があるから、課税庁は無償による譲渡から収益を認識して課税をしてくるのだ」と読むべきだと思います。極論すれば、「税法の常識に反する不思議な課税の要件規定がある」ということ、ここだけ押さえておいて、ほかは民法や会社法で考えれば税法は全部理解できます。税法の特殊な課税要件は、この無償による収益の認識、収益の発生であろうと思います。同じような規定は所得税法59条にもあります。法人税法は22条、所得税法は59条を理解すれば、もう怖いものはないと私は考えています。そして、なぜ時価で課税を考えなければならないのか、特に法人税法では、取引の価格で考えるのではなく時価で考えることの根拠が法人税法22条2項であろうと思います。このような常識に反する無償による取引から収益が認識発生するのだということです。

　レジュメ5ページの「4.ロ.」を見てください。所得税法59条は、個人が法人に著しく低い価額による資産の譲渡をした場合に、買った法人ではなく売った売主が見なし譲渡所得課税を受けるということを規定しています。ただし、少し低いだけではだめで著しく低い価額による譲渡の場合です。この規定をうまく利用して節税した大事件が、あの岩瀬事件です。著しく低い価額とは、施行令169条により2分の1未満ということになっています。そうすると、2分の1以上、例えば時価の51パーセントで法人に安く売った場合はどうでしょうか。この規定の不思議なところは、安く売ったり著しく低い価額で資産を譲渡したりすると、譲渡した側に課税がなされる点です。財

IV　法人税に関する争訟

産分与に関する有名な事件もこのケースと全く同様でしたが、しかし、この著しく低い価額が施行令によって2分の1未満と定められているので、100パーセントから51パーセントの間で取引をする節税の行為、あるいは租税回避の行為がここでうまくできるはずです。所得税法59条は法人税法22条2項と対比して覚えておくべき条文です。これを初めてご覧になる方はなじみにくいかもしれませんが、法人税法22条、所得税法59条は、ここで一応の整理をしておきましたし、レジュメの後のページでも整理していますが、ご参考までに、ご自分の手でもう一度整理をしていただきたいと思います。

ただし、こんなものを無味乾燥な知識として自分のノートを作って整理だけするやり方は、いたずらに税法をつまらなくするものです。私が税法を好きになったのは事件をやったからだと思います。ぜひ、身近な取引の税を考えてください。あらゆる取引は税問題が関係しています。全ての取引に税問題が関係していますが、これまで多くの弁護士は全ての取引を税法の側面で分析をしなかっただけです。取引には必ず税の側面がありますので、まず相続税あるいは所得税でも法人の取引でもよいのですが、今、自分が手掛けている法人事件の税問題を考えてみることが意欲を持って法人税事件をやるコツであろうと考えます。個人であれば自分の確定申告をやることで所得税の仕組み、あるいは申告の仕組みというものはおおよそ分かるでしょう。そして、法人税の申告は一般の弁護士からは少し遠い話ではあると思いますが、個人の確定申告と法人税の確定申告は、仕組みにおいてそう大きな違いがあるわけではなく本質は同じと言ってよいわけですので、法人税法の仕組みを知りたければ、まずスタートとして自己の個人所得税の確定申告をマスターするべきであろうと思います。所得税は所得が10種類に分類され、そして所得税が計算されていくわけですが、法人税はそのような分類がなく、益金という概念で収益を見ていくことになるわけです。そういう意味では所得税法よりもシンプルかもしれません。

所得税の場合、難しいのは所得分類です。先日、馬券の事件がありました。30億円で馬券を買って29億円のはずれがあったということで、1億円程度の経済的利得を得たにすぎない人が、29億円のはずれ馬券の必要経費性を否認され、莫大な課税をされた事件です。大阪地方裁判所は29億円のはずれ

3　法人税法の構造と基本的条文

馬券の必要経費性を認めたわけです。そのときの議論では、まず何をやったかというと、これは事業所得なのか雑所得なのか、あるいは一時所得かもしれない、という所得分類が問題となります。所得税法においては、法的分析の必ず通る道に所得分類という関門が出てきますが、法人税の場合はそういう関門は一切ありません。そういう意味では、法人税法の法人所得の計算はとてもシンプルで楽だと思います。くれぐれも、税法をマスターするコツは無償による収益の発生です。個人所得税法も法人税法もこれを押さえるというよりも、そのような課税要件が設けられているという事実を知れば何ということもありません。変な法律ではありますが、そのような変な法律が作られているのだから受け入れるしかない、そして理解しておくしかないということです。私も4か所の法科大学院で長く教えております。そして、法人税法、所得税法を教えておりますが、皆さんにも同じことを申し上げたいと思います。全ての条文を暗記するなど無意味です。そうではなくて、法人税法をマスターしたければ22条だけを取りあえず見てください、薄い教科書で体系を理解してください、ということです。所得税法を理解したければ、実はこの前に、収入すべき金額という条文の36条があるのです。そして次に59条があります。所得税法は59条を見てくださいということです。なお、全ての無償あるいは著しく低い価額による譲渡について、所得税法では、ここから時価との差額が収益認識されるというわけではありません。個人から個人にどんなに安く資産を譲渡しても、譲渡した側に所得税法課税はありません。

(4)　税法の落とし穴

　もう一つ、肝腎なことを言い忘れていました。税法の事件をたくさんやっておられる方には当たり前のことですが、初心者が意外に混乱するという落とし穴が三つあります。その一つは、売買という取引を考えたときに、売主と買主で税問題は全く別個であり、独立して考えるということです。

　レジュメ5ページ、4.イの事例ですが、所得税法59条を見たときに、譲渡する個人と譲り受ける個人がいて、著しく低い価格により資産を譲渡したらどうなるのか、そして買主は時価との差額を譲り受けたわけですがどうなるのか、という問題です。個人から個人への譲渡なので59条1項2号の適用がない場面です。ここには端的に書いてありますが、実際の売却金額を収

Ⅳ　法人税に関する争訟

入として、取得費を差し引いた差額が所得だということで、売主に対しては所得課税がなされます。ここまでは分かりますよね。それから買主は、時価と売買価格の差額に対して、所得課税ではなく贈与税が課されます（相続税法7条参照）。所得税は課されずに、贈与税が課されるのです。最初このような条文を見たときに、こんなものを覚えなければならないのかと、とても私は抵抗がありました。今は頻繁にこれを見ていますからすんなり入ってきますが、もし抵抗があるとすれば、この所得税法59条は個人対個人、法人が関係する取引だけは注意するように、と書いてある規定と思えばよいでしょう。初心者が陥る誤解で、さらに誤解しないための絶対的な税法分析として当たり前のこととは、売主はどうなるのか、買主はどうなるのかを極めて厳格に分離して、それぞれの課税を考えるということです。

　個人が著しく低い価額による資産を法人に譲渡した場合はどうなるのでしょうか。所得税法施行令169条によれば、個人が財産を所得税法上の時価の2分の1未満で法人に売った場合、みなし譲渡所得課税が売主個人になされます。安く売ってやったのに時価譲渡したと見なされ、しかも対価そのものの安くした部分の差額分がお金として入ってきていないのに、時価との差額があったものとみなされてしまうという恐ろしい話ですが、これは所得税法59条1項2号の課税要件があるからそうなるのであって、なければそうはならない、たったそれだけのことです。あるから仕方がないだろう、と言うしかないわけです。

　法人が個人へ著しく低い価格による譲渡をした場合に、売主は財産を時価で売却したとして法人課税がなされます。ここでも時価取引が強制されるわけです。税法は時価強制が原則とでも覚えればよいかもしれません。買主は時価との差額に対して、この場合は相続税法の中の贈与税が課されるのではなく、所得税が課税されることになります。法人税法も所得税法もキーワードは時価との差額、時価強制です。この後出てきますが、寄付金課税についてもキーワードは常に時価との差額で、ここを理解すれば税法は怖くないし、また、何となく分かった気になるものです。

(5)　資本等取引と損益取引

　レジュメ6ページです。資本等取引については、旺文社ホールディングス

の事件がありました。また、私がやった事例で最近あった倒産事件もそうでしたが、人を騙してお金を出資させるというビジネスがあります。株主にしてしまう場合もありますが、単にお金を預かる場合もあります。そのような事件を考えると、「出資をさせて資本金に組み込んだのだからこれは資本等取引だ、だからそこでは損益は発生しないのだ」と、これは何となく分かる話です。この資本等取引と対立する概念は損益取引です。キーワードは、資本取引か損益取引かです。法人税法の場合、ここは基本中の基本として押さえるべき点ですし、また、法人税法のこの無味乾燥な規定を理解するときには、簡単な易しいケースで覚えることがコツだと思います。

　詐欺商法をやる会社が増資をして、何の事業もしないのに騙して出資させたが、果たしてそれは資本等取引なのかという問題を考えてみてください。私は意見書を書いて破産管財人に渡したことがありますが、そのときに問題となったことです。これは先ほど言った中坊弁護士の豊田商事事件のときも問題になりました。また今、若干関与しているエムアールアイ事件等の詐欺投資事件でも常に問題になることですが、法人が金を集めた場合、それを益金として課税できるのかを考えたときに、「株式あるいは増資で引き受けさせて個人からお金を集めたら、それは資本金に組み入れるのだから資本等取引であろう。損益取引ではないから収益の発生はない」という議論になるのですが、「詐欺商法をやっている会社の場合は、株式は道具であって騙しているのだから、実質は損益取引であり不法収益も課税対象になる」ということで、本郷税務署長は課税をしようとしました。私は、それは違うという意見書を書きました。「一見して資本取引ではなく、実質は損益取引かもしれないが、しかしよく考えるとこれは被害者のお金であるから、そこに課税するのはどう考えてもおかしい」と書いたのです。資本等取引を考えるときは、キーワードの反対概念である損益取引を理解して、その違いを具体的なケースで当てはめて考えていただければと思います。

(6) 企業会計と租税会計

　最後は、法人税法22条4項です。「一般に公正妥当と認められる会計処理の基準に従って収益等の額を計算する」ということです。最近私は、世の中においては法律よりもいわゆるソフトローと言われる何か訳の分からない規

IV　法人税に関する争訟

範が結構幅を利かせていることに気が付きました。まさにこの「一般に公正妥当と認められる会計処理の基準」とは、よく分かりませんが講学上いわゆるソフトローであろうと思います。そのようなものが結構多いのです。例えば税の事件では、法律ではありませんが所得計算のルールと資産評価のルールがあります。誰が定めているのかよく分かりませんが、所得計算のルールとして企業会計原則があります。そして、資産の評価のルールとしては固定資産評価基準や相続税の基本通達等があるわけですが、そのような法律ではない規範やルールが相当幅を利かせているということに気が付けば、弁護士としては、「それは何なのか。法律ではないし、政令や省令でもない」と疑問を抱くわけです。評価通達は通達で作られている部分があるわけですが、それでもよく分からない通達も多いわけです。

　この「一般に公正妥当と認められる会計処理の基準」は税法の中でも非常に大事な部分であって、よく分からない課税要件規定であり、そして、この損益の所得計算は「一般に公正妥当と認められる会計処理の基準に従ってやるのだ」と言われます。これは何かと言われると企業会計原則等ですが、会計慣行も含めてこういったものが非常に大事だということに気が付くとともに、自分なりに理屈を付けてみようと思いましたが、よく考えてみれば、裁判所でさえ判決を書くときであっても法律等に従っていないことがあります。人が死んだときに損害金をいくらにするのかといっても、それは法律をどのように適用しても金額は出てきませんよね。それと同じ話と理解すればよいわけで、私はそのように考えています。ただし、人の命を損害賠償額として査定するときには、その人の稼げる能力ということで給料をいくらもらっていたのか、事業者であれば確定申告における所得金額等をベースにして、就労期間を一応はじいて、中間利息をライプニッツ係数やホフマン係数等を設定して命の価値を計算するはずです。法律には何も書いていませんが、そのような逸失利益の計算をするルールが裁判実務等にも定着しているのです。それと同じだと思えば、「そういうことか、簡単な話だ」と思っていただけると思います。

　最近この周辺をまとめてみようと考えまして、ソフトローの論文を書いてみました。この企業会計原則をはじめいろいろなものがあります。よく分か

3 法人税法の構造と基本的条文

らないものもありますが、我々が税務訴訟において直接的に使うのは、この「一般に公正妥当と認められる会計処理の基準」でもあるし、特則としての税法の課税要件規定であろうと思います。そう難しい話ではありません。

(7) 収益及び費用の年度帰属

さらに、所得計算のルールの中では年度帰属の問題が出てきます。これはワンイヤールールで、所得税法も法人税法も1年の期間の所得が課税対象だというルールになっていますので、その1年に帰属する所得の範囲を確定しなければならず、その範囲がどの年度に帰属するのかを確定するルールを決めておかなければなりません。基本的には発生主義が採られており、金子本には、「信用取引が原則なのだから発生主義がよいのだ」と書いてありますが、私は、松本弁護士事件に関与してみて、信用取引が原則だから発生主義がよいという発想は間違っているのではないか、世の中においては現金主義が原則なのであって、発生主義はむしろ例外であると言うべきであると思います。そのときに気が付きましたが、信用取引といっても100年先の信用取引などは世の中にはあり得ません。どんな業界でもせいぜい2、3か月以内、翌月10日締めの翌々月末払いといったところですので、信用取引であっても近接して払われるのが主流です。とすれば現金主義をベースにした信用取引が原則であろうと思います。極端な例では、「100年先に1000万円もらうなら、今1000万円に課税します」ということが平気で行われることもないわけではないので、この収益費用の年度帰属も現金主義をベースに物事を考えていくべきではないかということです。

そして例外として、この権利確定主義が通説判例だと言われていますが、この発生の意味を単なる契約の成立という意味ではなく、権利の確定ということで固く捉えるべきであろうと考えます。権利確定主義によらない例外が長期割賦販売です。横浜の松本弁護士事件では、12月に10か月の月賦の着手金の割賦払い契約をしたところ、前年度の12月の帰属所得として課税されてしまったということです。12月に契約をして翌年の1月から10回払いというものですが、前年帰属されたということです。弁護士の場合はよくあるわけですが、そのような場合には長期割賦販売、要するに分割経理をしなさいというわけです。しかし、残念ながら現行法ではここに書いてあります

237

ように2年以上にわたる長期でなければならないのです。しかも3回以上という要件があるので、13か月払い程度の設定をすることが必要であろうと思います。10か月間程度の分割払いを12月に契約することは、とても危険だということになるかと思います。

(8) 役員給与の事件

時間も押してきましたが、先ほどの役員給与の事件をもう少しお話しして、法人税法はそれほど難しくはない、ということを知っていただければと思います。先ほど言ったように、配当という場合には配当所得を観念することになります。それから役員給与の場合は、支給するほうにとっては役員給与が損金になるわけですが、もらったほうは給与所得になります。

平成18年改正において、原則として役員報酬は全て損金算入することになりましたが、以前は役員賞与は損金不算入という取扱いで、役員報酬でも不相当に高額なものは損金不算入という内容になっていたのです。平成18年改正では会社法の改正と同時に法人税法の改正がなされ、今の会社法は、役員給与は退職給与も役員賞与も含めて費用として認めるということになっていますし、そうするとストックオプションも全て費用になるはずです。

しかし、法人税法34条1項は全く逆の定めをしており、定期同額給与や事前確定届出給与、上場企業についていえば利益連動給与等、所定の要件に定められた形でなければ、損金算入、損金計上を認めないという180度違う定め方をしています。会社法では全て役員給与は費用だという定め方をしていますが、法人税法34条1項はその逆で、原則として損金不算入とし例外を三つだけ損金として算入するという、厳しい要件をクリアしなければ損金算入を認めないという不当な形を取っています。これは憲法的にいえば、法律がこのような定め方をしているのは不当ではないか、そうすると法律がおかしいと言うためには、悪法だと言っているだけではなく、我々弁護士の場合は憲法に戻って、「このような財産権を侵害するような定め方は憲法29条に違反するのではないか」とまで言わなければならないのではないかと思うわけです。

過大な部分は損金不算入になっていますが、先ほども言ったように、「不相当に高額な部分の金額」は何かについては、法人税法34条2項は「政令

で定める金額」と言っていますが、何のことか全く分からない形になっており、政令はこれを受けて、施行令70条でレジュメ7ページの「役員の職務内容、法人の収益や使用人に対する給与の支給状況、同種の事業を営む類似規模の法人の給与の支給状況と比較した額」という実質基準を定めています。形式基準としては株主総会の決議等が定められており、なかなか厳しい内容になっています。形式基準は分かるのですが、この実質基準は非常に分かりにくいのです。役員給与は職務の対価であり、会社法上はそれを全部費用にすると定められているわけですが、この施行令を見ると、役員の職務内容、法人の収益、使用人に対する給与の支給状況、同種の類似規模の法人の給与の支給状況の四つをファクターにして、その上で不相当に高額かどうかを判定するとしています。

　私は、今、こういう事件もやっておりまして、課税当局と数年闘っています。役員給与の額に国家が介入するなど非常に不思議な現象で、そのようなことが基本的に許されるわけがないではないか、対価として合理性があればそのことに国家がとやかく言う必要はないだろうと思い、調べてみると日産自動車のゴーン氏が年俸10億円だということです。我々が扱っている事件はせいぜい2億円程度の話なので5分の1です。上場企業のトップなら10億円は許されて、中小企業のトップは2億円ですら許されないという事態になっているのです。これはおかしいということを言っていまして、近々判決が出る予定になっています。

　法人税法のこの規定、特に役員の給与が不相当に高額かどうかについては、一般的によくあるというわけではありませんが、この辺はさじ加減でどのようにもできるので、課税庁の武器として最近は税務調査のときに使われています。不当だとは思いますが、役員からの相談事でも出てきますので、この辺は法人税法の使える切り口として覚えておけばよいと思います。法人税法34条2項は、立法の委任をし、「政令で定める金額」と委任していますが、そもそも役員の給与は費用であって、職務の対価であるという本質があります。にもかかわらず、頑張っていない企業の給与の支給状況を比較対象にするのは不合理な引用ということになります。また、役員と使用人とは役割あるいは責任も全然違います。使用人の給与等はそもそも質が違うので参考に

すること自体不合理なデータだということになります。せいぜい、ここに書いてある職務内容と法人の収益の二つを役員給与の重要なファクターとして判断要素にすればよいのであって、ほかはかえって基準を下げる要素になります。法律は白紙委任していますが、法律の趣旨、目的からいって、委任の範囲をはみ出しているというべきです。

　今言ったように税法の事件は、法人税法の事件も全く同じで、このような法律家的な思考、要するに政令に委任した課税要件が極めて多用されているなら、そのときには委任をした法律を見て、そして委任した法律も大して書いていないのであれば、次は法律家の目線で、役員給与と職務の対価であるという本質、そしてそもそも国家が介入してはならないのだから職務の対価の合理性だけで判定されるべき、さらには政令が言っているどれだけ法人の売上や収益に貢献したか、せいぜいこの二つで役員給与の相当性を判定すべきです。原則は、職務の対価として自由であるということです。会社に10億円を稼がせた役員がいるとすれば、5億円の年俸をもらっても不相当に高額とは言えないと私は思いますが、課税庁である国税庁はそうは言いません。どうやら1億円を超えると否認したくなるようです。サラリーマンの給与の金額で経営者の給与金額を測っていると言わざるを得ない実態がありますが、法人税法事件ではこの種の役員給与の事件は結構あります。退職所得の合理性、不相当に高額な役員給与とは何なのか、そういうものもあります。それとこの三つの場合しか認められないということで、この三つの要件に該当するかどうかが、多くの紛争を惹起しています。役員給与の事件は、法人税法事件の少なくないパーセントを占めていますし、ストックオプションの事件等も入れると、法人税法の事件では役員給与の事件が一番多いと言ってもよいぐらいではないかと思います。もう一つ多いのは寄付金認定の事件です。そういう意味で、弁護士としてなじみやすい役員給与の問題をレジュメの6〜7ページに掲げました。

4　法人税法理解のコツ

　時間が来ましたので、レジュメの説明を1、2分して終わりたいと思います。あとは見ていただいて、先ほど言いました法人税法の基本をよく理解してい

ただければと思います。

　法人税法理解のコツは、資本等取引と損益取引の違いをよく理解することで、それは繰り返し書いています。またレジュメ14ページにも書きましたが、法人税法を理解するには、他の企業である人格のない社団や、あるいは個人の所得計算等と法人の所得計算がどう違うのかということ、特に個人の所得税法との比較を意識して法人税法を理解すると、非常に理解が深まると思います。また、宗教法人課税は収益事業と非収益事業に分けて考えますが、弁護士会の役員等をやられている先生方であれば、弁護士会への課税を考えれば法人課税が結構理解できると思います。私も以前、この弁護士会館が建ったときに、弁護士会の地方税の課税や法人税の課税、収益事業と非収益事業をどう考えればよいのか等を一所懸命考えたり、日弁連公益事業課税プロジェクトチームの座長をさせていただいたりしたこともあり、おかげで法人税法の理解も結構深まったという思いを持ちました。

　レジュメ25ページに先ほども言った資産の低額無償取引を整理しておきました。法人税法の事件と個人所得税法の事件を比較し、先ほども言った無償取引から収益を認識するという部分さえ理解したら、もう法人税法も所得税法も怖くない、マスターしたも同然と思います。先ほど法人税法22条をマスターするようにと言いましたが、忘れてはならない事件として清水惣事件があります（レジュメ28〜30ページ）。具体的で簡単な覚えやすいケースで、法人税法の係争をいくつか（欲をいえば30件ですが、初心者であれば10件程度）覚えれば法人税法は簡単にマスターしたことになります。そして先ほど言ったように、税法は課税要件規定と課税減免要件規定の二つです。あと難しく感じるであろう点は、先決問題である私法取引の事実認定です。私法取引が複雑だから難しく感じる、そのようなところです。さらに初心者の方のために、会計税務用語の基本を覚えておいてくださいということ、それからレジュメ36〜38ページは簿記の知識です。とにかく企業の財産に増減変化を与える取引、損益の増減を与える取引、これを取引として簿記はその数字を追い掛ける技術なのだと、それだけ覚えておけば簿記もマスターしたと同じかと思います。どうしても簿記をマスターしたいのであれば、極端にいえば3級程度に受かれば租税訴訟をやる上では十分です。数字がお好きな方は2

級程度まで目指していただければと思います。商業高校生が半年やれば2級のレベルに行ける程度ですから、優秀な弁護士である諸先生方においては、少し時間をかければ簡単に2級程度までは行くと思いますので、頑張っていただいたら税法の事件もさらに楽しくやれるのではないかと思います。

おわりに

　冒頭言いましたように、租税訴訟は、一部勝訴も含めた勝訴率が一時期14、15パーセントまで高まった時期もありました。ところが今は、残念ながら7、8パーセントと落ちています。事件の数は決して増えていません。しかし勝訴率はこの1、2年低くなりました。なぜかについてはいろいろな原因があります。東京弁護士会の有名な先生に濱秀和先生がいらっしゃって、平成22年の『自由と正義』に「租税訴訟の8割は八百長だ」と書かれています。私も多くの租税訴訟をやっていますが、裁判官の中には八百長をしてでも国を勝たせたくてたまらない人が多いということです。しかし、そういう八百長をやらせない工夫をすること、それは極端にいえば、いかさまのできないシンプルな理屈を裁判官にぶつけること、そして八百長判決をしたら許さないという強い思いをぶつけることであろうと思います。

　最後に一つお願いしたいのは、我々は租税訴訟学会という1500人のネットワークを組んでおり、メーリングリストで情報交換をしています。先ほど紹介したストックオプションの事件で無罪判決を取った小松正和弁護士がやっておられる八田事件というのもありますが、いろいろな情報ネットワークの中で一緒に協力をして情報交換もして、ストックオプション事件等も一緒にやっています。今、私がやっている租税訴訟では、30人の訟務検事プラス10人程度の指定代理人が被告側に出てくるのが当たり前、そして自分はたった一人の孤独な戦いになります。そういうときには、やはりネットワークを組んで、税理士、弁護士が情報交換をし、強い団体組織を作っていくことが大事であろうと思いますので、租税訴訟学会にご参加いただけることをお願いして、私の話を終わらせていただきます。

レジュメ

Ⅳ 法人税に関する争訟

弁護士　山下　清兵衛

第1　法人税法概論

1．法人と構成員の関係
① 実在説
　法人は構成員である個人とは別の独立した人格者であるという考え方である。
② 法人擬制説
　会社を個人の集合体と考えるものである。

2．法人税の性質
　法人税法は、<u>法人の所得を課税標準</u>として法人に課される税金である。
① 独立説
　法人税は、所得税とは独立したものとする考え方である。
② 前払説
　法人税は、所得税の前払いとする考え方である。

3．配当所得
① 株主優待金事件（最判　昭和35年10月7日）
② 〃 （最判　昭和43年11月13日）
③ 利子と配当の区分
　イ．社債の利子
　ロ．利益参加型社債利子は、配当に近いものが多い。
　ハ．金融商品の配当か利子かの判定は困難である。
　ニ．株式投資信託についても同様の問題がある。
④ 配当税額控除
　配当税額控除は、インピュテーション方式（法人税株主帰属方式）に負うもので、10％とされている。

4．法人税と所得税間の二重課税排除
① 配当損金算入方式
　昭和43年から平成5年の間は、配当所得が非課税であった。
② タコ配当は利益配分ではないから、税法上これを配当とすることは問題がある。

5．企業会計上の利益と法人税法上の所得
　法人税の課税所得金額は、<u>企業会計上の利益（損失）</u>額を基に法人税法で定める<u>申告調</u>

Ⅳ 法人税に関する争訟

整事項を調整して算出される。各事業年度の所得に対する法人税の課税標準である、内国法人の各事業年度の所得の金額は、当該事業年度の<u>益金の額</u>から当該事業年度の<u>損金の額を控除した金額</u>とし、<u>事業年度ごとに区分して計算</u>することとされている。これを『<u>事業年度単位課税</u>』という。

「法人税法上の所得金額」と「企業会計上の利益」は、必ずしも一致しない。それは、前者が担税力に応じた<u>課税公平の実現</u>の為のものであるのに対して、後者は企業の財政状態及び経営成績の把握の為のものであるからである。

　　企業会計上の利益＝収益－費用
　　法人税法上の所得＝益金－損金

6. 損　金

法人税法の世界には、所得計算上は益金と損金しかない。この二つは、法人税法第22条第3項において定められた法人税法において課税所得を導出するための基礎となる法人税法上の固有の概念である。益金は、課税所得を計算する場合の収入の金額である。

損金は、資本等の取引によるものを除いた法人の資産の減少をきたす原価・費用・損失の額とされる。損金とは、原則としてすべての原価、費用と損失を含む広い概念として捉えられるものである。

法人税法における法人の課税所得に関する基本構造は、法人税法第22条（各事業年度の所得の金額の計算）第1項において、「内国法人の各事業年度の所得の金額は、当該事業年度の益金の額から当該事業年度の損金の額を控除した金額とする。」と規定されている。つまり、法人税法における法人の課税所得は、益金の額から損金の額を差し引いた結果の額である。益金及び損金という法的概念を意義付けることによって、演繹的に法人税法における法人の課税所得の意義を明確にすることができる点から、これらの概念は特に重要である。

7. 損金算入

法人税計算上の課税所得を計算するために、会計上の利益に対して行われる調整のひとつで、会計上費用として計上されていないが、税務上損金として計上するものを言う。

　　課税所得＝企業利益＋益金算入－益金不算入－損金算入＋損金不算入

8. 損金経理

一定の費用を損金算入するために、「損金経理」が条件とされることがある。

損金経理とは、決算において費用又は損失として経理することをいう。

例えば、減価償却費については損金経理が要件となっているので、決算書に減価償却費を計上していなければ損金算入できない。法人税法では、これ以外にも、いろいろな費用項目について、損金経理を条件に損金算入を認めている。このような制約は、経理上の手続を通して、会社が損金算入する意思を明確に示すことを要求するものである。

9. 税額控除

法人税における税額控除には、所得税額控除（法68）、外国税額控除（法69）、仮装経理に基づく過大申告の場合の更正に伴う法人税額の控除（法70）がある。

10. 留保金額に対する特別税率
　特定同族会社が一定の金額を超えて利益を留保した場合、その留保金額に対して特別な税金がかけられる（法67）。

11. 標準税率
　普通法人等の税率は、25.5％である（平成25年10月現在）。但し、資本金が1億円以下の法人等の800万円以下の所得については、19％である（法66）。

12. 企業会計と会社法会計と税法との関係
　① 法人税の申告は確定した決算に基づいて事業年度終了の日の翌日から2ヶ月以内にする必要がある。
　② 法人が確定申告をするにあたっては、企業会計上の利益又は損失の額を税法に基づいて修正し、それに対する法人税額を算出して申告することが必要である。税法に基づいて、利益又は損失の額を修正する場合、決算において修正するもの（決算調整事項）と申告書の上で修正するもの（申告調整事項）とがある。
　　イ．決算調整事項
　　　ⅰ．損金経理処理しなければ損金の額に算入されないもの
　　　ⅱ．剰余金の処分による場合も損金算入が認められるもの
　　ロ．申告調整事項
　　　ⅰ．必ず申告書で調整しなければならないもの
　　　ⅱ．申告書で調整しなければ認められないもの
　③ 関係法
　　イ．会社法431条
　　ロ．金商法193条
　　ハ．財務諸法規則
　　ニ．法22条4項
　　ホ．法74条1項（確定決算主義）

第2　法人税法の構造と基本的条文

1. 法人税の課税対象
　法人税の課税物件は法人の所得である。
法人税法第21条　「内国法人に対して課する各事業年度の所得に対する法人税の<u>課税標準</u>は、各事業年度の所得の金額とする。」
　事業年度　13条1項…通常1年
　個人の所得税同様、<u>年度帰属</u>が問題になることがある。
　納税は、できるだけ後になる方が、納税者に有利（税の繰り延べ）。

2. 法人の所得
　① 所得金額（法22条1項）
「内国法人の各事業年度の所得の金額は、当該事業年度の益金の額から当該事業年度の

IV 法人税に関する争訟

損金の額を控除した額とする」

> 法人の所得＝（益金）－（損金）

> 個人の所得＝（収入）－（必要経費）

② 法人税額と負担税減

益金…算入（税負担増）、不算入（税負担減）

損金…算入（税負担減）、不算入（税負担増）

3. 益 金

① 益金の定義（22条第2項）

「別段の定めがあるものを除き、<u>資産の販売、有償又は無償による資産の譲渡又は役務の提供、無償による資産の譲受けその他の取引</u>で<u>資本等取引以外のもの</u>に係る当該事業年度の収益の額」

これは、<u>法人の純資産を増加</u>させるようなもので、<u>取引によって実現された利益</u>であれば、原則としていかなる利益であっても益金に含まれるとするものである。

② 取引が合法か不法か、あるいは有効か無効かも問わない。

制限超過利息事件において最判S46.11.9（百選28）は、「超過した分について私法上無効となるが、現実に収受されたものであれば、法人税法上は益金と解され、課税の対象である」とした。

③ 無償取引

資産の無償譲渡などの無償取引に係る収益も益金に含まれる。

通説判例は、適正所得算定説であり、正常な対価で取引を行ったものとの関係で負担の不公平が生じないように、また、法人の間の競争中立性を確保するために、無償取引からも収益が生ずることを擬制して規定されたものと理解する。

そこで、益金とされる収益（時価との差額）については37条に規定される寄附金として認定し、損金の算入に限定を加えるという方法を採る。

イとロは、実質的な経済効果は同じとされている。

従って、資産の無償譲渡は

i 対価が入ってこないにもかかわらず、収益は益金に含まれる（税負担増要因）。

ii 資産が法人から流出したにもかかわらず、損金に算入されない（税負担増要因）。

④ みなし所得課税

課税はあくまでも納税者が現実に行った取引を対象とするのが原則であり、擬制による課税は、課税上の弊害等の観点から、立法者が例外的に特別な根拠規定を設けている場合に限る。

4. 法人税法22条第2項と、所得税法59条との比較

（所得税法）

第59条　次に掲げる事由により居住者の有する山林（事業所得の基因となるものを除く。）又は譲渡所得の基因となる資産の移転があつた場合には、その者の山林所得の金額、譲渡所得の金額又は雑所得の金額の計算については、その事由が生じた時に、その時における価額に相当する金額により、これらの資産の譲渡があつたものとみなす。

① 贈与（法人に対するものに限る。）又は相続（限定承認に係るものに限る。）若しくは遺贈（法人に対するもの及び個人に対する包括遺贈のうち限定承認に係るものに限る。）

② 著しく低い価額の対価として政令で定める額による譲渡（法人に対するものに限る。）

（低額譲渡について）

イ．個人　　　　　　⇒　　　　　　個人
　　　（著しく低い価格による譲渡）

売主…実際の売却金額（譲渡価額）を収入とし、その財産の取得費などを差し引いた所得に対して所得税課税がなされる。

買主…時価と売買価格の差額に対して贈与税課税がなされる。

ロ．個人　　　　　　⇒　　　　　　法人（所59②適用事例）
　　　（著しく低い価額による譲渡）

売主…財産を所得税法上の時価の2分の1未満で売った場合、**みなし譲渡所得課税**がなされる。

買主…財産の取得価額は時価となり、時価と売買価格の差額は、受贈益になるから、当該差額につき、法人税課税がなされる。

　財産は「時価」（その時における価額に相当する金額）評価して計算する。施行令169条は著しく低い価額を「時価の50％未満」とする。施行令79条はみなし譲渡にあたる対価を「時価の50％を超過」とする。

ハ．法人　　　　　　⇒　　　　　　個人
　　　（著しく低い価額による譲渡）

売主…財産を時価で売却したとして法人税課税がなされる。

買主…時価との差額に対して所得税課税がなされる。

　法人と個人間に雇用関係等（従業員・役員）があればその差額は、「給与所得」とされる。

　雇用関係がなければ「一時所得」（一回限りの取引の場合）に該当。

　このとき法人例は、「寄付金」の扱いとなり、損金不算入となる。

ニ．法人　　　　　　⇒　　　　　　法人
　　　（著しく低い価額による譲渡）

売主…財産を時価で譲渡したとして法人税課税がなされる。

買主…財産を時価で買ったことになり、受贈益として法人税課税がなされる。

5. 損金（法人税法22条3項）

損金は基本的に費用および損失の両方を含んだ概念とされている。

Ⅳ 法人税に関する争訟

6．資本等取引（法人税法22条第5項）

「法人の資本等の金額の増加又は減少を生ずる取引」および「法人が行う利益又は剰余金の分配」

資本等取引に係る収益および損失は、益金および損金から除外

「法人の資本等の金額の増加又は減少を生ずる取引」
⇒企業会計の考え方により、損益取引と異なって利益および損失が生じないという前提がある。これは、資本維持の要請によるもの。

「法人が行う利益又は剰余金の分配」
⇒法人税法は、法人所得≒法人の利益とする理解を前提。
出資者に利益を還元する前の段階の所得を課税の対象としている。

7．企業会計と租税会計（法人税法22条第4項）

「第二項に規定する当該事業年度の収益の額及び前項各号に掲げる額は、一般に公正妥当と認められる会計処理の基準に従って計算されるものとする」

企業会計とは、企業会計原則、商法、会社法や金融商品取引法の計算規定、さらに確立している会計慣行のことである。

8．収益および費用の年度帰属

① 所得税法の収入金額の帰属年度は、原則として発生主義のうちの権利確定主義が採用されている。
② 法人税法（22条4項）も発生主義のうちの権利確定主義が採用されている。
③ 例えば不動産の販売収益については所有権が移転した時点、仲介手数料の収益については取引成立の時点が年度帰属である。
　　不動産の売買において実際に所有権が移転するのは、売買契約の成立の時点ではなく、代金支払い、引渡し、登記などが行われた時点であると解する考え方が基礎となっている。
④ 権利確定主義によらない場合
　イ．2年以上にわたる長期割賦販売等に該当する資産の販売・譲渡、工事の請負、役務の提供による収益（長期割賦契約の分割経理基準）
　ロ．長期大規模工事の請負？（工事進行基準）
　ハ．一事業年度を超えるが長期大規模工事に該当しないものの請負－（工事進行基準）

9．役員給与等

① 平成18年度改正以前
　役員報酬、役員賞与に区別。原則として役員報酬は損金算入、役員賞与は損金不算入。しかし、役員報酬でも不相当に過大なものについては損金不算入、役員賞与であっても損金算入する場合もあった。
② 改正後
　法人税法34条第1項…役員給与という用語の下に「退職給与及び第五十四条第一項（新株予約権を対価とする費用の帰属事業年度の特例等）に規定する新株予約権によるもの

—6—

並びにこれら以外のもので使用人としての職務を有する役員に対して支給する当該職務に対するもの並びに第三項の規定の適用があるもの」を除き、損金不算入とされる。次のものについては損金算入が可能とされる。

　　イ．支給時期が一月以内の一定の期間毎であって、かつ、当該事業年度の各支給時期における支給額が同額である給与などである（同第1号。定期定額給与）。

　　ロ．役員の職務について所定の時期に確定額を支給する定めに基づいて支給する給与である（同第2号。事前確定届出給与）。これは、定期定額給与の修正である。所轄地の税務署長に届出をなす必要があり。

　　ハ．業務執行役員に対して支給する利益連動給与で、同第3号のイおよびロに掲げられた要件を全て充たすもの。

　　ニ．役員退職給与

③　報酬のうちの過大な部分についての損金不算入

　　イ．法34条第2項

　　　役員の給与（退職給与も含む）のうち、第1項および第3項の適用がないものについて、その額が「不相当に高額な部分の金額として政令に定める金額」であれば損金に算入されない。

　　ロ．法36条

　　　役員、役員と特殊な関係にある使用人（従業員などのこと）に支払う給与について、「不相当に高額な部分の金額として政令に定める金額」であれば損金に算入されない。

④　不相当に高額な役員給与

　法人が使用人に対して支給する給与や賞与は人件費である。したがって、原則としては損金に算入すべきである。しかし、法人の役員は、会社法第330条にも規定されるように、法人との関係という点において使用人と異なる。そのため、役員賞与、すなわち役員に対して支給される臨時的な給与は人件費というより利益の処分であると考えられ、損金不算入の扱いを受けてきた。このため、実質的には賞与であっても報酬という名目で役員に給付されることも少なくなかった。そこで、役員報酬のうちの不相当に高額な部分の金額を損金不算入とした。租税回避行為の防止という趣旨である。役員報酬のうちの不相当に高額な部分とは、法人税法施行令第70条は次のように定める。

　　イ．役員の職務内容、法人の収益や使用人に対する給与の支給状況、同種の事業を営む類似規模の法人の給与の支給状況と比較した額（第1号イいわゆる実質基準）

　　ロ．定款の規定や株主総会などの決議によって支給することができる金銭の限度額と比較した額（第1号ロいわゆる形式基準）

　イ、ロのいずれか多い額

　役員の職務内容、法人の収益、使用人に対する給与の支給状況は、各法人の決算状況などを参照すれば明らかになるが、類似規模の同種事業の法人の給与支払状況は、法人自体や法人の顧問税理士などにはわかりにくいことであり、基準として妥当であるのかが疑問視される。

Ⅳ 法人税に関する争訟

10. 寄附金
① 法人税法37条第7項

寄附金、拠出金、見舞金など、金銭その他の資産や経済的利益の贈与または無償の供与のうち、広告宣伝や見本品の費用、交際費、接待費、福利厚生費を除外したもの。

② 寄附金は、法人の純資産を減少させるもの。

しかし、全額損金算入を認めると、法人税を支払う代わりに、寄付金を支出し、納税を回避する余地を残してしまう。

③ 一方で、たとえば公益に役立つような寄附金を奨励する必要もある。

そのため、37条は、規定の上では原則として損金不算入としつつも、寄附金を損金として算入することを認める場合を定め、これに限度額を設けている。

この限度額を超えると損金不算入となるため、争いとなる。

法人は損金に算入できると考えても、課税庁の側で寄付金と認定し、損金算入を認めないということがありうる。企業会計上は全額損金算入する。

第3 法人税の課税所得計算
1. 法人税の課税所得計算の方法（法人税法22条）
(1) 法人税法22条1項による法人の課税所得の計算は次の通りである。

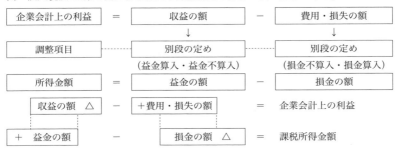

(2) 申告書における計算（法法74条1項、別表四）

調整項目（別段の定め）を加算・減産して次の通り課税所得金額を計算する。

企業会計上の利益＝（益金算入・益金不算入）＋（損金不算入・損金算入）＝課税所得金額

2. 法人税法における主な調整項目（法人税法による別段の定め）
(1) 公正処理基準の確認的規定

資産の評価益（法25）、評価損（法33）の規定の第1項

(2) 公正処理基準を前提としながら画一的、統一的な処理をする必要、部分的な修正（償却限度額など）をする必要があるための規定

棚卸資産の売上原価の規定（法29）、減価償却に関する規定（法31）、繰延資産に関する規定（法32）、引当金に関する規定（法52、53）、リース取引に関する規定（法64の2）など

(3) 租税政策上、経済政策上の要請による規定

資本金等の金額（法２十六）、利益積立金額（法２十八）、受取配当等の益金不算入（法23、24）、資産の評価益（法25）、評価損（法33）の規定の第２項以下、役員給与の損金不算入（法34）、特殊支配同族会社の役員給与の損金不算入（法35）、寄附金の損金不算入（法37）、法人税額等の損金不算入（法38）、圧縮記帳に関する規定（法42～51）、欠損金に関する規定（法57～59）、組織再編に関する諸規定、帰属年度の特例規定（法63、64）、租税特別措置法上の諸規定など

3．決算調整と申告調整

利益又は、損失の額を税法に基づいて修正する場合、決算において修正する事項（決算調整事項）と申告の上で修正する事項（申告調整事項）とがある。

(1) 決算調整事項

原価償却資産の償却費の損金

算入・利益連動型役員給与の損金

算入・固定資産の圧縮記帳の損金算入など

(2) 申告調整事項

過大役員給与の損金不算入・受け取り配当の益金不算入・所得税額控除・資産譲渡の課税特例など

I．益金の額の意義・範囲（法法22②）

1．益金の額

別段の定めがあるものを除き、資産の販売、有償又は無償による資産の譲渡又は役務の提供、無償による資産の譲受けその他の取引で資本等取引以外のものに係る当該事業年度の収益の額とする。

(1) 収入と収益

(2) 総額主義

(3) 「資産の販売」と「資産の譲渡」

(4) 「資産の譲受け」

(5) 「役務の無償受入」

2．時価課税

時価を基準として収益の額を計上することは、明記されていない。収益の額は、解釈により時価又は適正対価とされる。企業会計は、無償譲受については、公正な評価額としている（企業原則第三、五F）（法令32①三、54①六など）。

＊法22条4項との関係…無償取引規定は通則規定か別段の定めかが問題となる。

3．無償取引に係る収益の額

(1) 確認的規定か創設的規定か

法人税法22条2項では、益金の額に算入すべき金額に、無償による資産の譲渡又は役務の提供（以下無償取引という）に係る収益の額が含まれている。この規定は昭和40年の

IV 法人税に関する争訟

法人税法の全文改正により明記されたものであるが、この無償取引に関する規定（以下本規定という）が、それ以前からの税務の取扱いを踏襲した確認的規定か。それとも収益の額とすることを改めて明示した創設的規定かが問題になる。確認的規定とする場合の本規定の意義は、税務の慣行は出口、入口は時価により出入りするという論理であり、無償取引からは当然に時価相当額の収益が生じ益金の額に算入されるという従来からの税務の慣行を確認した規定であるということになる（苦牟田勲「現行法人税法各条の立法過程の研究」税務弘報平成11年1月号111頁以下）。この確認的規定説は、主に立法に携わった方々を中心として主張されている。

一方学説では、旧法の下では無償取引からも益金が生ずると解するのは困難であったという認識を前提にして、本規定は、「無償取引の場合にも通常の対価相当額の収益が生ずることを擬制した一種のみなし規定であり、創設的規定である」とする説が有力である（金子宏「無償取引と法人税」（「所得課税の法と政策」有斐閣336頁））。

(2) 無償取引の対する課税の根拠

無償取引からなぜ時価相当額の収益が生ずるのかは、企業会計の慣行になっていないことから理解しがたい点である。この点の説明については次のような種々の考え方がある。

① キャピタル・ゲイン課税

資産譲渡所得課税と同様に考え、資産の移転に際し、それまでに生じているキャピタル・ゲイン（値上がり益）を清算しようとするもので、資産の所有期間中のキャピタル・ゲインに対する課税の無限の延期を防止しようとするものである。

② 二段階説

無償取引を、観念上、時価相当額の対価で行う取引とその対価の相手方への贈与との二段階の行為に分解して把握するものである。前段の取引により時価相当額の収益が生ずるという考え方である（大阪高判昭53.3.30、判事925号51頁、TAINS ZO97-4169「清水惣事件」）。

③ 同一価値移転説

金銭を貸し付けた場合には、借主側においては、金銭を利用する期間内においてその利益を享受するのであるから、貸主から借主への利益の移転があったと考えられる。このことは、他面からすれば貸主に移転されたのに対応する利益、価値が存在していることになり、それだけの収益が認識されることになるというものである（大阪高判昭53.3.30、判時925号51頁）。

④ 適正所得算出説

無償取引について収益の発生を認識する趣旨は、時価相当額で取引を行った者との間での税負担の公平を維持するためのものであるという考え方である（金子宏「所得課税の法と政策」有斐閣345頁）。

II. 収益の年度帰属

1. 実現主義

実現主義とは…（企業会計原則・損益計算諸原則第二、注解6など…販売基準）

2. 権利確定主義・支配管理基準
(1) 権利確定主義とは
 ① 当初の権利確定主義
  i 所得税法基本通達（昭26直所1-1）
  「収入金額とは収入すべき金額をいい、収入すべき金額とは、収入する権利の確定した金額をいう」としていた。権利確定の時期は、「事業所得は収入すべき金額の基礎となった契約の効力発生の時」、譲渡所得は「原則として所有権その他の財産権の移転の時」を権利確定の時期としていた。
  ii 法人税基本通達（昭25直法1-100）
  資産の売買損益について「原則として契約効力発生の日」ただし、商品等の販売については「引渡基準によることができる」としていた。
 ② その後の経緯…昭和42年公正処理基準の採用、法人税昭和44年法人税基本通達、昭45年所得税基本通達全文改正により権利の確定という文言はなくなる。
 ③ 民法における物権変動の諸説…民176条等
 ④ 現時点における「権利確定主義」
  i 企業会計上の実現主義は、訴訟の場面で法的分析道具として十分に役立つとはいえない。会計慣行の適否を判断する必要性があるが企業会計上の実現主義は明確な基準を提供し得ない企業会計の網は粗く、具体的な事件で基準にならない。
  ii 通達から削除されたのは主に違法所得との関係である。また引渡基準の採用は、権利確定主義を廃棄したことを意味しない。
(2) 管理支配基準

3. 企業会計上の実現主義と権利確定基準
(1) 権利確定主義そのものの内容が多様である。
(2) ①企業会計の会計基準・慣行と税法の権利確定主義との関係
(3) 権利確定主義の内容・取引による所得の実現に着目するか、対価の法的な権利確定に着目するか。

Ⅲ. 損金の額（法法22③）
1. 損金の額の範囲
別段の定めがあるものを除き、次に掲げる額とする。
(1) 原価の額
(2) 費用の額（償却費以外の費用を除いて債務の確定していないものを除く）
(3) 損失の額で資本等取引以外の取引に係るもの。
2. 費用、損失の年度帰属
(1) 法人税法の債務確定基準
(2) 企業会計の費用収益対応の原則との関係
 ①価、②費用、③損失

IV　法人税に関する争訟

IV．企業会計基準、会社法会計基準と税法基準との関係
1．三者の基本的関係
　この三つは併存し、トライアングル体制と言われている。会計の三重構造があるが、法22④、法74①は、確定決算主義を採用しているから、税務会計という体系的会計が独立して存在するわけではない。

2．公正妥当な会計処理基準の意義
　「法人税法22条4項にいう「一般に公正妥当と認められる会計処理の基準」とは企業会計原則を指す旨主張するのでこの点につき検討する。同項は、複雑、多様化し、流動的な経済事象については、税法によって一義的、完結的に対応することは適切ではなく、健全な企業会計の慣行に委ねることのほうが適切であるとの趣旨で規定されたものである。したがって、右同項の趣旨に照らせば、同項にいう「一般に公正妥当と認められる会計処理の基準」とは、客観的な規範性をもつ公正妥当と認められる会計処理の基準という意味であり、企業会計原則のような明文化された特定の基準を指すものではないと解される。勿論、企業会計原則が、企業会計の実務の中に慣習として発達したものの中から、一般に公正妥当と認められたところを要約したものとされていることから、一般に公正妥当と認められる会計処理の基準の一つの源泉となるものとは解されるが、一般に公正妥当と認められる会計処理の基準は、企業会計原則のみを意味するものではなくて他の会計慣行をも含み、他方、企業会計原則であっても解釈上採用し得ない場合もある。」(大阪高判平3.12.19)企業会計原則と税法の関係について、東京高判平14.3.14 (興銀事件) と最判平6.9.16 (脱税協力金) が参考となる。税法は企業会計に強い影響を与えており、逆基準性がある。

　「公正なる会計慣行」については、最判平20.7.18、東京高判平18.11.29と東京地判平17.5.19 (旧長銀違法配当事件) が参考となる。

　私的自治下において、企業会計原則が基本基準であり、税法は、これを基本的に尊重するべきであり、修正の限度がある。例えば、所得の50％を超える課税は、憲法29条に違反するし、又、合理的理由がないのにある費用の損金算入を否認する規定を設けるのは、憲法29条、13条に違反する。

V．資本等取引の意義と資本概念
1．資本等取引の意義
　法人税法第22条5項第2項又は第3項に規定する資本等取引とは、法人の資本金等の額の増加又は減少を生ずる取引及び法人が行う利益又は剰余金の分配をいう。
(1)　資本等取引の「等」とは
　企業会計、会社法、法人税法の資本概念とその相違点
　① 企業会計
　古くは、企業会計と旧商法、法人税法で資本概念が異なり、その調整が問題となった（昭41年10月「税法と企業会計との調整に関する意見書」ね昭49年8月の企業会計原則等の修正）。企業会計は、資本支出に当てられた国庫補助金及び工事負担金、資本補てんを目的とした

贈与、債務免除益などはその他の資本剰余金としていた。これに対して、旧商法、税法は、株主との取引によって生じたものだけを資本としていた。
　②　法人本質論
　資本概念に関する上記のような相違は、法人に対する考え方の相違を背景としている。企業会計は、法人を株主から独立した企業実体として人格を認める立場をとっているが、一方旧商法や税法は、法人は結局、個人の株主に帰属するものであるとの考え方によっている。旧商法は、債権者保護を担保する主な制度として資本制度を位置づけていた。
　③　会社法
　会社法では、資本制度の位置づけが大きく後退し、資本と利益の区分の積極的な必要性がなくなってきており、会計は企業会計に委ねることになってきている。

2．株主取引に対する課税
(1)　出資と払戻し

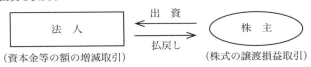

(2)　利益又は剰余金の分配

(3)　社債権者との相違
　　①　社債は負債の発生になる。課税は生じない。
　　②　社債の償還は、会社側は負債の弁済で社債権者は債権の回収になる。
　　③　支払利息は法人側で損金となり、社債権者は受取利息として損益取引
　　④　種類株式の登場で区分が微妙になってきている。

3．資本金等の額の意義と増減取引
(1)　資本金等の額の増額項目
　　①　株式の発行・自己株式の譲渡等
　　②　組織再編関係での増額項目
(2)　資本金等の額の減算項目
　　①　資本の払戻し
　　②　自己株式の取得等
　　③　組織再編関係での減算項目

4．利益積立金額の意義と増減取引
(1)　利益積立金額の増額項目
　　①　各事業年度の所得の金額等のうち留保された金額

Ⅳ 法人税に関する争訟

② 組織再編関係での増額項目
(2) 利益積立金額の減算項目
① 剰余金の配当等
② 資本の払戻し
③ 自己株式の取得等
④ 組織再編関係での減算項目

5. 利益又は剰余金の分配の意義と課税上の取扱い
(1) 利益又は剰余金の分配の意義
(2) 実質的判定

　法基通1-5-4法第22条第5項《資本等取引の意義》の規定により資本等取引に該当する利益又は剰余金の分配には、法人が剰余金又は利益の処分により配当又は分配をしたものだけでなく、株主等に対しその出資者たる地位に基づいて供与した一切の経済的利益を含むものとする。

　＊剰余金の配当等を除き、「利益の処分」による社外支出ができなくなった（会452かっこ書き）。

Ⅵ. 実効税率について
1. 実効税率（表面税率・調整後）
　法人の所得に対する国税及び地方税の表面税率から算出した包括的な税率水準である。

$$\frac{法人税率 \times (1＋住民税率)＋事業税率}{1＋事業税率}$$

　＊これは税効果会計の計算上の法定実効税率である。

2. 実質税負担率
　法定税率を基にした実効税率に加え、租税特別措置による減税分を考慮して算出する税率である。こちらのほうが真の実効税率を表すものと言える。

$$実効税率 \times \left(1－\frac{租税特別措置による減税額}{法人税収＋租税特別措置による減税額}\right)＝実質税負担率$$

第4 人格のない社団等に対する課税
1. 事 例
　人格のない団体である宗教団体の課税等が問題になっている。人格のない社団等に対する課税問題につき検討する。

2. 法人税法上の規定
　① 法人税法2条8号（定義）
　人格のない社団等とは、法人でない社団又は財団で代表者又は管理人の定めがあるものをいう。
　② 法人税法3条（人格のない社団等に対する法人税法の適用）

—14—

人格のない社団等は、法人とみなして、この法律の規定を適用する。
③　法人税法3条（納税義務者）
内国法人は、この法律により、法人税を納める義務がある。ただし、…人格のない社団等については、収益事業を営む場合…に限る。
④　法人税法2条13号（定義）
収益事業とは、販売業、製造業その他の政令で定める事業で、継続して事業場を設けて営まれるものをいう。

3. 収益事業

収益事業の範囲は政令で限定的に33が列挙されている（法税令5条）。したがって、その列挙からもれている事業からの収益は、それが営利事業に当たる場合であっても、課税の対象とされない。公益法人等の収益事業からの所得が課税の対象とされているのは、同種の収益事業を行う営利法人の競争条件を特に不利にしないためである。ただし、公益法人等がその収益事業に属する資産のうちから収益事業以外の事業のために支出した金額は、その収益事業にかかる寄付金とみなし、一定の条件のもとに損金に算入される（37条4項）（金子11版276頁）。

しかしながら37条4項は公益法人等に対する規定なので人格のない社団には当てはまらない。

ここに、法税令5条では、ほとんどの事業を収益事業としているので、その列挙からもれる事業はほとんどない。

4. 判　例

収益事業たる請負業（法令5条10号）には民法632条所定の請負を業として行う活動に限定されず、委任または準委任を業として行う活動に限定されない（千葉地判平成16年4月2日）。

5. 公益法人に対する検討

たとえば弁護士会が所属弁護士から会費等を徴収した場合にはその部分に関しては納税義務がない。しかし、不動産貸付業（法令5条1項5号）出版等（法税令5条1項12号）法税令5条で定める事業に対しては原則として課税されることになり、その列挙からもれている事業からの収益は、それが営利事業に当たる場合であっても、課税の対象とされない。

よって課税庁側が弁護士会の営む、いかなる事業を課税対象と考えているかを個別具体的に検討する必要がある。

第5　宗教法人の収益事業に係る収入の範囲

1.【事案の概要】

①　宗教法人Xは、旧借地権者（個人13名）に対して、所有土地を賃貸した。
宗教法人の不動産貸付業は、原則的には収益事業として法人税の課税対象となるが、本件貸し付けは、法人税法施行令5条1項5号への要件を満たすため、低廉住宅用地貸付業に係る貸し付けとして、非収益事業に該当する。）

—15—

Ⅳ 法人税に関する争訟

② 本件旧借地権者は、昭和63年3月期、平成元年3月期、平成2年3月期の3事業年度において、本件借地権を訴外新借地権者に譲渡し、Ｘは、本件賃借権の譲渡の承諾に伴い、承諾料として4億5000万円を収入した。

　Ｘは、非収益事業に係る収入として、法人税の確定申告をなした。

③ Ｙ税務署長は、本件譲渡承諾料は、ＸのＸ件新借地権者に対する貸付けから生じた収入であり、本件新貸し付けは、低廉住宅用地貸付業に係る貸付けには該当せず、収益事業としての不動産貸付業に係る収入であるとして、本件更正を行った。

　Ｘは不服申し立てを経て、出訴した。

2.【争　点】

本件譲渡承諾料は、旧貸付に係る非収益事業から生じた収入か、それとも、新貸付けに係る収益事業から生じた収入か。

3.【検　討】

① 納税義務者（法人税法4条）

内国法人は、法人税を納める義務がある（法人税法4条1項）。ただし、公益法人又は人格のない社団については、収益事業を行う場合に限る。

宗教法人は、公益法人に含まれる（法人税法2条6号・別表第2）ため、収益事業については課税対象となるが、非収益事業については、非課税とされている。

② 収益事業

収益事業とは、「販売業、製造業その他の政令で定める事業で、継続して事業場を設けて行われるもの（法人税法2条13号）」であり、その範囲は、法人税法施行令5条に限定列挙。

本件における宗教法人による土地の旧貸し付けは、法人税法施行令5条5号ヘ（低廉住宅用地貸付）の要件に該当し、非収益事業にあたる。

承諾料収入は、低廉住宅用地貸付から発生した収入かどうかが問題となる

③ 判　旨

1 施行令五条一項五号ヘは、低廉住宅用地貸付業を収益事業とされる不動産貸付業から除外し、右貸付業から生じた所得を非課税としているところ、右規定の趣旨は、公益法人等が低廉な対価によって住宅の用に供する土地の貸付けを行っている場合には、他の営利法人との間で競合関係が生じることが少ないので、右貸付業から生じた所得をあえて収益事業から生じた所得として課税しなくても、課税上の不均衡等の弊害が生じないことを顧慮したものであると解される。

右規定の趣旨に照らすと、公益法人等の土地の貸付けから生じた収入が、低廉住宅用地貸付業に係る収入に該当するかどうかについては、右収入の基因となった貸付けが、右収入を収受した時点における当該土地の利用状況に照らして、低廉住宅用地貸付業に係る貸付けとしての要件を満たすものであり、他の営利法人との間で競合関係が生じないといえるものであるかどうかによって判断するのが相当である。

ところで、借地権の譲渡は、旧借地権者から新借地権者に対して借地権が承継的に移転するという法的効果をもたらすものではあるが、これを実質的にみれば、賃貸人と旧借地

権者との間の賃貸借関係を終了させ、新借地権者に当該土地を将来に向かって利用させるものであるから、賃貸人と新借地権者との間に新たな賃貸借関係を設定することにほかならない。

　したがって、賃貸人が借地権の譲渡を承諾した際に収受する譲渡承諾料は、賃貸人と新借地権者との間に新たな賃貸借関係を設定するための対価としての実質を有するものであり、前記の権利金、更新料、更改料等と同様、賃貸人の新借地権者に対する新たな貸付けに基因するものというべきである。

　しかも、前記施行令五条一項五号ヘの趣旨に照らすと、公益法人である賃貸人の旧借地権者に対する貸付けが、低廉住宅用地貸付業に係る貸付けとしての要件を満たしていたとしても、借地権の譲渡により、当該賃貸人の新借地権者に対する新たな貸付けが、一般の用に供される貸付けになった場合には、当該賃貸人が借地権の譲渡を承諾することによって、他の営利企業との間で競合関係が生じ得る状態になったものというべきであるから、右承諾の対価である譲渡承諾料を非収益事業に係る収入として益金の額に算入しなければ、課税上の不均衡が生じることになる。

　右のような譲渡承諾料の性質及び施行令五条一項五号ヘの趣旨にかんがみると、<u>譲渡承諾料が非収益事業とされる低廉住宅用地貸付業に係る収入に該当するかどうかについては、賃貸人の新借地権者に対する新たな貸付けが低廉住宅用地貸付業に係る貸付けとしての要件を満たしているかどうかという観点から判断するのが相当である。</u>

　そこで、<u>本件について検討すると、本件新貸付けが収益事業とされる不動産貸付業に該当することについては当事者間に争いがないから、本件譲渡承諾料は、非収益事業とされる低廉住宅用地貸付業に係る収入に該当するとは認められず、収益事業に係る収入に該当するというべきである。</u>

　なお、「譲渡承諾料は、これを実質的にみると、賃貸人と旧借地権者との間の賃貸借関係を終了させ、新借地権者に当該土地を将来に向かって利用させるための対価として支払われるものであり、賃貸人の旧借地権者に対する貸付けをそのまま継続する限りにおいては取得できず、正に新借地権者に貸付けを行うことを承諾するからこそ取得できるものであるから、借地権が承継的に移転するという法的効果をもってしても、譲渡承諾料が賃貸人の旧借地権者に対する貸付けに基因すると解するのは相当ではない。」

法人税法
第2条6号　公益法人等　別表第二に掲げる法人をいう。
第2条13号　収益事業　販売業、製造業その他の<u>政令で定める事業</u>で、継続して<u>事業場</u>を設けて行われるものをいう。

法人税法施行令
　（収益事業の範囲）
第5条　法第二条第十三号（収益事業の意義）に規定する<u>政令で定める事業</u>は、次に掲げる事業（その性質上その事業に付随して行われる行為を含む。）とする。
　五　不動産貸付業のうち次に掲げるもの以外のもの

Ⅳ　法人税に関する争訟

　　イ　特定法人が行う不動産貸付業
　　ロ　日本勤労者住宅協会が日本勤労者住宅協会法第二十三条第一号及び第二号に掲げる業務として行う不動産貸付業
　　ハ　社会福祉法（昭和二十六年法律第四十五号）第二十二条（定義）に規定する社会福祉法人が同法第二条第三項第八号（定義）に掲げる事業として行う不動産貸付業
　　ニ　宗教法人法（昭和二十六年法律第百二十六号）第四条第二項（宗教法人の定義）に規定する宗教法人又は公益社団法人若しくは公益財団法人が行う<u>墳墓地の貸付業</u>
　　ホ　国又は地方公共団体に対し直接貸し付けられる不動産の貸付業
　　ヘ　主として住宅の用に供される土地の貸付業（イからハまで及びホに掲げる不動産貸付業を除く。）で、その貸付けの<u>対価の額が低廉であること</u>その他の<u>財務省令で定める要件</u>を満たすもの
　　ト　民間都市開発推進機構が民間都市開発の推進に関する特別措置法第四条第一項第一号に掲げる業務として行う不動産貸付業
　　チ　独立行政法人農業者年金基金が独立行政法人農業者年金基金法附則第六条第一項第二号に掲げる業務として行う不動産貸付業
　　リ　食品流通構造改善促進機構が食品流通構造改善促進法第十二条第二号に掲げる業務として行う不動産貸付業
　　ヌ　商工会及び商工会議所による小規模事業者の支援に関する法律（平成五年法律第五十一号）第三条第一項（基本指針）に規定する商工会等が同法第五条第一項（基盤施設計画の認定）に規定する基盤施設事業として行う不動産（同項に規定する施設に該当するもののうち小規模事業者に貸し付けられるものとして財務省令で定めるものに限る。）の貸付業
　　ル　独立行政法人中小企業基盤整備機構が独立行政法人中小企業基盤整備機構法第十五条第一項第八号及び第九号、同法附則第五条第一項第一号から第四号まで、同条第二項第一号並びに同法附則第六条第三項第一号及び第二号に掲げる業務並びに同法附則第八条の二第一項、同法附則第八条の四第一項及び中小企業の新たな事業活動の促進に関する法律附則第四条第一項の規定に基づく業務として行う不動産貸付業

第4条　内国法人は、この法律により、法人税を納める義務がある。ただし、公益法人等又は人格のない社団等については、収益事業を行う場合、法人課税信託の引受けを行う場合又は第八十四条第一項（退職年金等積立金の額の計算）に規定する退職年金業務等を行う場合に限る。
2　公共法人は、前項の規定にかかわらず、法人税を納める義務がない。
3　外国法人は、第百三十八条（国内源泉所得）に規定する国内源泉所得を有するとき（人格のない社団等にあつては、当該国内源泉所得で収益事業から生ずるものを有するときに限る。）、法人課税信託の引受けを行うとき又は第百四十五条の三（外国法人に係る退職年金等積立金の額の計算）に規定する退職年金業務等を行うときは、この法律により、法人

税を納める義務がある。
 4 個人は、法人課税信託の引受けを行うときは、この法律により、法人税を納める義務がある。

第6 宗教法人への課税（課税減免規定の解釈）
(1) 論　点
1．収益事業と非収益事業
　① 34事業該当性
　② 内部取引と外部取引の区別
　③ 会費と預託金の区別
2．区分経理
　一定の収入がある宗教法人には、収支計算書の提出義務がある。
3．宗教法人課税
　① 宗教活動と非宗教活動
　② 信仰の対象が個人である場合、収入の帰属は、個人か団体かが問題となる（紀元会事件）。
(2) 百選51事件　宗教法人の収益事業にかかる収入の範囲
　東京高判平成7.10.19（行集46巻10／11号967頁、税資214号188頁）
〔事実概要〕
1．政令による非収益事業該当性
　宗教法人X（原告・控訴人）は、訴外旧借地権者（以下、本件旧借地権者という）に対して所有土地を賃貸していた。Xの本件旧借地権者に対する本件土地の貸付け（以下、本件旧貸付けという）は、法人税法施行令5条1項5号ヘ（以下、政令という）の要件を満たすため、低廉住宅用地貸付業に係る貸付けとして、非収益事業に該当するものとされていた。
2．譲渡承諾料
　本件旧借地権者は、昭和63年度〜平成2年度までの事業年度において、本件借地権を訴外新借地権者（以下、本件新借地権者という）に譲渡し、Xは、この賃借権の譲渡を承諾したことに伴い譲渡承諾料合計4億5000万円余を収入したが、これを非収益事業に係る収入であるとして法人税の確定申告をしていた。
3．新旧いずれの貸付から発生した収入か
　Y（税務署長—被告・被控訴人）は、本件譲渡承諾料は、Xの本件新借地権者に対する貸付けから生じた収入であり、この土地の貸付け（以下、本件新貸付けという）は、低廉住宅用地貸付業に係る貸付けには該当せず、収益事業としての不動産貸付業に係る収入であるとして、本件更正を行ったものである。Xは、異議申立て及び審査請求を経て出訴した。
　なお、本件譲渡承諾料は、不動産貸付の結果として生じる収入であり、当該収入が旧貸付にかかる収入と認められない限り、収益事業にかかる収入と認められることについては、当事者間に争いはない。

IV 法人税に関する争訟

一審は原告請求棄却。
〔判決主文：控訴棄却〕
判旨：
1. 地代以外の非課税性
「ある時点における貸付けが非課税の要件を満たし、その貸付けから生ずる地代が非課税とされる場合であっても、地代以外に収入する権利金、更新料、更改料等についてもそのすべてが当然に非課税となるわけではないというべき……賃借人が、借地権の設定、更新、条件変更等のために……一時金等を収受した場合においては、右収入は、借地権の設定、更新、条件変更等によって新たに設定された賃貸借関係に基因するものということができるから、新たに設定された賃貸借関係が低廉住宅用地貸付業に係る貸付けとしての要件を満たしているときには、非収益事業とされる低廉住宅用地貸付業に係る収入に該当することになる、というべきである」

2. 譲渡承諾料の法的性格
「借地権の譲渡は、旧借地権者から新借地権者に対して借地権が承継的に移転するという法的効果をもたらすものであるが、実質的には、賃貸人と旧借地権者との間の賃貸借関係を終了させ、新借地権者に当該土地を将来に向かって利用させるものであるから、賃貸人と新借地権者との間に新たな賃貸借関係を設定することにほかならないものであり、賃貸人が借地権の譲渡を承諾した際に収受する譲渡承諾料は、賃貸人と新借地権者との間に新たな賃貸借関係を設定するための対価としての実質を有するものであり、権利金、更新料、更改料等と同様、賃貸人の新借地権者に対する新たな貸付けに基因するものというべきである」

「前記説示のとおり、譲渡承諾料が賃貸人と新借地権者との間に新たな賃貸借関係を設定するための対価としての実質を有するものであって、右のような解釈を採ることが租税法律主義に反するとはいえない」

3. 地主の承諾との起因性
「譲渡承諾料は、……賃貸人の旧借地権者に対する貸付けをそのまま継続する限りにおいては取得できず、新借地権者に貸付けを行うことを承諾するからこそ取得できるものであるから、譲渡承諾料が賃貸人の旧借地権者に対する貸付けに基因するものということはできない」

4. 承諾の時期
「譲渡承諾料が低廉住宅用地貸付業から生じた所得であるか否かは、当該譲渡承諾料を収受すべき時点において、新借地権者に対する貸付けの内容によって、判断されるべきであり、譲渡承諾料の授受が事前になされているからといって、当然に旧借地権者に対する低廉住宅用地貸付業に係る貸付けに基因する所得として非課税とされるわけではなく、譲渡承諾料が事前に収受されている場合であっても、譲渡承諾料を収受すべき時において、新借地権者の新貸付けの内容が決まっていないときは……法人税法施行令五条一項五号ヘ所定の非課税要件を満たさないというべきである」

〔法的分析〕
1. 論　点
本件に関して、譲渡承諾料が収入に含まれるか否かを決定づける要素としては、
① 譲渡承諾料の性質
② 新貸付設定の対価としての性質を有するか否か
③ 譲渡承諾料の出演者が誰であるか

が挙げられる。これらについて本判決（および第一審判決）は一律的な条件を設定した。

2. 新旧帰属
新旧帰属の判定については、個々の取引によってその実質が異なってくることが考えられる。すなわち、譲渡承諾料の性質については、新貸付設定の対価としての性質をもっぱら有するとはいえず、金額設定が借地権価格から導き出したものであっても、旧借地権における地代の後払いの性質を有する場合もありうる。

3. 負担者
実際の出えん者の認定について、課税の公平を理由として判断には影響しない旨判示しているが、実際の出えん者が旧借地権者である場合、課税の不公平をもたらすこともある。

〔参照条文〕
法人税法施行令
（収益事業の範囲）
第五条　法第二条第十三号（<u>収益事業の意義</u>）に規定する<u>政令で定める事業</u>は、次に掲げる事業（その性質上その事業に付随して行われる行為を含む。）とする。
（略）
　五　不動産貸付業のうち次に掲げるもの<u>以外のもの</u>
　　イ　特定法人が行う不動産貸付業
　　ロ　日本勤労者住宅協会が日本勤労者住宅協会法第二十三条第一号及び第二号に掲げる業務として行う不動産貸付業
　　ハ　社会福祉法（昭和二十六年法律第四十五号）第二十二条（定義）に規定する社会福祉法人が同法第二条第三項第八号（定義）に掲げる事業として行う不動産貸付業
　　ニ　宗教法人法（昭和二十六年法律百二十六号）第四条第二項（宗教法人の定義）に規定する宗教法人又は民法第三十四条の規定により設立された法人が行う墳墓地の貸付業
　　ホ　国又は地方公共団体に対し直接貸し付けられる不動産の貸付業
　　<u>ヘ　主として住宅の用に供される土地の貸付業</u>（イからハまで及びホに掲げる不動産貸付業を除く。）で、その貸付けの対価の額が低廉であることその他の財務省令で定める要件を満たすもの

第7　一般に公正妥当と認められる会計処理の基準
1. 税法上の問題点
① 法人税法22条4項と「一般に公正妥当と認められる会計基準」の関係

Ⅳ　法人税に関する争訟

② 船荷証券が発行されている商品の輸出取引による収益の計上時期

2．私法上の概念
① 船荷証券

海上の物品輸送契約による運送品の受取を証し、その引渡請求権を表章する有価証券。傭船者又は荷送人の請求により、運送人・船長・運送人の代理人が発行する（商法767条、768条）。

本件では、原告の請求で運送人が発行し、商品代金取立てのための為替手形に添付して荷為替手形とし、取引銀行に買い取らせた（その後、取引銀行から、荷為替手形の支払時に買主に提供された、と見られる）。

② 荷為替手形

船荷証券等の運送証券をが、手形債権の担保として添付された為替手形。隔地者間の取引において、売主が売買代金を取り立てるため、買主を支払人として為替手形を振り出し、売買の目的物引渡請求権を表章する運送証券を担保として銀行で割引を受け、代金を回収する。銀行は支払地の本支店を通じて支払人に手形を呈示し、支払と引換えに運送証券を交付する。買主は、運送証券と引換えに運送人から目的物を入手することができる。

3．事案の概要
① 原告は輸出取引を業とする株式会社である。原告は海外顧客との取引につき「原告が輸出商品を船積みし、運送人から船荷証券の発行を受けた上、商品代金取立てのための為替手形を振り出してこれに船荷証券を添付し、いわゆる荷為替手形として、これを取引銀行に買い取ってもらう」という方法をとっていた。

② 原告は従前から、荷為替手形の買取時点においてその輸出取引による収益を計上してきており（「為替取組日基準」）、昭和55年3月期及び同56年3月期においても、輸出取引による収益を為替取組日基準で計上して所得金額を計算し、法人税の申告を行なった。

③ これに対し、税務署長は、為替取組日基準により収益を計上する会計処理は、「一般に公正妥当と認められる会計処理の基準」（法人税法22条4項）に適合せず、輸出取引における収益計上については、船積時を基準として収益を計上する会計処理（「船積時基準」）によるべきものであるとして、原告の昭和55年3月期及び同56年3月期の所得金額及び法人税額の更正処分を行なった。

④ 原告が、当該更正処分等の取消を求めて本件訴えを提起した。

第1審及び第2審とも、当該当該更正処分を適法なものとして請求棄却した。原告はこれを不服として上告した。

4．最高裁判旨（最判平5.11.25）
① 法人の収益計上時期に関する一般基準（企業会計原則の採用）

当該事業年度の収益の額は、<u>一般に公正妥当と認められる会計処理の基準</u>に従って計算すべきものとされている（法人税法22条4項）。したがって、ある収益をどの事業年度に計上すべきかは、一般に公正妥当と認められる会計処理の基準に従うべきであり、これによれば、収益は、その実現があった時、すなわち、その収入すべき権利が確定したときの属する年度の益金に計上すべきものと考えられる。

もっとも、法人税法22条4項は、現に法人のした利益計算が法人税法の企図する公平な所得計算という要請に反するものでない限り、課税所得の計算上もこれを是認するのが相当であるとの見地から、収益を一般に公正妥当と認められる会計処理の基準に従って計上すべきものと定めたものと解されるから、右の権利の確定時期に関する会計処理を、法律上どの時点で権利の行使が可能となるかという基準を唯一の基準としてしなければならないとするのは相当でなく、取引の経済的実態からみて合理的なものとみられる収益計上の基準の中から、当該法人が特定の基準を選択し、継続してその基準によって収益を計上している場合には、法人税法上も右会計処理を正当なものとして是認すべきである。

② 輸出取引収益計上の会計処理

<u>船荷証券の交付は、売買契約に基づく引渡義務の履行としてされるものではなく、為替手形を買い取ってもらうための担保として、これを取引銀行に提供するものであるから</u>、右の交付の時点をもって売買契約上の商品の引渡しがあったとすることはできない。そうすると、…為替取組日基準は、右のように商品の船積みによって既に確定したものとみられる売買代金請求権を、為替手形を取引銀行に買い取ってもらうことにより現実に売買代金相当額を回収する時点まで待って、収益に計上するものであって、その収益計上時期を人為的に操作する余地を生じさせる点において、一般に公正妥当と認められる会計処理の基準に適合するものとはいえないというべきである。このような処理による企業の利益計算は、法人税法の企図する公平な所得計算の要請という観点からも是認し難いものといわざるを得ない。

5. 船積日基準に対する反対意見

売主は、取引銀行を介して船荷証券の引渡義務を履行しているのが通例であることからすると、<u>売主が取引銀行に船荷証券を交付する行為は、買主に対するその引渡義務を履行するために必要な行為であるとみることができ</u>、しかも、売主としては、取引銀行に船荷証券を交付することによって、売買契約に基づく商品の引渡義務を履行するために自らが行なうべきすべての行為を完了したこととなる上、これによって、売主が取引銀行に交付した船荷証券は、為替手形の支払と引換に買主に引き渡されることが確実になったものということができる。そうすると、このような輸出取引の場合には、売主が取引銀行に船荷証券を交付した時点で、商品の引渡があったものとして、当該商品の輸出取引による収益を益金に計上するという為替取組日基準による会計処理も、前記の一般に公正妥当と認められる会計処理の基準に適合するものということができる。

また、右の為替取組日基準による会計処理を継続して行なってきている場合には、右のような会計処理の方法が採られているからといって、各事業年度の益金の計上時期を任意に操作することによって不当に税負担を免れ得ることになるとまではいえないと考える。

6. 争点についての法的分析

① 収益の帰属年度

法人の収益をどの年度において計上すべきかについては、次の考え方がある。

現金主義：現実の収入の時点を基準とする考え方

発生主義：現実の収入がなくても所得が発生した時点を基準とする考え方

Ⅳ　法人税に関する争訟

　今日の複雑化した経済社会においては信用取引が支配的で、多数の債権債務が併存し、現金主義で企業の期間損益を正確に把握するのは困難である。そこで、企業会計原則上は、発生主義によって損益を認識すべきものとされている（企業会計原則第2損益計算諸原則1）。法人税法はこの点につき一般的な定めをおいていないが、法人税法22条4項により、企業会計原則にならうことになる。

　発生主義にたつとして、どの時点で所得が確定するか、という問題に対し、判例は、原則として権利（本件で言うと代金請求権）が確定したときに収益が発生する、という見解（権利確定主義）をとる事を明らかにした（企業会計原則、実現主義）。

②　複数基準の可能性とその選択

　さらに最判平5.11.25は、権利確定時期の判断につき、「法律上どの時点で権利行使が可能になるか」という基準を基本としつつも、弾力的な解釈をしている。すなわち、「たえず流動する社会経済事情を反映する課税所得については、税法で確定的に規制をおくよりも、適切に運営されている会計慣行に委ねる方が適切な場合が多いという点が、法人税法22条4項の立法趣旨であるから、基準はひとつに限られず、取引の経済的実態からみて合理的なものとみられる収益計上の基準の中から、当該法人が特定の基準を選択し、継続してその基準によって収益を計上している場合には、その会計基準も法人税法上妥当である」とした。

③　輸出取引に妥当する収益計上基準

　そこで判決は、船荷証券が発行されている本件輸出取引について、次の3つの会計基準を取り上げ、権利確定主義にてらし、その妥当性を検討している。

(A)　船荷証券買主提供時基準

　輸出取引の収益計上時点を、船荷証券が買主に提供された時とする会計処理基準。

〈上記最判の判断〉

　　船荷証券が買主に提供されることによって、商品の完全な引渡が完了し、代金請求権の行使が法律上可能になる。つまり、買主に船荷証券を提供した時点において、商品の引渡により収入すべき権利が確定したものといえる。

　　したがって、同時点で収益を計上するという会計処理が「一般に公正妥当と認められる会計基準」である、と判断した。

(B)　船積日基準

　輸出取引の収益計上時点を、船積時とする会計処理基準。輸入取引実務上、広く一般的に採用されている。

〈上記最判の判断〉

　　今日の輸出取引においては、既に商品の船積時点で、売買契約に基づく売主の引渡義務の履行は、実質的に完了したものとみられるとともに、売主は商品の船積を完了すれば、その時点以降はいつでも、取引銀行に為替手形を買い取ってもらうことにより売買代金相当額の回収を図り得る。このような経済的実態に鑑みると、船積時点において、売買契約による代金請求権が確定したものとみることができる。したがって、同時点で収益に計上するという会計処理も「一般に公正妥当と認められる会計基準」

であると判断した。
(C) 為替取組日基準
輸出取引の収益計上時点を、売主が荷為替証券を銀行に買取らせた時とする会計処理基準。
〈上記最判の判断〉
「一般に公正妥当と認められる会計基準」であるとはいえない、と判断した（判旨参照）。
なお反対意見は、当該会計処理が「一般に公正妥当と認められる会計基準」に適合する、と述べる。反対意見も権利確定主義に賛同しないわけではなく、「荷為替取組」の性質の捉え方が多数意見とは異なっているところから結論に差が生じたものと見られる。すなわち、多数意見が「荷為替取組」を『売買代金回収の手段』としか捉えていないのに対し、反対意見は『買主に対するその引渡義務を履行するために必要な行為』と捉え、この時点で商品の引渡（＝代金請求権の確定）があったと認め得る、と解釈している。
④ 船積みか為替取組みのいずれが重要な要素か
　イ．為替取組日基準に対しては、収益計上基準時を人為的に遅らせることにより納税の繰り延べが可能になる、という問題点がある。この点、反対意見は、毎年継続して為替取組日基準を採用していればこのような問題は生じないと述べている。
　ロ．「為替取組日基準は一種の回収基準と同様の考え方であり、発生主義の観点からは採用に疑問が残る」との指摘もされている。
　ハ．国際的隔地間取引において、商品の「引渡し」が重要なのか、「収益の確実な把握」が重要なのかが問われる。収益計上時期については、課税対象適格性がなければ、課税適状とするべきではないから、後者こそ重要視されるべきではあるまいか。
　L／Cや輸出保険の利用や銀行や運送人の役割なども考慮されるべきであろう。

第8　資産の低額無償取引

（法2条2項、法37条7項8項、所59条1項）

	低額譲渡		無償譲渡（贈与）	
	譲渡側	譲受側	譲渡側	譲受側
法人→法人	①時価と取引額との差額を益金とする。（法人税法22条2項） ②時価との差額は寄付金（法法37条8項）とされ損金算入が制限。 ③時価100万円 取得価額30万円のものを30万円で譲渡した場合 現金30万円／資産30万円 寄付金70万円／売却益70万円	①左と同じ。 ②資産は時価取引とみなされ時価との差額は寄付を受けたものとなる。（法人税法37条8項） 資産100／現金30 ／受贈益70	①左と同じ	①左と同じ ②左と同じ（法人税法37条7項）

Ⅳ　法人税に関する争訟

	低額譲渡		無償譲渡（贈与）	
	譲渡側	譲受側	譲渡側	譲受側
法人→個人	①上と同じ ②譲渡を受けた個人が雇用関係にあると法人は寄付金とされる（役員の場合役員賞与となる可能性がある）。 ③取引先の役員等であると交際費として、損金算入が制限される。	①時価との差額に対し所得税がかかる。 ②雇用関係があれば給与所得とされる。 ③退職時であれば退職所得も考えられる。 ④雇用関係がなければ、一時所得（法人からの贈与）とされる。	左の譲渡例と同じ	左の譲渡例と同じ
個人→法人	①そのときにおける価額に相当する金額により譲渡があったものとみなす。（所得税法59条1項2号）みなし譲渡課税 ②時価100万円で取得費30万円のものを30万円で譲渡した場合 100万円－30万円＝70万円に課税される	①法人税法22条2項 ②時価と譲渡価額の差が受贈益となる ③資産100万円 ／現金30万円 ／受贈益70万円	①そのときにおける価額に相当する金額により譲渡があったものとみなす（所得税法59条1項1号）みなし譲渡課税 ②時価100万円取得費30万円のものを贈与 100万円－30万円＝70万円に課税	低額譲渡と同じ

	低額譲渡		無償譲渡（贈与）	
	譲渡側	譲受側	譲渡側	譲受側
個人→個人	課税なし（所得税59条2項） 時価100万 30万円で譲渡 取得費40万円 30万円－40万円 ＝－10万円 45万円で譲渡 45万円－40万円＝5万円	相続税法7条により時価と取引額との差額について贈与税が課税される（みなし贈与）	課税なし	贈与税課税あり

低額譲渡：譲渡時の時価の2分の1未満（所得税法施行令169条）
法人は22条2項によって2分の1かどうかは無関係に時価が益金となる

	高額譲渡	
	譲渡人	譲受人
法人→法人	①取引額と時価との差額は寄付金とされ、損金計上が制限される。（法人税法37条8項）	課税なし
法人→個人	同上	課税なし

1. P/LとB/S

2. P/LとB/Sの関係

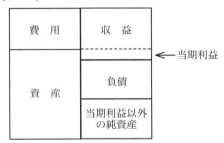

　収益、費用、資産、負債、（資本金等）を借方項目と貸方項目で同額記載し、これを分解することによって、B/S、P/Lが作成できる。

3. 法人→法人の低額譲渡（譲渡側）の場合

　受け取った譲渡対価…現金　30万円
　譲渡により失った資産の原価が30万円なので現金ベースに考えると以下の仕訳になる
　　現　金　30万円　／　資　産　30万円
　　　　　　　　　　／　利　益　　0

　しかし、法人税法22条2項により資産の時価が100万円であるときは、これを30万円で譲渡しても、「100万円で譲渡し、そのうち70万円は譲渡の相手方に寄付したもの」とされる考える。

　　現　金　40万円　／　資　産　30万円
　　寄付金　70万円　／　利　益　70万円
　　70万円は益金　　寄付金60万円は損金不参入

4. 法人→法人の低額譲渡（譲受側）の場合

　時価100万円の資産を30万円で売却したときは、時価で資産計上する。
　　資産　100万円　／　現　金　30万円
　　　　　　　　　　／　受贈益　70万円

Ⅳ 法人税に関する争訟

第9 寄付金と合理的経済目的（清水惣事件）
1．事案（清水惣事件）
原告かつ被控訴人；X 織物、繊維製品、雑貨の売買と貿易を目的とする株式会社
被告かつ控訴人；税務署長

(1) Xは、織物、繊維製品、雑貨の売買と貿易を目的とする株式会社である。訴外Tは、昭和37年11月1日に繊維、化成品の製造と販売を目的として設立された株式会社である。昭和40年11月30日現在におけるTの発行済株式総数は4万株であり、Xは、そのうち1万6028株を保有しており、XとTとは親子会社の関係にあって、ともに法人税法上の同族会社である。

(2) Xは、昭和37年12月1日、Tに対しその事業達成を援助する目的で、期間を3カ年に限り、4000万円を限度として無利息で融資する旨の契約を締結した。この契約に基づき、Xは、Tに対して、昭和39事業年度において各月末残高2654万円の融資を行った。

これに対し、Yは、本件無利息融資につき、年10％の利率による利息相当額を寄付金と認定し、寄付金不算入額として、昭和39事業年度の所得金額に206万1013円、昭和40事業年度のそれに258万2134円を各加算計上する更正処分をした。Xは、この更正処分に対して異議申立てと審査請求を行った上で取り消し訴訟を提起した。

(3) 第1審では、租税回避行為の否認を理由として利息相当額を益金に算入できるかが争われ、Xの請求を容認して本件更正処分を取り消した。これに対し、Yが控訴した。

2．租税回避行為の否認
「租税回避行為の否認」規定としては、同族会社の行為・計算の否認規定（法人税法132条）がある。同族会社の行為・計算の否認規定とは、法人税などにつき、更正または決定をする場合において、その法人の行為または計算で、これを容認した場合には「法人税等の負担を不当に減少させる結果」となると認められるものがあるときは、その法人の行為または計算にかかわらず、税務署長の認めるところにより、その法人に係る法人税の課税標準もしくは欠損金額または法人税の額などを計算することができるとの規定である。

3．争 点
親子会社が子会社に無利息で融資した場合、親会社はどのように課税されるか。
(1) 判 旨
① 法人税法22条2項の要件

法人税法は、各事業年度の所得を法人税の課税の対象とし（法5条）、右所得の金額は「当該事業年度の益金の額から損金の額を控除した金額とする」（法22条1項）と定めている。そして、当該事業年度の益金に算入すべきものとして、「資産の販売、有償又は無償による資産の譲渡又は役務の提供、無償による資産の譲受けその他の取引で資本等取引以外のものに係る当該事業年度の収益の額」を挙げている（法22条2項）が、それは、私法上有

効に成立した法律行為の結果として生じたものであるか否かにかかわらず、また、金銭の型態をとつているかその他の経済的利益の形をとつているかの別なく、資本取引以外において資産の増加の原因となるべき一切の取引によつて生じた収益の額を益金に算入すべきものとする趣旨と解される。そして、資産の無償譲渡、役務の無償提供は、実質的にみた場合、資産の有償譲渡、役務の有償提供によって得た代価を無償で給付したのと同じであるところから、担税力を示すものとみて、法二二条二項はこれを収益発生事由として規定したものと考えられる。

② 対価的意義のある経済的利益

金銭の無利息貸付がなされた場合、貸主はもとより利息相当額の金銭あるいは利息債券を取得するわけではないから、それにもかかわらず貸主に利息相当額の収益があつたというためには、貸主に何らかの形でのこれに見合う経済的利益の享受があつたことが認識しうるのでなければならない。

ところで、金銭（元本）は、企業内で利用されることによる生産力を有するものであるから、これを保有するものは、これについて生ずる通常の果実相当額の利益をも享受しているものといいうるところ、右金銭（元本）がこれを保有する企業の内部において利用されているかぎりにおいては、右果実相当額の利益は、右利用により高められた企業の全体の利益に包含されて独立の収益としては認識されないけれども、これを他人に貸付けた場合には、借主の方においてこれを利用しうる期間内における右果実相当額の利益を享受しうるに至るのであるから、ここに、貸主から借主への右利益の移転があつたものと考えられる。そして、金銭（元本）の貸付けにあたり、利息を徴するか否か、また、その利率をいかにするかは、私的自治に委ねられている事柄ではあるけれども、金銭（元本）を保有する者が、自らこれを利用することを必要としない場合、少くとも銀行等の金融機関に預金することによりその果実相当額の利益をその利息の限度で確保するという手段が存在することを考えれば、営利を目的とする法人にあつては、何らの合理的な経済目的も存しないのに、無償で右果実相当額の利益を他に移転するということは、通常あり得ないことである。したがつて、営利法人が金銭（元本）を無利息の約定で他に貸付けた場合には、借主からこれと対価的意義を有するものと認められる経済的利益の供与を受けているか、あるいは、他に当該営利法人がこれを受けることなく右果実相当額の利益を手離すことを首肯するに足りる何らかの合理的な経済目的その他の事情が存する場合でないかぎり、当該貸付がなされる場合にその当事者間で通常ありうべき利率による金銭相当額の経済的利益が借主に移転したものとして顕在化したといいうるのであり、右利率による金銭相当額の経済的利益が無償で借主に提供されたものとしてこれが当該法人の収益として認識されることになるのである。

③ 寄付金の要件（経済的利益の贈与）

法37条5項（現行法では7項）の規定からみれば、寄付金とは、その名義のいかんを問わず、金銭その他の資産又は経済的利益の贈与又は無償の供与であつて、同項かつこ内所定の広告宣伝費、見本品費、交際費、接待費、福利厚生費等に当たるものを除くもののことであ

Ⅳ 法人税に関する争訟

る。寄付金が法人の収益を生み出すのに必要な費用といえるかどうかは、きわめて判定の困難な問題である。もしそれが法人の事業に関連を有しない場合は、明白に利益処分の性質をもつと解すべきであろう。しかし、法人がその支出した寄付金について損金経理をした場合、そのうちどれだけが費用の性質をもち、どれだけが利益処分の性質をもつかを客観的に判定することが至難であるところから、<u>法は、行政の便宜及び公平の維持の観点から、一種のフイクションとして、統一的な損金算入限度額を設け、寄付金のうち、その範囲内の金額は費用として損金算入を認め、それを超える部分の金額は損金に算入されないものとしている（法37条2項）</u>。したがつて、<u>経済的利益の無償の供与等に当たることが肯定されれば、それが法37条5項かつこ内所定のものに該当しないかぎり、それが事業と関連を有し法人の収益を生み出すのに必要な費用といえる場合であつても、寄付金性を失うことはないというべきである</u>。

④　合理的経済目的（寄付金否定要件）

以上述べたところからすれば、<u>本件無利息融資に係る右当事者間において通常ありうべき利率による利息相当額は、被控訴人が、東洋化成からこれと対価的意義を有するものと認められる経済的利益の供与を受けているか、あるいは、営利法人としてこれを受けることなく右利息相当額の利益を手離すことを首肯するに足る何らかの合理的な経済目的等のために東洋化成にこれを無償で供与したものであると認められないかぎり、寄付金として取扱われるべきものであり、それが法37条5項かつこ内所定のものに該当しないかぎり、寄付金の損金不算入の限度で、本件第一、第二事業年度の益金として計上されるべきこと</u>となる。

第10　役員退職給与として土地の帳簿価額譲渡
（資産の低額譲渡と取引当事者毎の課税）

【問題】

役員退職給与として土地を帳簿価額で譲渡した場合、時価との差額につき益金が認定され、かつ損金経理がないとされた事例。

1. 事　案

青果物の販売を業とするX株式会社は、昭和62年2月、前代表取締役Aの退任に伴い、同人に対し、退職慰労金の一部として、Xの保有する固定資産である土地をその帳簿価額である2500万円で現物支給し、昭和62年2月期の法人税の確定申告において、当該金額を含む8000万円につき退職給与として損金経理をした上、本件土地を現物支給したことによる譲渡利益の額を0円とする申告をした。

これに対し、Y税務署長は、昭和63年4月28日付けで、本件土地の現物支給時の時価相当額は1億6053万4360円であり、帳簿価額との差額1億3553万4360円は、譲渡にかかる収益として益金の額に算入するとともに、損金経理されていない役員退職給与の額と認定し損金の額に算入されないとして、当該事業年度について更正処分及び過少申告加算税の賦課決定処分をした。

レジュメ

これに不服なXは、審査請求の後、本件更正処分等の取消しを求めて訴えを提起。

2. 最高裁判決の判旨（最判平成10年6月12日第二小法廷）

原審の適法に確定したところによれば、Xは、退職した役員に対する退職給与の支給として、上告人の固定資産である土地をその帳簿価額である2500万円で譲渡し、右譲渡に係る事業年度の確定した決算においてその旨の経理をしたが、右土地の右譲渡時における適正な価額は少なくとも1億6053万4360円を下るものではなかったというのであるから、右事実関係の下においては、右土地の譲渡時における右適正な価額と右帳簿価額との差額は法人税法36条にいう損金経理をしなかった金額に該当するとした原審の判断は、正当として是認することができる。

3. 第1審判決

本件土地の現物支給時の時価は少なくとも1億6053万4360円を下るものではなかったと認定した上で、法人税法36条にいう損金経理とは、法人がその確定した決算において費用又は損失として経理することをいうものであって、確定した決算において損金の額に算入されていない金額はここにいう損金経理をしたものとはいえないから、本件土地を帳簿価額で現物支給したことにより、本件土地の時価と帳簿価額との差額に相当する金額についてまで損金経理が行われたと解することはできず、差額1億3553万4360円は法人税法36条の「損金経理をしなかった金額」に該当するとして、Xの請求を棄却した。原審もXの控訴を棄却。

4. 解　説

① 退職給与の法的性格

役員に対する退職給与は、その役員の法人在職期間中の職務執行に対する対価であり、報酬の後払いとしての性格を有すると同時に、一般の従業員に対するそれと異なり、功労報奨としての利益処分たる性格をも有しているから、法人税法36条は、そもそも損金経理をしない金額については、いわば利益処分によるべきものとして損金の額に算入することを認めていない。

本件のように、退職給与を法人の保有する固定資産などの現物で支給した場合において、当該資産の時価と帳簿価額とが乖離している状況の下、その帳簿価額をもって現物支給したごとく経理処理をした場合には、形式的には時価と帳簿価額との差額について損金経理をしていないことになるが、このような場合に当該差額の損金算入が認められるか否か、問題となる。

② 損金算入の可否

　A. 損金不算入説

法人税法36条の文理を忠実に解釈して、「損金経理をしなかった金額」は損金不算入とする見解である。すなわち、同法2条25号によれば、損金経理とは「法人がその確定した決算において費用又は損失として経理することをいう。」とされ、帳簿価額をそのまま退職給与の額として経理処理している以上、損金経理されているのは帳簿価額のみであり、時価との差額については損金経理していないから、損金算入は認められない

IV 法人税に関する争訟

とするものである。
   B．損金算入説
   法人が帳簿価額によって経理処理するのではなく、時価評価したにもかかわらず、課税庁のした評価額を結果的に下回ったがために、形式的にその部分が損金経理されていないこととなるが、このような場合にまで損金算入を認めないとすることに疑問視される。
   C．限定的損金算入説
   原則としては、損金不算入の立場に立ち、法人が帳簿価額によって損金経理をしている場合には、時価と帳簿価額が近接している場合にはともかく、そうでない場合は、時価との差額は「損金経理をしなかった金額」と解さざるを得ない。時価評価についてそれなりの努力をしたにもかかわらず、課税庁との見解の相違により生じた差額については、損金経理による意思表示がされているものとして取り扱うべきとする。
③　課税庁の考え方
課税庁は損金不算入説に立っており、本件Yもこの見解によって更正処分等をしたものである。
本件に係る第1審及び控訴審もこの立場に立って判断しているものと思われる。ただし、本件の場合、本件土地の帳簿価額によって経理処理していることから、C説の立場に立ったとしても損金算入を認めることはできないとの結論に至ると考えられるので、本判決によってC説が否定されたとまではいえないと解される。

5. 役員報酬、役員賞与、退職金

法人が使用人に対して支給する給与は人件費として、原則としてすべて損金に算入される。

しかし、法人の役員は、法人に対して使用人とは異なる特殊の関係に立っているため、役員に対する給与については使用人と異なる取扱いがなされてきた。その代表的なものは、役員賞与は損金に算入しないという制度であった。（平成18年度改正前の法人税法35条1項）役員の賞与は商法において伝統的に利益処分の性質を持つという考え方が強かったため、既に獲得した利益を処分する行為は利益を獲得するために必要な支出ではないからである。

この制度の適用を回避するため、役員賞与の金額を圧縮して役員報酬の金額や特殊関係使用人の給与の額を増大させるという傾向が生じたため、これに対処するための措置として、過大な役員報酬、退職給与の損金不算入の制度（法人税法34条、36条）、および過大な特殊関係使用人給与、退職給与の損金不算入の制度（法人税法36条の2、36条の3）が設けられていた。

6. 検討事項

①　役員退職給与につき損金経理を要求した趣旨
隠れた利益処分に対処するためであった。
②　最判平成10年6月12日
本件は、役員の退職給与を法人の保有する固定資産などの現物で支給した場合において、当該資産の時価と帳簿価額とが乖離している状況の下、その帳簿価額をもって現物支給し

たごとく経理処理した場合には、形式的には時価と帳簿価額との差額について損金経理をしていないことになるが、このような場合に当該差額の損金算入が認められるか否かが問題となった。

これに対して判決は、帳簿価額と適正な価額との差額は損金経理をしなかった金額に該当すると解したものである。

③ 新会社法

平成18年度改正の会社法は役員への賞与支払を<u>利益の処分として扱わない</u>こととした。法人税法は平成18年度改正で「役員給与」という概念を用いた上で、「定期同額給与」「事前確定届出給与」「利益連動給与」の三種類の役員給与を損金に算入することとして、損金に算入される役員給与の範囲を拡大した。

④ 損金経理

法人税法2条25号「法人がその確定した決算において費用又は損失として経理することをいう」

⑤ 役員の退職給与

退職給与は損金経理しなければ損金算入できない項目であった。

イ．平成18年改正前法人税法36条

「内国法人が各事業年度においてその退職した役員に対して支給する退職給与の額のうち、当該事業年度において損金経理をしなかった金額及び損金経理をした金額で不相当に高額な部分の金額として政令で定める金額は、その内国法人の各事業年度の所得の金額の計算上、損金の額に算入しない。」

ハ．現行法人税法36条において、<u>損金経理の要件は削除された。</u>

「内国法人がその役員と政令で定める特殊の関係のある使用人に対して支給する給与（債務の免除による利益その他の経済的な利益を含む。）の額のうち<u>不相当に高額な部分の金額</u>として政令で定める金額は、その内国法人の各事業年度の所得の金額の計算上、損金の額に算入しない。」

⑥ 34条参照

第11 出資の税務

1．発行会社

資本金等の金額

資本等取引（法22条5項）で課税対象とならない

① 資本金等の増加又減少

② 利益又は剰余金の分配

2．払込株主

様式を取得することになる。

3．他の株主

他の株主に経済的利益が移転することがある（法22条2項、相法9条）。

Ⅳ 法人税に関する争訟

4．株主割当
① 発行金額
② 払込株主

　通常同条件で全員に割当する。

③ 他の株主

5．第三者割当
① 第三者割当とは、株主割当以外すべて
② 払込株主

　払込した金銭の額が取得価格となる。

③ 時価割当
④ 有利割当の場合

　払込株主の取得価格は、時価（通常要する価格、法令119条1項4号）となる。
　受贈益も発生する（資産の無償譲り受け）。

6．有利発行増資のケース
最判H18.1.24オーブンシャ事件

7．不利発行増資の例
名古屋高判H14.5.15

8．株式の併合・分割
課税問題は、発生しない。

9．自己株式
① 発行法人が取得するとき
② 自己株式の譲渡
③ 自己株式の消却
　イ．純資産（資本金等の額＋利益積立金額）
　ロ．税法上は、どこから出金したかを分析する。
　　H13　法人税法改正
　ハ．法22条5項
④ 譲渡法人と発行法人
⑤ 公開買付
　イ．発行法人
　ロ．譲渡法人
⑥ 相続株式の自己株式の取得

　株主にみなし配当課税しない。

10．上場株式の譲渡
軽減税率　10％

11．自己株式の譲渡
株式の発行と同様に考える。

　　　　現金150　／　資本金等の額150
　　　　現金150　／　自己株式100
　　　　　　　　　　その他資本金剰余金50

12．自己株式の消却
　自己株式の取得時、資本金等の額を減額処理しているため、税務上は既に消却してしまっていることになり、税務上の処理は発生しない。

13．現物出資
　①　適格現物出資
　　　出資法人　有価証券　／　純資産（帳簿価格）
　　　受入法人　純資産　／　資本金等の額（帳簿価格）
　②　非適格現物出資
　　　出資法人　純資産（時価）　／　資本金等の額（時価）
　　　受入法人　純資産（時価）　／　資本金等の額（時価）
　　　　　　　　のれん（時価）　／　資本金等の額（時価）
　③　適格・非適格は、選択できない（強制である）。

14．出資者が個人
　①　個人には、適格・非適格はない。
　②　所59条2項に注意。
　　　時価の1/2未満なら、みなし譲渡課税となる。

15．DES
　①　現物出資である。
　②　適格現物出資
　③　非適格現物出資
　　（出資法人）　有価証券　／　債権額
　　　　　　　　　現物出資損失／
　損金となしうるかは、法基通2-3-14によって判定される。
　　（受入法人）　債務額　／　資本金等の額（時価）法令8①
　　　　　　　　　　　　　／　債務消滅益
　債務消滅益が発生すると、法人税法59条により、債務免除益課税が問題となる。

第12　会計税務用語
1．価額…時価を意味する
2．純資産＝資産－負債
3．課税繰延（Deferral）…課税時期が遅れること
4．未実現利益…発生しているが、未だ実現されていない利益
5．帰属所得…自己の財産や自己の能力から、市場を通さないで得られる経済的利益
6．繰越控除…ある年度の損失を、後の年度の所得から相殺すること

Ⅳ　法人税に関する争訟

7. 費用控除…所得を獲得するための支出等は、得られた収入から控除すること原資を回収（回復）して、原資の維持を図るためである。
8. 損益通算…原資部分に課税を及ぼすことを避けるためになされる損失控除のことである。
9. 原　　価…資産の取得または生産のために費やされた財貨で、金銭的に表したもの。製品等の作成のために消費されたものは原価となるが、資金調達などの財務的活動から生じる費用は原価ではない。異常な状態によって生じた費用も原価に含めない。
10. 資　　産…所得の年度に控除できなかった支出で、将来の費用のことである。
11. 必要経費…所得税法上、費用。控除が認められる項目で、原価と費用が含まれる。
12. 売上原価…その年度に販売された、たな卸資産（商品や製品）に対応する取得原価のことである。
13. 損金経理…法人がその確定した決算において、費用又は損失として経理すること（法人税法2条25号）である。
14. 損金算入…法人が、ある事業年度において益金から控除するべき損金として計上すること
15. 確定決算…株主総会の承認を得た決算
16. 原価計算…会社の決算分作成、原価削減、予算管理、経営計画策定などのため、製造業の原価を計算すること
17. 圧縮記帳…圧縮記帳とは譲渡益などに課税されるのを避けるため、一定の事情がある場合や租税政策上の理由から一定の要件に該当する場合、譲渡益部分の損金算入を認めた税法上の技術的な計算規定である。
18. 減価償却…建物や機械などの償却資産はその使用に伴い価値が減少するが、原価償却とはその価値減少分を会計的に表現したものである。
19. 青色申告者…青色申告とは、複式簿記等の正式な記帳の方法に基づいて帳簿を記帳し、その記帳から正しい所得や所得税や法人税を計算して申告することで、租税特別措置法によって青色申告特別控除などの特典が認められているもの。
20. 税制適格…課税の繰り延べを受け得る法的地位のことである。
21. 取　得　費…取得費とは売った土地や建物の原価のことである。
22. 更　　正…更正とは納税者が申告した内容に計算間違い、又は税法に違反していることが判明した場合、課税庁が正しい税額に是正することである。
23. 企業会計原則…企業会計の一般的規範をあらわすものである。一般原則・損益計算書原則・貸借対照表原則からなる。

第13　簿記の基礎知識

1. 簿記の基本用語

①取　引…<u>企業の財産に増減変化</u>を与え、損益を生じる事項のことを取引という。

②仕　訳…取引を2つの要素（勘定科目）に分解し、左側（借方）と右側（貸方）に配置する作業をいう。
③勘定科目…複式簿記の仕訳や財務諸表などに用いる表示金額の名目をあらわす科目で、勘定と省略されることもある。
④転　記…仕訳したデータを「元帳」に記帳することを転記という。
⑤元　帳…仕訳された「勘定科目」が全部記帳された帳簿を総勘定元帳という。
⑥集　計…元帳に転記されたデータを電卓やソロバンで集計する作業である。
⑦資算表…元帳に集計された合計金額を集めて、一覧表にまとめたものが資算表である。
⑧決　算…仕訳や元帳に転記した内容をチェックし、誤りを修正し、その期間の損益を正しくつかむための処理を決算という。
⑨決算書…1年間の企業の活動状況をまとめた報告書（会社法では「計算書類」という）である。

2. 決算書（BSとPL）

資産は、負債と純資産の合計である。収益から費用を引いたものが、その期の利益である。これを図示すると次の通りとなる。

貸借対照表	損益計算書
Balance Sheet B/Sと略す。	Profit and Loss Statement P/Lと略す。
企業の財政状態を表示するもの。	企業の経営成績を表示するもの。
B/S 資産 ｜ 負債 　　　｜ 純資産	P/L 費用　　｜ 当期純利益 ｜ 収益

3. 簿記上の取引と簿記上の非取引

① 財産増減と損益増減

取引とは、<u>企業の財産に増減変化（財産増減）</u>を与え、<u>損益を生じる事項（損益増減）</u>のことをいう。

② 簿記上の通常取引

一般的に取引とされ、簿記上も通常取引とされているものは、次の通りである。

イ．仕入れ
販売するため商品を仕入れる。

ロ．広告
販売を目的として広告宣伝を実施する。

ハ．販売
商品をお客に販売する。

Ⅳ　法人税に関する争訟

　ニ．経費支払

　　　社員の給料や家賃などの経費を支払う。
　③　簿記上の特別取引
　企業の財産に増減変化があるものが、簿記上の取引となるから、次の例のように、日常用語では「取引」といわないものでも簿記上は取引となる。

　イ．盗難

　　　現金や商品が盗難にあった。

　ロ．焼失

　　　火災が発生し、商品や備品が焼失した。

　ハ．天災

　　　風水害にあい、商品や備品に被害が生じた。

　ニ．交通事故

　　　交通事故にあい、車が壊れ修理代を支払った。
　④　簿記上の非取引
　日常用語では「取引」があったとされているものでも、企業の財産に増減変化があるまでは、簿記上の取引にはならない。次のものがある。

　イ．発注・受注

　　　商品を買う注文をしたとか、表品を売る注文を受けた場合、まだ、商品の受け取りとか、引き渡しをしていないから、商品に増減は生じていないので、この段階では、簿記上の取引にはならない。その後、商品を受け取ったり、引き渡したりした時点で、取引が発生することになる。

　ロ．契約締結

　　　建物や駐車場を借りる契約をした場合、契約をしただけで、金銭の支出をしない時点では、簿記上の取引にはならない。契約の後、実際に敷金や家賃の支払いをした時点で、簿記上の取引になる。

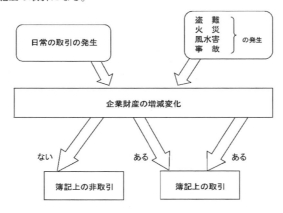

4. 元帳・試算表・B/S・P/L

　試算表は、元帳のすべての科目を集計したもので、資産、負債、純資産、収益、費用の一覧表である。試算表の中の資産、負債、純資産を集めて「貸借対照表B/S」を作り、収益と費用を集めて「損益計算書P/L」を作る。この２つの表が「決算書」であり、この関係を図示すると、次のようになる。

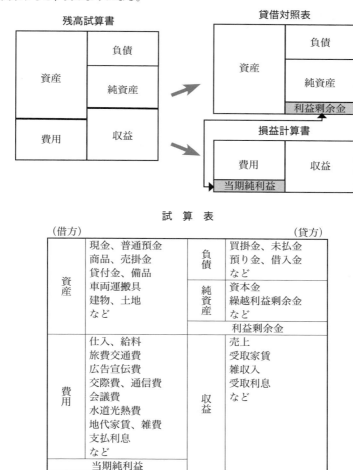

5. 借方・貸方の増減

　損益計算書の当期純利益は貸借対照表の純資産（利益余剰金）の期間増加額と一致する。
　上記の残高試算表を略式の貸借対照表と損益計算書に分解すると次のようになる。

IV 法人税に関する争訟

残高試算表

借方	勘定科目	貸方
250	現金	
350	売掛金	
400	商品	
	買掛金	300
	資本金	500
	商品売買益	800
300	給料	
100	支払家賃	
200	雑費	
1,600	合計	1,600

貸借対照表
平成25年3月31日

現金	250	買掛金	300
売掛金	350	資本金	500
商品	400	利益剰余金	200
合計	1,000	合計	1,000

損益計算書
平成24年4月1日〜平成25年3月31日

給料	300	商品売買益	800
支払家賃	100		
雑費	200		
当期純利益	200		
合計	800	合計	800

「負債」「純資産」「収益」は、逆に「貸方が増加」「借方が減少」になる。
この増・減の配置をまとめると次のようになる。

試算表

借方		貸方
増加	資産	減少
減少	負債	増加
減少	純資産	増加
減少	収益	増加
増加	費用	減少

勘定科目毎の記入は、次のようになる。

資産の科目		負債の科目	
増加	減少	減少	増加

		純資産の科目	
		減少	増加

費用の科目		収益の科目	
増加	減少	減少	増加

第14 法律家の決算書分析

1. 決算書分析の方法

① 自己資本比率（Equity ratio net worth ratio）をみる

自己資本が大きいほど、負債（他人資本）に頼らずに安定した経営をしていくことを示す。

資産	負債（他人資本）
	純資産（自己資本）

自己資本比率＝純資産÷資産

自己資本は「資本金、資本準備金、利益準備金、剰余金（任意積立金、当期末処分利益）」から構成される。

これらを総資産で割ることによって、自己資本比率が算出される。

② 総資本利益率（ROA、Return on Assets）をみる

費用	利益
収益	収益

総資本利益率＝利益÷資産

ROAは、企業が全ての資本を利用して、どれだけの利益をあげているかを示す総合的な収益性の指標である。

③ お金の流れの把握

「資産→費用→収益→利益→資産」というお金の流れを覚える。

「収益－費用＝利益」という公式を覚える。

事務所開設→人件費・家賃支払→売上確保→利益留保→資産増加の流れは、企業分析の対象と同じである。

④ 分析のポイント
　イ．大きな数字を把握する。
　ロ．簡単な割算を覚える。
　ハ．簡易な公式を覚える。

2．租税法律関係の分析
① 私法取引を所与のものとする。
② 財産・所得・消費などを課税対象としていることに気付く。
③ 租税法には、課税要件と減免要件しかないことを覚える。
④ 実体要件（必須要件）と手続要件（遅滞しても失権しない）と公的義務（単なる義務で一切の制裁なし）を明確にする。

3．税務調査
① 種類
　任意調査であり、被調査者の同意がなければ調査できない。
② 質問調査権と行政指導を区別する。
③ 平成23年国通法74条改正により、新しい税務調査の公正基準（事前通知と再調査の制限）が示された。
④ 仕入れ税額控除

4．公的義務と制裁
① 間接強制の原則
② 行政強制と民事強制

Ⅳ　法人税に関する争訟

5．所得税
課税対象・税額・年度帰属・課税対象・源泉徴収

6．法人税
会社法と法人税法の関係（後者は、前者の特段の定めである）

7．相続税
相続財産・相続債務把握・分割協議・軽減措置・資産評価

8．消費税
自動販売機スキーム・人材派遣スキーム・仕入税額控除・転嫁

9．法律事務所の税
① 源泉・消費税・年度帰属・預託金・法人化メリット。
組合契約・報酬分割契約
② 鹿野事件・松本事件・宮岡事件・戸谷事件

10．弁護士会の税
① 会館課税問題
② 京都弁護士会事件
③ 収益事業と公益事業の区分
④ マンションの敷地利用と国税庁HP

11．川神裁判官講演
事実の争いがあり、原告が希望するなら必ず証人調べをする。

12．租税訴訟の現状と問題点
① 10％以下の原告勝訴率である。
② 「正義なき国家は大盗賊集団である」（アウグスチヌス）
③ 民主主義は、納税者のネットワークによって実現される。

13．事業承継
① 株式譲渡
売るか贈与か相続かの選択をすることになる。
② 土地相続
相続する人によって課税額が異なる。
③ 代償分割の利用
換価分割は譲渡税がかかるので避け、代償分割を利用する。
④ 軽減措置の利用
イ．配偶者の軽減
ロ．小規模宅地の評価減

第15　租税法の論点
(1) 租税法の基本事項
1．租税概念

2. 租税法律主義
3. 課税要件
4. 租税回避
5. 所得概念
6. 所得移転
7. 所得帰属
8. 所得分類
9. 所得計算
10. 所得の年度帰属
11. 法人課税と個人課税
12. 事業体課税
13. 法人所得の計算
14. 株主・法人間取引
15. 租税の確定手続
16. 源泉徴収

(2) **租税法問題の分析法**

租税法問題の分析は、次の段階を経て行う。

① 先決的私法取引における私法法律関係の分析及びその根拠私法の特定
② 課税処分探しとその特定
③ 課税処分の根拠法探しとその課税実体要件の特定
④ 課税実体要件と課税手続要件の分離
⑤ 論点の抽出（違法事由の判定）
　イ．私法上の事実認定問題か
　ロ．租税法の解釈問題か
　　A) 侵害規範の解釈か
　　B) 授益規範の解釈か
⑥ 主要判例における争点の整理

Ⅴ　地方税に関する争訟

弁護士　脇谷　英夫

Ⅴ　地方税に関する争訟

はじめに

　ただいまご紹介いただきました東京弁護士会の脇谷英夫と申します。
　今回が「超・実践！租税争訟専門講座」と題した連続講座の最終回です。これまで4回にわたって経験豊富な先生方にご講演をいただいております。これから私が話すことは、もしかしたら過去の4人の先生方が話したことと正反対のことを言うかもしれません。しかしその点に関しては、物の見方が違えばいろいろな考え方があるという程度の軽い気持ちでお聞きください。誰の考え方が正しくて誰の考え方が間違っているという話ではなく、力点の置き場所を変えると考え方も変わるというレベルの話でしかありません。その点を前置きとした上で、本題の地方税に関する争訟について話を進めていこうと思います。基本的にはレジュメに沿ってお話しします。

第1　地方税概観

1　地方税の概要

　地方税とは地方公共団体が賦課徴収する租税の総称のことをいいます。国税という呼び方に対応するものです。これまで取り上げられてきた所得税、法人税、相続税・贈与税はいずれも納税者が確定申告をして自分で税額を計算して納付する、いわゆる申告納税方式の税金でした。しかし、地方税の場合は、住民税のような申告納税方式の税金のほかに、固定資産税のような税額と納付すべき期限の書かれた賦課決定通知書と納付書が送られてくるという賦課決定方式の税金があるところに特徴があります。

2　地方税の複雑性

(1)　地方税の二重構造

　別紙1（レジュメ13ページ）に国税と地方税を対比した租税の体系があります。国税は、普通税、目的税と分かれています。一方、地方税はまず道府県税と市町村税に分けられ、それぞれが普通税と目的税とに分かれています。つまり、道府県税と市町村税との二重構造になっているのが地方税の一つの特徴です。これは地方自治が二重構造になっていることを反映したものですが、問題はその税目で、こういう税目だから当然に道府県税、市町村税とは

確定できない点がややこしいところです。例えば、道府県税の普通税の一番下の項目に固定資産税（特例分）とあります。これは道府県が固定資産税を課すということです。では固定資産税は道府県税かというと、市町村税の普通税の上から2番目にも固定資産税があります。こちらのほうがどちらかといえばポピュラーです。固定資産税といえば通常は市町村税のそれをイメージします。

つまり、固定資産税だから市町村税だ、道府県税だ、とは一概に決められないという部分があり、その意味で少しややこしい点があるというわけです。

(2) 東京都の特殊性

では東京都の場合はどうなるかです。実は東京都の場合は課税関係が若干複雑になっています。どのように複雑かというと、道府県税の中に道府県民税があって、市町村税の中には市町村民税がありますが、東京都の場合はこれを合わせて都民税と呼んでいます。

それから特別区である東京23区内の一定の税目（具体的にいうと市町村税に属する固定資産税、都市計画税、特別土地保有税等）は、特別区ではなく、東京都が課税主体になっている点にも注意が必要です。

(3) 都税事務所・県税事務所・市税事務所

ところで、東京都の場合は、都税事務所、例えば港都税事務所等が設置されています。東京23区内の固定資産に関する課税主体は東京都ですが、東京都知事が都民に直接課税しているのではなく、都知事は都税事務所長に賦課徴収権限を委任しています（東京都都税条例4条の3）。ですから、23区内の固定資産税に関して送られてくる通知の名義は都税事務所長になっています。

東京都以外の場合でも県税事務所や市税事務所が設置されていることがあります。しかし、県税事務所や市税事務所から通知が届いたからといって、東京都のように賦課徴収権限が委任されていると即断しないように注意してください。必ずしも事務所長が賦課徴収権限の委任を受けているとは限らないからです。

例えば、大阪市にも名古屋市にも市税事務所があります。しかし、大阪市の場合は今のところ市長が市税事務所長に賦課徴収権限を委任しておりません（別紙2（レジュメ14ページ））。名古屋市の場合は市長が自ら課税してい

V 地方税に関する争訟

る場合と市税事務所に賦課徴収権限を委任している場合があります（名古屋市の市税事務所長委任規則、別紙3（レジュメ15ページ））。

したがって、必ず賦課決定処分の名義人が市長か市税事務所長かを確認する必要があります。

どうして課税処分の名義の確認をしなければならないのかというと、それは不服申立前置主義に関わってくるからです。

3 不服申立手続

処分取消しの訴えでは不服申立前置主義が採用されています。国税の場合は、通常、異議申立て及び審査請求という二段構えの不服申立手続を適法に経由しないと、訴訟の段階で訴訟要件を充足したことにはなりません。地方税の場合は、地方税法19条の12で「異議申立て又は審査請求に対する決定又は裁決を経た後でなければ」とされています。国税の場合と異なり不服申立てとして経由しなければならないのは一段階なのですが、それが異議申立てなのか審査請求なのか、単純には決められないという複雑さがあります。

別紙4（レジュメ16ページ）は地方税に関する不服申立制度についての説明です。

具体的に見てみますと、例えば、道府県税の場合、知事が県税事務所長に処分権限が委任している場合と、賦課徴収権限を委任していない場合とで、不服申立ての方法が違っています。

前者の場合は知事が上級行政庁に該当することになるので、知事に対する審査請求という手続で不服申立てを行うことになります。それに対して後者の場合は知事に対する異議申立てという手続きで不服申立てを行うことになります。

市民税の場合も同様です。市長が自分の名義で処分している場合には、市長に対する異議申立てにより不服申立てを行うことになります。先ほどの例でいうと大阪市がこれに当たります（別紙2（レジュメ14ページ））。他方、市長が市税事務所長に賦課徴収権限を委任している場合は市長に対する審査請求ということになります。先ほどの例でいうと名古屋市において市税事務所長が処分する場合がこれに当たります（別紙3（レジュメ15ページ））。

当然、それぞれ不服の申立先が違うことになりますので、気を付けなけれ

ばならないということです。

　さらに複雑にしているのが固定資産税の評価に関する不服がある場合です。この場合上記の不服申立てとはまた違う「審査の申出」というやり方で行わなければなりません。賦課決定処分を争う中で評価の適否を争うことは許されておりません。別紙8（レジュメ22ページ）が価額に不服のある場合の審査の申出に関する制度であり、東京都の固定資産評価審査委員会の例です。

　このように、固定資産税については、賦課決定を争う場合には異議申立て又は審査請求という手続で、評価を争う場合には審査の申出という手続でそれぞれ不服申立てを行う必要が出てきます。同じ年度の固定資産税に関して賦課決定の内容と評価の内容を争うとした場合であったとしても、前者について異議申立て又は審査請求を行い、後者については別に審査の申出を行わなければなりません。

　上記のとおり、地方税に関しては大きく分けると3つの不服申立ての手段があり、それぞれ適正なものを選んでいかなければ訴訟の段階で不服申立前置主義をクリアしたことにはならないということを注意をしておく必要があります。

第2　固定資産税の概要

　今回は訴訟がテーマですので、一番多く訴訟事件となっているであろう固定資産税に絞って話を進めていこうと思います。

　そこで、まず固定資産税の概要を簡単にお話しした上で、訴訟の場合に注意すべき点へと入っていきたいと思います。

1　定　義
　固定資産税とは固定資産を課税物件として課せられる租税です。ここにいう固定資産とは土地、家屋及び償却資産の総称です。

2　性　質
　固定資産税を考える場合に、1つ必ず押さえておかなければならないことは、固定資産税の性格をどのように理解するのかという点です。

　考え方として、固定資産を所有することに担税力を認めた財産税と理解す

る立場と、固定資産の利用に伴う収益に担税力を認めた収益説との対立がありました。

　しかしこの対立は、最高裁判所平成15年6月26日判決によって、一応の決着がつきました。最高裁判決は、「土地に対する固定資産税は土地の資産価値に着目し、その所有という事実に担税力を認めて課する一種の財産税であって、個々の土地の収益性の有無に関わらずその所有者に対して課するものである」と判示し、固定資産税の性格は財産税であるとしました。判決の中で出てくる「担税力」というのは税金を負担するだけの経済的余裕があること、経済能力があることという意味です。つまり簡単にいえば、「こういう土地等を持っているということは、それだけお金持ちなのだからそれに着目して税金を課します」という税金であって、土地の収益が上がるとか上がらないとかは固定資産税に関しては関係がないという判決です。

　固定資産税の性格は、固定資産税を考える上で基礎とせざるを得ません。なぜかというと、固定資産税を含む地方税に関しては正直言ってあまりきちんとした文献がなく、研究もされていないからです。所得税、法人税、相続税、贈与税、消費税という国税については文献がたくさん出ていますし、研究もされています。判例に関するデータベースも充足しています。ところが地方税となると、「地方税」という本はあっても、固定資産税、住民税という題名の本はそれほど多くはありません。全くないわけではありませんが、その内容は単に制度の概説をしているだけであって、論点やこれに関してどのような考え方があるか、どのように理解すべきかなどを説明した体系書的なものはあまりありません。古い本はありますが新しい本ではないのが現状です。そのため、実際に裁判等で条文の解釈をどうすべきか、何かをするときにどうすべきかを明らかにするときには、税法に関する基本的な考え方や最高裁判所等の出した判断やその根拠になる価値判断等を基準に、法解釈なりを自分で作り上げていかなければならないという特徴が地方税にはあります（そういう意味で、固定資産税を含む地方税に関する基本的な判例はきちんと押さえておく必要があります）。

　したがって、固定資産税に関する問題を検討する場合も、最高裁判決の示した固定資産税の性格を基礎として立論を展開する必要があるというわけです。

第2 固定資産税の概要

3 納税義務者

納税義務者は土地、家屋又は償却資産の所有者です。土地又は家屋の所有者とは単なる所有者ではなく、登記簿又は土地補充課税台帳若しくは家屋補充課税台帳に所有者として登記又は登録されている者です。いわゆる台帳課税主義といって、1月1日に所有者として載っている者に納税義務があると決まっています。ただ例外として、もともと登記・登録されている人間が既に死亡している場合や、譲渡したが登記・登録だけが残っている場合は、それを現に所有している者が納税義務者になります。

4 課税主体

固定資産税は一般的には市町村税であり、東京23区の場合は東京都が課税主体になります。ただ、道府県が課する場合もあるということは説明したとおりです。

5 非課税制度

固定資産税についてしばしば問題となるのは非課税の規定の適用に関してです。

固定資産税は土地家屋の所有者に課せられるわけですが、同時にいろいろな理由から非課税になる場合が認められています。わかりやすい例でいうと、国の所有する土地に関しては固定資産税が非課税とされています。

非課税規定の適用に関して多数トラブルになっている類型をレジュメにいくつか挙げました（レジュメ2ページ）。宗教関係、学校関係、社会福祉法人関係の実例が多いようです。

宗教関係では、例えば一定の境内地等に関しては非課税となりますが、この非課税規定の適用に関して最近問題になっているものとして、動物関係の葬送や埋葬している区域が墓地や境内地に当たるのかどうかという点があります。レジュメ2ページに示した2番目の判例で東京高等裁判所平成20年1月23日判決は、類似の事件では初めて納税者が勝訴した事件だと思います。これは一審で敗訴して二審の高等裁判所で勝訴したという比較的珍しいケースでもあります。この判決が出ましたので、動物関係の葬送にも非課税規定の適用が認められることになるのかとは思っていたのですが、実際にはこの事案での勝訴の背景には特殊な事情があったようです。最後に挙げた東京高

V 地方税に関する争訟

等裁判所平成24年3月28日判決も動物関係の事件ですが、これは一審、二審ともに敗訴しています。この動物関係はこれからいろいろとややこしい問題になってくる部分があるかもしれません。

宗教関係の非課税規定の適用に関してもう1つ問題となるのは、「宗教の用に供する」という要件の点です。例えば、宗教施設を建設しているときに、それがいつの段階から境内地になるのかという点です。

宗教の用にいつから供されたのかが争いになった事件があり、3番目の東京高等裁判所平成20年10月30日判決がこれです。これは一審も二審も敗訴でした。「宗教の用に供する」という文言を非常に厳格に考えるなら宗教活動を開始した時点になるわけですが、宗教活動は突然始められるものではなく、例えば宗教施設を建設するというような宗教活動の準備活動も当然存在するわけです。この事案では準備活動そのものを始めたときに境内地になるかどうかが問題となったわけですが、前記の裁判例は、実際に宗教活動をしているわけではないので「工事中等の段階では非課税規定の適用はない」と判断しています。

同じ問題は学校関係の非課税規定の適用に関する場合にも生じています。例えば、「教育の用」についていつ供したことになるのか、実際に授業を始めたときからになるのか、校舎を建築するときからになるのかといった点が争われています。

このような宗教関係、学校関係、社会福祉法人関係等に関する非課税規定をめぐる紛争はかなりの数があるようです。この種類の事件を取り扱う場合にはいろいろと判例を調べてみる必要があると思います。

6 課税標準

課税標準とは、課税物件である物、行為、事実の金額、価額、数量のことです。固定資産税の課税標準は、賦課期日つまり1月1日における固定資産の価格として固定資産課税台帳に登録された金額のことをいいます。土地又は家屋の場合は土地や家屋の課税台帳等に登録された金額です。ここにいう金額は「適正な時価」と法律で決まっています。

問題となるのは、「適正な時価」とは何かということです。

最高裁判所平成15年6月26日判決（先ほどの固定資産税の性格に関して判断した判決）は、固定資産税は一種の財産税だと述べた上で、「適正な時価と

は、正常な条件の下に成立する当該土地の取引価格、すなわち客観的な交換価値をいうと解される」として、適正な時価とは客観的な交換価値だと判断しました。適正な時価を客観的な交換価値と読み換えただけで何が変わるのだという問題はありますが、この判決はいろいろと使い勝手のよい判決ではありますので、きちんと覚えておく必要があります。

7　税　額

これは課税標準×税率で決まるということです。

固定資産税の概要は、大体このようなものです。

第3　固定資産税の賦課決定

固定資産税に関する争いについては、大きく2つに分けて考える必要があります。1つは、固定資産税の賦課決定の適法性に関する争いです。もう1つは、固定資産の評価の適法性に関する争いです。

なぜ分けるのかというと、不服申立手続が異なるからです。固定資産税の賦課決定に対する不服申立ては異議申立てか審査請求ということになります。しかし、固定資産の評価価格に関する不服申立ては固定資産評価審査委員会に対する審査の申出ということになり、紛争類型により不服申立て手続が異なるのです。不服申立ての手続を間違うと適法な不服申立てをしたことにはなりませんから、その段階でアウトになります。ですから、まず、どういう争いなのかを二つの類型に分けて検討してください。

固定資産税の賦課決定の適法性に関する争いの場合、関連する法規は基本的に地方税法や条例です。先ほど言った課税主体、納税義務者、非課税規定の適用、課税標準についてそういった法令の適用が正しいかどうかがポイントになります。

不服申立ては行政不服審査法の原則どおりで、処分行政庁に上級行政庁がある場合は審査請求、なければ処分行政庁に対して異議申立てという正しい選択をしなければなりません。

第4　固定資産の評価

固定資産税の評価に関する争いの場合について、関連する法規はまず地

V 地方税に関する争訟

方税法388条1項です。ここには、「総務大臣は、固定資産の評価の基準並びに評価の実施の方法及び手続（以下「固定資産評価基準」という。）を定め、これを告示しなければならない。この場合において、固定資産評価基準には、その細目に関する事項について道府県知事が定めなければならない旨を定めることができる」とあり、それを受けて固定資産評価基準が作られています。実際にはこの固定資産評価基準が判決の基礎になります。この基準は総務省のホームページから見ることができるようになっています。

これとは別に、市町村が現場で判断しやすいようにするために、例えば、固定資産の評価事務取扱要領（自治体によって多少名前が違いますが）のようなものを定めているものがあります。ですから、実際に事件に当たる場合は、一応、固定資産評価基準と取扱要領の両方を確認したほうがよいと思います。

評価自体は、市町村長が固定資産の評価基準によって評価をしなければならないとされていますが、土地と家屋に関してはこの点で少し特徴があります。それは、評価が毎年ではなく3年に1回行われるということです。評価されたときを基準年度とし、次の年が第2年度、その次の年が第3年度と分けられます。

基準年度に行われた評価を争うのであれば単純に評価基準に照らしていけばよいのですが、第2年度、第3年度を争うには、実はそれだけでは足りません。レジュメ4ページに①、②と書きましたように、第2年度や第3年度を争う場合は、地目の変換や家屋の改装損傷その他これに類する特別な事情があったり、基準年度の価格によることが課税上著しく均衡を失する場合があったりというようなことをプラスして主張立証しなければなりません。

ですから、どのタイミングで争うのかをよく考えた上で、単純にその評価基準だけで考えればよいのか、そこにいう特別な事情や著しく均衡を失するということを裏付ける事実に関してまで調査しなければならないのかということを実際の事件の処理の中では考えていただきたいと思います。

次に土地の評価方法ですが、これにはいろいろ種類があります。山林や農地も全部説明していくと大変なので、ここでは宅地の評価方法について簡単に説明していきます。

宅地の評価に関しては、「路線価を基礎として「画地計算法」を適用して

第4　固定資産の評価

各筆の宅地の評点数を付設するものとする」とされています。ここにいう評点数とは、1㎡当たりの金額に地積を掛けたものです。画地計算法とは何かというと、固定資産評価基準別表第3の1には、①から④の項目が書いてあります。これだけを読んでもよく分からないと思うので、別紙5（レジュメ16ページ）を使って説明します。

　別紙5の2.のケースでは、甲土地と乙土地があり筆としては別ですが同一人の所有者に属します。ただし、甲土地と乙土地とは隣接しています。路線としてはAとBがあって、Aの路線価はBの路線価よりも10倍高いという前提です。

　甲土地を単独で見る限り、路線としてはBとしか接していません。ですから、路線価としてはBを路線として考えるわけですが、甲土地は形を見ても分かるように奥行きが非常に長くなっています。ある意味、土地の形がよくありません。このように土地の形がよくなかったりすると、土地の評価としては減額事由となるわけで、そういうようなものを定めるのが奥行価格補正と言われるものです。

　乙土地を見てみると、A、Bという2つの路線に接しています。こういう路線は利用価値が高いので、Aという路線を正面路線価としつつBという側方に路線が1つあるということで、評点数を加算するという形の処理がなされます。これが側方路線影響加算法です。ここでは2つの路線しか接していませんが、土地によっては3つの路線、つまり側方ともう一方の二方路線に接しているということもあります。そうなればプラス加算事由になります。そのように、路線を中心として土地の評価額を決めていくのが画地計算法です。

　では、ここにいう「画地」とは何かということですが、固定資産評価基準別表第3の2は、原則として「土地課税台帳又は土地補充課税台帳に登録された一筆の宅地を一画地とする」と定めています。要するに筆単位で一画地とするということです。別表5の事例でいえば、甲乙が別筆である以上は、甲土地を基準に路線が何を接しているかを考え、乙土地だけを見て路線はどこと接しているかと判断をするのが原則になります。

　ところが、ここで問題となるのはむしろ例外のほうなのです。例外を読み

297

ますと、「一筆の宅地又は隣接する二筆以上の宅地について、その形状、利用状況等から見て、これを一体をなしていると認められる部分に区分し、又はこれを合わせる必要がある場合においては、その一体をなしている部分の宅地ごとに一画地とする」と書いてあります。これは分かりにくいのですが、要するに、隣接する土地が一体として利用されている場合は一画地にすると考えればよいと思います。

そうすると、甲土地と乙土地があって、甲土地だけを見る限りは路線価の高いAという路線には接していませんが、甲土地と乙土地が建物の敷地として一体として利用されている場合には、甲土地と乙土地の全体を一画地と見ることになります。そうすると、甲土地乙土地を一体として見るならば、当然Aという路線価の高い道路に接しているわけですから、甲土地の評価もAという路線に接しているという前提で評価をされて、非常に高い評価額が付くことになります。このように土地が隣接する土地と一体と評価されるかどうかで土地の評価額が大きく異なるため、この一体として利用するということが紛争の原因になるというわけです。

一体で利用するということは、要件として考えてみると、事実要件というより評価的要件あるいは規範的要件ということができます。そのため、現場の人間に判断を任せるとトラブルになるおそれがあるせいか、先ほど言った取扱事務要領の中には一画地とする例が具体的に書いてあるものがあります。それのいくつかを紹介しておきます。レジュメ4ページに書きましたが、「隣接する二筆以上の宅地にまたがり、一個又は数個の建物が存在し、一体として利用されている場合」です。これは先ほど言ったような形でビル等建物の敷地にされているケースです。問題になりがちなのが3番目です。「隣接する二筆以上の宅地について、建物の有無又はその所在の位置に関係なく塀その他の囲いにより一体として利用されている場合」です。つまり、筆に関係なく周りに囲いがあればその段階で一画地だということです。逆にいうと、「筆が違ってもそこに塀がなければ一画地として扱います」というように反対解釈されることもあり、ここは結構トラブルになっていると思います。

それからレジュメ4ページの最後です。課税地と非課税地がある場合、かつては画地になるのは課税地だけという取扱いがありましたが、画地と非課

税地というのは法律の規定で適用があるかないかではなく塀があるかどうかで判断します。つまり事務取扱要領では、不明確な場合は一画地と取り扱うということになっているということです。

次に、建築中のものに関しては竣工のときをもって同一使用状況にあると認定をするということです。逆にいえば、建築中の場合は同一使用ではないということになるかもしれません。ここも市町村によっていろいろと決め方が違っていて、対応がバラバラだったように思います。取扱要領自体が決して法源になるわけではありませんが、それでも自分に有利なものであれば、うまく使って訴訟で相手方を攻撃する手段になり得ます。ですから、こういった一画地性が問題になるようなケースに出会ったら、法律だけではなく事務取扱要領も取り寄せて中身を見て、自分の攻撃の手段に使えるのではないかと活用するのもよいかと思います。

〈不服申立て方法〉

先ほどからお話しているように、固定資産の価格に関する不服申立ては、異議申立てや審査請求ではなく固定資産評価審査委員会に対する審査の申出という制度を利用することになります。もう一度、別紙7、8、9（レジュメ21～24ページ）と見てみましょう。23ページ以下は東京都の固定資産評価審査委員会に審査の申出をするときの書式です。これはホームページから入手することができます。この審査の申出書を記載する際、下のほうに「口頭意見陳述の希望」という欄があり、「有」に丸を付けないと直接固定資産評価審査委員と話をする機会がなくなりますので、少々注意が必要です。

審査の申出の流れを少し見てみましょう。審査の申出人が、審査の申出書を提出すると、形式的な審査がなされた上で実質的な審理が始まります。最初は審査の申出書に対して相手方から弁明書が提出されます。弁明書に対してこちらから反論書を出すと、その反論書に対しての再弁明書が提出されたりして、手続が進みます。だいたい書面のやりとりだけで終わります。先ほど述べた「口頭意見陳述の希望」において「有」に丸を付けると、東京の場合は都庁の中にある一室に呼ばれて、そこで審査委員に直接プレゼンテーションをすることになります。具体的にどのような感じかというと、座ると正面に審査委員会のメンバーがいます。たしか向かって左に評価庁がいて、

Ⅴ　地方税に関する争訟

いろいろ話をして何となく終わるというものです。手応えもなく負けるというパターンもあります。その場で実質的な話というのはあまりなく、何となく希望されたからやっているという感じではありました。ただそれは、私のやり方が悪かったせいかもしれないので、そこで積極的にプレゼンテーションをすると、その段階で変わることもあるのかもしれません。もっとも、レジュメにもあるように形式審査の延長のようなものでもあるので、もしプレゼンテーションをするのであれば、気合を入れて論説を展開しなければならないことはあろうかと思います。

第5　訴訟戦略

　異議申立てや審査請求が通らず、あるいは固定資産評価審査委員会に対する審査の申出も棄却ということになれば、いよいよ本題の訴訟提起となるわけです。一般の弁護士の方は、異議申立てや審査請求あるいは審査の申出という段階から関わることは、おそらくあまりないのではないかと思います。ですから、こういう事態が起きた段階で依頼者が皆さんの元に訪れるということになるのが通常だろうと思います。こういう話があったときに、まず何から始めるべきなのでしょうか。

1　準　備

　まずは依頼者から必要な書類を早急に入手することが必要です。依頼者に面談前に評価庁や課税庁とやりとりをした書類を全部あらかじめ提出してくれるように要求する必要があります。例えば評価の話となると、現場サイドで担当者と依頼者の税理士との間でいろいろなやりとりがあったり、説明のための資料をもらったり、図面を渡されたりといったことがあるので、単に決定書や裁決書だけをもらうのではなく、過去のやりとりがあるなら全部もらうことです。確たる書面がないのであれば、どのようなやりとりがあったのか、事情説明書も含め「とにかく全部を早く手元にください」と要求する必要があります。

　その中で特に何が重要かというと、直近の裁決書等や審査決定書です。つまり、訴訟をするときにどういう形でやらなければいけないのかを、教示の内容で確認するのです。具体的な教示の内容は別紙6です。レジュメ17ペー

ジは東京都の納税通知書で、18ページは鎌倉市で市税事務所等がないケースです。訴訟の段階で出てくるのは次の19ページから20ページです。

19ページは都知事に対する審査請求について理由がないという裁決が出た最後の部分です。これはいわゆる教示といって、この裁決に対して不服がある場合になすべきことが書いてあるわけです。「この裁決については」と始まるものと、「処分の違法を理由とする場合は」と2つあります。最初の「この裁決については」というのは、この審査請求に関する手続に違法があって、それを理由に裁決の取消しを求めるケースです。審査請求に手続的な違法がある場合、それを裁判で取り消すことはできるのですが、その次のただし書でも書いてあるとおり、裁決の取消しの訴えの中では処分の違法を理由にはできません。

裁決自体の取消しが必要な場合とは、例えば、申立不服期日等の期間を渡過して却下されてしまった場合、要するに適法な不服申立手続がないためにそのままでは裁判に持ち込めないケースです。その場合は最初に裁決の取消しをしなければ処分の理由を取り消す訴訟を提起することはできないので、まず裁決自体の取消しをする必要があります。このような特殊な場合を除けば、通常は処分そのものを取り消すことになります。「処分の理由を違法とする場合は、……」という形での教示に従って、東京都を被告として処分の取消しを求めることになります。

一方、固定資産評価審査委員会は、その四角の欄外に小さい字で「この決定に不服があるときは」と書いてあります。被告は東京都であるものの代表が都知事ではなく固定資産評価審査委員会になります。ここが賦課決定を争う場合と異なる点です。いずれにしても、こういった教示を確認して誰に対してどういう訴訟を行うのかをまず検討することが必要になります。

併せて、提訴期間の確認も必要ですし、評価の場合ですと、基準年度の確認や争い方として単に評価基準だけでいくのか、特別事情等による適用除外でいくのかも検討する必要があります。

2　争点の分析・検討

次に行うことは争点の分析・検討です。

当該事案で争うのは、事実の存否に関することか、事実そのものに関する

評価なのか、それとも適用される法規の解釈そのものなのかということです。もちろん、そのうちの1つではなく複数の場合もありますが、事実問題なのか、評価の問題なのか、解釈の問題なのかによって、どこを中心として争っていくのかを事前に分析して検討をしておく必要があります。要件で争うという場合は、それが事実要件なのか規範的・評価的要件なのかによって準備すべきことが違います。規範的・評価的要件ということであれば、評価根拠事実や評価障害事実等に分けて、それぞれについて裁判官にどのように判断してもらいたいのかを検討しなければなりません。

　もう1つ考えるべきことは、裁判官に着目してもらうにはどうしたらよいかということです。これがなかなか難しいところです。大々的に憲法論等を繰り広げてしまうと、注目を浴びるとは思いますが、なかなか認容判決、つまり処分の取消しを認める判決までにはいかないのではないかという感触を持っています。訴状のモデル書式で、請求の趣旨や請求の原因を書く前に、租税法律主義から書くという書式を見たことがあります。確かにある意味裁判官の注目を浴びるとは思います。しかし、第一審ではそういった大上段の議論よりも事実認定や事実の評価などの基本的なところが重視されると思います。大上段の議論をすると事実認定などの基本的なポイントがおろそかになりがちです。仮に大上段の議論を繰り広げるとしても、裁判官が憲法論に依拠しなくても判決が書けるロジックをきちんと提示しておくという二段構えのような配慮が必要ではないかと思います。

3　賦課決定の違法を主張する場合

　先ほども少し言及しましたが、賦課決定の違法性を根拠づける理由として評価の違法を主張することはできません。相続税の場合、例えば土地の評価がおかしいのではないかということを理由に更正決定を取り消すことが一般的には行われていますが、固定資産税の場合はそれができません。その理由は賦課決定に関する不服申立ての方法と、価額に関する不服申立ての方法が全く別という制度の構造になっているからです。実際、法律でもそのように審査の申出ができる理由、つまり、価額に関する不服で賦課決定について不服の理由にはできない、できない以上はその処分の取消しもできないという形になっていますので、固定資産の賦課決定を争う場合は、相続税や贈与税

等の場合と同じように考えないように注意をしてください。

賦課決定に関する紛争類型については、レジュメ5ページに書いたような紛争があるので、本筋を見失わないように戦略を立てていくことが必要です。あれもこれもとやっていくと、なかなか本筋が見えなくなって、最終的には裁判所を説得することができなくなると思うので、一番太いところのルートを考えていくことが必要だと思います。

4 固定資産の評価の違法性を主張する場合

これにもいくつか戦略があります。

1つは、「客観的交換価値を上回り違法」という法律構成をとる戦略です。根拠としては、最高裁判所平成15年6月26日判決です。レジュメ5ページの下にも書きましたが、この判決は「土地課税台帳等に登録された価格が賦課期日における当該土地の客観的な交換価値を上回れば、当該価格の決定は違法となる」と判示しています。ですから、この文言から見れば、価額が土地の客観的交換価値を上回っていることを証明すれば、価格の決定は違法になると言えることは言えるようになります。

しかし、この戦略の問題点は「客観的交換価値」をどのように立証するかというところにあります。証拠として不動産鑑定書を10通提出すればよいかといえば、そういうことはありません。少なくとも国が客観的な交換価値を判断するためのものとして一定の基準を定めているわけです。私見ですが、よほどの根拠でもない限り、不動産鑑定士の作成した鑑定書の金額を裁判所が客観的交換価値を表す金額であると判断することはなかろうと思います。ですから、こういう立証の仕方は決してよい方法ではないと私は考えます。

上記の事案で納税者がなぜ勝てたかというと、このときに立証の手段として納税者が使用したのが公示価格だったからだと思います。公示価格は公的なものですから、裁判所としてもその価格に乗って判断しやすいので、そういう意味で納税者は勝てたのだろうと推測しています。鑑定を申請して裁判所が選任した鑑定人が「客観的交換価値を上回っている」と認めてくれれば話は別ですが、私的鑑定等を提出してもそれだけで評価額が客観的交換価値を上回ることを裁判所に認めさせることはなかなか難しいのではないかと思います。ただ、ほかに手段がないのであればそれでやるしかないこともあり

V 地方税に関する争訟

ますが、この戦略には立証上の困難さを伴うことはご理解いただきたいと思います。

次に「評価基準が不合理ゆえに違法」という戦略もあります。最高裁判所平成15年6月26日判決は、評価基準が一般的に合理的であり、合理性に欠けることはないことを説明した上で、「評価基準が定める評価の方法によっては適切に算定できない特別な事情がある等があれば格別、ない限りは適切な時価であると推認することが相当だ」と言っています。裏を返せば、特別な事情があるとすれば評価基準の定める方法で評価されていても違法という判断がなされるということです。

では、実際に裁判例でそのような方法で勝訴することが可能かといえば可能です。というのは実例があるからです。それが2番目の東京高等裁判所平成25年2月28日判決です。これは固定資産ではなく相続税の財産評価通達に関するものです。細かいところはおくとして、要するに通達が合理性を有しているかどうかを検討した上で、「合理性を有していない」と裁判所が判断し、その通達に従った価格決定を違法にしたというものです。

ですから、評価基準や通達の不合理性を立証して、その不合理な基準に基づいてされた価格決定は違法だという戦略を立てることは当然できるはずです。問題は、不合理であるということをどう立証するのかという点だと思います。ただこれは、客観的な交換価値が何かということよりは、アプローチの仕方としてはあり得るだろうと思います。例えば、評価基準ができたときの状況や理由と現状との違いを対比させることによって、内容の合理性が失われたというロジックは立てやすいとは思います。ただ、その当時の経済状況や今の経済状況を裁判所にどう理解してもらうのかという難しさはもちろんあるとは思いますが、そういった不合理ということは主張できるだろうとは思います。

もう1つの方法としては、評価基準そのものではなく、その解釈や適用等が誤っているから違法という戦略もあります。レジュメ6ページに挙げた東京地方裁判所判決、東京高等裁判所判決（地方裁判所が一審で高等裁判所が二審）ですが、これも先ほど言った、一体として利用が認められるという要件の解釈に関して判断をした事案です。

第5　訴訟戦略

　評価基準の解釈適用の誤りということに関して、評価基準に違反しても客観的交換価値に反していなければ違法にならないという反論が可能かどうかということが問題としてあります。

　これについて、最高裁判所平成25年7月12日判決は「全国一律の統一的な評価基準に従って公平な評価を受ける利益は、適正な時価との多寡の問題とは別にそれ自体が地方税法上保護されるべきものということができる。したがって、土地の基準年度に係る賦課期日における登録価格が評価基準によって決定される価額を上回る場合には、同期日における当該土地の客観的な交換価値としての適正な時価を上回るか否かにかかわらず、その登録価格の決定は違法となるというべきである」と判示しています。この判決をどう見るかにもよりますが、要は、評価基準に従って価格を決定してもらえる利益が納税者にはあるのであり、それに反したら処分が客観的な交換価値を反映するかどうかに関係なくその処分は違法になると最高裁判所は言っているのだと思います。

　先ほど地方税法388条をレジュメ3ページで読みましたが、これは要するに、評価の基準や具体的な方法をある意味総務大臣に丸投げしてしまっており、したがってこの場合、租税法律主義の観点からすると評価基準は違憲だという攻め方もあるとは思います。

　ですが、この最高裁判所判決を見ると、最高裁判所は評価基準に関しては、地方税法上は保護されるべきものだということで、かなり重視しているように私には思えます。そうすると、「評価基準は丸投げされて作られたものだからこれを無視して憲法と法律だけを前面に出していけば大丈夫。評価基準に関してはあまり重視しなくてもよいのだ」という戦略は、私としては危ないと思います。最高裁判所の考え方を見ると、租税法律主義という一点でガチガチに考えることは、理論として筋は通るかもしれませんが、評価基準の内容を全く無視した立論を展開したとしても、裁判官に受け入れてもらうことはできないと思います。

　ですから、評価基準に従って考えるのか、仮に評価基準とは違うような考え方をするにしても、処分の根拠となった評価基準を無視するのではなく、その基準の適用要件が充足していないとか、基準が不合理であるとか、評価

基準の定める方法で評価することが不合理であることを明確に示すような手当てをしておかないと、結局、評価基準が一応合理的であるとした上でその基準の定める方法で評価されることになり、簡単に請求棄却の判決を書かれてしまう気がします。そういう意味では、憲法と法律だけで立論する考え方は、私としてはあまり賛成しかねるところです。

いずれにしても、評価の方法でどういう形で争っていくのか、客観的な交換価値を上回るということで争うのか、評価基準が不合理ということで争うのか、あるいは評価基準の解釈適用が誤っているということで争うのか、その戦略を決めていかなければならないだろうと思います。その戦略を決めたら、次はその戦略に沿って訴状を作成することになります。

第6　訴状作成上の留意点

1　被告及びその代表者

賦課決定の取消しの場合と固定資産評価審査決定の取消しの場合とで、多少書き方が違うということを理解しておいてください。行政事件訴訟法が改正になって、以前のように処分行政庁が被告ではなくなりました。その意味で被告とすべき相手方の選択を迷うということはなくなりました。ただ、代表者と処分行政庁を書く必要はあります。その際、先ほど言ったように異議申立て等の場合ですと代表者と処分行政庁は兼ねるのですが、東京都のように都税事務所長が処分行政庁の場合は、東京都を代表する都知事と処分行政庁とが違うので書き分ける必要があります。固定資産評価審査委員会の審査の決定の取消しの場合は、代表者が都知事ではなく、東京都でいえば東京都固定資産評価審査委員会が代表になるので、注意しなければなりません。

2　固定資産評価審査委員会の決定取消訴訟の請求の個数

次に、固定資産評価審査委員会の審査決定の取消訴訟では、請求の個数が問題になったことがあります。どういうことかというと、審査決定書単位で考えるのか、それとも審査決定の中で判断された固定資産の数で決めるのかということです。なぜこのようなことが問題になったかといえば、貼用印紙代が問題になるからです。

これは建物の事件だったのですが、建物に関する評価を合算して貼用印紙

代を計算したところ、裁判長が「固定資産ごとに貼用印紙代を計算して、合計して出しなさい」と言った事例です。通常、代理人はそれに従うのでしょうが、この時の代理人は「それは違うのではないか」と徹底的に争い、手数料の一部未納で一部却下という決定が出たようで、それを最高裁判所まで争ったというケースでした。結局、最高裁判所平成17年3月29日決定がどう言ったかというと、「固定資産評価審査委員会は、個々の資産ごとに登録価格に関する審査の申出を受けて審査し、決定するものとされている。そうすると、固定資産評価額に関する固定資産評価審査委員会の審査決定は、個々の固定資産ごとにされるものであり、1通の審査決定書において同一人の所有に係る複数の固定資産の登録価格について決定をしている場合でも、審査決定は、当該固定資産の数だけある」と判断をしました。ですから、一応固定資産の数だけあるという形の請求ということになります。もっともこれは単なる理論的な問題で、こういった判例がありますと簡単に紹介だけをしておきます。

3 訴訟の目的の価額

次は訴額です。

賦課決定の取消しの場合、賦課決定の税額と自分が正当と考える税額の「差額」が訴額になります。自分が正当と考える税額の計算は面倒です。

ただこれが面倒なのは、課税標準額と評価額がイコールではないということであり、課税標準額を計算しろと言われると困るというのが実際問題としてあります。どう違うかといえば、別紙12（レジュメ28ページ）に「■土地（住宅用地計算例）」があります。「27年度価格 (1)」は4500万円であり、「27年度課税標準額 (5)」では712万5000円です。つまり、4500万円をいろいろ操作して712万5000円という額に計算したということです。これがかなり面倒で、自分の主張する本税額を計算することも大変ですが、最終的に給付を命じられた金額もかなり面倒です。不動産をたった1つだけ持っているのであればさほどではないかもしれませんが、争う不動産と争わない不動産が1つの通知書の中にある場合には、細かく計算をすると金額が合わないことも多々あり、なかなか苦労します。ただ裁判所は、こちらが計算した金額で基本的な考え方が正しければ、受け入れてくれます。ですから、基本的

V 地方税に関する争訟

な考え方に沿った計算を記載した上申書等を出しておけば大丈夫ですし、疑問があれば裁判所と相談をして決めればよいという印象です。

固定資産評価審査委員会の審査決定の取消しに関しては、算定不能でできるのかが問題となります。インターネットで検索してみると「それで通りました」という話もあるようです。私も一度、東京地方裁判所で算定不能で出してみたことがあるのですが、「それはだめです」という書記官からの電話をもらいました。書記官からは、評価が変わることによって減額される税額部分を訴額とするよう言われてしまいました。実務はレジュメ8ページの脚注で挙げてある文献どおりのやり方で処理されているようです。むやみに争って却下されても困りますので、そこはあまりうるさく言わないほうがよいかと思います。

4 貼用印紙代

貼用印紙代に関しては、合算して印紙代を計算するのか、1つ1つ印紙代を計算して合計するのかという考え方の争いはあります。固定資産が複数ある場合、先ほどの判例を前提にすると、固定資産の数だけ請求があるということになるので、請求ごとに印紙代を計算して合計するということになりそうです。実際、先ほどの事件の裁判長はそういう発想をしていたのですが、最高裁判所平成17年3月29日決定(レジュメ8〜9ページの下線を引いた部分)は、「本件訴訟に係る各請求の基礎となる社会的事実は一体として捉えられるべきものであって密接に関連しており、争点も同一であるから、上記各請求は互いに行政事件訴訟法13条6号の所定の関連請求に当たる」ということで、結果として、合算して貼用印紙代を払った代理人側の判断を支持したということでした。ですから、請求の個数がどうかということでしたが、社会的事実が一体である等その辺で関連請求という方向に持っていけるのであれば、合算して印紙代を計算してもよいということになるようです。

これが所得税等ですと、例えば平成23年度、平成24年度、平成25年度というように、複数年の取消しをする場合があります。理論的にいえば、これは独立しているのでそれぞれについて印紙代を計算して合計するのが正しいとは思うのですが、おそらく実務上、東京地方裁判所はそこまで厳格にしていないような感じです。係属する部にもよるかもしれませんが、合計で計

算してもそれで通ることはあろうかと思います。ですから、取りあえず合計で計算して、もし何か言われたらその時に修正するのでも構わないかと思っています。

5 「請求の趣旨」の記載

ここで注意すべきことは、取消しの対象をどうするかです。

国税の場合は、原処分があって異議申立てをし、さらに審査請求をして裁判を起こすときには、異議申立てを棄却した決定や審査請求を棄却した不服審判所の裁決を取り消すのではなく、最初にした更正決定や更正請求を受理しない通知等の原処分の取消しを求めることになります。

地方税でも賦課決定の内容を争う場合は国税の場合と同じで、異議申立てなり審査請求なりを認めなかった処分を取り消すのではなく、最初の賦課決定処分そのものの取消しを求めることになります（原処分主義）。

ところが、評価庁の評価を争う場合は賦課決定の場合と異なり評価庁の評価決定の取消しを認めるのではなく、固定資産評価審査委員会の審査決定を取り消すという形を取ります。それは地方税法434条でそう定められているからで、固定資産評価審査委員会の審査決定を取り消すという形で請求の趣旨を記載することになります。

次に問題になるのは、取消しの範囲をどうするかということです。つまり、全部取消しができるのかどうかです。レジュメ10ページの下線部ですが、最高裁判所平成17年7月18日判決は「土地課税台帳等に登録された基準年度の土地の価格についての審査決定の取消訴訟において、裁判所が、審理の結果、基準年度に係る賦課期日における当該土地の適正な時価等を認定し、固定資産評価審査委員会の認定した価格がその適正な時価を上回っていることを理由として、審査決定を取り消す場合には、納税者が、審査決定の全部の取消しを求めているか、その一部の取消しを求めているかにかかわらず、当該審査決定のうちその適正な時価等を超える部分に限りこれを取り消せば足りる」と言っています。ですから、全部取消しを求めようと一部取消しを求めようと、裁判所が判断するのは、適正な時価を超える部分に限るというのが、この最高裁判所の立場です。そうだとすると、結局全部を取り消したとしても、ほとんどの場合はある金額を超える部分になるし、全部取り

消すと貼用印紙代が余計にかかるので、取り消す部分を明確にしてやるのがよいように思います。

　もっとも、こちらでこの金額を超える部分を取り消す、この部分を超える評価を取り消す等と構成しても、裁判所はこれに拘束されません。東京地方裁判所平成22年11月12日判決ですが、最高裁判所の判決を踏まえた上で、「しかし、」と言っています。「裁判所が、審理の結果、固定資産評価審査委員会の認定した価格がその適正な時価等を上回っていると判断するに至ったが、具体的な価格までは認定することが困難である場合については、固定資産評価審査委員会に改めて審査をやり直させるため、審査決定の全部を取り消すほかはないものと解される」と言っています。これは私が担当した事件ですが、「ある金額を超える部分を取り消す」と主張したにもかかわらず、主文を見たら「全部取り消す」となっていたので、最初驚きました。これは控訴審もそれを支持しているので、こういうこともあるのだと事案として紹介します。

6　「請求原因」その他の記載

　請求原因をどの程度書くのかについては、実は考え方が大きく分かれるところです。

　訴状のサンプルを見ると、割とシンプルに必要最小限度のものだけが書いてあるものが多いと思います。その理由は、基本的に主張立証責任が課税する側にあるからです。

　ただ、行政事件に限らず訴状に関して裁判官がどこを読むかといえば、もちろん要件事実として必要なことが書いてあるということもそうですが、同時にその背景にある紛争の原因や争点が何かということです。これらについて少なからず早い段階から知りたいという希望が裁判官にはあるのです。その意味で早い段階で裁判官がまだ事案について白紙の状態にあるときにこちらの考え方をアピールしておくことも意味があることだと思います。必要最小限のことだけしか書いていない訴状は、裁判官にこちらの意見をアピールする機会を1つ逃したことになるのでないかというように感じます。

　これはどちらが正しいということではありませんが、私個人としては詳しく書くほうがよいと考えています。なぜかといえば、裁判官が事案に関して

先入観のない白紙の状態のときに、こちら側が感じている問題点を早めに刷り込んでおきたいからです。行政事件の経験のある方はよくお分かりかと思いますが、被告の実質的な反論では、適法性の証明ということで、それこそ争点と無関係なことも長く説明されます。その後に原告が「こういうことが問題点になっているのです」と述べても、果たして裁判官の頭にすんなり入ってくるものか不安が残ります。今の裁判官は争点がどこにあるのかと争点を中心として事案を見る傾向が強いように思います。ですから、争点を考える前に訳の分からないことがバーッと頭に入ってくると、本当の争点がどこにあるのかがなかなかすんなりと頭に入らないのではないかと感じています。

訴状の段階で原告はどう思うのか、何が問題なのかを裁判官に訴えて、そういう観点から適法性の立証に関する国なり地方自治体なりの答弁書や準備書面を見て、関連するところしないところをうまく取捨選択しながら読んでもらいたいと考えています。このような理由から、私としては、訴状では実体や争点まで踏み込んで書いたほうがよいのではないかと考えています。

ただ、その一方で、「あまりそういう形で最初から争点を決め打ちしてしまうと、裁判所がついて来られないのではないか」「税法は結構難しい。しかも外国の制度に関わる問題に関していうと、裁判所に真に理解してもらうには、それなりに時間をかけないと理解してもらえないのではないか」「そうだとすると、最初からあまり詳しく言うより、裁判所がついて来られるようなスピードで、少しずつ出していくほうがかえってよいのではないか」という意見もあります。ただ、地方自治に関していえば、それほど複雑な事案や外国の制度に関係する事案はないと思うので、その辺は皆さんで考えてみてください。

いずれにせよ、どのようにするのが正しいかという問題ではなく、自分がどのように裁判官を説得するのかという問題です。これは行政事件に限らず一般民事でもそうですが、どのように攻めるのかという考え方にもよるので、自分が正しいと思う方法を考えてみてください。ただ、いろいろな考え方があるということだけは、理解していただければと思います。

7　甲号証

同じことは、提出する甲号証の範囲についてもあります。例えば、不利な

内容である異議申立てに対する決定、国税不服審判所や審査庁の裁決、あるいは固定資産評価審査委員会の裁決審査決定等を甲号証として提出するかについては、意見が分かれるところです。

裁判所から電話がかかってきて「甲号証として出してください」と言われても「絶対に出さない」という弁護士もいます。その理由を伺うと「主張立証責任は自分のほうにあるのではないので」とのことでした。また、別の弁護士は提出しない理由について「それを先に出してしまうと裁判官が裁決書を読んで、事案に関する先入観を刷り込まれてしまう。それがあるので出したくない」とおっしゃっていました。甲号証として提出されなくても結局乙号証として提出されるので提出しないという弁護士もいました。

他方で「事案にもよるが甲号証として提出する」場合もあるという弁護士もいました。その理由は「訴額の計算ができないから出したほうがよいのではないか」ということでした。

私も提出すべきだろうと思っていますし、実際に提出します。その理由は、いずれにしろ提出されるものならば、自分のコントロール下で提出したいからです。自分のコントロール下にあれば、場合によってはラインマーカー等で印を付けて強調をしてみたり、証拠説明書にいろいろ書いたりすることもできます。そういうこともあるので、いずれにしろ提出されてくるのだったら不利なものであっても自分から提出したいと考えています。また、自分に不利な決定や裁決を提出するのであれば、その決定や裁決がなぜおかしいのかを早めに裁判官に訴えて、裁判官があまり事案についていろいろと先入観を持たない時点で、裁判官に確かに処分がおかしいのではないかと感じてもらえるような書き方をして、こちらの問題意識を裁判官に早めに認識してもらいたいと考えています。

これもどちらがよいかという問題ではありません。甲号証で提出したからといって勝てなくなるわけではないし、提出することを拒んだために負けるわけでもありません。それは、私がお話を伺った租税訴訟のベテランの弁護士の方々の実績を見れば、それがあまり関係ないことが分かります。重要なことは提出するかしないかについてきちんと自分で考えて結論を出すことです。誰かが「提出したほうがよい」「提出しないほうがよい」と言っている

からというのではなく、自分はこういう理由でこれを提出するのだと、あるいはこういう理由で提出しないのだと、そういった確たる信念の下で判断すればよいと思います。裁判所から言われてから「やっぱり提出しよう」というくらいなら、最初から提出したほうが私はよいと思います。つまり、そういった点で代理人の姿勢がぶれてしまうと裁判所の信用を失ってしまうと思うので、提出するなら提出する、提出しないなら裁判所から言われても提出しない、と決めるのがよいと思います。

8 証拠説明書

証拠説明書についていろいろな裁判官と話をすると、多くの裁判官から必ず「弁護士の先生が考えている以上に、裁判官は証拠説明書を活用しています。だから、そういう前提で作成してください」と言われます。特に、書証が大量に出るものに関しては、判決を起案するときに証拠説明書を見ながら起案するという形でも利用されているようです。それが本当だとすれば、証拠説明書は準備書面よりも判決を書くときに裁判官の目に触れている書面とも言えるので、証拠説明書を作成する場合はそういったことも念頭に置いて、注意して作ったほうがうまくいくと思われます。

実際、裁判官が証拠説明書をよく見ていると私が感じたことがあります。租税事件で相手方が提出した証拠説明書の「立証趣旨」欄に裁判官から求釈明がありました。裁判長が「立証趣旨の記載欄に書いてあることが、準備書面のどこに書いてあるか分かりません」と言ったのです。私は裁判長がそのようなところまでいちいち照らし合わせて読んでいるのかと思い、裁判官は証拠説明書をきちんと読んでいるのだと改めて実感したという次第です。ですから、我々が考えている以上に裁判官は証拠説明書をよく読んでいるということを念頭に置いて裁判官を説得する手段として証拠説明書を作成したほうがよいと思います。

証拠説明書の形式ですが、裁判所が提示している表形式のものと自分で創作をした文章形式のものがあります。どちらが使いやすいかについてある会合で裁判官から話を聞いたことがあります。そのとき出席していた裁判官は、全員が表形式のほうが使いやすいと述べていました。文章形式がなぜよくないのかというと、必要な項目が落ちてしまっていることが多いからというこ

とでした。原本と写しの区別といった点が落ちていることがあって「ぜひ表形式で作っていただきたい」ということでしたので、特にこだわりがなければ表形式で作成されるほうがよいと思います。

　証拠説明書に関して1点注意が必要なのは、「証拠の標目」欄の書き方です。書証の名前を自分に都合のよいように勝手に書き換えるのはよくないのでやめましょう。例えば、売買契約の成否が争点になっている場合、書面について特にタイトルは何も書いてないにもかかわらず、これを売買契約書にしようとして、証拠の標目で「売買契約書」と書いてしまう人がいるようです。しかし、そのようなことは受け取る裁判官にはアンフェアな態度という印象を与えるようです。そこは単純に「何とかと題するとか、何とかで始まる書面、というように客観的に記載してほしい」という要望がありました。なるべくその書面記載の文言で証拠の標目を書くのがよいと思います。

　また、「立証の趣旨」欄の記載については、先ほどから何度も言いましたが、裁判官はここをよく見ています。ですから、争いがどの程度あるかにもよりますが、「不法行為の成立」や「賃貸借契約の成立」というように書いてあるだけでは書いてないのと同じです。書証の中でどこを見てほしいかのアピールがまず必要だと思います。それと同時に、その書証の見てほしいところからどういう事実を認定してほしいのかを明らかにすることが必要です。ただこのようなことを言うと、「立証の趣旨」欄に準備書面の内容をコピー&ペーストする人もいますが、それは論外です。あくまでも一覧性を保ちつつ、そういった2つの点を明確にする必要があるのだろうと思います。分かりやすい作り方としては、例えば、請求が複数ある場合はどの請求に対する関係なのかをはっきりさせる、あるいは「当事者が複数いる場合は誰に対する関係で問題になるのか触れてあると分かりやすい」と話された裁判官もいらっしゃいました。

　そういう意味では、租税事件は書証が大量に出てくる事件なので、証拠説明書を裁判官が活用する機会が非常に多いはずです。ですから、租税事件を扱う場合は、特に立証趣旨に関しては、裁判官がこれを見ながら判決を書くのだということを念頭に置きながら記載していただければと思います。

第7期日

1 租税事件の審理

　租税事件の審理は、法廷において口頭弁論で行います。大阪の場合ですと口頭弁論ではなく弁論準備手続で審理する場合もあるらしいのですが、私が東京地裁の運用についていろいろ聞いたところでは弁論準備手続で審理することはないようです。法廷での口頭弁論となると、裁判官とコミュニケーションを取りにくいと感じる方も多いと思います。しかし、口頭弁論であろうと弁論準備手続であろうと、なるべく裁判官とは積極的にコミュニケーションを取るほうがよいと思います。

　裁判官が訴状を見たときに、この事件で確かに問題であろうと感じたことがあったとしても、だからといって直ちに処分の取消しにつながるわけではありません。判決で取消しを認めるには、裁判官の中で解決しなければならない問題点が多数出てくるだろうと思います。

　ただし、裁判官はこの事案のどこに問題や疑問があるのかを積極的に法廷で言うことは少ないと思います。もちろん求釈明はありますが、少なくともストレートにそういった疑問を出すことはありません。裁判官に疑問点があるなら、こちらで手当てをしなければ、たとえ確かに疑問点として着目された点はあったにしても取消判決は書いてもらえないと思います。ですから、訴状で着目をしてもらったとしても、期日の中で裁判官が自分の主張に対してどこか疑問に思っているところがないかを聞き出す必要があると思います。これも租税事件に限らず一般民事の話になりますが、裁判官が自分の暫定的な心証をどの程度開示しているのかについてアンケートがありました。回答した裁判官の9割ほどが「自分は代理人に心証を開示している」と答えたらしいです。今笑いが出たように、弁護士からは「9割心証を開示しない」の間違いではないかという意見も出ています。裁判官の感覚としては、心証開示をしているようなので、いつのまにか裁判官からの助言を聞き逃しているのかもしれません。したがって、代理人から裁判官と積極的にコミュニケーションをとって裁判官の感じている疑問など心証を聞き出すようにする必要があると思います。

V 地方税に関する争訟

2 留意点

次に、求釈明があったときにどういう対応をすべきかです。通常、求釈明を受けたときには、「分かりました。次回期日までに書面で回答します」だけ述べて帰ってしまいがちですが、それではもったいないです。裁判官はストレートに疑問点は聞いてきません。当事者主義もあるからでしょうが、遠回しに聞いてくる場合が多いと思います。それに関しては具体的に「それはこれこれこういうことですか」と確認をすることを、私はお勧めしたいと思います。その認識が正しければ「そうです」と答えてくれますし、裁判官の疑念が実は違うところにあるとしたら、「そこも大事だけれど、実は裁判所としてはこれこれこういうことを聞きたいのです」とはっきりと言ってくれる人もいます。裁判官によっては、その辺を曖昧にする人はいますし、あまりそういったコミュニケーションを取ることを好まない人もいますが、租税訴訟に関しては合議ですので、裁判長が答えなくても、右陪席あるいは左陪席が答えてくれる場合もあります。また、裁判長とそのようなやりとりをしていると、陪席裁判官が「せっかくその話が出たなら、私はここも分からないので教えてください」と、自分が疑問に思っていることについての質問が出てくることもあります。法廷で裁判官とそのようなコミュニケーションを取りながら、裁判官がこの事件をどう見ているのか、自分の主張のどこに疑問を持っているのかなど有益な情報を積極的に聞き出す作業が必要です。

そうやって聞き出したことで、例えば自分が考えている理屈の中でどこが弱いのか、裁判官は何に疑問を持っているのかを推測して、求釈明事項だけではなく、それに関連する周囲のことも手厚くフォローして回答します。そのようにして裁判官が疑問に感じていることを1つ1つつぶしていく作業が必要であると思います。これは何も租税訴訟に限ったことではありません。

これは求釈明の回答の失敗例かもしれませんが、私が担当した事件で、相手方に対する求釈明が裁判長から出されました。かなり抽象的な聞き方でしたので、私は、どのような回答が求められているのか、求釈明事項の趣旨を確認しなくてよいのかと思っていましたが、相手方の代理人は「分かりました、回答します」と言ってその期日は終わりました。しかし、次回期日になされた回答はピント外れで「裁判所が聞きたかったことは……」と改めて説

明を受けて改めて回答したということがありました。

　裁判官が何を求めているのかをきちんと確認してから回答することは、とても大事なことだと思います。

　法廷、特に口頭弁論で裁判官に質問などしてもよいのかと感じる方もいらっしゃるかもしれませんが、それは構わないのです。裁判官との協議会の中でも、裁判官と弁護士でそういった口頭のやりとりをすることに関しては、かなり前向きに考えられています。口頭弁論期日であろうと弁論準備期日であろうと、弁護士と裁判官がそういう形でコミュニケーションを取ることに関しては、多くの裁判官は歓迎しているようです。

　裁判官は記録だけしか見ていないのですし、聞きたいことはいろいろとあるはずですので、こちらが聞かれれば答えますという姿勢を積極的に見せれば裁判官はどんどん聞いてきますし、裁判官の疑問をその場で解決してこちらの主張を理解してもらえればそれに越したことはないわけです。ですから、傍聴人がいる、誰かを待たせているかもしれない等は考えずに、期日では積極的に話をして、裁判官の考え方を聞き出すのがよいと思います。

第8　準備書面

　準備書面の書き方では、大きく分けて記載上の留意点と戦略上の留意点があります。

1　記載上の留意点

　記載上の留意点は3つあります。すなわち、①「争点を強く意識する」、②「姿勢がぶれない」、③「裁判官から見て判りやすく」の3点です。

　第1点の「争点を強く意識する」についてです。

　裁判官に処分の取消しや裁決の取消しを求める場合、処分の違法性を導くロジックが当然あります。そのロジックの中で争われるだろう部分と争われないだろうと思われる部分、さらに判決の結果を左右するかもしれない重要な争点か争点ではあるけれども判決の結果を左右するほどでもない争点かある程度分かると思われます。その点についてそのメリハリをつけながら準備書面の中で展開をしていく必要があります。国であれ地方自治体であれ、相手方は負けないようにいろいろなことを言ってくるので、議論が錯綜して混

V 地方税に関する争訟

乱してしまいがちですし、そうなってしまったら我々は負けてしまいます。議論が錯綜して混乱してしまったら、裁判官としても取消しは出しづらいものです。処分が違法であることを導くロジックがきちんと見えるような状況で「重要な争点はこれで、この争点に関してはこういう観点からこのように考える。事実もこうである。だから取り消すのだ」と裁判官が自信を持って判決を書けるように、どうでもよい争点は早めにつぶしておき、主張にメリハリをつけて、「自分たちはこういう争点でこの問題を考えているのだ」ということを明確に示しておくことが必要だと思います。

次に、第2点の「姿勢がぶれない」についてです。訴状の段階、戦略の段階から裁判官にこのような形の判決を書いてほしいというロジックをイメージし、そのロジックに沿った判断をするよう裁判官を引き寄せるように訴訟活動を行うわけですが、そのロジックが右に行ったり左に行ったりするのでは、裁判官はついてきてくれません。相手方の主張について反論をすることは大切ですが、その場合でも自分たちのこの問題に関する本筋はこれだということを見失わないことが大切です。訴訟が始まって1年、2年と時間が経つと、最初の本筋を見失って枝葉末節な部分に主戦場が移ってしまうこともあります。しかし、そうなったら負けてしまうと思います。私はこの点を十分注意することにしています。

最後に第3点の「裁判官から見て判りやすく」についてです。裁判官は事案について書面と証拠からしか情報が得られません。これに対し当事者は紛争の実態についてたくさんの情報に接しています。そのため当事者は自分の作成する書面も相手方の作成する書面も、それがたとえ不備な説明でも無意識に事案の実態に即した趣旨で補って読んでしまいます。しかし、裁判官にはこれができません。私は東京地裁で調停委員をしており、付調停で回されてきた自分が全く知らない事件に関してどっさり渡される資料を読むのですが、なかなか理解が進まないことがあるという経験を持っています。調停期日に質問して説明を受けて初めて理解できるということも少なくありません。何度読んでもすぐには実体を捉えることのできない書面がかなりあります。このような状況ですので、準備書面は、どうしたら裁判官にこの事案を理解してもらえるかという観点で作成することを強く留意されるとよいと思

います。

　例えば図を入れたり、書証をスキャナーで取り込んで貼り付けたり、それに矢印を付けたりといろいろなやり方があると思います。あるいは土地の問題であれば別紙5(レジュメ16ページ)のような形式でもよいですし、そういった図面を描いて、ここがこうで路線がどうで、というようにやれば、裁判官も分かりやすいと思います。「準備書面は口頭弁論における陳述を書面にしたものだから、図を入れたり、書証を取り込んだり、フォントの色を変えたりするのは邪道だ」と言う人も確かにいます。しかし、図を入れたからといって、裁判官から「分かりやすいです。ありがとうございます」と言われたことはあっても、文句を言われたことはありません。ですから裁判官に事案や主張などについて分かりやすくするための手段方法は問わないのではないかと思います。

　調停委員になると裁判所に保管されている記録を手に取る機会があります。裁判所の記録は準備書面にせよ書証にせよ、インデックスを貼ってあるわけではありません。ですから、証拠の引用があると準備書面を読むのをやめて、書証の記録を持ってきて、ページを繰って該当証拠を探して、それからまた読んでいた準備書面のページに戻るという作業をやっています。それだと思考が途中で停止されてしまいます。

　ですから私の場合は、そういった重要な部分に関しては、いちいち証拠に当たらなくてもよいように証拠をそのまま準備書面の中に取り込んで「〇号証のここをこう見てください。こういうようになれば、こうこうこうですよね」と、一貫して読んでもらえるような工夫をしたほうがよいと考えています。特に、こういった評価ということであれば、土地の状況等を写真や図面等を用いて、裁判官に現状を理解してもらうことが必要ですので、そういうものを甲号証として提出しておいて、準備書面の中にスキャナー等で取り込んだ画像を貼り付けて、いろいろ説明するという工夫をしています。

2　戦略上の留意点

　これは何をどこまで反論するかということです。相手方からはいろいろなことを言われます。原処分や裁決を維持するために争点とは関係ないことでもいろいろ言ってきます。それに対して1つ1つ反論しなければならないの

V　地方税に関する争訟

ですが、先ほども言ったように、総花的に反論をしてしまうと、何が本筋かが裁判官から見て分からなくなってしまいます。そこで、何をどうするのか、何をどこまで反論するのか、ということを準備書面の中で考えなければなりませんし、反論する場合であっても、「自分の考えている本筋はこれだ」ということを見失わないような形で記載しなければなりません。基本的には、結論を左右する争点だけを主戦場にするということです。立証できない事項を戦場にしないことです。

具体的にどういうことかというと、「原告代理人はそう言うけれど、そんなことをしたら課税の実務が成り立たない」とか「大量性があるから難しい」という反論がよくなされます。本当に大量なのか、実務が成り立つかどうかというのは反論の余地がなく、そもそも反論できないのであって、それが真実かどうかという点を主戦場にしたり、そのことと原告の主張の対立でどちらが有利というような点が主戦場になってしまったりすると、原告に不利益になる印象があります。ですから、「そういう事実があることは肯定も否定もしないけれど、そういう事実があってもなお自分たちの言っていることが正しいのだ」という理屈で、大量性や課税の実務という抽象的で実体が分からないものは、あまり争わないのが得策かと思います。

さらにもう1つ、判断基準を意識するということです。裁判官は、要件事実といいますか、「法律要件でこうなっているとこういう効果がある」という基本的な思考パターンを持っているようです。ということは、裁判官にそのように考えてもらいたいならば、「こういう場合はこうなります」ということを意識しながら準備書面を作らなければなりません。単に漠然と事実だけを並べても、裁判官がどのような価値観で判断するかが分かりませんから、全くこちらが想定していない価値観で判断されることもあるわけです。ですから、そういった判断基準をきちんと意識し、この事件ではこういう判断基準で判決を書いてほしいということを明確に訴えて準備書面を作成すべきだと思います。

メインの争点に関しては以上のとおりですが、相手方から言われたものに対してどのように反論するかです。いくつか反論の仕方がありますのでご紹介します。

①として、「課税・評価実務と訴訟上の主張の自己矛盾」です。訴訟となると、何とか原処分を維持したい、裁決を維持したいといろいろなことを言ってきますが、その中身を課税の実務で見てみると、意外に実務上はそれとは違うことをしていることがときどきあります。つまり、主張上の背景にある政策論と課税の実務の政策論が矛盾していることが結構あるのです。ですから、ホームページ等でそういう政策論を背景とした課税の実務をダウンロードして印刷をしておいて、「よく見ろ、言っていることは自己矛盾だろう」と反論するやり方が1つあります。こういうやり方が出てきてしまうと、相手方の主張は崩壊してしまいます。なぜなら、現場でずっとやっていることなのに訴訟上はおかしいとされるのと同じことだからです。

②として、「理論的一貫性の欠落」ということがあります。固定資産税に関しては、先ほど、賦課決定の場合と評価の問題と二重になっていると話しました。ただそうはいっても、適用される法律は地方税法なので、本来変わらないはずなのです。画地の範囲は課税地のみで取り扱うという取扱いがあったときに、ある事件で非課税地も含めて一画地にしていたケースがありました。「取扱いとは違うのではないか」と言ったところ、相手方は「賦課決定の場合は非課税地だけれど、賦課決定と評価は別の問題だから、評価の段階では非課税地としなくともよい」と主張したのです。評価と賦課決定は違うのでそれでもよいような気がしますが、よく考えれば非課税地かどうかについては地方税法の規定が適用されるかされないかだけの話です。事実関係は変わらない、法律も変わらない、解釈も変わらない、しかし、賦課決定の場合にその条文が事案に適用されるが評価の場合にその条文の適用はないという、そんなばかげた話はありませんよね。このように、よく考えると理論的に一貫していないことを主張してくることがあるので、そこは法律的に、理論的に一貫性がなければそれを明確に指摘して、くだらない主張を排斥するということです。

③は「実務の事情に対する理論的反論」です。先ほども言った「これこれと短期間に大量の評価を行う」とは言いますが、この東京高等裁判所平成24年1月19日判決では「争点はそこではありません」と判示して、そういった事情に関しては全く考慮しませんでした。

Ⅴ　地方税に関する争訟

第9　研究者の意見書

　研究者の意見書が証拠として提出されることがあります。裁判官はこの意見書についてどれだけ比重を置いているのでしょうか。

　あるところで、その点について裁判官からお話を伺ったことがあります。それによると、まず、法律解釈の意見書に関していえば、文献と同じレベルだそうです。なぜかというと、法解釈をどうするかは裁判官が自分で判断することだからだそうです。

　ただ、例外的に裁判官が重視する意見書もあるそうです。例えば外国法の解釈が争点になっている場合にその国ではその解釈はどうなっているかとか、外国の制度の具体的な内容の把握が重要である場合、その制度はどうなっているのか等についての有識者の意見書は歓迎されるそうです。また、ある業界の慣行等の把握が重要である場合、その業界の大きな団体の会長等が出している意見書等も業界の慣行を判断する際には重視されるようです。

　では、事実の評価等に関する意見書はどうでしょうか。少なくとも相手方から批判されている問題点を全部無視して、自分に都合のよい事実だけを前提として作成された意見書では裁判官の判断に影響を及ぼすことはないと思います。判決では裁判所が認定した事実を踏まえて評価が下されるわけですから、裁判所が認定した事実を除外していたり、自分に都合の悪い事実を除外して作成された意見書の評価が裁判官の判断上重視されるわけがありません。

　したがって、意見書に関してはあまり重視すべきものではなく、意見書さえ作ってもらえば何とかなるということはありませんので、その点はご注意ください。

第10　控訴・上告

1　控　訴

　控訴審では1回結審で棄却ということが少なくありません。ですから、一審判決の事実認定や法律解釈について丁寧に批判することはもちろん大切ですが、最高裁判所を意識して、憲法論を展開する等を念頭に置いた控訴理由

書を作成するのがよいと思います。上告の段階で突然憲法論を出すと上告のための「ためにする」憲法論かと思われてしまいますので、一審で負けた場合は最高裁判所も見据えた理屈を考えておくとよいと思います。

　控訴理由書には、上告理由書と違って提出期限はないのですが、高等裁判所の場合は期日の3日前から1週間前頃に合議をするようですので、それに間に合わなければそれだけで不利になろうかと思います。最近では、高等裁判所の場合は第1回期日の前に進行協議期日を設けて、双方を呼んで争点は何か、立証方法は何かということを聴く手続を取る部もあるとのことです。そういう部の場合は、その日の1週間前に控訴理由書を提出するのがよいと思います。

　次に期日での訴訟活動ですが、第1回の期日（あるいは進行協議期日）において、裁判官と口頭で意見交換を行い、裁判官が控訴人の主張や原審の判決についてどのように感じているのかを探り出すことができれば理想的です。

　したがって、控訴の期日にどのように振るまうのかを念頭に置きながら早めに方針を立てておくのがよいかと思います。

　次に、被控訴人の立場になった場合です。問題はどのように議論をコントロールするかです。相手方は第一審で負けているので、いろいろなことを言ってきて原判決をつぶしにかかります。中にはいいがかりに近いものもあるわけです。原告が最初に出した方針を原判決が支持してくれた場合は、そのポイントから外れないように、議論が枝葉末節に行って混乱しないようにコントロールしていくことが必要だと思います。控訴人の立場に引きずられて総花的にいろいろな反論をしてしまうと、控訴審の裁判官も何が重要なポイントなのかよく分からなくなってしまいます。そうならないように、控訴審の裁判官が何を判断すべきなのかを意識しながら訴訟活動を行うことが大切です。原判決が処分を違法と判断をするに至ったプロセスについて控訴審の裁判官が疑問を感じているようであれば、その裁判官にも分かるように説明することなどを考えることもあるでしょう。もっとも、相手方があえて意図的に混乱を招こうとしているのであれば、こちらがわざわざ整理してあげる必要は全くありませんので、その辺の匙加減は難しいところではあります。いずれにしても被控訴人の立場としてはそういう方向で、対応するのがよいと思います。

2 上　告

　この場合は、調査官の対策と最高裁判所の裁判官対策の両方を考える必要があります。上告の場合、最高裁判所の裁判官がいきなり上告理由書等を読むのではなく、まず調査官が下調べをして重要な証拠に付箋を付けたり文献を調べたりして、さらに一定の意見を付して主任の最高裁判所判事に事案を上げるという流れになっているようです。

　このことを前提とすると、上告理由書はまず調査官に控訴審の判決はおかしいと思ってもらえるような内容でなければならないことになります。

　上告を研究者の意見書のみに依拠して立論することがありますが、最高裁の調査官は裁判官なので意見書等をいくら提出したところで、先ほど述べたように重視されないと思われます。むしろ、先例等を踏まえた立論や不適切な控訴審判決の影響力などを根拠に立論したほうがよいのでないかと思います。ただ、憲法の判例違反を主張する際の留意点ですが、判決の字面だけで立論するのはよくないようです。憲法判断も事案に即して行われた一判断ですので、憲法判断がされた事案とあまりに異なる事案について憲法の判例の字面だけを小手先で活用して判例違反だという立論をしても、調査官や最高裁判所の判事の心をとらえることはできないでしょう。最高裁判所は法律審ではありますが、憲法判例を問題にするときにはどういう事案につきどういう判断をしたかを踏まえつつ、自分の事案はどうかと事案の類似性の点まできちんと踏まえた立論をしないと最高裁の壁を破ることはできないと思います。

おわりに

　今回の連続講座で4人の先生方は「租税訴訟は税法に関する知識がなくとも十分対応できる」と一貫しておっしゃっていました。ただ私は、あえて反対の意見を言います。それはなぜかというと、裁判官が必ずしも税法に詳しいとは限らないと私は思っているからです。裁判官も詳しくない、代理人も詳しくないという中で、裁判官が取消しの判決を書くとは、とても思えないのです。税法の知識のない裁判官が取消しの判決を書けるように、代理人が道筋を整えて「こちらに来てください」と裁判官を誘導しなければならない

と思っています。そうだとすると、税法に関する素養や知識等がなければ、裁判官の感じている疑問点を分かりやすく説明することもできなければ、裁判官を誘導することもできないと思います。

　ですから、こういう事件を受けるときには、その事案とその条文に関しては裁判官以上の知識を身につけて、裁判官を誘導する形を取らなければならないだろうと思います。そうだとすると、認容判決を取るためにはそれ相応の努力はしなければならないと思っています。したがって、税法に関して興味のある方は、弁護士会や学会が実施している研修に参加するなりして、日頃から少しずつ素養や感覚を身につけていくことが大切だと思います。今日ここで勉強された方が、そういう形でいろいろ税法に関する知識を積み重ねていかれることを願っています。

V 地方税に関する争訟

レジュメ

V 地方税に関する争訟

弁護士　脇谷　英夫

第1　地方税概観（別紙1）

1. 地方税の概要
地方税とは地方公共団体が賦課徴収する租税

2. 地方税の複雑性
(1) 二重構造
　道府県税と市町村税
(2) 東京都の特殊性（地方税法734条以下）
　市町村民税＋道府県民税＝都民税
　特別区の区域内について一定の税目について「都を市とみなす」
　固定資産税、都市計画税、特別土地保有税など⇒東京都
(3) 「都税事務所」「県税事務所」「市税事務所」の注意点（別紙2～3）
　地方団体の長の権限の委任（地方税法3条の2）との関連

3. 不服申立手続（別紙4）
(1) 取消しの訴えに関する不服申立前置主義（地方税法第19条の12）
　「第19条に規定する処分の取消しの訴えは、当該処分についての<u>異議申立て</u>又は<u>審査請求に対する決定</u>又は<u>裁決</u>を経た後でなければ、提起することができない。」
(2) 不服申立期間
　異議申立て（行政不服審査法45条）
　　⇒処分があったことを知った日の翌日から起算して60日以内
　審査請求（同法14条1項）
　　⇒処分があったことを知った日の翌日から起算して60日以内
　固定資産の審査の申出（地方税法432条1項）
　　⇒納税通知書の交付を受けた日後60日まで

第2　固定資産税の概要

1. 定　義
固定資産税とは、「固定資産」を課税物件として課される租税

—1—

「固定資産」とは、土地、家屋及び償却資産の総称（地方税法341条1号）
2. 性　質
(1) 問題の所在
　　財産税か収益税か
(2) 最高裁平成15年6月26日判決（民集57-6-723）
　　「土地に対する固定資産税は、土地の資産価値に着目し、その所有という事実に担税力を認めて課する一種の財産税であって、個々の土地の収益性の有無にかかわらず、その所有者に対して課するものである」
3. 納税義務者
　　土地、家屋又は償却資産の「所有者」（地方税法343条1項）
　　土地又は家屋の「所有者」（同条2項）
　⇒「登記簿又は土地補充課税台帳若しくは家屋補充課税台帳に所有者として登記又は登録されている者」
　⇒所有者として登記又は登録されている個人が賦課期日前に死亡しているとき、若しくは所有者として登記又は登録されている法人が同日前に消滅しているとき、又は所有者として登記されている者が同日前に所有者でなくなっているときは、同日において当該土地又は家屋を現に所有している者
4. 課税主体
　　全市町村（東京都23区の区域内は東京都が課税）
5. 非課税制度（地方税法348条）―裁判所の判例検索システム
　・宗教関係（同条2項3号、4号）
　　さいたま地裁平成19年6月27日判決（否定）
　　東京高裁平成20年1月23日判決（肯定）
　　（東京地裁平成18年3月24日判決（否定））
　　東京高裁平成20年10月30日判決（否定）
　　（東京地裁平成20年5月30日判決（否定））
　　東京高裁平成24年3月28日判決（否定）
　　（東京地裁平成23年12月13日判決（否定））
　・学校関係（同項9号）
　　東京地裁平成25年2月6日判決（否定）
　・社会福祉法人（同項10号以下）
　　大阪地裁平成14年7月25日判決（肯定）
6. 課税標準
(1) 前提
　　課税標準とは、課税物件である物・行為・事実の金額・価額・数量等のこと

Ⅴ 地方税に関する争訟

固定資産税の課税標準
⇒賦課期日（1月1日）おける固定資産の「価格」として固定資産課税台帳に登録された金額
・土地又は家屋の場合
⇒賦課期日（1月1日）における「価格」で土地課税台帳若しくは土地補充課税台帳又は家屋課税台帳若しくは家屋補充課税台帳に登録されたもの（地方税法349条1項）

「価格」とは「適正な時価」（地方税341条5項）

(2) 問題の所在
「適正な時価」とは何か。

(3) 最高裁平成15年6月26日判決（民集57-6-723）
「適正な時価とは、正常な条件の下に成立する当該土地の取引価格、すなわち、客観的な交換価値をいうと解される。」

7. 税　額
課税標準額×税率

第3　固定資産税の賦課決定

1. 関連する法規
地方税法（359条以下）
条例

2. 不服申立て（地方税法19条・行政不服審査法5条、6条）
上級行政庁がある場合⇒審査請求
上級行政庁がない場合⇒異議申立て

第4　固定資産の評価

1. 関連する法規
① 地方税法388条1項
「総務大臣は、固定資産の評価の基準並びに評価の実施の方法及び手続（以下「固定資産評価基準」という。）を定め、これを告示しなければならない。この場合において、固定資産評価基準には、その細目に関する事項について道府県知事が定めなければならない旨を定めることができる。」
② 固定資産評価基準（総務省ホームページ）
③ 市町村が作成する固定資産評価事務取扱要領

2. 評　価（地方税法403条1項）
市町村長は固定資産評価基準によって固定資産を評価しなければならない。

土地と家屋　3年ごとに評価
　基準年度　⇒評価決定を争える。
　第二年度 ⎫ ①地目の変換、家屋の改築損傷その他これらに類する特別事情
　第三年度 ⎭ ②基準年度の価格によることが課税上著しく均衡を失する場合

3．宅地の評価方法（固定資産評価基準）

(1) 宅地の評価（別紙5）

「路線価を基礎とし「画地計算法」を適用して各筆の宅地の評点数を付設するものとする。」

　評点数＝1㎡あたりの評点数×地積

(2) 画地計算法（固定資産評価基準別表第3　1）

　①奥行価格補正割合法、②側方路線影響加算法、③二方路線影響加算法、④不整形地、無道路地、間口が狭小な宅地等評点算出法

(3) 画地の認定（固定資産評価基準別表第3　2）

　① 宅地の評点数は一画地の宅地ごとに画地計算法を適用して求める。
　② 一画地
　　原則　土地課税台帳又は土地補充課税台帳に登録された一筆の宅地
　　例外　「一筆の宅地又は隣接する二筆以上の宅地について、その形状、利用状況等からみて、これを<u>一体をなしている</u>と認められる部分に区分し、又はこれらを合わせる必要がある場合においては、その<u>一体をなしている部分</u>の宅地ごとに一画地とする。」
　＊固定資産評価事務取扱要領における一画地とする具体例
　　・隣接する二筆以上の宅地にまたがり、一個又は数個の建物が存在し、一体として利用されている場合（例：ビル敷地）
　　・隣接する二筆以上の宅地について、それらの筆ごとに一個又は数個の建物があり、建物が一体として利用されている場合（例：母屋の他、倉庫、納屋、離れ等のある農家住宅、建物の多い工場敷地）
　　・隣接する二筆以上の宅地について、建物の有無又はその所在の位置に関係なく塀その他の囲いにより一体として利用されている場合（例：原材料置場等のある広い工場敷地）
　　・隣接する二筆以上の宅地について、一体として利用されている場合（例：駐車場、ガスタンク敷地、居宅及びその駐車場）
　　・一筆の宅地について、一体として利用されていない場合（例：一戸建貸家の集団、居宅及び店舗）
　　・一部非課税である土地の画地認定は、非課税地と課税地が塀等により明確に区分できる場合にはそれぞれ一画地とし、明確に区分できない場合には

V 地方税に関する争訟

合わせて一画地とする。
・同一使用状況にあるかどうかは現況により認定するものであるが、ビルの建築等工事着工から竣工までに相当の期間を要するような場合には、建築物の竣工の時をもって同一使用状況にあるものと認定する。

4．不服申立て方法
　固定資産評価審査委員会に対する審査の申出（地方税法432条1項）

第5　訴訟戦略

1．準　備
　　必要書類の入手
　　教示の内容の確認（別紙6）
　　提訴期間の確認
　　基準年度の確認

2．争点の分析・検討
　　事実問題か評価問題か解釈問題か
　　要件の分析――事実的要件か規範的（評価的）要件か
　　裁判官に注目してもらうには…

3．賦課決定の違法を主張する場合
(1) 相続税・贈与税などの争訟との違い
　　⇒賦課決定の違法と評価の違法の区別
　　　地方税法434条3項
　　　「固定資産税の賦課についての不服申立てにおいては、第一項の規定により審査を申し出ることができる事項についての不服を当該固定資産税の賦課についての不服の理由とすることができない。」
(2) 紛争類型の分析
　　・課税要件事実の存否に関する争い
　　・課税要件の解釈適用に関する争い
　　・非課税規定の解釈適用に関する争い
　　・税額軽減規定の解釈適用に関する争い

4．固定資産の評価の違法性を主張する場合
(1) 「客観的交換価値を上回り違法」という戦略
　　① 根拠――最高裁平成15年6月26日判決（民集57-6-723）
　　　「土地課税台帳等に登録された価格が賦課期日における当該土地の客観的な交換価値を上回れば、当該価格の決定は違法となる。」
　　② 留意点

—5—

「客観的な交換価値」をどのように立証するか。
　──不動産鑑定書で足りるか。
(2) 「評価基準が不合理ゆえに違法」という戦略
　① 根　拠
　　Ⅰ　最高裁平成15年6月26日　集民210-283
　　「伊達市長は、本件建物について評価基準に定める総合比準評価の方法に従って再建築費評点数を算出したところ、この評価の方法は、再建築費の算定方法として一般的な合理性があるということができる。また、評点1点当たりの価額1.1円は、家屋の資材費、労務費等の工事原価に含まれない設計監理費、一般管理費等負担額を反映するものとして、一般的な合理性に欠けるところはない。
　　そして、鉄骨造り（骨格材の肉厚が4mmを超えるもの）の店舗及び病院用建物について評価基準が定める経年減点補正率は、この種の家屋について通常の維持管理がされた場合の減価の手法として一般的な合理性を肯定することができる。
　　そうすると、伊達市長が本件建物について評価基準に従って決定した前記価格は、評価基準が定める評価の方法によっては再建築費を適切に算定することができない特別の事情又は評価基準が定める減点補正を超える減価を要する特別の事情の存しない限り、その適正な時価であると推認するのが相当である。」
　　Ⅱ　東京高裁平成25年2月28日判決
　　「評価通達189の(2)の定めのうち、大会社につき株式保有割合が25％以上である評価会社を一律に株式保有特定会社と定める本件判定基準が、本件相続開始時においてもなお合理性を有しているか、以下検討する。
　　（中略）
　　評価通達189の(2)の定めのうち、大会社につき株式保有割合が25％以上である評価会社を一律に株式保有特定会社と定める本件判定基準が本件相続開始時においてもなお合理性を有していたものとはいえない。」
　② 留意点
　　不合理であることの立証はどのように行うか。
(3) 「評価基準の解釈適用の誤りにより違法」という戦略
　① 一体性の要件の判断
　　東京地裁平成22年11月12日判決（公刊物未登載）
　　東京高裁平成24年1月19日判決（公刊物未登載）
　② 問題の所在
　　評価基準に違反しても「客観的交換価値」に反していなければ適法となるか。

Ⅴ　地方税に関する争訟

③　最高裁平成25年7月12日判決（裁判所ホームページ）

「地方税法の規定及びその趣旨等に鑑みれば、固定資産税の課税においてこのような<u>全国一律の統一的な評価基準に従って公平な評価を受ける利益は、適正な時価との多寡の問題とは別にそれ自体が地方税法上保護されるべきもの</u>ということができる。したがって、<u>土地の基準年度に係る賦課期日における登録価格が評価基準によって決定される価格を上回る場合には、同期日における当該土地の客観的な交換価値としての適正な時価を上回るか否かにかかわらず、その登録価格の決定は違法となるものというべきである。</u>」

「そして、地方税法は固定資産税の課税標準に係る適正な時価を算定するための技術的かつ細目的な基準の定めを総務大臣の告示に係る評価基準に委任したものであること等からすると、評価対象の土地に適用される評価基準の定める評価方法が適正な時価を算定する方法として一般的な合理性を有するものであり、かつ、当該土地の基準年度に係る賦課期日における登録価格がその評価方法に従って決定された価格を上回るものでない場合には、その登録価格は、その評価方法によっては適正な時価を適切に算定することのできない特別の事情の存しない限り、同期日における当該土地の客観的な交換価値としての適正な時価を上回るものではないと推認するのが相当である（最高裁平成11年（行ヒ）第182号同15年7月18日第二小法廷判決・裁判集民事210号283頁、最高裁平成18年（行ヒ）第179号同21年6月5日第二小法廷判決・裁判集民事231号57頁参照）。」

第6　訴状作成上の留意点

1．被告及びその代表者
(1)　賦課決定等の場合
　　①　被　告　地方公共団体（行政事件訴訟法11条1項）
　　②　代表者　市町村長（地方自治法147条）
　　③　処分行政庁（代表者と処分行政庁が異なる場合）（同条4項）
(2)　固定資産評価審査委員会の審査決定取消しの場合
　　①　被　告　地方公共団体（行政事件訴訟法11条1項）
　　②　代表者兼処分行政庁　○○固定資産評価審査委員会（地方税法434条の2）

2．固定資産評価審査委員会の決定取消訴訟の請求の個数
(1)　問題の所在
　　審査決定書単位か固定資産の数単位か
(2)　最高裁平成17年3月29日決定（民集59-2-477）

「固定資産評価に関する地方税法の規定をみると、市町村長は、個々の土地、家屋等の固定資産ごとにその価格を決定し、個々の固定資産ごとに作成される固定資

産課税台帳にこれを登録すべきものとされており（同法381条、410条1項、411条1項参照）、固定資産評価審査委員会は、個々の固定資産ごとに登録価格に関する審査の申出を受けて審査し、決定をするものとされている（同法432条1項、433条1項）。そうすると、固定資産評価額に関する固定資産評価審査委員会の審査決定は、個々の固定資産ごとにされるものであり、1通の審査決定書において同一人の所有に係る複数の固定資産の登録価格について決定をしている場合でも、審査決定は、当該固定資産の数だけあるものというべきである。」

3. 訴訟の目的の価額（訴額）[1]

(1) 一般の場合

「最終的に納付を命じられた本税額？原告主張の本税額」

＊税額＝課税標準額×税率

＊（課税標準額≠評価額）　⇒負担水準による負担調整（別紙12）

＊税率　固定資産税1.4%　都市計画税0.3%

＊減額

(2) 固定資産評価審査委員会の裁決の取消しの場合

① 問題の所在

算定不能となるか。

② 東京地裁の実務

「決定された評価額を基礎として算出した当該年度分の固定資産税額－原告主張の評価額を基礎として算出した当該年度分の固定資産税税額」

＊都市計画税が課せられている不動産の場合は、固定資産税額と都市計画税額の合算額

4. 貼用印紙代

(1) 問題の所在

合算か個別か

(2) 固定資産が複数ある場合

最高裁平成17年3月29日決定（民集59-2-477）

「本件は、同一人の所有に係る、同一の敷地にあって一つのリゾートホテルを構成している本件各建物について、同一年度の登録価格につき、需給事情による減点補正がされていないのは違法であるとして、本件決定のうち抗告人が本件各建物の適正な時価と主張する価格を超える部分の取消しを求める訴訟である。これによれば、本件訴訟に係る各請求の基礎となる社会的事実は一体としてとらえられるべきものであって密接に関連しており、争点も同一であるから、上記各請求は、互い

---

[1] 小川英明・宗宮秀俊共編「事例からみる訴額算定の手引」新日本法規出版

Ⅴ 地方税に関する争訟

に行政事件訴訟法13条6号所定の関連請求に当たるものと解するのが相当である。したがって、上記各請求に係る訴えは、同法16条1項により、これらを併合して提起することができるものというべきである。このように解することが、審理の重複や裁判の矛盾抵触を避け、当事者の訴訟提起・追行上の負担を軽減するとともに、訴訟の迅速な解決にも役立つものというべきである。そうすると、本件訴訟について納付されるべき手数料の額は4万6000円であって、抗告人が納付した手数料の額に不足はない。」

(3) 複数年の取消しの場合
　理論的帰結
　東京地裁の実務

5.「請求の趣旨」の記載

(1) 取消しの対象
　① 賦課⇒「賦課決定」の取消し⇒原処分主義
　② 評価⇒「固定資産評価審査委員会の決定」の取消し（地方税法434条）
　第1項「固定資産税の納税者は、固定資産評価審査委員会の決定に不服があるときは、その取消しの訴えを提起することができる。」
　第2項「第432条第1項の規定により固定資産評価審査委員会に審査を申し出ることができる事項について不服がある固定資産税の納税者は、同項（注：審査の申出の方法）及び前項の規定によることによってのみ争うことができる。」

(2) 取消しの範囲
　① 問題の所在
　　全部を取り消すことができるか。
　② 最高裁平成17年7月18日判決（民集59-6-1197）
　「土地課税台帳等に登録された基準年度の土地の価格についての審査決定の取消訴訟においては、審査決定の実体上の適法要件として、固定資産評価審査委員会の認定した価格が基準年度に係る賦課期日における当該土地の適正な時価又は評価基準によって決定される価格（以下、両者を併せて「適正な時価等」という。）を上回るものでないかどうかが、審理され、判断される（最高裁平成10年（行ヒ）第41号同15年6月26日第一小法廷判決・民集57巻6号723頁参照）。このように審査決定の取消訴訟においては固定資産評価審査委員会の認定した価格の適否が問題となるところ、裁判所が、審理の結果、基準年度に係る賦課期日における当該土地の適正な時価等を認定した場合には、当該審査決定が金額的にどの限度で違法となるかを特定することができるのである。そして、上記の場合には、当該審査決定の全部を取り消すのではなく、当該審査決定のうち裁判所が認定した適正な時価等を超える部分に限りこれを取り消すこととしても何ら不都合はなく、む

しろ、このような審査決定の一部を取り消す判決をする方が、当該土地の価格をめぐる紛争を早期に解決することができるものである。

そうであるとすれば、土地課税台帳等に登録された基準年度の土地の価格についての審査決定の取消訴訟において、裁判所が、審理の結果、基準年度に係る賦課期日における当該土地の適正な時価等を認定し、固定資産評価審査委員会の認定した価格がその適正な時価等を上回っていることを理由として、審査決定を取り消す場合には、納税者が、審査決定の全部の取消しを求めているか、その一部の取消しを求めているかにかかわらず、当該審査決定のうちその適正な時価等を超える部分に限りこれを取り消せば足りるものというべきである。」

③ 東京地裁平成22年11月12日判決（公刊物未登載）

「しかし、裁判所が、審理の結果、固定資産評価審査委員会の認定した価格がその適正な時価等を上回っていると判断するに至ったが、具体的な価格までは認定することが困難である場合については、固定資産評価審査委員会に改めて審査をやり直させるため、審査決定の全部を取り消すほかはないものと解される。」「本件において、審査委員会が本件決定（平成14、15年度）で算定した本件各土地1の各価格が評価基準等によって決定される各価格を上回るものであると認められることは、前記(4)で判示したとおりであるが、当裁判所が、評価基準等によって決定される本件各土地1の具体的な価格まで認定することは困難である。

したがって、本件決定（平成14、15年度）については、審査委員会に改めて審査をやり直させるため、その全部を取り消すこととする。

＊控訴審　東京高裁平成24年1月19日判決（公刊物未登載）（同旨）

6. 「請求の原因」その他の記載

簡潔に書くか、紛争の実態や争点まで踏み込んで書くか。

7. 甲号証——裁決を甲号証として提出するか。

8. 証拠説明書

(1) 証拠説明書の重要性
(2) 形　式

表形式と文書形式のどちらがよいか。

(3) 「証拠の標目」欄
(4) 「立証の趣旨」欄

第7　期　日

1. 租税事件の審理——口頭弁論
2. 留意点

求釈明への対応

Ⅴ　地方税に関する争訟

第8　準備書面
1．記載上の留意点
(1)　「争点を強く意識する」
(2)　「姿勢がぶれない」⇒本筋を見失わない。
(3)　「裁判官から見て判りやすく」
　　図、書証の取り込み、フォントの色、下線など

2．戦略上の留意点
(1)　問題の所在
　　何をどこまで（あるいはどのように）反論するか。
(2)　基本
　　①　結論を左右する争点のみを主戦場とする。
　　②　立証できない事項（例：大量性など）を戦場にしない。
　　③　判断基準を意識する。
(3)　反論
　　①　課税・評価実務と訴訟上の主張との自己矛盾
　　②　理論的一貫性の欠落
　　③　実務の事情（短期間に大量の評価を行うなどの事情）に対する理論的反論
　　　東京高裁平成24年1月19日判決（公刊物未登載）
　　　「しかし、ここでの問題は、固定資産の価格の決定に当たって市町村長に落ち度があったかどうかではなく、当該固定資産の適正な時価が算定されたかどうかである。前記のとおり、市町村長は当該年度の固定資産税の賦課期日における固定資産の価格、すなわち適正な時価を決定しなければならないのであり、固定資産評価審査委員会の決定の取消訴訟において、上記賦課期日における当該固定資産の適正な時価が算定されたかどうかを審理をするに当たって、当時存在していた当該土地に関する客観的事実を認定して当時の当該土地の外観的状況の客観的意義を明確にすべきことは当然のことである。」

第9　研究者の意見書

第10　控訴・上告
1．控　訴
(1)　控訴人の立場
　・憲法論
　・控訴理由書提出時期
　・進行協議期日

(2) 被控訴人の立場
2. 上　告
(1) 調査官対策
　・先例重視
　　⇒判例違反を主張する場合の注意点
(2) 最高裁裁判官対策

おわりに

V　地方税に関する争訟

別紙1　国税と地方税

租税体系

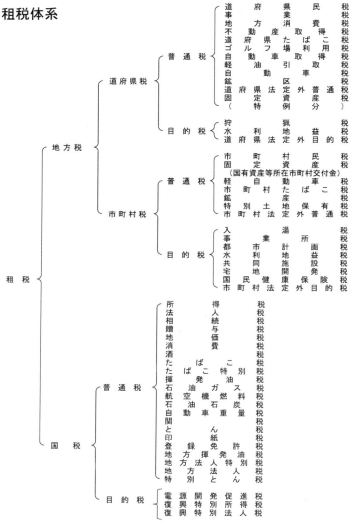

(注) 1　普通税：その収入の使途を特定せず、一般経費に充てるために課される税。
　　　　　普通税のうち、地方税法により税目が法定されているものを法定普通税といい、それ以外の
　　　　　もので地方団体が一定の手続、要件に従い課するものを法定外普通税という。
　　2　目的税：特定の費用に充てるために課される税。
　　　　　目的税のうち、地方税法により税目が法定されているものを法定目的税といい、それ以外の
　　　　　もので地方団体が一定の手続、要件に従い課するものを法定外目的税という。

(総務省ホームページより)

別紙２　異議申立書

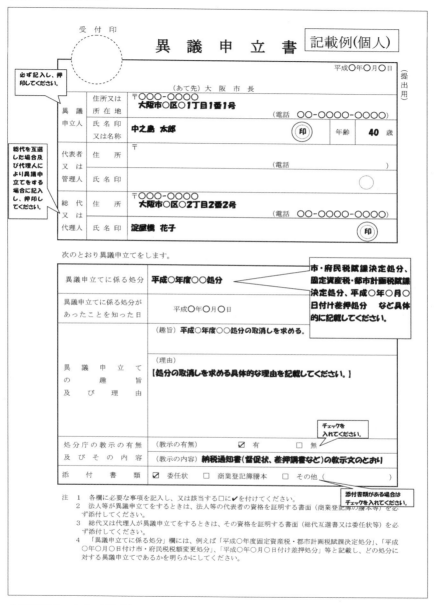

（大阪市のホームページより）

Ⅴ　地方税に関する争訟

別紙3　名古屋市のホームページ（抜粋）
　トップページ＞名古屋おしえてダイヤル＞税＞その他＞市税に関する処分について不服申立てをした…

> Ｑ．市税に関する処分について不服申立てをしたい。【税金全般】

回答
《不服申立ての種類》
　誰が処分を行ったのかによって、不服申立ての種類（審査請求、異議申立て）が異なります。
■審査請求
　市税事務所長が行った市税の課税処分、滞納処分等に関して不服のある方は、原則としてその処分があったことを知った日の翌日から起算して60日以内に市長に対して文書で審査請求をすることができます。審査請求書を正副2通作成し、なるべく処分をした市税事務所長を経由して提出してください。
　なお、固定資産税において、「審査の申出」ができる事項については、審査請求の不服の理由とすることができません。
　「審査の申出」ができる事項については、関連FAQ「固定資産の価格に不服がある場合にどうしたらいいのか知りたい」をご覧下さい。

■異議申立て
　市長が行った市税の課税処分等に関して不服のある方は、原則としてその処分があったことを知った日の翌日から起算して60日以内に市長に対して文書で異議申立てをすることができます。
　異議申立書を作成して提出してください。

レジュメ

別紙4 地方税に関する不服申立制度について

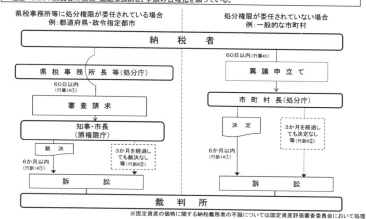

（総務省ホームページ／第8回地域の自主性・自立性を高める地方税制度研究会 提出資料より）

別紙5

1. 前　提

　　甲土地と乙土地は別筆であるが同一人の所有に属する隣接の土地
　　道路Aの路線価は道路Bの路線価よりも10倍高い。

2.

3.

—16—

341

Ⅴ 地方税に関する争訟

別紙6

東京都の納税通知書（裏面）

	第 1 期	第 2 期	第 3 期	第 4 期
納期	平成21年6月1日から平成21年6月30日まで	平成21年9月1日から平成21年9月30日まで	平成21年12月1日から平成21年12月28日まで	平成22年2月1日から平成22年3月1日まで

1. 課税の根拠　この固定資産税・都市計画税は、地方税法第342条、第343条及び第702条並びに東京都税条例第118条及び第188条の26の規定により平成21年1月1日現在の土地、家屋の所有者に課税されたものです。
2. 延滞金等　納期限までに税金を納付されなかった場合は、その税額に納付の日までの期間の日数に応じ、その税額に年14.6パーセント（その納期限の翌日から1月を経過する日までの期間については、年7.3パーセントの割合に年4パーセントを加算した割合）の割合で計算した延滞金を納付していただくことになります。ただし、納期限の翌日から1月を経過する日までの期間については、年7.3パーセントの割合に当該特例基準割合に年4パーセントを加算した割合（当該加算した割合が年7.3パーセントの割合を超える場合には、年7.3パーセントの割合）の割合で計算した延滞金を納付していただくことになります。この場合の年当たりの割合は、うるう年の日を含む期間についても、365日当たりの割合です。
また、督促状を発した日から起算して11日目までに納付されないときは滞納処分を受けることになります。
3. 審査の申出　固定資産課税台帳に登録された価格に不服がある場合には、この納税通知書の交付を受けた日から起算して60日以内に、東京都固定資産評価審査委員会に対して審査の申出をすることができます。
また、この審査の申出に対する決定を経た後でなければ、当該登録された価格についてのみ取消しの訴えを提起することができます。
4. 審査請求　この決定に不服がある場合において、なお不服があるときは、この決定があったことを知った日の翌日から起算して60日以内に、東京都知事に対して審査請求をすることができます。
また、上記の審査請求を経た場合に限り、この決定があったことを知った日の翌日から起算して6箇月以内に、この決定の取消しの訴えを提起することができます（なお、この裁決があったことを知った日の翌日から起算して6箇月以内に、処分の取消しの訴えを提起することができます）。①審査請求があった日の翌日から起算して3箇月を経過しても裁決がないとき、②処分、処分の執行又は手続の続行により生ずる著しい損害を避けるため緊急の必要があるとき、③その他裁決を経ないことにつき正当な理由があるとき。
告として（訴訟において処分を代表する者は東京都を代表する者は東京都知事となります）。処分の取消しの訴えを提起することとされている場合でも、次の①から③までのいずれかに該当するときは、裁決を経ずに、処分の取消しの訴えを提起することができます。①審査請求があった日の翌日から起算して3箇月を経過しても裁決がないとき、③その他裁決を経ないことにつき正当な理由があるとき。

東京都主税局

この用紙は機械で処理しますので、表面左側の欄を汚さないよう特にご注意ください。また、この用紙を折ったり曲げたりしないでください。

鎌倉市の納税通知書（裏面）

1 課税の根拠

固定資産税、都市計画税は、地方税法第342条、第343条及び第702条並びに鎌倉市税条例第38条及び第97条の規定により固定資産課税台帳に登録されている土地・家屋、償却資産の所有者に課税されます。

2 納税義務者（地方税法第343条、第359条）

本年1月1日現在、市内に土地・家屋、償却資産として固定資産課税台帳に登録されている人です。
したがって、売買などにより年の途中で所有者に変更があっても、納税義務者の変更はありません。

3 延滞金及び滞納処分（地方税法第369条・第373条）

納期限から税金を完納した日までの日数に応じて、年14.6％の割合（平成26年1月1日以降は特例基準割合に年7.3％の割合を加算した割合）を乗じて計算した延滞金をいただきます。ただし、納期限の翌日から1か月を経過する日までの期間については、年7.3％、平成12年1月1日以降の期間にあっては、平成11年11月30日を経過する日における商事手形の基準割引率に年4％を加算した割合と年7.3％のいずれか低い割合、平成26年1月1日以降にあっては、特例基準割合に年1％の割合を加算した割合と年7.3％のいずれか低い割合、また、督促状を発した日から数えて10日を過ぎた日までに完納されない場合は、滞納処分を受けることがあります。

4 価格（評価額）について不服がある場合（地方税法第432条・第434条の2、行政事件訴訟法第14条）

価格（評価額）を登録した旨の公示の日から納税通知書の交付を受けた日後60日までの間に鎌倉市固定資産評価審査委員会に対して文書で審査の申出をすることができます。
なお、この審査の申出にかかる決定を受けた日から6か月以内に鎌倉市を被告として（鎌倉市固定資産評価審査委員会が代表者となります）取消訴訟を提起することができます。ただし、この審査の申出のみを経由してされた決定に対しては、当該決定があったことを知った日から6か月以内に鎌倉市を被告として（鎌倉市固定資産評価審査委員会が代表者となります）取消訴訟を提起することができます。

5 賦課決定（価格以外）について不服がある場合（地方税法第19条・第19条の12・第432条・第702条の8、第72条の8、行政不服審査法第6条・第45条、行政事件訴訟法第14条）

この通知書の交付を受けた日の翌日から起算して60日以内に鎌倉市長に対して文書で異議申立てをすることができます。
また、賦課決定処分の取消訴訟は、異議申立てを経た後でなければ提起できなくなります。
異議申立てをしてから3か月以内に鎌倉市から異議申立ての決定がなかった場合（市長が申立てを却下する場合）1年を経過する場合などは提起することができます。ただし、当該賦課決定処分があった日から1年を経過したときは、異議申立ても訴訟も提起することができません。
なお、この取消訴訟は、異議申立てに対する決定があった日から6か月を経過してもすることができない場合があります。
※ この取消訴訟は、①異議申立てに対する決定があった日から6か月を経過したとき、②処分、処分の執行または手続の続行により生ずる著しい損害を避けるため緊急の必要性があるとき、③その他決定を経ないことにつき正当な理由があるときは、決定を経ないでも提起することができます。法律の施行により内容が変更となる場合があります。
※1、4、5については、平成27年1月1日現在の内容です。

6 税率（地方税法第350条・第72条の4、鎌倉市税条例第43条・第99条）

固定資産税・・・・・1.4/100
（土地・家屋・償却資産に課税されます。）
都市計画税・・・・・0.3/100
（市街化区域内の土地・家屋に課税されます。）

7 土地・家屋・償却資産を共有されている場合（共有物法第10条・第10条の2第1項）

共有物が連帯して納付する義務があることから、課税内容をご確認いただくため、ほかの共有者にも「共有者用固定資産税・都市計画税納税通知書」を送付しています。
すでに、この通知書記載の税額以外に納付する額はありませんので、持ち分に応じて納税してくださいと二重に納付することはありません。
また、共有代表者を共有されているほかの方に納付していただいた場合などには、共有代表者を変更する場合には、共有代表者を変更する旨のお知らせをいたします。
万が一、二重納付となった場合などにはお知らせいたします。

—18—

Ⅴ　地方税に関する争訟

東京都知事への審査請求に対する裁決書の例（東京都）

……
……
3　以上のとおり、本件審査請求は理由がないから、行政不服審査法40条2項の規定を適用して主文のとおり裁決する。

　　平成　　年　　月　　日

　　　　　　　　　　　　　　　審査庁　東京都知事　○　○　○　○

　この裁決については、この裁決があったことを知った日の翌日から起算して6か月以内に、東京都を被告として、裁決の取消しの訴えを提起することができます。
　ただし、この裁決の取消しの訴えにおいては、不服申立ての対象とした処分が違法であることを理由として、裁決の取消しを求めることはできません。
　処分の違法を理由とする場合は、この裁決があったことを知った日の翌日から起算して6か月以内に、東京都を被告として、処分の取消しの訴えを提起することができます。

レジュメ

固定資産評価審査委員会からの決定書の例（東京都）

審査委員会様式(17)の甲　　　　　　　　東固審委申第　　号の

決　定　書　（正本）

1 審査申出人	住所又は所在地	
	氏名又は法人名	
2 審査申出年月日	平成　　年　　月　　日	
3 審査に付した案件	固定資産課税台帳に登録された 　　　　　　　番　　外筆 にかかる平成　年度の価格に対する審査の申出について	
4 決定の内容	主文	本件審査の申出を棄却する
	理由	別紙理由書のとおり

上記のとおり審査の決定をしたので通知する。

平成　　年　　月　　日

東京都固定資産評価審査委員会

審査申出人　　　　　様

　この決定に不服があるときは、この決定書を受け取った日の翌日から起算して6箇月以内に、東京都を被告として（訴訟において東京都を代表する者は東京都固定資産評価審査委員会となります。）、裁決の取消しの訴えを提起することができます（なお、この決定書を受け取った日の翌日から起算して6箇月以内であっても、この決定の日の翌日から起算して1年を経過すると裁決の取消しの訴えを提起することができなくなります。）。

V　地方税に関する争訟

別紙7

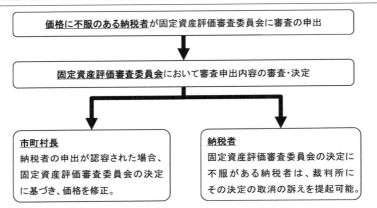

（総務省ホームページ／第8回地域の自主性・自立性を高める地方税制度研究会　提出資料より）

レジュメ

別紙8　東京都固定資産評価審査委員会の例

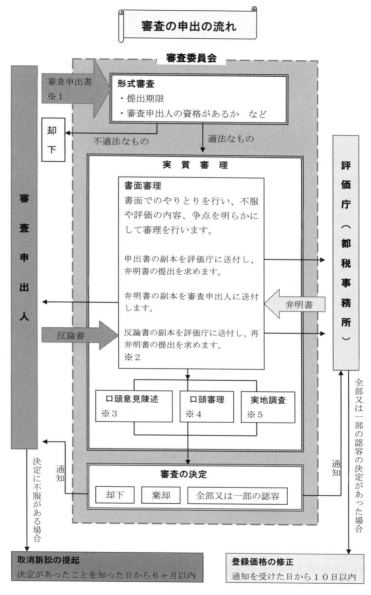

(東京都ホームページより)

Ⅴ 地方税に関する争訟

別紙9 審査申出書

審査委員会様式(1)[土地](委員会提出分)(正 ・ 副 ・ 控)

委 員 会 受 領 印	都税事務所 受 付 印

審 査 申 出 書

平成　　年　　月　　日

東京都固定資産評価審査委員会　殿

地方税法第432条の規定により、審査の申出をします。

審査申出人	住　　所 （所在地）	〒	連絡先電話番号 （　　）
	ふりがな 氏　　名 ふりがな 法 人 名 *1 ふりがな 代表者氏名		㊞
代理人又は総代 *1	住　　所	〒	連絡先電話番号 （　　）
	ふりがな 氏　　名		㊞
固 定 資 産 の 種 類		土　　　地	
審査の申出の趣旨及び理由		別紙審査委員会様式(1)-2 [土地]のとおり	
*2 口頭意見陳述の希望		有	無
添 付 書 類			

*1　「法人名（法人でない社団又は財団を含む。）・代表者氏名」、「代理人又は総代」欄に記載した者の資格を証する書面を添付してください。

*2　口頭意見陳述とは、審査申出人が東京都固定資産評価審査委員会の指定する場所で、委員に対し、口頭で不服に関する意見を述べることです。

別添記載要領に従い、漏れのないように記載してください。
審査申出書の記載事項に不備がある場合、補正を求めることがあります。

レジュメ

別紙　審査委員会様式(1)-2［土地］（委員会提出分）（正　・　副　・　控）

審査申出人 氏名・法人名	

審査の申出の趣旨

審査の申出の物件				決定を求めようと する価格（円）
土地の所在地	地目	地積（㎡）	台帳価格（円）	
1　　　区　　　町 　丁目　　　番	登記 現況	登記 現況		
2　　　区　　　町 　丁目　　　番	登記 現況	登記 現況		
3　　　区　　　町 　丁目　　　番	登記 現況	登記 現況		
4　　　区　　　町 　丁目　　　番	登記 現況	登記 現況		
5　　　区　　　町 　丁目　　　番	登記 現況	登記 現況		

審査の申出の理由

V 地方税に関する争訟

審査委員会様式(2)[家屋](委員会提出分)(正・副・控)

委員会受領印	都税事務所受付印

審査申出書

平成　年　月　日

東京都固定資産評価審査委員会　殿

地方税法第432条の規定により、審査の申出をします。

審査申出人	住所（所在地）	〒	連絡先電話番号（　）		
	ふりがな　氏名 ふりがな　法人名 *1 ふりがな　代表者氏名				㊞
代理人又は総代 *1	住所	〒	連絡先電話番号（　）		
	ふりがな　氏名				㊞
固定資産の種類		家　屋			
審査の申出の趣旨及び理由		別紙審査委員会様式(2)-2 [家屋]のとおり			
*2 口頭意見陳述の希望		有		無	
添付書類					

＊1　「法人名（法人でない社団又は財団を含む。）・代表者氏名」、「代理人又は総代」欄に記載した者の資格を証する書面を添付してください。

＊2　口頭意見陳述とは、審査申出人が東京都固定資産評価審査委員会の指定する場所で、委員に対し、口頭で不服に関する意見を述べることです。

別添記載要領に従い、漏れのないように記載してください。
審査申出書の記載事項に不備がある場合、補正を求めることがあります。

レジュメ

別紙 審査委員会様式(2)-2［家屋］（委員会提出分）(正 ・ 副 ・ 控)

審査申出人 氏名・法人名	

審 査 の 申 出 の 趣 旨

	審 査 の 申 出 の 物 件					決定を求めようと
	家 屋 の 所 在 地	種類・構造	床面積(㎡)	建築年月日	台帳価格(円)	する価格 (円)
1	区　　　　町 　　丁目　　　　番地 家屋番号		登記 現況			
2	区　　　　町 　　丁目　　　　番地 家屋番号		登記 現況			
3	区　　　　町 　　丁目　　　　番地 家屋番号		登記 現況			
4	区　　　　町 　　丁目　　　　番地 家屋番号		登記 現況			
5	区　　　　町 　　丁目　　　　番地 家屋番号		登記 現況			

審 査 の 申 出 の 理 由

_____
_____
_____
_____
_____
_____
_____
_____
_____
_____
_____
_____

V　地方税に関する争訟

別紙10

不服申立て(異議申立て・審査請求)の処理状況(地方税)

(単位:件、%)

区分	要処理件数			処理件数						未済件数⑩(③-⑨)
	前年度未済件数①	当年度発生件数②	合計③(①+②)	申立ての取下げ等④	申立ての却下⑤	申立ての棄却⑥	処分の一部取消⑦	処分の全部取消⑧	合計⑨(④-⑧の計)	
20年度	463	1,443	1,906	137 (9.5%)	368 (25.4%)	903 (62.4%)	29 (2.0%)	10 (0.7%)	1,447 (100.0%)	459
21年度	469	1,974	2,443	192 (10.6%)	433 (24.0%)	1,115 (61.8%)	38 (2.1%)	26 (1.4%)	1,804 (100.0%)	639
22年度	648	1,458	2,106	114 (7.9%)	388 (26.9%)	900 (62.5%)	19 (1.3%)	20 (1.4%)	1,441 (100.0%)	665
課税関係	502	839	1,341	71	139	579	18	14	821	520
徴収関係	131	609	740	40	243	317	1	5	606	134
その他	15	10	25	3	6	4	0	1	14	11

(注1) 数字は「道府県税の課税状況等に関する調」及び「市町村税課税状況等の調」よる。
(注2) 上記のうち、カッコ書きは構成比。
(注3) 固定資産の価格に関する不服申立ては含まない。

別紙11

訴訟の終結状況(地方税)

(単位:件、%)

区分	期首係属件数①	当期発生件数②	終結件数						期末係属件数⑨(①+②-⑧)
			訴えの取下げ等③	訴えの却下④	訴えの棄却⑤	処分の一部取消⑥	処分の全部取消⑦	合計⑧(③-⑦の計)	
20年度	191	168	16 (11.2%)	9 (6.3%)	104 (72.7%)	3 (2.1%)	11 (7.7%)	143 (100.0%)	216
21年度	230	228	42 (22.2%)	33 (17.5%)	93 (49.2%)	8 (4.2%)	13 (6.9%)	189 (100.0%)	269
22年度	287	219	63 (26.3%)	17 (7.1%)	125 (52.1%)	19 (7.9%)	16 (6.7%)	240 (100.0%)	266
課税関係	101	69	10	7	48	4	8	77	93
徴収関係	99	103	36	6	50	7	1	100	102
その他	87	47	17	4	27	8	7	63	71

(注1) 数字は「道府県税の課税状況等に関する調」及び「市町村税課税状況等の調」よる。
(注2) 件数は、一審から終審までの合計。
(注3) 上記のうち、カッコ書きは構成比。
(注4) 「その他」は、損害賠償請求訴訟、不当利得返還請求訴訟、固定資産評価審査委員会の決定の取消訴訟等に係るもの。

(上下とも総務省ホームページ/第8回地域の自主性・自立性を高める地方税制度研究会　提出資料より)

レジュメ

別紙12　固定資産税・都市計画税の計算例

〔設例〕

平成26年10月に23区内の土地に住宅を新築しました。土地の面積は150m²、家屋の床面積は100m²（木造2階建）です。

土地及び家屋の価格（評価額）などは、それぞれ次のとおりです。27年度の税額はどのように求めるのでしょうか。

- ●土地
  - 27年度価格　　　　　　　　　　　　45,000,000円
  - 26年度固定資産税課税標準額　　　　 6,750,000円
  - 26年度都市計画税課税標準額　　　　14,700,000円

- ●家屋
  - 27年度価格　　　　　　　　　　　　 6,000,000円

〔計算〕

■土地（住宅用地計算例）

	内容		設例の場合	説明
固定資産税	27年度価格	(1)	45,000,000円	
	本則課税標準額	(2)	7,500,000円	(1)×1/6（小規模住宅用地）
	26年度課税標準額	(3)	6,750,000円	
	負担水準	(4)	90%	(3)÷(2)×100
	負担調整措置	A	7,125,000円	(3)+（(2)×5%）
	27年度課税標準額	(5)	7,125,000円	A＞(2)の場合は(2)、A＜(2)×20%の場合は(2)×20% 今回Aは(2)（7,500,000円）を上回らないため(5)=A
	相当税額	(6)	99,750円	(5)×税率（1.4%）（円未満切捨て）
都市計画税	本則課税標準額	(7)	15,000,000円	(1)×1/3（小規模住宅用地）
	26年度課税標準額	(8)	14,700,000円	
	負担水準	(9)	98%	(8)÷(7)×100
	負担調整措置	B	15,450,000円	(8)+（(7)×5%）
	27年度課税標準額	(10)	15,000,000円	B）(7)の場合は(7)、B＜(7)×20%の場合は(7)×20% 今回Bは(7)（15,000,000円）を上回るため(10)=(7)
	当初税額	(11)	45,000円	(10)×税率（0.3%）（円未満切捨て）
	軽減額	(12)	22,500円	(11)×1/2（円未満切上げ）（「小規模住宅用地の軽減」参照）
	相当税額		22,500円	(11)-(12)

※このほか、都独自の軽減制度として、平成27年度から平成29年度まで税額が前年度の1.1倍を超える土地に対する固定資産税・都市計画税の条例減額を行っています。

Ⅴ 地方税に関する争訟

■家屋

	内容		設例の場合	説明
固定資産税	27年度価格	(1)	6,000,000円	
固定資産税	27年度課税標準額	(2)	6,000,000円	(1)＝(2)
固定資産税	当初税額	(3)	84,000円	(2)×税率（1.4％）（円未満切捨て）
固定資産税	新築住宅減額	(4)	42,000円	(3)×1/2（「新築住宅減額の減額は」の表参照）
固定資産税	相当税額	(6)	42,000円	(3)－(4)
都市計画税	27年度課税標準額	(7)	6,000,000円	(1)＝(7)
都市計画税	相当税額	(8)	18,000円	(7)－税率（0.3％）（円未満切捨て）

※上記算出例は土地一筆、家屋一個ごとの相当税額ですので、実際の納付税額とは端数処理で一致しない場合があります。

（東京都ホームページより）

あとがき

　東京弁護士会弁護士研修センター運営委員会では、専門領域における業務に対応できる研修を目指し、平成13年より特定の専門分野につき数回にわたる連続講座を実施してまいりました。平成18年度後期からは6ヶ月間を区切りとして、一つのテーマについて、受講者を固定して、その分野に関する専門的知識や実務的知識の習得を目的とする連続講座を開始し、毎年好評を博しております。

　本講義録は、平成25年度の専門講座で租税争訟に関連する法的問題につき、専門的知識とノウハウを全5回の連続講座として実施した内容をまとめたものです。租税争訟に関する講義のニーズは高い状況にあると感じております。本書をお読みいただいた皆様には租税争訟に関連する専門知識とノウハウを習得され、適切な事件対応にお役立ていただければ幸いです。

　終わりに、この専門研修講座の企画、実施と本書の発行にご協力いただきました講師の先生方、弁護士研修センター運営委員会担当委員各位、そして株式会社ぎょうせいの編集者の皆様に厚くお礼申し上げます。

　平成27年9月

東京弁護士会弁護士研修センター運営委員会
委員長　本　井　克　樹

弁護士専門研修講座
租税争訟をめぐる実務の知識

平成 27 年 11 月 10 日　第 1 刷発行

　　　編　集　東京弁護士会弁護士研修センター運営委員会
　　　発　行　株式会社ぎょうせい
　　　　　　　〒136-8575　東京都江東区新木場 1-18-11
　　　　　　　　　　電話　編集　03-6892-6508
　　　　　　　　　　　　　営業　03-6892-6666
　　　　　　　　　　フリーコール　0120-953-431

〈検印省略〉　　　　　　　　URL：http://gyosei.jp

印刷　ぎょうせいデジタル㈱　　　　　©2015 Printed in Japan
※乱丁・落丁本はお取り替えいたします。
　　　　　　ISBN978-4-324-09941-4
　　　　　　　(5108127-00-000)
　　　　　〔略号：弁護士講座（租税）〕